Krankheitskonstruktionen und Krankheitstreiberei

Michael Dellwing
Martin Harbusch (Hrsg.)

Krankheitskonstruktionen und Krankheitstreiberei

Die Renaissance der soziologischen Psychiatriekritik

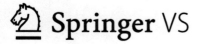

Herausgeber
Dr. Michael Dellwing
Martin Harbusch

Universität Kassel, Deutschland

ISBN 978-3-531-18783-9   ISBN 978-3-531-18784-6 (eBook)
DOI 10.1007/978-3-531-18784-6

Die Deutsche Nationalbibliothek verzeichnet diese Publikation in der Deutschen Nationalbibliografie; detaillierte bibliografische Daten sind im Internet über http://dnb.d-nb.de abrufbar.

Springer VS
© Springer Fachmedien Wiesbaden 2013
Das Werk einschließlich aller seiner Teile ist urheberrechtlich geschützt. Jede Verwertung, die nicht ausdrücklich vom Urheberrechtsgesetz zugelassen ist, bedarf der vorherigen Zustimmung des Verlags. Das gilt insbesondere für Vervielfältigungen, Bearbeitungen, Übersetzungen, Mikroverfilmungen und die Einspeicherung und Verarbeitung in elektronischen Systemen.

Die Wiedergabe von Gebrauchsnamen, Handelsnamen, Warenbezeichnungen usw. in diesem Werk berechtigt auch ohne besondere Kennzeichnung nicht zu der Annahme, dass solche Namen im Sinne der Warenzeichen- und Markenschutz-Gesetzgebung als frei zu betrachten wären und daher von jedermann benutzt werden dürften.

Lektorat: Dr. Cori Antonia Mackrodt, Katharina Gonsior

Gedruckt auf säurefreiem und chlorfrei gebleichtem Papier

Springer VS ist eine Marke von Springer DE. Springer DE ist Teil der Fachverlagsgruppe Springer Science+Business Media.
www.springer-vs.de

Inhalt

Teil 1: Soziologie und Psychiatrie

Bröckelnde Krankheitskonstruktionen?
Soziale Störungen und die Chance des soziologischen Blicks 9
Michael Dellwing / Martin Harbusch

Die neuere Kritik an der modernen Psychiatrie im öffentlichen und
wissenschaftlichen Diskurs 25
Jasmin Dittmar

Teil 2: Krankheitskonstruktionen

How Shyness Became an Illness and Other Cautionary Tales
about the *DSM* 55
Christopher Lane

Psychiatry as Culture:
Transforming childhood through ADHD 75
Mattan Shachak / Edgar Cabanas Díaz / María Ángeles Cohen / Eva Illouz

Rechtliche Betreuung als Krankheitstreiber 103
Walter Fuchs

The medicalization of compulsive shopping:
a disorder in the making? 133
Jennifer R. Hemler

Burnout und soziale Anpassung. Stress, Arbeit und Selbst
im flexiblen Kapitalismus 161
Regina Brunnett

Zwei Seiten der Medaille „Psychiatrie" – Verkaufsfördernde Krankheiten
erfinden, behandlungsbedingte Erkrankungen tabuisieren 177
Peter Lehmann

Beyond and before the label: The ecologies and agencies of ADHD 201
Alexander I. Stingl/Sabrina M. Weiss

Augenscheinlich überführt: Drogentests als visuelle
Selektionstechnologie 233
Simon Egbert/Bettina Paul

Pathologization as Strategy for Securing the Wirklichkeit.
The Example of Paranormal Experiences 271
Michael T. Schetsche

Teil 3: Antipsychiatrie in der Praxis und Ausblick

Coercion: The Only Constant In Psychiatric Practice? 289
Tomi Gomory/David Cohen/Stuart A. Kirk

Das Berliner Weglaufhaus als Beispiel antipsychiatrischer Praxis 313
Christiane Carri/Martin Abrahamowicz

„Wie wäre es, an psychische Krankheiten zu glauben?":
Wege zu einer neuen soziologischen Betrachtung psychischer Störungen ... 327
Michael Dellwing

Psychiatric Diagnosis as a Last Bastion of Unregulated,
Rampant Harm to the Populace 351
Paula J. Caplan

What to do with the Psychiatry's Biomedical Model? 389
Bradley Lewis

Autorenverzeichnis 411

Teil 1
Soziologie und Psychiatrie

Bröckelnde Krankheitskonstruktionen?
Soziale Störungen und die Chance des soziologischen Blicks

Michael Dellwing / Martin Harbusch

Psychiatrische Kategorisierungen haben in den letzten Jahrzehnten eine bemerkenswerte Erfolgsgeschichte hinter sich. Es ist gerade dreißig Jahre her, dass die Psychiatrie auf einen rein Symptome beschreibenden Modus umgeschwenkt ist. Das geschah 1980 mit der dritten Auflage des Diagnosekatalogs DSM (das *Diagnostic and Statistical Manual* der *American Psychiatric Association*), in dem Komitees von Psychiatern in einer Palastrevolution die vorherigen Orientierungen der Disziplin zur Psychoanalyse, zu Psychosen und Neurosen und einer Vielzahl unterschiedlicher Quellen derselben nach außen auftretenden „Störung" aufgegeben haben. An ihre Stelle trat ein System, das der Arbeitsweise der Medizin eher entgegenkommen und vor allem auch Versicherern klarere Abrechnungskategorien bieten sollte: Ein Katalog von „Störungen", die „objektiv" feststellbar sein sollten, indem nicht mehr „Innerlichkeiten" der Klienten der Psychiatrie, sondern vielmehr äußerliche Verhaltensweisen als Grundlage der Diagnose gelten.

Mit einer Liste verschiedener symptomatischer Verhaltensweisen werden seitdem typische Muster für „Störungen" definitorisch fest- und an die soziale Wirklichkeit angelegt. Sie definieren autoritativ und abstrakt, welche Verhaltensmuster in einem „gesunden" und somit tolerierbaren Rahmen liegen und welche als abweichend angesehen werden sollen. Damit bieten sie eine scheinbar höchst ausdifferenzierte kategoriale Schablone, die im Kern rechtsförmige Verhaltensbewertungen erfordert: Wenn eine genügende Anzahl von Verhalten aus dem Katalog einer Reihe von Verhalten vorliegen, soll die Person als Träger der einer Krankheit identifizierbar sein. Jede dieser Listen wurde mit einer „Störung" in einem stetig wachsenden Corpus psychiatrischer Diagnosen verbunden, auf dessen Basis sich die Psychiatrie erhoffte, ihre notorisch unzuverlässigen, zwischen verschiedenen Psychiatern nicht sauber zu reproduzierenden Diagnosen zu vereinheitlichen und reproduzierbar zu machen, feste Behandlungslinien zu etablieren und vor allem vor Fachpublikum und Versicherern „objektive" Einschätzungen liefern zu können.

Es ist gut dokumentiert, dass diese Listen nicht in akribischer medizinischer Kleinarbeit entstanden sind, nicht auf der Basis extensiver Studien, sondern vielmehr auf der Basis von eingebrachten Einzelfällen, willkürlicher Trennung und Zusammenführung von Listen (Kirk und Kutchins 1992, 2003).

Stuart Kirk und Herb Kutchins (1992, 1997) sowie Paula Caplan (1996) folgen diesen Linien, wenn sie zeigen, wie die im DSM verankerten modernen Krankheitskategorien in sozialen und politischen Auseinandersetzungen zustande kamen (1992, 1997) und zeigen beispielsweise, wie erst Lobbyarbeit von Vietnamveteranen zur Erschaffung der Post-Traumatic Stress Disorder führte (S. 100 f.) – eine Einbeziehung, die ihre medizinische Versorgung als Kriegsverletzung möglich machte. Eine besonders kontroverse und politisierende Kategorie, die unter heftige Angriffe geriet, stellt die Masochistic Personality Disorder/Self-Defeating Personality Disorder (S. 126 ff.) dar: Sie geriet als Pathologisierung der Frauenrolle und Übertragung der Verantwortung für Missbrauch in der Ehe auf Frauen in besonderes Kreuzfeuer. So sind die Kategorien, die im DSM (und in Europa in ICD-10) als „objektive Krankheiten" zu finden sind, eindeutig und zweifellos politische Kategorien, in denen nicht natürliche Krankheit und natürliche Gesundheit getrennt werden, sondern vielmehr Rollen gefestigt, Normalitäten gestärkt und soziale Ordnungen begrenzt werden. In den letzten Jahren ist auch verstärkt die PR-Aktivität von Pharmakonzernen in diesen Prozess eingeflossen. Diese Konzerne, die die große Mehrheit der Studien zu diesen Kategorienkatalogen finanzieren, sind selbstverständlich von der Zielsetzung motiviert, neue psychotrope Medikamente zu vermarkten (s. Lane in diesem Band).

Dennoch war dieser Umorientierung des Diagnosekatalogs zu rein deskriptiven Listen menschlicher Verhaltenselemente und der Ausweitung dieser Kategorien ein bemerkenswerter öffentlicher Erfolg vergönnt. Dieser bestand nicht darin, die Diagnosen reproduzierbar zu machen; die Begutachtung ihrer Klientel durch psychiatrische Beobachter ist weiterhin und wohl notwendigerweise eine hoch interpretative Angelegenheit, da es (fast) ausschließlich um die Bewertung von Sozialverhalten geht.[1] Der Erfolg besteht vielmehr darin, dass diese Kategorisierungen in kürzester Zeit den Status einer unhinterfragten Selbstverständlichkeit erfahren

---

[1] Anders als im Rest des medizinischen Betriebes gibt es keine Blut- oder Urintests, die das Vorliegen psychiatrischer Kategorien unterstützen können. Zwar machen Psychiater Bluttests und finden darin Anzeichen von Stress, Aufregung oder Alkoholmissbrauch; aber das sind keine Hinweise auf eine Erkrankung, sondern erst einmal Folgen einer Verhaltensepisode, in der diese Elemente aufgetaucht waren. Es gibt keinen Bluttest für die hunderte, oft sehr dünn voneinander abgetrennten Diagnosekategorien, inklusive der „Haupt"-Kategorien Schizophrenie und Depression.

haben und im Alltag verbissen verteidigt werden – mit dem Vorwurf, gegen die Entstigmatisierung psychisch Kranker zu arbeiten, wenn man sie in Frage stelle. Diese psychiatrische Selbstverständlichkeit bröckelt jedoch im Kernland dieser Selbstverständlichkeit, der USA, seit einigen Jahren. Seit Mitte der neunziger Jahre sind einige, seit Mitte der Nuller-Jahre weitläufig kritische Stellungnahmen innerhalb der Psychiatrie aufgekommen, die eine prinzipielle Skepsis gegenüber gehirn- und hormonzentrierten Ätiologien und medikamentzentrierten Reaktionen vertreten. Eine wachsende Zahl von Wissenschaftsjournalisten und Psychiatern ist von den angeblichen wissenschaftlichen Nachweisen somatischer Krankheitszustände zunehmend nicht mehr überzeugt (z. B. Caplan 1995, Moncrieff 2009, Kirsch 2009, Whitaker 2010, 2011). Eine wiedererwachende Soziologie, die Medikalisierung als Prozess der Zuschreibung von Krankheitsrollen untersucht, hat in der nordamerikanischen Debatte schon seit längerer Zeit neue Popularität gewonnen und eine Reihe von Klassikern produziert (Kirk und Kutchins 1992, 1997, Conrad und Schneider 1992, Conrad 2007, vgl. auch Bowers 1998, Busfield 2001, Lewis 2006, Pilgrim und Rogers 2010). Diese neue soziologische Kritik unterscheidet sich merklich von den alten Auseinandersetzungen, in die die Soziologie der siebziger Jahre verstrickt war. Zum einen ist diese neue soziologische Kritik nicht länger ein Auswuchs einer gesellschaftskritischen Totaltheoretisierung: Sie kommt nicht mehr von Seiten kritischer Sozialwissenschaft, die theoretisch-philosophisch-utopische Grundlagen setzt, sondern in weiten Teilen von Seiten praktisch denkender Prozessanalysen, deren kritischer Unterton viel eher auf als selbstverständlich gesetzte Eindeutigkeiten und praktische Folgen abzielt, als dass prinzipielle Fragen über Herrschaftsordnungen thematisiert würden. Sie bemerkt ganz einfach, in grundsoziologischer Manier, dass die Entscheidungen der Psychiatrie und anderer Institutionen sozialer Fürsorge, was als Krankheit gilt und was nicht, und ihre Entscheidungen, wie mit diesen dann so definierten „Krankheiten" umzugehen ist, sozial eingebettet sind, soziale Ordnungen reproduzieren und somit keine einfachen „Erkenntnisse" wissenschaftlicher „Wahrheit" darstellen. Das bedeutet zudem, dass der nachhaltigen Kritik ausgesetzt werden kann, welche Krankheitskategorien wie entstehen.

Die Reaktion gegen die Körperfixierung der somatischen Psychiatrie beginnt damit wieder zu erstarken, und das nicht zuletzt aus Fürsprache für jene, die in diese Kategorien gefallen sind. Die Studien von Whitaker geben den Opfern der medikamentösen Behandlung die Möglichkeit, der Öffentlichkeit ihre erschütternden Erfahrungen mit dieser Behandlung zu präsentieren; öffentliche Widerstandsbewegungen gegen die *American Psychiatric Association* sammeln Vorwürfe von Psychiatrieopfern; Widerstandsstudien wie die von Linda Morrison

(2009) zeigen auf, wie sich Psychiatriepatienten gegen die soziale Kontrolle wehren, die in Institutionen heute in erster Linie durch Pharmazeutik geschieht (siehe auch Gomory/Cohen/Kirk, Carri/Abrahamowicz, Caplan in diesem Band). Das ist keine „Stigmatisierung psychisch Kranker"; es ist die Feststellung, dass ein Katalog von Störungen, der durchaus seine Erfolge darin hatte, den Idiosynkrasien, Leiden und Lebensschwierigkeiten von Menschen Legitimität zu verleihen, über seine Ziele hinausschoss. Die leidenden Gruppen wollten Legitimität und bekamen psychotrope Medikamente. Einmal losgelassen, machen die Kräfte psychiatrischer Klassifizierung sich selbstständig und schaffen nun selbst immer breitere Populationen, die sich vorher niemals als problematisch verstanden hatten und durch ihre neuerliche Pathologisierung keine Legitimation erlangen, sondern umgekehrt selbst in behandelte und damit „defizitäre" Lagen gedrängt werden. Das verbreitetste Beispiel in diesem Kontext ist die Aufmerksamkeitsstörung, die vor allem in den USA aus Millionen Kindern Fälle für die Psychiatrie gemacht hat (s. Stingl/Weiss, Shachak et. al. in diesem Band). Die kommende neueste Ausgabe des DSM, DSM-V, steht gegenwärtig aus eben diesen Gründen unter scharfer Kritik: Sie wird die Verantwortlichkeit der Psychiatrie ein weiteres Mal massiv ausdehnen und eine breite Masse an bisher nicht medizinisch problematisierten Irritationen unter sie fallen lassen, so sehr, dass ehemalige Mitarbeiter an diesen Katalogen ihre Kritik öffentlich gemacht haben (Caplan 1995). Darin handelt es sich jedoch lediglich um die Fortsetzung eines Jahrzehnte andauernden Trends: Die Anzahl der Personen, die „Verhaltensauffälligkeiten" aufweisen, die medizinische Intervention benötigen, wurde mit fortlaufenden Neuauflagen des DSM beständig erweitert. Hatten ursprünglich nur die wenigen Fälle, deren Interaktionen mit anderen zu schweren Irritationen geführt hatten, psychiatrische Aufmerksamkeit erlangt, werden gegenwärtig immer weitläufigere Interaktionsirritationen der psychiatrischen Verantwortung unterstellt.

Gerade die deutsche Soziologie droht hier hinter neueren Entwicklungen ins Hintertreffen zu geraten, denn in diese Breite der neueren Kritik ist hier bisher nur zum Teil rezipiert. Mehr noch, nach einer Zeit aktiver Psychiatrieskepsis in den siebziger Jahren ist die soziologische Kritik, zumindest im deutschsprachigen Raum, gegenwärtig eher eingeschlafen. Das geht so weit, dass die medikamentös-medizinische Behandlung von problematischen Interaktionssituationen auch in der Soziologie zur nur wenig hinterfragten reproduzierten Selbstverständlichkeit wurde. Soziologische Arbeiten liefern heute Soziogeneseanalysen, untersuchen dann die „sozialen Ursachen" dafür, dass Menschen krank werden („Welche gesellschaftlichen Kräfte/Faktoren/Zustände machen krank?") und die sozialen Folgen der „Epidemie" psychischer Störungen, d.h. die Explosion der

Zahlen derer, die in die Fänge des Krankheitsvokabulars kamen (unter vielen z. B. Kilian 2008). Selbst konstruktionistisch orientierte systemtheoretische Betrachter haben hier die „Realität" von psychischen Störungen, wie sie im Katalog der APA und der WHO konstruiert werden, konzediert (z. B. Richter 2003). Soziologische Thematisierungen, die die sozialen Prozesse untersuchen, in denen das geschieht, *ohne* dass die Krankheitsthematisierung als Grundlage übernommen wird, sind dagegen ins Hintertreffen geraten oder gar eingeschlafen (vgl. Groenemeyer 2008, Dellwing 2008).

Ausweitungen und Kontraktionen: Die Politik psychiatrischer Kontrolle

Es geht in der Psychiatrie um die Verteidigung sozialer Normalität mit medizinischen Mitteln. Das ist eigentlich unstrittig, führt jedoch dazu, dass die gesamte Praxis der Psychiatrie nach den Normalitäten, die sie verteidigt, reproduziert, und in ausgeweiteten Krankheitskatalogen auch selbst setzt kritisch durchleuchtet werden muss. Am berühmtesten ist diese Darstellung in der feministischer Literatur, die die Ursprünge der „Urahnin" der modernen Gemütsstörungen untersucht, die weibliche Hysterie im 19. Jahrhundert, in der vorwiegend Frauen Körperreaktionen wie Lähmungen oder unkontrollierbare Emotionalitäten an den Tag legten. Diese Hysterierolle, so wurde später festgestellt, war eine Rolle mit „kritischer Macht" (1987: 158): Mit ihrer Hilfe kann eine emotionale Reaktion, von der die klassische Frauenrolle behauptet, sie wäre „typisch weiblich", zum Widerstand verwendet werden. Heute ist es eher umgekehrt: Wer diese Formen stellt, gilt als intoleranter Moralist, wer erwartet, dass eine Frau nicht verantwortlich für eine eigene Entscheidung einstehen darf, als unverbesserlicher Sexist und in beiden Fällen als unangenehmer Mensch (wenn auch – noch – nicht als krank; aber „intolerant personality disorder" ist sicherlich denkbar und, wenn die gegenwärtige Entwicklung der psychiatrischen Kategorien so weitergeht wie bisher, auch am Horizont bereits erkennbar und wird auch diskutiert, vlg. Guindon et. al. 2003). Historisch mussten viele Krankheitsbilder zurückgenommen werden, als der politische Druck gegen sie zu stark wurde. Beispielsweise waren eine große Anzahl sexueller Handlungen, die heute völlig normal und selbstverständlich sind, bis vor kurzer Zeit diagnose- und behandlungsfähige „Störungen": Sex vor der Ehe, Frauen, die viele verschiedene Sexualpartner haben, Oralsex, Analsex, Homosexualität, Spanking, Rollenspiele. Wer in den fünfziger und sechziger, teils auch noch den siebziger Jahren solche Präferenzen hatte, musste damit rechnen, in psychiatrische Obhut zu kommen, wenn diese Präferenzen öffentlich wurden, und die Homosexualität wurde als Störung gestrichen, als die APA ihre Mitglieder über den Krankheitsstatus der Kategorie abstimmen ließ: Es ist die wachsende soziale Akzeptanz von Homosexualität als auch von heterosexuellen Praktiken jenseits der konservativsten Varianten, die zur Depathologisierung des Verhaltens führt (Kirk und Kutchins 1997: 55 ff.), keine „wissenschaftliche Erkenntnis" oder „Evidenz" zur mangelnden Präsenz einer abstrakten Krankheit. Im Lichte dieser historischen Beispiele zugeschriebener Rollen von Abweichung ist heute sofort bemerkbar, dass diese Kategorisierungen vor allem von einem abhängig sind: Davon, was in einem Kontext für normal gehalten, und vor allem davon, was in einem Kontext als normal thematisiert wird. In diesem Sinne geht es nicht allein um eine abstrakte Idee gesellschaftlich herrschender Normen, sondern vor allem darum, wer in welchen Kontexten welche Kontrollen ausübt und welche Legitimationen dieser Person dabei offen stehen. Dieser Kontext ist nicht nur temporär und kulturell verschieden – so viel ist offensichtlich –, er ist auch zwischen unterschiedlichen sozialen Orten in derselben Gesellschaft, unterschiedlichen sozialen Beziehungen und vor allen Dingen auch unterschiedlichen sozialen Institutionen verschieden, die entlang ihrer öffentlich bereitgestellten Vokabulare gleichzeitig ein legitimatorisches Bezugssystem mittransportieren. Das eröffnet uns die unbequeme Einsicht, dass auch das gegenwärtig Selbstverständliche einmal umstritten war, was dann zur Erkenntnis führt, dass unsere heutige Skepsis nicht lediglich auf die heutig umstrittenen Krankheitskategorien anwendbar ist, sondern letztlich auf alle.

Diese Verteidigung der Normalität unter dem Begriff der „Krankheit" kann gewinnbringend verwendet werden, um die produzierten Kategorien der Psychiatrie dahingehend zu hinterfragen, welche Normalitäten in und mit ihnen verteidigt werden. Die Kategorie „Depression" setzt beispielsweise voraus, dass bestimmte Formen der Emotionsdarstellung als normal gelten. Wie kommt es, dass wir bestimmte Formen der emotionalen Darstellung für so selbstverständlich halten, dass eine Abweichung von diesen Emotionsdarstellungen uns als Krankheit erscheint? Wie kommt es, dass wir bestimmte Formen der Stetigkeit der Selbstpräsentation für so normal halten (vgl. Leites 1989), dass ein Wechseln zwischen verschiedenen Gemütsdarstellungen als Krankheit „Bipolarität" erscheint? Wie kommt es, dass eine Form der Aufmerksamkeit als so natürlich vorausgesetzt wird, dass eine Abweichung davon als „Aufmerksamkeitsstörung" erscheint (vgl. Stingl/Weiss in diesem Band, Shachak et. al. in diesem Band). Die hochumstrittene, in diesem Buch doppelt aufgegriffene Thematik der so genannten Aufmerksamkeits-Defizitstörung (AD(H)S, engl. AD(H)D) ist hier nur die Spitze des Eisberges: In den sechziger Jahren fragt Thomas Scheff bereits (1999), warum man das Kind für krank hält, wenn es in einer Schulstunde, die 45 Minuten andauernde Langeweile sein kann, nicht stetig konzentriert und ruhig sitzt und nach vorne schaut;

man könnte auch die Kinder für unnormal halten, die diese Langeweile ohne zu murren und mit vollem Interesse mitmachen. Ein Schelm, wer hier nach den Idealvorstellungen und Interessen des Lehrpersonals fragt. Neue Krankheitsbilder wie „oppositionelle Widerstandstörung" (wenn Kinder und Erwachsene, aber vor allem Kinder trotzig werden) oder „social anxiety disorder" (wenn Menschen in Situationen unwohl fühlen, in denen sie vor Publikum agieren müssen, vgl. Lane in diesem Band) sind einfache Ziele der Kritik, da sie schmerzlich offensichtlich nach außen tragen, dass eine bestimmte Idee von Normalität in ihnen verteidigt und Verhalten, das diese Normalität nicht erfüllt, pathologisiert wird.

Dass die Kategorisierungen, die die Krankheitskataloge anbieten, politische weil institutionell motivierte Kategorisierungen sind, die gegenwärtige Ideen sozialer Normalität nicht nur spiegeln, sondern oft einen wesentlichen Anteil an ihrer Setzung haben, kann daher als soziologischer Gemeinplatz gelten. In diesem Licht sind Debatten über Krankheitskategorien nicht mehr einfach Fragen der „Erkenntnis" von „Krankheit", die man getrost den Institutionen der Psychiatrie überlassen kann. In diesem Licht werden diese Determinationen für unser gesellschaftliches Zusammenleben wesentlich, und die Frage, wem eigentlich die Macht übertragen wird, solche Feststellungen zu machen – und unter welcher Kontrolle das geschieht – wird zentral.

Die Ausweitung der soziologischen Perspektive

Wird das soziologische Versprechen der Befremdung des vermeintlich Selbstverständlichen eingelöst, kommen heute in Abgrenzung zur Diskussion der 70er Jahre nicht nur Psychiatrie, sondern auch die soziale Arbeit und die diversen Erziehungsberufe, die mit Krankheitsdiagnosen, mit Erziehungsvorschlägen und mit Problemkategorien in Fällen von „unangepasstem" Verhalten arbeiten, daher in ein ganz anderes Licht: Ihre Verfestigungen, die unter dem Mantel, das sei biologisch, entwicklungspsychologisch, psychoanalytisch oder evolutionär einfach so betrieben worden, kommen in einer soziologischen Analyse vielmehr als Verteidigungen von Selbstverständlichkeiten und als Praxis der Fortführung von Normalitäten ebenso in den Blick wie als interessengeleitete Praktiken sozialer Institutionen, die mit ihren Zuschreibungen von Problemlagen vorgeben, die soziale Wirklichkeit einfach nur zu beschreiben und/oder behandeln, die jedoch diese Wirklichkeit in diesen Praktiken mit herstellen – und das nicht zufällig passend zu ihrer Institutionskompetenz. Und mit diesen Praktiken kommen diese Einrichtungen zu den paradoxen Rollen, mit ihren Kategorisierungen gerade das selbst herzustellen, was sie doch zu bekämpfen suchen. Im befremdenden Blick konstruktionistischer Soziologie werden sie zu Krankheitskonstrukteuren, zu öffentlich handelnden Akteuren mit einem in ihren Vokabularen geschlossenen Sets von Praktiken, die das nicht mehr loslassen, was sich einmal in ihren Zuschreibungen verheddert hat. Sie tun dies, indem sie für das, was uns unnormal scheint, eine biologische, evolutionstheoretische oder psychologische Erklärung anbieten und auf dieser Basis eine Wiederherstellung der Normalität oder zumindest ihren Schutz vor diesen unverständlichen Angriffen leisten. Wenn Psychiatrie, soziale Arbeit und Erziehungswissenschaft die Geschichte des Fortschritts hin zur „Entdeckung" der Ursachen dieser unerwünschten Verhaltensweisen, ihre hirnchemische Geschichte (hier wieder) verteidigen, dann verteidigen sie ihre Zuständigkeit für einen immer breiter werden Kreis von sozialen Konflikten. Sie verteidigen die Werkzeuge, mit denen Sozialarbeiter und Lehrer, Eltern und Freunde andere kontrollieren und ihre sozialen Erwartungen rechtfertigen können. Soweit all diese anderen Gruppen diese Werkzeuge mitverwenden, verteidigen sie diese ebenso mit. Die von ihnen produzierten Kategorisierungen haben öffentlich Selbstverständlichkeit erlangt, und so nehmen andere soziale Akteure an dieser Verteidigung teil, allen voran die Medien. Diese sagen uns nicht nur, wo problematische Situationen in unserem Land zu finden und wer deren Opfer sind. Sie senden gleichwohl Botschaften davon, wie sich die „Betroffenen" und ihre Angehörigen zu fühlen, zu erzählen und zu verhalten haben und welche Behandlungsmöglichkeiten zur Verfügung stehen (Schetsche 1996). In diesem Sinne sind Krankheitszuschreibungen weit mehr als ein soziales Hilfsangebot. Es sind komplexe interaktive Kreisel, die sich, einmal in Bewegung geraten, immer schneller zu drehen scheinen, und die keinen, den sie erfassen, gehen lassen können, ohne ihn als geheilt zu thematisieren.

Betrachter haben hier beschreibend aufgearbeitet, wie es zur Professionskompetenz der Psychiatrie gekommen ist (Shorter 1999; Foucault 1968, 1989; Castel 1983; Showalter 1987 etc.); sie können ebenso beschreibend zeigen, welche sozialen Leistungen durch diese Professionskompetenz sowohl gesellschaftlich als auch in Sozialbeziehungen erbracht werden. Die Psychiatrie und andere soziale Institutionen erfüllen somit zunächst einen einfachen und vielleicht sogar notwendigen Zweck. Sie sind – ursprünglich – die Institutionen, die sich mit jenen Menschen beschäftigen, deren Alltagshandeln soweit aus dem Feld der Verständlichkeit fällt, dass sie „mit Motiven nicht mehr einzuholen ist", wie Castel schreibt (1983) Das heißt: Menschen tun Dinge, deren Beweggründe wir nicht verstehen, ihre Erklärungen machen für uns keinen Sinn, ihre Reaktionen scheinen uns absurd, und zu alle dem sind diese unverständlichen Handlungen auch noch potentiell gefährlich, für sie selbst und für andere. Ansätze dafür finden sich bereits zur Zeit der Aufklärung, in der die Fokussierung auf den Einzelnen ihren Anfang nimmt, für die Castel (1983) feststellt, dass die Psychiatrie (u. a.) zunächst Probleme der Familie löst, die auf der einen Seite Ordnungsprobleme innerhalb der Familie sind, die von den Familienmitgliedern nicht bewältigt werden können, andererseits aber auch Symbolordnungsprobleme außerhalb der Familie darstellen, da das Ansehen der Familie durch die Assoziation mit dem Unberechenbaren und Ordnungsbrüchigen leidet. Castel bemerkt, wie die medikalisierte Psychiatrie im 18. Jahrhundert die Legitimationsrolle übernimmt, als die „Irren" in den Wirren der Revolution weiter Gefangene bleiben sollen, die Rechtsgrundlage der königlichen ordres jedoch weggefallen ist; die Psychiatrie löst hier, wie er bemerkt, ein „Verwaltungsproblem" (S. 21). Sie löst durchaus auch ein menschliches Problem: Die Psychiatrie „fixiert" Störungen, die Menschen in Situationen bringen, in denen sie für sich und andere eine Gefahr darstellen – vor allem für sich. Hier scheint es eine humanistische Notwendigkeit zu sein, diesen Menschen zu helfen, ein normales Leben führen zu können, auch wenn die Spannung keine natürliche ist, sondern aus einer Unangepasstheit von Alltagserwartungen und Erwartungserfüllungen (oder eben dem Fehlen derselben) stammt. Gleichwohl liefert sie mit dieser Zuschreibung einen Begriffsapparat der Behandlung. Die jeweilige Diagnose muss immer auch als Rechtfertigung von höchst ausdifferenzierten Interventionsmechanismen verstanden werden, die an den Einzelnen auch gegen dessen Willen herangetragen werden können. Auch wenn viele Opfer sozialer Zuschreibungen in ihrer interaktiven „Opferwerdung" (Schetsche 1996) die Definition einer Krankheit auch als höchst befreienden Zuspruch von Schuldlosigkeit sehen können, ihnen damit das Recht auf soziales Mitgefühl zu Teil wird und ihnen nach einer langen Phase der Selbstbeschreibungsirritation Kategorien an die Hand gegeben werden, mit denen sie sich in einem sozialen Kontext neu thematisieren können, ist der Mechanismus interaktiver Machtausübung unter dem Deckmantel sozialer Hilfsangebote nicht zu verleugnen. Das ist die Grundlage der großen Verve, mit der diese Einrichtungen das Krankheitsreden verteidigen und Angriffe auf es als Angriffe auf ihr Klientel umzudeuten versuchen: Wird die Idee von „Störung" in Frage gestellt, nimmt man dem Sozialarbeiter, dem Lehrer, den Eltern und Freunden ihre Möglichkeiten, mit denen sie gegen unerwünschtes Verhalten vorgehen können – und das mit Unterstützung der nicht unbeträchtlichen Macht des medizinischen Angriffs. Paula Caplan hat die gegenwärtige Psychiatrie gar „weaponized psychiatry" genannt (2013), die „zur Waffe gewandte" Psychiatrie: Sie wird in sozialen Konflikten herangezogen, um eine Seite durchzusetzen, und Durchsetzung bedeutet automatisch: nicht selten gegen den Widerstand jener, die so behandelt werden.

Die Chance des soziologischen Blicks

Die soziologische Infragestellung der Krankheitsthematik ist daher keine herzlose Leugnung eines „offensichtlichen" Problems, auch wenn sie bei Behauptungen von „Offensichtlichkeit" skeptisch werden muss. Als Befremdung des Alltags ist sie eine Analyse, die diese Hilfe jedoch durchaus zunächst aussetzt, um zu verstehen, was hier eigentlich vor sich geht – auch, um die Bedingungen der Hilfe, wie sie derzeit organisiert ist, ihre direkten und indirekten Folgen beleuchten zu können und um umgekehrt zu fragen, welche Form von Normalität in dieser Hilfe festgezurrt wird. Hier kann eine soziologische Betrachtung eine Reihe interessanter Antworten geben. Diese interessanten Antworten sind nicht als Angriff oder Verurteilung gemeint. Sie beinhalten keinen automatischen Angriff auf Betroffene irgendeiner Art: Nicht auf die Psychiatriepatienten (sie werden durch diese Umformulierung nicht zu von Absicht getriebenen Störenfrieden); nicht auf die Psychiatriebelegschaft (sie werden dadurch keine Schurken, die Normalität verteidigen und das zynisch „Medizin" nennen). Der zweite Angriff kommt nur als Angriff auf die höheren Hierarchiestufen der Psychiatrie und Pharmakonzerne auf; als solcher ist er in diesem Band auch mehrfach vertreten, aber nicht als Angriff auf die Ärtztinnen, Pfleger und Helfer, die in diesem Umfeld arbeiten und Wissen reproduzieren, das auf diesen Feldern als „gesichert" konstruiert wird. Der erste Angriff, der auf die Patienten, kommt in dieser Perspektive nicht vor. Soziologen interessiert, was hier mit welchen Mitteln interaktiv umkämpft wird, wie sich das Ergebnis dieses Kampfes in sozial anerkannten Kategorien öffentlichkeitsgerecht verfestigt und welche Konsequenzen schließlich diese Verfestigungen für die weiteren institutionellen Vokabulare wie für die alltäglichen individuellen Geschichten haben. Psychiatrie, Psychologie, soziale Arbeit und Erziehungswissenschaft liefern Verwaltungslösungen, mit denen eine spezifische Form der sozialen Kontrolle in sozialen Konflikten geleistete werden kann, mit der das individualzentrierte Bild des freien und vernünftigen Individuums gestärkt wird, indem seine Ausbrüche aus den Erwartungen anderer pathologisiert werden. Das ist eine durchaus beeindruckende Lösung eines Problems, das zwar nur in historischen und lokalen Kontexten zum Problem wird, aber in diesem Kontext durchaus ein Problem ist und als ein solches unterschiedlich gelagerte Funktionen erfüllt.

Die Fixierung durch Institutionen der Kontrolle und Hilfe ist daher kein „Fehler" der Psychiatrie, den sie hinter sich lassen müsste, um „richtig" zu agieren. Würde sie diese Leistung nicht mehr ausüben, wäre es keine Psychiatrie mehr: Diese Fixierung ist gerade Kern ihrer Leistung. Psychiatrie und ihre „Verwenderwissenschaften", allen voran Erziehungswissenschaft und soziale Arbeit, haben nicht das Ziel, die Krankheit als „zugeschriebene Rolle" oder sich selbst als krankheitsgenerierende Einrichtungen zu „verstehen", sondern gebrochene Situationen kitten zu helfen, und utilisieren dazu das zur Lösung potente Krankheitsvokabular der „psychischen Störung". In diesem Sinne gibt es für diese Professionen auch keine Thematisierungsalternative. Denn sie können sich nur in eine (auch gegen den Willen des Einzelnen) handelnde Position hineinerzählen, indem sie eben solche Zuschreibungen formulieren und zur Beschreibung des Einzelfalls verwenden. Soziologie untersucht dagegen, wie es funktioniert und utilisiert dazu das analytisch ebenso potente, aber zur Situationskittung vergleichsweise nutzlose Vokabular der „sozialen Konstruktion". Es geht in diesem Vokabular darum, wie es funktioniert, mit John Dewey: „Was passiert, wenn wir es glauben", oder im Thomas-Theorem: Auf welche Weise es „real in seinen Auswirkungen" ist. Sie will Prozesse der Realitätskonstruktion analysieren und trägt dazu die Fixierung nicht mit, die diese Analyse verunmöglichen würde.

Zu diesem Band[2]

Der vorliegende Band möchte eine doppelte Anknüpfung vollziehen, in der zwei Stränge der Diskussion verwoben werden. Er greift mit Originalbeiträgen nordamerikanischer Autoren die nun etablierte Herausforderung somatisch-psychiatrischer Selbstverständlichkeiten auf und verbindet diese mit deutschsprachigen Originalbeiträgen, in denen bestehende Forschungen an diese aufziehende Kritik angebunden werden soll.

In diesem Rahmen interessiert nun der Alltag mit seinen multiplen, pluralen, kontextualen und situationalen, aber immer konkreten Zuschreibungen. Es interessieren die Aushandlung und die begriffliche Ausgestaltung von Krankheitsrollen in ihren situationalen Details: Wie wird in einem jeweils konkreten Einzelfall, in dem sich verschiedene Akteure in einem Definitionskonflikt gegenüberstehen, eine Irritation durch Störungsdefinitionen gelöst? Wer schreibt welche Definitionen der Situation zu? Wer definiert eine Situation als gestört, welche Koalitionen werden um diese Zuschreibung herum gebildet (Dellwing 2010b), welche Widerstände werden wie überwunden, wessen Position und Status wird wie verschoben, welche Definition ist es, die die Situation vorerst zu Ende bringt, indem gemeinsam auf ihrer Basis zumindest vorläufig gehandelt wird – denn alle Schließungen sind vorläufige Schließungen, bis auf weiteres, bis die Aushandlung wieder auf-

---

2   Wir danken Alessandro Tietz für die unermüdliche und kompetente Mitarbeit bei der Zusammenstellung dieses Bandes.

genommen wird (Fish 1989: 513). So handelt es sich um eine offene Situation, und als offene Situation ist der Ausgang niemals bereits „gelaufen" (Boltanski 2010: 43) und kann nicht durch vorherige Analyse von „Machtpositionen" vorhergesagt werden. Sozialität behält ein unhintergehbares Moment von Kontingenz, einen niemals zu ordnenden Kern von Chaos (Shalin 1986: 23); „Störung" als Diagnose „transforms ‚the big, buzzing confusion' of everyday life into a clearly recognizable environment and gives a semblance of order to ‚the irrational chaos of the real world'" (12).

Die Diagnostizierten sind in ein Netz von situativen Moralunternehmern (Becker 1963: 147ff) verwickelt, die ihrerseits in ein Netz von institutionalisierten Moralunternehmern verwoben sind, die wir „Krankheitstreiber" nennen können, wenn wir die polemische Zuspitzung suchen. Diese betreiben die Medikalisierung und seit Neuestem auch die beständig ausgeweiteten „prophylaktischen" Untersuchungen, die seit der Bush-Regierung in US-amerikanischen Schulen vorgeschrieben sind (Lehrman 2000), um „Früherkennung" zu leisten: De facto handelt es sich hier ein Eliminieren der Mittelsmänner, so dass nicht länger Interaktionsirritationen im Alltag aufkommen und eskalieren müssen, um therapeutische Eingriffe hervorzurufen, sondern die Therapeuten ihre Subjekte ohne diesen Umweg durch die Irritation abholen können. So stärken die therapeutischen Instanzen ihre Zugriffsmacht, während zugleich die Möglichkeiten der internen Regelung zwischenmenschlicher Konflikte in den Gruppen, in denen sie aufkommen, ein Riegel vorgeschoben wird.

Der provokante, polemische Titel dieses Sammelbandes kann jedoch letztlich auch gemäßigt verstanden werden. Auf der einen Seite ist es zur Analyse dieser Interaktionsprozesse wesentlich, nachzuvollziehen, von welchen Seiten die Anwendung des bestehenden Krankheitsvokabulars und seine Ausweitung ausgehen. Dass es sich hier um Institutionen handelt, deren soziale Rolle durch eine breitere Anwendung eines solchen Vokabulars gestärkt wird, da ihnen die Kompetenz zur Lösung eines solchen Problems zugeschrieben wird, wird in der Sozialwissenschaft nur wenig Contra hervorrufen: Dazu gehören helfende Institutionen und Professionen in direktem Kontakt mit den Alltagsmenschen, um die es letztlich geht: Sozialarbeiter, Beratungsstellen, Psychologen, aber mehr und mehr auch Lehrpersonal sowie die im pharmazeutischen Komplex involvierten Akteure, Pharmakonzerne, Ärzte, Apotheker und ihre Zulieferdienstleister. Dass „Krankheitstreiberei" hier auf höheren Ebenen zunehmend bewusst vollzogen wird, wurde häufig und plausibel argumentiert (vgl. z.B. Whitaker 2010, 2011). Dass helfende Institutionen das in bestem Wissen und Gewissen reproduzieren und selbst Treiber ihrer eigenen Medikalisierung werden, ist ebenso unstrittig.

Interessant ist jedoch, wie das geschieht. Es geht uns als Soziologen nicht darum, diese Praktiken zu geißeln (auch wenn man als Bürger eine solche Geißelung durchaus angebracht finden kann). Die soziologische Aufgabe besteht unseres Ermessens vielmehr darin, diese Leistungen zu analysieren, nicht ins Spiel einzusteigen, Ziele zu legitimieren und institutionelle Lösungen zu untermauern. Das geschieht nicht nur in der Psychiatrie durch Anwendung und Durchsetzung solcher Definitionen, sondern in der Soziologie auch in Fragen nach den „sozialen Ursachen" und „Prävalenzen psychischer Störung" (Dellwing 2010a). Es geht uns vielmehr um den Reproduktionsprozess gesellschaftlicher Problemdefinitionen und Lösungsvokabularien, um die Prozesse, in denen im Kleinen und im Großen reflexive, aktive Menschen in sozialen, intersubjektiven Prozessen interpretierend tätig sind. Das hat nicht den Anspruch, den beteiligten, ob Institutionen oder „betroffenen" Personen zu helfen (obwohl es dazu führen könnte, vgl. Morrison 2009). Das ist auch nie der soziologische Anspruch gewesen. Es geht darum, zu verstehen, wie eine aus handelnden Personen bestehende, gemeinsam „gemachte" Realität funktioniert.

Dazu ist der vorliegende Band in drei Abschnitte geteilt. Zunächst geben einführende Beiträge den Stand der Diskussion wieder. Das hat dieser Beitrag hoffentlich bereits in Ansätzen getan; Jasmin Dittmar liefert in *Die neuere Kritik an der modernen Psychiatrie im soziologischen und psychiatrischen Diskurs* einen einführenden Überblick.

Der zweite Abschnitt beschäftigt sich mit konkreten, feldspezifischen Diskussionen über die sozialen Prozesse der Konstruktion von Krankheitskategorien, ihren Akteuren und Auswirkungen. Christopher Lane untersucht in *How Shyness Became an Illness and Other Cautionary Tales about the DSM* die Transformation von etwas, was als „persönliche Eigenschaft" galt, in eine Krankheitskategorie und zeichnet damit eine für die Psychiatrie „symptomatische" (pun intended!) Entwicklung nach. Mattan Shachak, Edgar Cabanas Díaz, María Ángeles Cohen und Eva Illouz einerseits und Alexander Stingl und Sabrina Weiss andererseits greifen die lange Diskussion zur „Aufmerksamkeitsstörung" auf; erstere untersuchen in *Psychiatry as Culture: Transforming childhood through ADHD*, wie vor allem die Schule zum Ort wird, an dem medizinische Zugriffe zuerst organisiert und medizinische Diskurse reproduziert werden; letztere untersuchen in *Beyond and Before the Label: The Ecologies and Agencies of ADHD*, wie eine bestimmte, historisch nachvollziehbare Idee von Aufmerksamkeit in dieser Diagnose naturalisiert und gefestigt wird. Walter Fuchs untersucht in ‚Rechtliche Betreuung als Krankheitstreiber', welche Funktionen die Psychiatrie im Rahmen der dauerhaften juristischen Stellvertretung erwachsener Menschen übernimmt.

Er zeigt auf, wie sehr ein gut gemeintes wohlfahrtsstaatliches System der rechtlichen Betreuung (das im Gegensatz zur alten Vormundschaft nicht mehr entmündigend wirken will) paradoxerweise massenhaft zu Fremdbestimmung führende Krankheitsdiagnosen fördert, da diese in einer zunehmend verrechtlichten Gesellschaft zur Grundlage der kontrafaktischen Konstruktion rationaler rechtlicher Handlungsfähigkeit werden. Jennifer Hemler untersucht in *The Medicalization of Compulsive Shopping: A Sociological Analysis of a Disorder-in-the-Making* die Pathologisierung von vor allem weiblichem „Einkaufen". Regina Brunnett beschäftigt sich *in Burnout und das Phantasma der Selbstoptimierung: Stress, Arbeit und Selbst im Postfordismus* mit dem Verhältnis zwischen Subjekt und Arbeit bzw. Leistung, wie es im mittlerweile uniquitären Phänomen des „Burnout" konstruiert und rekonstruiert wird. Michael Schetsche gewinnt seinen Zugang zum kernsoziologischen Thema der Sicherung der sozialen Wirklichkeit in *Pathologization as a Strategy for Securing the Wirklichkeit. The Example of Paranormal Experiences*, indem er die Pathologisierung „paranormaler" Narrative untersucht. Simon Egbert und Bettina Paul untersuchen in *Augenscheinlich überführt: Drogentests als visuelle Selektionstechnologie von Abweichung*, wie sich in der ausweitenden Praxis von Drogentests Krankheitsnarrative als kontrollnarrative ausbreiten.

Im dritten Abschnitt geht es uns dann um die Herausforderung psychiatrischer Narrative in der Praxis. Den Auftakt machen hier Tomi Gomory, David Cohen und Stuart A. Kirk, die in *Coercion: The Only Constant in Psychiatric Practice?* provokant und treffend argumentieren, dass die einzige historische Konstante der psychiatrischen Kontrolle die Androhung von Zwangsmitteln bleibt und die Psychiatrie daher am Ende immer eine verkleidete Polizeifunktion beibehält. Christiane Carri und Martin Abrahamowicz liefern in *Antipsychiatrie in der Praxis – das Berliner Weglaufhaus* Einblicke in die Praxis der einzigen deutschen antipsychiatrischen Einrichtung. Psychiatrische Diagnosen sind auf viele Arten und Weisen schädlich: Peter Lehmann leitet unsere Aufmerksamkeit in *Verkaufsfördernde Krankheiten erfinden, behandlungsbedingte Erkrankungen tabuisieren. Zwei Seiten der Medaille ‚Psychiatrie'* auf das, was Psychiatrie verdeckt: Durch die Subsumption des „Patienten" unter die psychiatrische Diagnose als „grand narrative" über seine Person werden Symptome, die sonst als unerwünschte Psychopharmawirkungen gesehen würden, unsichtbar, da sie nun als Teil der „seelischen Störung" gelten. Paula Caplan greift diese Linie auf und führt sie praktisch weiter: Sie beschreibt in *Psychiatric Diagnosis as a Last Bastion of Unregulated, Rampant Harm to the Populace* die gegenwärtigen amerikanischen Gegenbewegungen anhand eines Beschwerdeverfahrens gegen die *American Psychiatric As-*

sociation. Michael Dellwing greift in *Wie wäre es, an ‚psychische Krankheiten' zu glauben?* die Debatten in der Soziologie über Psychiatrie auf: Normalität *muss* kontrolliert werden, die Frage ist nicht, ob das geschieht, sondern *wie*, und welche Folgen diese besondere Form der Kontrolle der Realität hat. Zum Abschluss fragt Bradley Lewis in *What to Do With Psychiatry's Biomedical Model*, wie eine „Postpsychiatrie" aussehen könnte.

Literatur

Becker, Howard, 1963. Outsiders. Glencoe.
Boltanski, Luc, 2010: Soziologie und Sozialkritik. Frankfurter Adorno-Vorlesungen 2008. Frankfurt am Main.
Bowers, Len, 1998: The Social Nature of Mental Illness. London.
Boyle, Mary, 2002: Schizophrenia: A Scientific Delusion? London.
Busfield, Joan (Hg.), 2001: Rethinking the Sociology of Mental Health. Oxford.
Caplan, Paula J., 1995. They Say You're Crazy: How the World's Most Powerful Psychiatrists Decide Who's Normal. Addison-Wesley. Castel, Robert. 1983. Die psychiatrische Ordnung. Frankfurt a. M.
Conrad, Peter und *Joseph Schneider*, 1992: Deviance and Medicalization: From Badness to Sickness. Philadelphia.
Conrad, Peter, 2007: The Medicalization of Society. Baltimore.
Dellwing, Michael, 2008: Geisteskrankheit als hartnäckige Aushandlungsniederlage. Soziale Probleme 19: 150-171.
Dellwing, Michael, 2009: Das interaktionistische Dreieck. Monatsschrift für Kriminologie und Strafrechtsreform 92: 3–17.
Dellwing, Michael, 2010a: Wie wäre es, an psychische Krankheiten zu glauben?": Wege zu einer neuen soziologischen Betrachtung psychischer Störungen. Österreichische Zeitschrift für Soziologie 35: 40-58.
Dellwing, Michael, 2010b: Dunkelfeldforschung als Definitionsaktivität. Monatsschrift für Kriminologie und Strafrechtsreform 93: 180-197.
Dellwing, Michael, 2011: Langeweile mit der Eindeutigkeit. S. 197-211 in: *Helge Peters* und *Michael Dellwing* (Hg.), Langweiliges Verbrechen.
Dollinger, Bernd und *Henning Schmidt-Semisch* (Hg.), 2007: Sozialwissenschaftliche Suchtforschung. Wiesbaden: VS Verlag.
Fish, Stanley, 1989: Doing What Comes Naturally. Durham.
Goffman, Erving, 1971: Relations in Public. Microstudies of the Public Order. New York.
Groenemeyer, Axel, 2008: Psychische Störungen als Thema soziologischer Analysen. Soziale Probleme 19: 113-135.

Groenemeyer, Axel, 1999: Alkohol, Alkoholkonsum und Alkoholprobleme. S. 174-236 in: *Günter Albrecht, Axel Groenemeyer* und *Fiedrich W. Stallberg* (Hg.), Handbuch soziale Probleme. Opladen/Wiesbaden.
Guindon, Mary, Alan G. Green und *Fred J. Hanna*, 2003: Intolerance and Psychopathology: Toward a General Diagnosis for Racism, Sexism, and Homophobia. American Journal of Orthopsychiatry 73: 167-176.
Kilian, Reinhold 2008. Die Bedeutung der Soziologie psychischer Gesundheit und Krankheit im Zeitalter der biologischen Psychiatrie. Soziale Probleme 19: 136-149.
Kirk, Stuart A. und *Herb Kutchins*, 1992: The Selling of DSM. New York.
Kirk, Stuart A. und *Herb Kutchins*, 1997: Making Us Crazy. New York.
Kirsch, Irving, 2009: The Emperor's New Drugs. Exploding the Antidepressant Myth. London.
Korte, Svenja, 2007: Rauschkonstruktionen. Eine qualitative Interviewstudie zur Konstruktion von Drogenrauschwirklichkeit. Wiesbaden
Luhrmann, T. M., 2000: Of two minds. New York.
Leites, Edmund. 1991. Puritanisches Gewissen und moderne Sexualität. Frankfurt.
Lewis, Bradley, 2006: Moving Beyond Prozac, DSM, & the New Psychiatry: the Birth of Postpsychiatry. Ann Arbor: University of Michigan Press.
Moncrieff, Joanna, 2009: The Myth of the Chemical Cure. Hampshire: Palgrave Macmillan.
Morrison, Linda, 2009: Talking Back to Psychiatry. New York: Taylor and Francis.
Nolte, Frank, 2007: „Sucht" – zur Geschichte einer Idee. S. 47-58 in: *Bernd Dollinger* und *Henning Schmidt-Semisch* (Hg.), Sozialwissenschaftliche Suchtforschung. Wiesbaden.
Paul, Bettina 2011: Berauschende Erkenntnis? Über Sinn und Unsinn ätiologisch kriminologischer Drogenforschung. S. 131-147 in: *Helge Peters* und *Michael Dellwing* (Hg.), Langweiliges Verbrechen. Wiesbaden: VS.
Pilgrim, David und *Anne Rogers*, 2010: A Sociology of Mental Health and Illness. London: Mc-Graw-Hill.
Richter, Dirk, 2003: Psychisches System und soziale Umwelt: Soziologie psychischer Störungen in der Ära der Biowissenschaften. Bonn: Psychiatrie-Verlag.
Schetsche, Michael, 2007: Sucht in wissenssoziologischer Perspektive. S. XX in: *Bernd Dollinger* und *Henning Schmidt-Semisch* (Hg.), Sozialwissenschaftliche Suchtforschung. Wiesbaden.
Scheff, Thomas J., 1999: Being Mentally Ill. Piscataway.
Scheerer, Sebastian 1993. Einige Anmerkungen zur Geschichte des Drogenproblems1 Sebastian Scheerer Soziale Probleme 4: 78-98
Schmidt-Semisch, Hennig, 2010: Doing Addiction. Überlegungen zu Risiken und Nebenwirkungen des Suchtdiskurses.S. 143-162 in: *Bettina Paul* und *Henning Schmidt-Semisch* (Hg.), Risiko Gesundheit. Wiesbaden.
Shalin, Dmitri, 1986: Pragmatism and Social Interactionism. American Sociological Review 51: 9-29.
Shalin, Dmitri, 1992: Critical Theory and the Marxist Challenge. The American Journal of Sociology 98: 237-279
Whitaker, Robert, 2010: Mad in America: Bad Science, Bad Medicine, and the Enduring Mistreatment of the Mentally Ill. New York: Basic Books.
Whitaker, Robert, 2011: Anatomy of an Epidemic: Magic Bullets, Psychiatric Drugs, and the Astonishing Rise of Mental Illness in America. New York: Random House.

Die neuere Kritik an der modernen Psychiatrie im öffentlichen und wissenschaftlichen Diskurs

Jasmin Dittmar

Funktionen der modernen Psychiatrie und ihre soziologische Kritik

Das psychiatrische Modell, welches psychische Symptome über das Aufstellen von Kategorien in einem Diagnosekatalog klassifiziert, fungiert seit nunmehr rund 350 Jahren als Institution sozialer Kontrolle, indem es auffällige Personen, deren Verhalten von anderen Gesellschaftsmitgliedern nicht umstandslos einer vertrauten Form der Devianz zugeordnet werden kann, der Kategorie einer bestimmten Störung zuweist (Weingarten 1980: 79). Der Begriff der Devianz umfasst demnach solche Kategorien negativer Beurteilung, die erfolgreich von einer bestimmten Interessengruppe gegenüber anderen Mitgliedern der Gesellschaft verhängt werden. Er ist keine objektive Beschreibung negativen Verhaltens bestimmter Personen, sondern eine Zuschreibung dessen durch Dritte (Conrad und Schneider 1992: 5). Die Macht sozialer Kontrolle haben diejenigen inne, die über die Autorität zur Definition bestimmter Verhaltensweisen, Personen oder Dingen verfügen. Wer festlegen kann, was als problematisch zu betrachten ist und woran sich die Problematik festmachen lässt, kann auch bestimmen, wie dieses Problem gelöst werden sollte (Conrad und Schneider 1992: 8). Das psychiatrische Modell hilft bei der Aufrechterhaltung sozialer Ordnung, indem es soziale Konflikte löst. Dabei erklärt es im Kampf um verschiedene Wirklichkeitskonstruktionen nicht die Gesellschaft zum Problem, sondern die Person, die den vorherrschenden gesellschaftlichen Normalitäten nicht entspricht (Conrad 2007: 8). Psychische Symptome in der Definition als solche transportieren folglich gesellschaftliche Wertvorstellungen in Form ihres Negativs. Durch die Zuschreibung der Rolle des psychisch Gestörten wird der Abweichler selbst verantwortlich für die Lösung seines Problems im Sinne der Anpassung an die bestehenden gesellschaftlichen Normen und Erwartungen. Dies bedeutet jedoch nicht, dass er dabei sich selbst überlassen bleibt. Während der Psychiatrie aus gesellschaftlicher Sicht eine Funktion der sozialen Kontrolle innewohnt, hat sie aus individualistischer Sicht der Betroffenen die Funktion der Wiederherstellung der Fähigkeit zur Erfüllung seiner sozialen Rollen (Tausig et al. 1999: 141). Die derzeit dominierende Theorie zur Erklärung psychischer Störungen innerhalb der modernen Psychiatrie liefert das biomedizinische Modell, welches die Ursachen für entsprechend normabweichendes Verhalten auf biochemische oder neurophysiologische Hirnfunktionsstörungen zurückführt. Vor diesem wissenschaftlichen Hintergrund versteht die Psychiatrie ihre Aufgabe in erster Linie darin, bei der Diagnostik ‚natürliche' Krankheitsursachen zu identifizieren und über den Versuch ihrer Beseitigung die Heilung des Patienten herbeizuführen[1] (Keupp 1980: 67). Über dem dieser Behandlung zugrunde liegenden Prozess der Naturalisierung, nach welchem vom Menschen geschaffene gesellschaftliche Phänomene und Ordnungen aus der ‚Natur' der Dinge heraus erklärt werden, wird die Kontrolle abweichenden Verhaltens durch Medikalisierung, die Definition und Behandlung nicht-medizinischer Probleme als medizinische Angelegenheit, ermöglicht (Conrad 2007: 4 ff.). Der Schlüsselbegriff für den Prozess der Medikalisierung ist die Definition, was bedeutet, dass ein Problem als Krankheit betrachtet, in medizinischen Begriffen artikuliert wird und eine entsprechende Lösung im Rahmen medizinischer Konzepte und Behandlungen gefasst ist. Im Zuge der Medikalisierung von Problemen wird Verhaltensweisen, die einst als amoralisch, sündig oder kriminell betrachtet wurden, eine medizinische Ursache zugeschrieben und diese werden so in unterschiedlichem Grad zur Krankheit stilisiert. Auch alltägliche Vorgänge wie z. B. Angst, Stimmung, Menstruation, Unfruchtbarkeit, Alter oder Tod fallen inzwischen unter die Rubrik der Medikalisierung (Conrad 2007: 5 f.). Mit dieser Übergabe des Diskurses um psychotisches Verhalten an die Medizin verschwindet das Thema aus der öffentlichen, moralischen Diskussion.

Während die praktische Gleichsetzung psychischer Störungen mit physischen Krankheiten zu einer hohen Legitimation psychiatrischer Institutionen führt und damit einerseits eine schlagkräftige Konstruktion zur Lösung gesellschaftlicher wie auch individueller Probleme bietet, werden der Prozess der Medikalisierung und die damit zusammenhängenden Konsequenzen für den als psychisch krank Klassifizierten an anderer Stelle jedoch in ganz unterschiedlicher Art und Härte diskutiert. Trotz ihrer hohen Legitimität innerhalb der Gesellschaft ist die Psychiatrie mit ihren Theorie- und Behandlungsmodellen nicht vor Kritik gefeit. Die Frage, inwieweit man den Aussagen von Psychiatern Glauben schenken kann, wird aus vielerlei Richtungen aufgeworfen. Bereits in den 1970er Jahren des vergangenen Jahrhunderts war die Psychiatrie eines der bekanntesten Ziele einer soziologischen Kritik, in deren Fokus seinerzeit vor allem die Subjektivierung und

---

1   Die Beeinflussung symptomatischen Verhaltens durch psychosoziale Variablen bleibt von dieser Warte aus im Wesentlichen unberücksichtigt.

Verkörperlichung von Interaktionsproblemen als objektive ‚Krankheitszustände' im Sinne einer weitläufigen Herrschaftskritik stand. Nach dem Abflachen dieser sehr radikalen Kritikströmung in den 1980er Jahren und einer sich parallel weiter etablierenden psychiatrischen Disziplin sind in den vergangenen drei Jahrzehnten vermehrt kritische Stimmen laut geworden, die entgegen der früheren Orientierung nicht mehr primär das Konzept der Medikalisierung als solches in den Blick nehmen, sondern ihr Augenmerk auf verschiedenste damit zusammenhängende Details richten. So ist die neuere Kritik nicht nur inhaltlich, sondern auch methodisch deutlich differenzierter als ihre Vorgängerin der 1970er Jahre, gegenüber der sie ihre Einwände weniger direkt an der Wurzel ansetzt, sondern im Ganzen weitaus pragmatischer und oftmals sehr detailbezogen ausrichtet.

**Ein Ziel, viele Wahrheiten –
Psychiatriekritik als diskurskonstituierende Praktik**

Taucht man in die Untersuchung der gegenwärtigen Kritik gegenüber der Psychiatrie ein, entfalten sich im Rahmen einer entsprechend analytischen Betrachtung variierende Standpunkte und Zielrichtungen. Vertreter unterschiedlicher Fachrichtungen, wie Soziologen, Historiker, Wissenschaftsjournalisten, auch Psychologen und Psychiater sowie selbst vom psychiatrischen System Betroffene, zeigen in teils recht ähnlicher, teils ungleicher Weise Widerstand gegen die psychiatrische Theorie, Forschung und Behandlungspraxis. Als gemeinsamer Nenner schwebt dabei allen im Groben ein Abkommen von der Hegemonie des biochemischen Modells vor, wobei sich die jeweiligen Zielsetzungen und damit auch die jeweiligen Adressaten und Kritikpunkte inhaltlich voneinander unterscheiden. Betrachtet man die einzelnen Zielsetzungen dieser verschiedenen kritischen Gegen-Diskurse zum gegenwärtig etablierten biomedizinischen Modell der modernen Psychiatrie, so lassen sie sich im weitesten Sinne unter dem Vorhaben der Verbesserung des Wohls psychiatrischer Patienten subsumieren. Unter dieser Oberkategorie treten bei differenzierterer Betrachtung verschiedene Unterziele hervor: Zum einen formulieren einige psychiatriekritische Autoren direkte Zielsetzungen und Änderungswünsche; zum anderen – sofern diese nicht explizit genannt werden – geht die Zielsetzung mit Blick auf eine speziell avisierte Zielgruppe aus dem entsprechend verwendeten Vokabular und Kommunikationsstil hervor. Die Diskursakteure operieren dabei interessenbezogen, taktisch und strategisch, entwickeln eine Geschichte, in der sie die Rollen von Gut und Böse verteilen, und konstituieren auf diese Weise ihre gemeinsame Identität (Keller 2001: 134). Dabei wird jeweils die Etablierung einer eigenen Wahrheit angestrebt, die von der durch die moderne Psychiatrie vertretenen Wahrheit in mehr oder weniger starker Form abweicht. In der Denktradition Foucaults ist Wahrheit nie ohne Macht zu denken, beides ist untrennbar verknüpft und wird im Zusammenspiel produziert. Es gibt daher keine objektive ‚absolute' Wahrheit im ontologischen Sinne, sondern Wahrheit ist immer sozial und in Abhängigkeit von Machtsystemen produziert, auf welche sie zirkulär zurückwirkt (Foucault 1978: 51 ff.).

In einer wissenssoziologischen Analyse von Diskursen geht es darum zu untersuchen, wie symbolische Ordnungen und Deutungsmuster sozial produziert werden, welche Prozesse der Konstruktion, Kommunikation und Legitimation sich rekonstruieren lassen und letztlich auch, welche gesellschaftlichen Folgen sich aus ihnen ergeben (Keller 2001: 135). Im Hinblick auf den vorliegenden Kontext ist dementsprechend weniger eine rein inhaltliche Wiedergabe, sondern vor allem eine systematisierende Darstellung der neueren Psychiatriekritik unter Identifikation ihrer verschiedenen Diskurse interessant. Betrachtet man die regen und vielfältigen Debatten um die gegenwärtig hegemoniale wissenschaftliche Theoriekonstruktion, so stellt sich die Frage, wie aussichtsreich diese Diskurse bezogen auf das ihnen übergeordnete Ziel, die Verbesserung des Wohls psychiatrischer Patienten, einzuschätzen sind. Um sich der Beantwortung dieser Frage zu nähern, kann man verschiedene Wege einschlagen. Da Diskursakteure immer strategisch handeln, erscheint es sinnvoll, zuerst die Objekte ihrer Strategie ins Visier zu nehmen. Zentraler Punkt für eine Kategorisierung vor diesem Hintergrund ist in erster Linie die Frage, *für wen* ein bestimmter Autor schreibt. Richtet sich die Kommunikation an die breite Öffentlichkeit oder an ein Expertenpublikum? Je nachdem, ob es sich um einen wissenschaftlichen oder einen öffentlichen Diskurs handelt, erlegt dieser Umstand bestimmte Bedingungen für die Wahl des verwendeten Vokabulars auf (Keller 2001: 130). *Wie fundamental* oder *detailliert* ist die geäußerte Kritik? Geht sie an die Substanz der psychiatrischen Disziplin oder argumentiert sie innerhalb des Rahmens der gegenwärtig dominierenden wissenschaftlichen Argumentation? Neben der Frage des *für wen?* ist mit Hinblick auf eine alternativ zu etablierende Wahrheit auch der Machtaspekt der beteiligten Akteure am jeweiligen Diskurs von Bedeutung. Als zentraler Punkt für eine Kategorisierung der Kritik neben der Frage nach dem Diskurskontext rückt somit die Frage in den Mittelpunkt, wer die Autoren bzw. Sprecher eines bestimmten Diskurses sind (Foucault 1995: 75) – gehören sie der psychiatrischen Fachdisziplin an oder agieren sie aus einer disziplinfernen, externen Perspektive?

Diesen Fragen nachzugehen ist Gegenstand der folgenden Abschnitte, in welchen die gegenwärtigen psychiatriekritischen Diskurse in eine systematische Übersicht gebracht und entsprechend ihrer Kontexte, Akteure und Vokabularien kategorisiert werden sollen. Hierbei zeichnen sich im Wesentlichen zwei Hauptlinien ab, die zum einen den öffentlichen, zum anderen den Diskurs im Expertenkontext markieren. Dem öffentlichen Diskurs wird dabei neben den eindeutig an ein Laienpublikum gerichteten Aussagen auch die soziologische Schiene zugeordnet, was an dieser Stelle überraschen mag, aber durchaus begründet ist. Soziologen sind per se ebenso Experten wie Psychiater und argumentieren daher anders als Akteure eines öffentlichen Diskurses. Im Fall der Psychiatriekritik jedoch verschmilzt die Argumentationsführung und die Form der Äußerungsmodalitäten zu einem praktisch einheitlich erscheinenden Diskurs zusammen, so dass der hier als öffentlich bezeichnete Kontext Darlegungen, die sich an ein soziologisches Fachpublikum richten, mit solchen, die die breite Öffentlichkeit ansprechen sollen, vereinigt. Des Weiteren gibt es inzwischen eine umtriebige Bewegung innerhalb der Gruppe der Betroffenen, die in vielerlei Hinsicht engagiert ist, die Öffentlichkeit zu aktivieren. Neben diesem verschiedenartigen öffentlichen Diskurs ist als zweite Schiene in der Diskussion um die Kritik an der modernen Psychiatrie der Expertendiskurs von Bedeutung. Er umfasst einerseits ein Kollektiv an Akteuren, die unter der Überschrift einer postpsychiatrischen Kritik eine sich auf die theoretischen Grundlagen bezogene Gegenargumentation zur modernen Psychiatrie aufbauen, sowie andererseits Sprecher, die anhand konkreter empirischer Ergebnisse etablierte wissenschaftliche ‚Erkenntnisse' der aktuellen psychiatrischen Forschung und Behandlungspraxis herausfordern. Welche Wahrheiten in den jeweiligen Diskursen genau produziert werden, wird im Folgenden näher veranschaulicht.

Psychiatriekritik im öffentlichen Diskurs

Der öffentliche Diskurs findet primär mit Blick auf eine möglichste breite Masse an Rezipienten statt. Dabei müssen bestimmte Regeln beachtet werden, die sich von den Kommunikationsregeln in Expertenkontexten deutlich unterscheiden. Begründungsweisen und Deutungsproduktionen, welche an die breite Masse der Öffentlichkeit gerichtet sind, sollten dementsprechend an ein allgemeinverständliches Vokabular angelegt sein. In diesem Rahmen stellen auch emotionale Appelle eine passende Kommunikationsstrategie zur ‚Belebung' und Unterfütterung der nackten inhaltlich vorgebrachten Kritikpunkte dar (Keller 2001: 130). Ihre Autoren sind im Wesentlichen Soziologen, Wissenschaftsjournalisten und Experten aus verschiedenen Sparten des Gesundheitswesens[2], die nicht nur Fach-

---

2   Psychiatrie, Psychologie, Gesundheitsfürsorge und Sozialwesen

artikel, sondern vor allem auch Texte für das Laienpublikum der breiten Masse verfassen. Zielsetzung der Diskursakteure ist in erster Linie, *von außen* auf die Forschung und Praxis der Psychiatrie einzuwirken. In den 1970er Jahren ist im Zuge der ersten Welle vehementer moderner Psychiatriekritik vor allem der Aspekt von Zwang und Macht in den Vordergrund gerückt worden. Diese fundamentale Form der Kritik hat sich im Wesentlichen einer konstruktivistischen Argumentation bedient, die auf negative Gesichtspunkte von Medikalisierung an sich und die dahinter liegenden Machtstrukturen abhebt. Mit dem Versuch der Untergrabung des Grundmodells der Psychiatrie als eine medizinische Wissenschaft und Praxis wurde so versucht, die Disziplin direkt an ihrer Wurzel zu packen. Szasz, einer der umtriebigsten Akteure der älteren, radikalen Kritik, fundiert seine Argumentation gegen die Psychiatrie fast ausschließlich auf ihren möglichen Nachteilen für Patienten und den Vorteilen für die Macher und Experten. Medikalisierung ist nach Szasz weder Heilkunde noch Wissenschaft, sondern eine soziale Strategie, die wenigen nützt, aber vielen schadet (Szasz 2007: xxvi). Das gesamte Unternehmen der Psychiatrie beruhe durchweg auf dem Sinnen nach Macht durch die an ihr beteiligten Experten, welche auf Seiten ihrer Patienten jegliches Risiko der Stigmatisierung durch Diagnostik und Verlust an Freiheit aufgrund der entsprechend erfolgenden Behandlung und Einweisung missachteten. Szasz ist es wichtig, das Augenmerk auf die Tatsache zu lenken, dass die Psychiatrie im historischen Rückblick in erster Linie als Zwangsmaßnahme denn als Heilung gedacht war und ursprünglich zum Dienste der dominierenden Klasse in England geschaffen wurde, um sich der nervenden und unkonventionellen Verhaltensweisen einiger ihrer Mitglieder zu entledigen (Szasz 2007: 55 ff.).

Die neuere öffentliche Psychiatriekritik steht zwar inhaltlich in der Tradition der Kritik der 1970er Jahre, ist demgegenüber jedoch differenzierter und weniger radikal in ihrer Argumentation. Der Prozess der Medikalisierung hat nicht nur Nachteile, sondern auch Vorteile. Hierzu lässt sich beispielsweise die sanftere Form der Sanktion im Vergleich zur Bestrafung unter der Hoheit des Rechtssystems anführen, wie auch die Destigmatisierung der Betroffenen durch die Entlastung von der Verantwortung für ihr abweichendes Verhalten aufgrund der Zuschreibung einer Krankheit oder aber der Optimismus des modernen medizinischen Modells mit seiner Aussicht auf Heilung benennen (Tausig et al. 1999: 146). Während qua Medikalisierung Probleme ohne Berücksichtigung des sozialen Kontextes auf den Einzelnen zurückgeworfen werden, wird im selben Zuge für das betreffende Individuum die Verpflichtung zur Eigenverantwortlichkeit reduziert. Wenn Alkoholismus eine Krankheit ist, trägt der Erkrankte keine Schuld an seinem übermäßigen Alkoholkonsum (Conrad/Leiter 2003: 7). Während die frühere Kritik solche Aspekte völlig außer Acht gelassen hat, erscheint ihre jüngere Nachfolgerin diese durchaus im Blick zu haben, setzt sie ihre Kritik doch pointierter an, anstatt sogleich die gesamte psychiatrische Disziplin über die Klinge springen zu lassen. Dabei werden ganz unterschiedliche Aspekte in den Vordergrund gerückt, die von einer noch relativ grundsätzlichen bis hin zu einer fokussierten Kritik bedeutender psychiatrischer Institutionen reichen.

Die Psychiatrie, ein durchaus zweifelhaftes Konstrukt

Durch die Benennung von Krankheiten und ihrer Klassifikation in ein Diagnosesystem erhebt die Psychiatrie den Anspruch darauf festzulegen, was als normal gilt und steckt dabei die Zuständigkeit für ‚Wahnsinn' als ihr legitimes Arbeitsgebiet ab (Kirk und Kutchins 1997: 15). Ein großes Feld der Kritik im öffentlichen Diskurs, welcher daran Anstoß nimmt, dass die konventionelle Sicht in der Psychiatrie Diagnosen als Bezeichnungen für pathologische Zustände, die mit Hilfe wissenschaftlicher Methoden ‚aufgedeckt' werden müssen, versteht, ist nach wie vor die Aufklärung bezüglich der konstruktivistischen Merkmale der Disziplin (Kirk und Kutchins 1997: 15). Dabei wird versucht zu entschleiern, dass Psychiatrie keine objektive Wissenschaft, sondern von Menschen gemacht und damit gleichzeitig von bestimmten Interessen geprägt ist. Sehr aktiv auf dem Gebiet der öffentlichen Aufklärungen hinsichtlich der Konstrukteure psychischer Normalität und Anormalität ist Paula Caplan[3], die die Öffentlichkeit über Petitionen und Radioauftritte zu mobilisieren versucht. Nach Caplan ist die gesamte Diskussion um den Rahmen von Normalität für die Situation des Patienten sehr problematisch, ja sogar überhaupt erst Problem erzeugend, weil viele psychische Leiden erst aufträten, weil sich die Betroffenen darüber den Kopf zerbrechen würden, ob sie denn nun normal sind oder nicht (Caplan 1995: 12). Bringe man sie weg von dieser Denkweise, sei damit oftmals schon der Weg zum Wohlbefinden geebnet. Energie, die dafür aufgewendet wird, die Grenze zwischen Normalität und Anormalität bestmöglich zu setzen und immer wieder zu aktualisieren, sei für das Wohl des Patienten vollends Verschwendung. Im Gegenteil: Wird eine Person als nicht normal klassifiziert, bestimmt das Angehören zu dieser Rubrik plötzlich ihr Denken und Befinden, ruft Angst, Scham, Konflikte, Wut oder gar Panik hervor (Caplan 1995: 9). Die Zuschreibung einer psychischen Störung ist nicht per se schlecht, aber zu oft, so Caplan, ist das Ergebnis für den Patienten unterm

---

3 Caplan war neben ihrer Arbeit in der psychologischen Forschung und psychotherapeutischen Beratung für die American Psychiatric Association (APA) tätig und hat darüber einen Einblick gewonnen in die Prozesse der Entscheidungen darüber, wie Anormalität konstruiert wird.

Strich negativ. Zwar kann die Kategorisierung als psychisch krank bestimmte Sozialleistungen ermöglichen, andererseits kann sie nicht mehr aus dem Lebenslauf gelöscht werden und so für Zukünftiges, wie etwa Lebensversicherungen, Sorgerecht oder Berufliches, im Wege stehen (Caplan 1995: 9). Auch eine negative Selbstbewertung sei häufig eine Folge der Etikettierung mit einer psychischen Störung, während die Frage nach den Ursachen für die eigenen negativen Gefühle und dem bestmöglichen Umgang mit ihnen weiterhin völlig offen bleibe (Caplan 1995: 273 f.). Caplan erklärt die moderne Denkweise traditioneller Psychiater und Psychologen insofern für Unsinn, als sie darauf ausgerichtet sei, für jede Störungskategorie eine passende Behandlungsmethode anzunehmen. Nicht alle, jedoch viele Therapeuten seien weitaus weniger verantwortungsvoll und kompetent in der Behandlung ihrer Patienten, als die verbreitete Meinung, welche davon ausgeht, dass Therapeuten sicher wüssten, was sie tun, widerspiegele (Caplan 1995: 17). In Wirklichkeit, so beruft Caplan sich auf ihre eigene praktische Erfahrung in der Rolle der Psychotherapeutin, lässt sich ganz oft überhaupt nicht ausmachen, warum ein Betroffener sich plötzlich besser fühlt (Caplan 1995: 19). Eine distanzierte, übergeordnete Haltung des Therapeuten gegenüber den Betroffenen könne dazu verführen, gefühllose Methoden wie Elektroschocks oder psychotropische Medikation anzuwenden. Der Patient an sich rückt umso mehr aus dem Blickfeld, je ‚verrückter' seine Diagnose ausfällt (Caplan 1995: 25 f.). Caplans Ziel ist es daher aufzuzeigen, *wie* Entscheidungen darüber getroffen werden, wer normal ist (Caplan 1995: xvi). Sie ist der Überzeugung, dass das Wissen über den Prozess dieser Entscheidungsfindung dazu beiträgt, das Leid und die Einbußen all derer zu beseitigen, die von anderen als abnormal bezeichnet werden oder sich selbst als nicht normal betrachten. Indem sie die breite Masse auf diese Thematik aufmerksam macht, will Caplan ehemalige, gegenwärtige und zukünftige Therapiepatienten, ihre Freunde und Familienmitglieder sowie Therapeuten dazu ermutigen, die Zuschreibung psychischer Diagnosen kritisch zu reflektieren (Caplan 1995: 281). Vor allem Patienten sollten auf ihre eigenen Fähigkeiten vertrauen und sich nicht unhinterfragt unter die Fuchtel von vermeintlichen Experten begeben (Caplan 1995: xxii f.).

Zur Illustration der Konstruiertheit von Normalität und Abweichung wird im kritischen Diskurs häufig eine geschichtliche Perspektive eingenommen, da im historischen Zeitraffer Kontingenz, Dynamik und Relativität in Bezug auf die jeweilige Epoche und den gesellschaftlichen Kontext aufzeigt werden können. Das Beispiel des Umgangs mit Homosexualität[4] früher und heute ist nur ei-

---

4   Bis 1973 galt Homosexualität als psychische Störung und war als solche im Diagnosekatalog der American Psychiatric Association vertreten.

nes von vielen, das die Konsequenzen dieses Umstandes verdeutlicht. Wenn eine Störung biologisch erklärbar wäre, so hätte sie zu jeder Zeit und in jeder Gesellschaft in der gleichen Korrelation in der gleichen Form auftreten müssen. Der Blick auf die Historie psychischer Störungen zeigt jedoch etwas anderes, wie Robert Whitaker in seinem Bestseller ‚Mad in America' (2010b) aufzuzeigen weiß, indem er unverblümt die Unmenschlichkeit früherer Behandlungsmethoden veranschaulicht. Auf diese Weise führt er den Leser stückweise an die Gegenwart heran und kommuniziert schonungslos seine Kritik an der gegenwärtigen Medikation psychischer Störungen, indem er sie mit früheren Methoden, wie Insulin-Koma-Therapie, Elektroschocks und Lobotomie, im selben Atemzug thematisiert. Conrad und Leiter kritisieren am derzeitigen medizinischen System seine Kurzsichtigkeit, da die entsprechend durchgeführte reine Symptombekämpfung den Zustrom an neuen Fällen nicht an seiner Wurzel packen könne. Ohne den Blick auf die wirklichen Ursachen für Erkrankungen zu richten, welche oft sozialer Natur sind, werde es schwer eine nachhaltige Gesundheitspolitik zu betreiben (Conrad und Leiter 2003: 3).

Die Bestimmung abweichenden Verhaltens ist vor allem auch immer eine Machtfrage (Conrad und Schneider 1992: 2). Das Instrument, das Psychiatern die offizielle Rechtfertigung für ihre expandierende Kontrolle darüber liefert, welches Verhalten medikalisiert wird, ist das DSM, welches nicht nur zur Klassifikation psychischer Störungen dient, sondern auch Anwendung findet bei der Bestimmung von Vormundschaften, Strafbarkeit und gesundheitlicher Tauglichkeit für Gefängnisaufenthalte (Kirk und Kutchins 1992: 9). Während das DSM aus Sicht der Diagnostiker dazu dient, psychische Störungen zu beschreiben und bei betroffenen Personen zu identifizieren, geht es bezogen auf unser Selbstverständnis über diese Grenze hinaus: Das Manual sagt uns, wie wir über uns selbst denken sollten, wie wir auf Stress reagieren sollten, welches Maß an Angst oder Traurigkeit wir fühlen dürfen oder auch wie und wann wir schlafen, essen und sexuell aktiv sein sollten, und reicht auf diese Weise weit in unser aller Alltagsleben hinein (Kirk und Kutchins 1997: 15). In Anlehnung an das Manual würden unzählige menschliche Probleme in den Kompetenzbereich der Psychiatrie verschoben. Deren zunehmend wachsendes Feld wiederum werde dominiert von den Konflikten zwischen den Interessen des psychiatrischen Establishments, die gegen die Interessen der Krankenversicherungen in den Ring gehen. Neben diesem Interessenkonflikt sehen Kirk und Kutchins die Fragilität der Wissenschaft gegenüber politischen Interessen als kritikwürdiges Feld an. Sie sind der Auffassung, dass politische wie auch persönliche Aspekte eine große – wenn nicht *die größte* – Rolle in der Diskussion um die Festlegung dessen spielen, was als psychische

Störung definiert wird. Der Eindruck, das DSM verkörpere eine neue psychiatrische Lehre, konnte sich vor allem deshalb so erfolgreich etablieren, da die Illusion erzeugt wurde, es sei das Ergebnis enorm umfangreicher Forschungsarbeiten (Kirk und Kutchins 1992: 14). Auch Whitaker merkt in dieser Hinsicht kritisch an, dass Ärzte schon immer gute Gründe vorgebracht hätten, warum ihre Behandlungsmethoden Wirkung zeigen: Sei es die Entfernung der Zähne, die dem psychotischen Patienten hilft, weil mit den Zähnen gefährliche Bakterien entfernt wurden; sei es die Lobotomie, bei der das kranke Gehirngewebe gezielt operativ entfernt worden ist; sei es die Insulin-Therapie, welche die (vermeintlich) kranken Zellen in einem künstlichen Koma zerstören sollte (Whitaker 2010b: 196). Nach Caplan ist die allgemeine Haltung in der ungeschulten Gesellschaft die, dass Experten und Autoritäten scheinbar ‚automatisch' im ersten Moment eine hohe Legitimation zugeschrieben wird. Man gehe davon aus, dass es schon richtig sein wird, was der Experte sagt, und selbst, wenn mit den Jahren der Erfahrung auch die Erkenntnis aufscheine, dass Expertentum nicht mit Objektivität gleichgesetzt werden darf, so schütze dies noch lange nicht vor der Enttäuschung über das verlorene Vertrauen, das man so gerne ihnen gegenüber aufrecht erhalten hätte. Psychiatern komme gegenüber anderen Therapeuten nicht nur deshalb der größte Einfluss bei der Bestimmung darüber zu, wer als normal gilt, weil ihre bedeutendste Organisation (die APA) ein Diagnosehandbuch bereitstellt, sondern vor allem weil sie dem medizinischen System zugeordnet seien. Dies verschafft ihnen einen höheren Rang und Status, weil ihnen gegenüber anderen Therapiedisziplinen ein höherer Grad an Wissenschaftlichkeit beigemessen wird – und wer im Dienste der Wissenschaft steht, von dem geht man aus, dass er objektive Urteile trifft (Caplan 1995: 29 f.). Die Schlüsselfiguren des DSM ignorierten konsequent sowohl die Forschung als auch das Leid der Patienten, während sie sich gleichzeitig selbst nach außen hin nur die edelsten und altruistischsten Motive zuschreiben würden (Caplan 1995: 227). Der gute Eindruck gegenüber Kollegen zähle mehr als das Wohl der Patienten und schließlich winken letzten Endes Macht, Wohlstand und Ruhm bzw. Eigenwerbung, wenn man bei der Erstellung des DSM mitmischt (Caplan 1995: 229 f.). Kirk und Kutchins bezeichnen das DSM als psychiatrische Bibel und auch sie schreiben dem Manual eine weitaus größere Bedeutung als die eines einfachen Referenzbuchs zu: Es sei eine Sammlung seltsamer sozialer Werte, politischer Kompromisse, wissenschaftlicher Aussagen und Anhaltspunkt für Versicherungsansprüche (Kirk und Kutchins 1997: x). Problematisch am DSM sei nicht nur seine Anfälligkeit für Verzerrungen und, sondern vor allem, dass durch solche Verzerrungen scheinbar normales Verhalten Kategorien der Krankheit zuordnet wird und dabei oftmals rassische oder sexistische

Ansichten überliefert werden (Kirk und Kutchins 1997: 17). Außerdem werden ernste Probleme wie beispielsweise eine Depression übersehen, während die Betroffenen die psychiatrischen Praxen mit Diagnosen wie *zwanghafte Kaufsucht* oder *prämenstruelle Dysphorie* verlassen (Caplan 2004). Unterm Strich ist das DSM eine Gelddruckmaschine – nicht allein wegen der Verkaufszahlen des Buches an sich, sondern auch weil jede neue Kategorie ein Mehr an potenziellen Patienten und somit ein größeres Einkommen für praktizierende Psychiater bedeutet (Caplan 1995: 230). Das Manual fungiert in diesem Sinne nicht nur als Klassifikationshandbuch, sondern dient als Instrument zur Vermehrung psychischer Störungen im Dienste der Pharmaindustrie und wird damit zu einer Art ‚Gelbe Seiten für Steroide' (Scull 2010: 1247).

‚Disease Mongering'[5] und die Pharmaindustrie

Der Aspekt des Profitmotivs als Antriebskurbel für den wachsenden Gegenstandsbereich psychiatrischer Behandlungen und die damit verknüpfte Verschreibung von Psychopharmaka als dominierende Behandlungsmethode wird in verschiedener Form kritisch thematisiert. Mit Aufkeimen der Psychopharmakologie, so Scull, wurden Symptome, deren Ursachen zu Zeiten der Hegemonie der Psychoanalyse bis Ende der 1960er Jahre mit der Psychodynamik unterbewusster Persönlichkeitsstörungen erklärt wurden, ab diesem Zeitpunkt mit Hilfe wissenschaftlicher Kennzeichen erklärt und die Kontrolle solcher Symptome durch chemische Wirkstoffe wurde zum ‚heiligen Gral' der Profession. In den 1990er Jahren schließlich hat sich die Bioblase so weit aufgeblasen, dass Patienten und ihre Angehörigen erfolgreich gelernt haben, psychische Störungen auf fehlerhafte biochemische Prozesse im Gehirn, auf Defekte im Dopaminhaushalt oder einen Mangel an Serotonin zurückzuführen (Scull 2010: 1247). Laut Whitaker ist der tatsächliche Erfolg von Psychopharmaka jedoch, vor allem in Bezug auf langzeitliche Entwicklung und Folgen, nicht wirklich belegt, bzw. hat sich hinsichtlich der von der konventionellen Psychiatrie vorgebrachten Nachweise häufig als nicht stichhaltig erwiesen (Whitaker 2010b: 283 f.). Unter Veranschaulichung zahlreicher Fallbeispiele wird er nicht müde darauf hinzuweisen, dass eine medikamentenfreie alternative Entwicklung des Patienten niemals retrospektiv nachspielbar sei und daher die Lobeshymnen auf entsprechende Medikamente lediglich Wunschkonzerte bleiben könnten (Whitaker 2010a). Whitaker stellt in Frage, ob Psychopharma-

---

5   Disease Mongering ist die englische Bezeichnung für zielgerichtete Kankheitskonstruktion bzw. Krankheitstreiberei, was als die von monetären Interessen geleitete Produktion von Krankheitsbildern zur Steigerung des Absatzes für Psychopharmaka zu verstehen ist.

ka tatsächlich biologische Fehlfunktionen im Gehirn beheben, ja ob diese Fehlfunktionen überhaupt in der angenommenen Funktion existieren. Eine nicht zu missachtende Untergruppe depressiver Patienten habe eine geringere Serotoninausschüttung als normale Personen – so die Hypothese, auf welche die Verabreichung von Antidepressive sich stützt. Demgegenüber liegen jedoch Studien vor, die keine signifikanten Unterschiede der Serotoninspiegel zwischen Depressiven und einer nicht-depressiven Kontrollgruppe bestätigen können (Whitaker 2010a: 71 ff.). Whitaker spricht zwar den zur Behandlung psychischer Störungen eingesetzten Psychopharmaka ihre Wirkung nicht ab, allerdings liege dies nur daran, dass sie im Vorfeld das eigentlich normal funktionierende biologische System beeinflussen und somit eine Reaktionsschleife auslösten und dies sogar in einem Maße, das als pathologisch bezeichnet werden könne (Whitaker 2010a: 82). Nicht selten ist auf lange Sicht gesehen das Risiko beim Einsatz von Medikamenten zur Behandlung psychischer Störungen größer als auf der anderen Seite ihr Nutzen in Bezug auf die Reduktion psychotischer Symptome (Whitaker 2010a: 104): Indem Antipsychotika die Rezeptoren im Gehirn blocken, welche für das Auftreten psychotischer Symptome verantwortlich gemacht werden, produziert das Gehirn mehr Rezeptoren, so dass beim Patienten eine Übersensibilität ausgelöst wird. Das Medikament erzeugt somit eine Abnormalität im Gehirn, die den Patienten letztlich noch psychotischer und emotional noch gleichgültiger macht. Nicht nur eine Verschlechterung der Symptomatik, auch ein irreversibler Behindertenstatus und eine kürzere Lebenserwartung (bis zu 15 – 25 Jahre) seien häufig Folge einer Medikation durch Antipsychotika. Kurzfristig mögen solche Medikamente helfen und für einige wenige durchaus hilfreich sein, für die breite Masse allerdings und auf lange Sicht führen sie lediglich zu noch schlimmeren Zuständen (Whitaker 2010b: 297 ff.).

Nach ihrem stetigen Aufschwung im Zeichen der aufklärerischen Ideale der Moderne ist die Medizin im 20. Jahrhundert zum nunmehr zweitgrößten Wirtschaftszweig in den USA angewachsen (Conrad und Schneider 1992: 9 ff.). Diese Entwicklung ist mitunter dem Umstand zu verdanken, dass die heutige Struktur der medizinischen Versorgung in der Lage ist, ihre eigene Nachfrage zu produzieren (Conrad und Schneider 1992: 15). Die Vorherrschaft der Verankerung psychischer Leiden in der fehlerhaften Biochemie des Gehirns, so Scull, brachte einen unschätzbaren Marketing-Boom für die Pharmaindustrie mit sich. Dieser Umstand habe die Psychiatrie dazu verführt, sich durch von der Industrie zur Verfügung gestellte Forschungsgelder kaufen zu lassen und die wissenschaftliche Entwicklung im Bereich der Psychiatrie weiter in diese Richtung zu treiben. Es sei heute die Pharmaindustrie, die einer Karriere im Feld der wissenschaftlichen Psychiatrie den Weg ebnet und damit die Produktion von Wissen kontrolliere. Scull prangert diesen Übergriff der Pharmaindustrie auf die universitäre Forschung wie auch die Tatsache, dass nicht direkt involvierte Kollegen ihre Augen davor verschließen, als unethisch an. Psychische Leiden würden nur noch in Richtungen erforscht, die für den entsprechenden Markt relevant sein könnten, Nebenwirkungen, seien sie noch so schwerwiegend und fatal, würden ignoriert (Scull 2010: 1247). Während zu Beginn der Ära der Psychopharmaka die Krankheit an erster, die entsprechende Medikation an zweiter Stelle in Abhängigkeit von der Krankheit stand, hat sich diese Polarität in den 1970er Jahren ins Gegenteil verkehrt: Es ist nicht mehr die Krankheit, die zur Entwicklung entsprechender Medikamente antreibt, sondern die vorhandenen Psychopharmaka erfordern die Konstruktion einer auf sie zugeschnittenen Krankheit, die sie unentbehrlich machen soll (Scull 2010: 1247). Auch Kirk und Kutchins merken an, dass sich über den Umweg der Medikalisierung alltäglicher Probleme viel Geld machen lässt (Kirk und Kutchins 1997: x). Mit dem Ziel der Ausdehnung des Absatzmarktes für pharmazeutische Produkte werden großangelegte Marketingkampagnen gezielt darauf ausgerichtet, alltägliche Probleme und Schwierigkeiten als psychische Krankheiten zu propagieren. So werde aus gewöhnlichen Potenzproblemen eine sexuelle Dysfunktion, aus Schüchternheit wird die Angststörung und Büroangestellte mit Konzentrationsschwierigkeiten haben plötzlich ADHS (Moynihan und Cassels 2005: x). Moynihan und Cassels bezeichnen den gesundheitsschädlichen Einfluss der Pharmaindustrie als einen weltweiten Skandal, der die medizinische Wissenschaft verzerrt und die medizinische Praxis korrumpiert. Dieser Einfluss sei kein direkter in der Form, dass Marketingexperten sich hinsetzen und neue Diagnosekriterien festlegen würden; er erfolge vielmehr über den Umweg des Geldes, und zwar als bereits routiniertes Sponsoring wichtiger medizinischer Zusammenkünfte zur Debatte und Aktualisierung von Krankheitsdefinitionen. Zwar wird auf diese Weise der Einfluss der Pharmaindustrie auf die Medizin und Psychiatrie nicht unmittelbar käuflich, aber kritische Betrachter dieser Entwicklung sind sich einig darüber, dass die Nähe der beiden Branchen zu groß geworden ist (Moynihan und Cassels 2005: xii f.). Das biochemische Modell der Imbalance von Botenstoffen im Gehirn spielt nach Moynihan und Cassels dem Pharmamarkt dabei natürlich gut in die Karten. Dabei sei es letztlich nur eines von vielen Konzepten – und ein veraltetes noch dazu (Moynihan und Cassels 2005: 23). In der Vermarktung ihrer Produkte bedient sich die Pharmaindustrie der Instrumentalisierung von Angst. So werde zum Beispiel die elterliche Angst vor dem Selbstmord ihrer jugendlichen Kinder genutzt, um die Eltern selbst bei einer leichten Depression von der Verabreichung wirkungsvoller Psychopharmaka zu überzeugen (Moynihan und Cassels 2005: xv). Aber nicht nur Angst, schon eine erhöhte Aufmerksamkeit der Personen, die beispielsweise Fernsehwerbespots von Pharmazeutika anschauen, kann dazu führen, dass die dort dargestellten Symptome an der eigenen Person entdeckt werden und man sozusagen ‚lernt', krank zu sein (Moynihan und Cassels 2005: xvi). Der Pharmaindustrie wird vorgeworfen, mit ihrer Markterweiterung vielen zu Wohlstand zu verhelfen, basiere dabei jedoch auf der Erzählung falscher Tatsachen, während sie die schlechten Langzeitergebnisse ihrer Behandlungsempfehlungen verstecke. Nachdem die Krankheitstreiberei in den letzten 20 Jahren die Zahl der psychisch Kranken hat in die Höhe schnellen lassen, sind nun unsere Kinder an der Reihe (Whitaker 2010a: 346).

Der Patient als Subjekt des Widerstands

Neben den Expertenakteuren innerhalb des öffentlichen Diskurses artikuliert auch eine nicht-wissenschaftliche Bewegung öffentlichen Widerstand gegen die moderne Psychiatrie. Seit ca. 40 Jahren existiert eine Bewegung von Betroffenen, die der Psychiatrie offensiv und aktiv Kontra gibt. Sie besteht aus gegenwärtigen sowie ehemaligen Patienten, die darin übereinkommen, dass ihre Probleme vor der psychiatrischen Behandlung weniger schlimm waren als danach. Die Subjekte der sogenannten c/s/x-Bewegung[6] stellen sich gegen die Etikettierung durch psychiatrische Zuschreibungen und setzen sich aktiv für ihr Recht ein, selbst über ihre Rolle als Kranker sowie über die Form einer etwaigen Behandlung zu bestimmen (Morrison 2005: ix). Ausgangspunkt für Veränderungen im klassischen Arzt-Patienten-Verhältnis ist die Privatwelt der Betroffenen bzw. die Öffentlichkeit. Dies und nicht etwa die Fachdisziplin selbst ist der Raum, von dem aus die Veränderung der psychiatrischen Praxis sich in Folge der c/s/x-Bewegung vollziehen soll. Anstatt auf die professionelle Expertise eines Arztes zu vertrauen und sich seinen Behandlungsvorschlägen zu fügen, stellen Patienten selbst die klassische Arzt-Patienten-Hierarchie infrage, indem sie das Blatt wenden und sich ihre Psychiater zur Brust nehmen. Der dabei mitschwingende Grad an Autonomie und personaler Autorität unterscheidet sich bedeutend von der herkömmlichen Konzeption des Patienten in der Krankenrolle (Morrison 2005: 13). Die Bewegung ist keine offizielle Instanz oder Organisation, sondern vielmehr eine Vereinigung verschiedenster Gruppierungen, die sich in unterschiedlicher Form und Stärke gegen die Praktiken der Psychiatrie stellen und dabei um Un-

---

6 c/s/x steht für consumer/survivor/ex-patient, so dass die entsprechende Formierung als Konsumenten-/Überlebenden-/Ex-Patienten-Bewegung übersetzt werden kann (Morrison 2005: ix). Im fortlaufenden Text wird die englische Kurzform verwendet.

terstützung, Schutz der Rechte und alternative Methoden zur Verbesserung der Eigenverantwortlichkeit und Wahlmöglichkeiten für psychiatrisch behandelte Personen kämpfen (Morrison 2005: 58). Vor allem Selbsthilfegruppen, die sich aus verschiedenen Betroffenen zusammensetzen, finden in ihren grundsätzlichen Leitgedanken Anerkennung und Unterstützung unter den c/s/x-Aktivisten, da sie sich nicht zum Ziel gesetzt haben, ihre als psychisch krank kategorisierten Mitglieder in den ‚Normalzustand' zu konvertieren (Morrison 2005: 13 ff.). Die zentrale Botschaft der c/s/x-Bewegung ist, dass die gegenwärtige Reaktion der Gesellschaft auf Unterschiedlichkeit und Normabweichung in Form psychiatrischer Diagnosen, Zwangsbehandlung und Entmenschlichung ein Affront gegen die Menschenrechte sei (Morrison 2005: 174). Dem Patienten selbst werde aus Sicht der Psychiatrie zwar nicht der Mund verboten – ganz im Gegenteil sei die persönliche Artikulation seiner Erfahrungen für die Diagnose und Behandlung von größter Bedeutung – allerdings seien seine Aussagen lediglich als das Sprechen eines Objekts gefragt. Der Patient ist im Denkgebilde der klassisch modernen Psychiatrie ausschließlich Objekt und kein Subjekt.

Psychiatriekritik im Expertendiskurs

Diskurspraktiken innerhalb eines Expertenkontextes müssen sich, entgegen dem allgemeinverständlichen Sprachgebrauch im öffentlichen Diskurs, gezielt und systematisch des entsprechenden Fachvokabulars sowie argumentativer Regeln bedienen (Keller 2001: 130). Hierzu gehört im vorliegenden Kontext vor allem die Fundierung der Argumentation auf wissenschaftlichem Boden, was für theoretische Annahmen eine sorgfältige Herleitung unter Bezugnahme auf einschlägige Klassiker bedeutet, für Kritik an der Praxis heißt dies, dass die eigene Stimme mit empirischen Studien und wissenschaftlichen Ergebnissen untermauert werden muss. Die Akteure des psychiatriekritischen Expertendiskurses setzen sich vorwiegend aus Psychiatern oder Psychologen zusammen, darunter auch einige Mitglieder des *Critical Psychiatry Network* – einer Organisation von Experten, die sich dem Aufbau von Rahmenbedingungen für die Neuformierung der Behandlungsmethoden für psychische Leiden widmet. Dabei versucht die Vereinigung sich vor allem kritisch gegen die gegenwärtige Psychiatrie zu stellen, wobei jedoch die Polarisierung zwischen Psychiatrie und Antipsychiatrie vermieden werden soll (Lewis 2006: 173). Der psychiatriekritische Expertendiskurs verfolgt gegenüber dem öffentlichen Diskurs weniger eine offensive Anklage vorhandener Modelle und Konzeptionen, sondern beabsichtigt vielmehr das *Aufzeigen von Alternativen* mit einer Fokussierung auf Gegenvorschlägen. Um mit der Psychiatrie ernsthaft ins Gespräch zu kommen, muss man sich ihrer eigenen Sprache bedienen und dabei ihre Ansichten und Werte reflektieren (Morrison 2005: 12). Wer wirklich etwas verändern will, darf nicht nach der Holzhammermethode vorgehen und dabei das große Ganze zu zerstören versuchen. Er muss vielmehr auf dem Bestehenden aufsetzen und dort möglichst sanft und dosiert detaillierte Kritik und Änderungsvorschläge anbringen.

Auch im Expertendiskurs ist der Großteil an Äußerungen auf konstruktivistischen Argumenten angelegt. Die Schärfe, in der diese Grundhaltung zum Ausdruck gebracht wird, scheint jedoch insgesamt weicher als dies im öffentlichen Diskurs der Fall ist. Ausgenommen davon ist die Psychologin Mary Boyle, welche recht unmissverständlich folgende bereits im öffentlichen Diskurs aufgetauchte Ansicht vertritt: Aus einer sozialkonstruktivistischen Perspektive auf die Gegenstände psychiatrischer Untersuchungen, die innerhalb der Disziplin selbst als psychische Leiden, Störungen oder Krankheiten gehandelt werden, seien solche Begriffe keine objektiven Realitäten, sondern soziale Konstruktionen ungewollter bzw. störender Phänomene, so dass jeglicher Definitionsversuch willkürlich sei in dem Sinne, dass jede andere Definition nicht weniger richtig oder falsch wäre als die vorherrschende (Boyle 1990: 161). Die Beschreibung derartiger Phänomene als psychische Krankheiten führe schließlich zu ihrer Naturalisierung und damit in den Glauben, ihr Ursprung liege in einer Hirnfehlfunktion begründet. Die Überzeugung von pathologischen Ursachen psychischer Symptome sei unter anderem fehlinterpretierten genetischen Untersuchungsergebnissen geschuldet (Boyle 1990: 168). Als Interessenvertreter der naturalistischen Sicht ist neben der Gruppe der Psychiater auch die Öffentlichkeit an der Aufrechterhaltung der Krankheitskonzeption psychischer Störungen interessiert – befreit sie doch sowohl den in die Opferrolle versetzten Patienten als auch seine Angehörigen von jeglicher auf die Krankheit bezogene Verantwortung und ermöglicht in gleicher Weise das Äußern und Annehmen von Mitleid und Verständnis (Boyle 1990: 180). Die Art und Weise, wie Boyle ihrer Kritik Ausdruck verleiht, geschieht zwar in einem Expertenkontext, scheint dabei jedoch wenig den Äußerungsmodalitäten dieses Diskursumfelds angepasst zu sein. Anders verhält es sich mit den psychiatriekritischen Expertendiskursen, die ein Etablieren postpsychiatrischen Denkens oder das Aufzeigen von Alternativen gegenüber der massenhaften Verschreibung von Psychopharmaka als derzeit dominierende Behandlungsmethode im Blick haben. Welche Inhalte diese Diskurse sich auf die Fahnen schreiben und welche Argumentation und Vorgehensweise sie in der diskursiven Praxis verfolgen, soll in den folgenden Abschnitten verdeutlicht werden.

Postpsychiatrisches Denken gegen die Begrenztheit des modernen Konzepts

Gegenwärtig steht das gesamte Gesundheitswesen weitestgehend in der Tradition des modernen Denkens und teilt entsprechende Ansichten. Ob es um die Erforschung von Atomen, Genen oder Synapsen im Gehirn geht – das Hauptanliegen der Wissenschaften ist der Versuch, auf Basis von empirischen Erkenntnissen Systematiken aufzustellen und objektives Wissens zu erlangen (Gergen und Kaye 1992: 168). Zur modernen Denktradition gehört auch die Überzeugung, dass Therapeuten als Wissenschaftler zu begreifen seien. Wissen fungiert dabei als therapeutisches Instrumentarium, welches in der historischen Entwicklung stetig reift und wächst. Entsprechende therapeutische Theorien beinhalten Annahmen über die Ursachen bestimmter Pathologien, die Verortung dieser Ursachen im Patienten bzw. seiner Umwelt, Methoden zur Diagnose psychischer Probleme sowie Methoden zu ihrer erfolgreichen Behandlung (Gergen und Kaye 1992: 169). Vorteil der therapeutischen Arbeit nach modernem Verständnis ist das Ersetzen des pathologischen Narrativs durch eine adaptierte, ein positives Wohlbefinden versprechende Alternativ-Wirklichkeit. Durch das Erarbeiten der Einsicht in seine ‚wahren Probleme' wird dem Patienten ein alternatives Denken über seinen Zustand dargeboten, der ihm Aussicht auf zukünftiges Wohlbefinden verspricht (Gergen und Kaye 1992: 170). Zum modernen therapeutischen Ansatz gehören nicht selten medizinische Behandlungen, wie etwa Medikationen, Labortests und andere medizinische Untersuchungen und Maßnahmen. Sie alle teilen einen Fokus auf ein rationales Individuum, bestimmte Überwachungsmethoden und den Glauben an eine fortschrittliche Entwicklung des behandelten Patienten (McNamee 1992: 191). Durch die objektivierende Haltung des Therapeuten wird der Patient, das eigentliche Subjekt der Therapie, diesem gegenüber jedoch automatisch in eine unterlegene Position versetzt. Indirekt wird dem Patienten die Unfähigkeit zum Begreifen der Realität unterstellt, während der Therapeut als weise und allwissend erscheint (Gergen und Kaye 1992: 171).

Kritik an der modernen Ausrichtung der therapeutischen Theorie und Praxis zielt nach Gergen und Kaye vor allem auf deren durchdringenden Erkenntnisanspruch im Gesundheitswesen ab (Gergen und Kaye 1992: 170). Ebenso steht die exzessive Konzentration auf das Individuum unter relativer Vernachlässigung weitgreifender kultureller Konventionen unter Beschuss durch Kritiker der modernen Sichtweise (Gergen und Kaye 1992: 173 f.). Der Patient werde in der modernen Psychiatrie als Objekt betrachtet, an das objektives Wissen in Form psychiatrischer Diagnosen und entsprechende Behandlungsmethoden als Heilmittel herangetragen würden. Dies ist in mehrerlei Hinsicht auch ein Kernaspekt des demgegenüber radikaleren öffentlichen Kritikdiskurses, der sich allerdings strategisch betrachtet im Wesentlichen darauf konzentriert darzulegen, auf welche Weise die Psychiatrie Objektivität konstruiert. Demgegenüber lenkt der Diskurs um postmoderne Ansichten seinen Fokus darauf, Wege aufzuzeigen in allen Belangen psychiatrischer Praxis die Subjektivität in den Vordergrund zu rücken. Dieses Feld der sogenannten Postpsychiatrie befasst sich, so Lewis, in erster Linie mit der Untersuchung der Wissenschaft an sich, der Untersuchung seiner Rhetorik, seiner Methoden und seiner Wissenschaftler (Lewis 2006). Lewis merkt an, dass unter diesem Blickwinkel auf die psychiatrische Disziplin die Hoffnung auf eine vollständige Erklärung der menschlichen Psyche, der Wünsche, Absichten und Leiden des Menschen, erloschen ist. Ebenso wenig seien kulturelle und politische Rahmenbedingungen durchschaubar, welche ihren unausweichlichen Horizont bilden. Die Postpsychiatrie nimmt damit die grundlegende Ausrichtung der Psychiatrie als moderne Wissenschaft in den Fokus und stellt ihr postmodernes Denken gegenüber. Dabei wird weniger auf die Problematik der gegenwärtigen Situation abgehoben, als dass sich auf das direkte Aufzeigen alternativer Optionen konzentriert wird, die die neue Herangehensweise mit sich bringt. In Anlehnung an Foucaults Ausführungen zur diskursiven Praxis stellt die postpsychiatrische Linie den Diskurs und seine zirkuläre Entwicklung zwischen Therapeut und Patient in den Mittelpunkt psychiatrischer Untersuchungen (Lewis 2006: 38 ff.). Dabei weist sie die moderne Form der psychiatrischen Theorie und Praxis nicht explizit zurück, sondern sieht ihren Auftrag vielmehr in der Verschiebung des disziplinären Schwerpunkts. Entsprechenden Vertretern geht es nicht um die Rückkehr zur Psychoanalyse oder um das Vorbringen radikaler Kritik gegenüber der ihrer Meinung nach reduktionistischen klassischen Psychiatrie. Im Zentrum der Postpsychiatrie steht vielmehr die Eröffnung alternativer wissenschaftlicher Blickwinkel durch eine theoretischen Analyse aller innerdisziplinären Spannungen (Lewis 2006: x).

Der Konflikt zwischen Psychiatrie und Antipsychiatrie, welche die gesamte Disziplin unter Berufung auf Kampfbegriffe wie Repression und fehlgeleitete Ideologie an der Wurzel auszureißen versucht, soll nach Vorstellung postpsychiatrischer Vertreter überwunden werden (Bracken und Thomas 2001: 727). Vielmehr solle, fernab von jeder psychiatrischen und antipsychiatrischen Vorstellung einer ‚richtigen' Erklärung psychischer Störungen, der Blick geweitet werden für andere Sichtweisen und Perspektiven, ohne eine neue Theorie in die Welt zu setzen. Nach Gergen und Kaye verliert aus postmoderner Sicht die absolute Autorität des Wissenschaftlers ihren Status; Wissen wird zum sozialen Konstrukt. Vor diesem Hintergrund müsse nun die moderne Vorgehensweise, die Narrative des Patienten im Rahmen einer Therapie durch die Narrative des ‚objektiven' Experten zu ersetzen, in Frage gestellt werden. Klassische Patient-Experte-Hierarchien und fixe richtig/falsch-Setzungen gelten nur noch innerhalb eines jeweils engen Kreises gleichgesinnter Therapeuten (Gergen und Kaye 1992: 174). Der Fokus des Postmodernismus liegt auf der Sprache, der Interaktion von Personen und der gemeinsamen Konstruktion ihrer Welten (McNamee 1992: 191). Während der therapeutische Erfolg in der Perspektive der modernen Psychiatrie dadurch erzielt wird, dass der Patient den therapeutischen Diskurs angenommen hat, so ist entsprechender Erfolg aus postmoderner Sicht ein anderer: Indem sie den therapeutischen Diskurs als objektives Wissen von seinem Sockel holt, wird jeder Behandlungserfolg individuell und vor allen nie ohne den Fokus auf den Bedürfnissen und Wünschen des Patienten erreichbar. Der Diskurs um die Postpsychiatrie im Expertenkontext kann praktisch als Äquivalent zur Betroffenen-Bewegung im öffentlichen Diskurs betrachtet werden. Fruggeri erklärt die neue, hierarchielose Konstellation, die sich mit dem Hinwenden zum postpsychiatrischen Denken für Patient und Therapeut ergibt, wie folgt: Durch die interaktionistische Betrachtung psychopathologischer Phänomene ist der Therapeut immer von den Beschreibungen des Patienten abhängig. Die aufeinander bezogenen Rollen der Gesprächspartner sowie der interpersonelle Kontext zwischen Patient und Therapeut werden während des Behandlungsgesprächs konstruiert, und dabei ein gemeinsamer Definitionsbereich hergestellt. Jedes therapeutische Gespräch läuft anders ab, da die Konstellation von Patient und Therapeut jeweils einzigartig ist. Ein Therapeut kann keine objektive Diagnose stellen, ohne sich auf die Aussagen des Patienten zu beziehen, wodurch automatisch jede Diagnose zu einer subjektiven, in der Interaktion hervorgebrachten Sache wird (Fruggeri 1992: 44). Dennoch, so Fruggeri, ist der therapeutischen Diskurs kein omnipotentes Unterfangen, allerdings liefere das methodische Instrumentarium der Therapie eine Struktur, welches die potenzielle Willkür der therapeutischen Leistung entkräfte (Fruggeri 1992: 46 f.). Laut Gergen und Kaye ‚leidet' die moderne Denkweise an der Geschlossenheit ihrer narrativen Formulierungen. Unter Berufung auf eine wissenschaftliche Fundierung geht der Therapeut bereits mit einem festen Raster an möglichen Störungen in die Behandlung und schränkt mit dieser Haltung den Verlauf der Behandlung a priori bereits ein (Gergen und Kaye 1992: 171 f.). Auf diese Weise flüstern die therapeutischen Narrative der modernen Tradition sich in das Leben jedes Einzelnen ein und sind dabei resistent gegen ein individuelles Einfühlen in die ganz spezifischen Lebensumstände des jeweils Betroffenen (Gergen und Kaye 1992: 172). Wie Fruggeri meinen auch Gergen und Kaye, dass die Anwendung eines einzigen Narratives auf ein bestimmtes Verhaltensmerkmal an seine Grenzen stößt. Da nach pragmatischen Gesichtspunkten keine Situation der anderen gleichgesetzt werden kann und daher ein einheitliches Narrativ des Selbst nicht in jeder Sachlage zu einem positiven Ergebnis kommt, ist eine Vielheit an Narrativen erheblich zu bevorzugen (Gergen und Kaye 1992: 179). Die Objekte der neuen Psychiatrie sind psychische Störungen (nicht Patienten), das führende theoretische Konzept ist krankheitszentriert und die maßgebliche Strategie ist keine ‚objektive' psychiatrische Theorie, sondern diskursive Praxis und narratives Denken im gleichgestellten Dialog zwischen Therapeut und Patient. Während die vorangegangenen Ausführungen zu den Vorstellungen der Diskursakteure im postpsychiatrischen Expertenkontext vorwiegend einen Nutzen für den Patienten durchscheinen lassen, beschreibt Lewis (2006) in dem Aufbrechen der Enge und Geschlossenheit des hegemonialen modernen Psychiatriekonzepts ganz direkt nicht nur für den Patienten, sondern auch für den Therapeuten einen Vorteil: Durch die Wandlung, die mit einem Umschwenken zu postpsychiatrischem Denken einhergeht, wird der Schwerpunkt weg von der objektiven Wahrheit wissenschaftlicher Forschungsergebnisse hin zum Vertrauen in die Weisheit der Praxis verlagert, mehr Gewicht auf ethische, politische und Glück verheißende Aspekte gelegt und in allen Bereichen der Psychiatrie eine höhere Demokratisierung erreicht. Ein solcher Idealzustand ist eine Win-win-Situation mit nicht nur mehr Verständnis für den Patienten, sondern damit einhergehend auch mit mehr Erfolg und Freude für den Therapeuten.

Wie Psychopharmaka ‚wirklich' wirken

Neben der Diskussion um den Wandel vom modernen zum postmodernen, dialogisch orientierten Denken bildet innerhalb des Expertenkontextes ebenso wie im öffentlichen Diskurs die Kritik an der Verschreibung von Psychopharmaka eine große Rolle. Die Äußerungsmodalitäten sind jedoch entsprechend des jeweiligen Bezugsrahmens sehr unterschiedlich. Während im öffentlichen Diskurs aus einer eher soziologischen, konstruktivistischen Perspektive die Interessenvertreter hinter der Verschreibung von Psychopharmaka im Fokus der Betrachtung stehen und entsprechend thematisiert werden, dreht sich der Expertendiskurs vorwiegend um das Vorbringen wissenschaftlicher Argumente und Studien, die gegen die dominierenden Erkenntnisse der modernen Psychiatrie ins Rennen geschickt werden – wenn auch nicht, ohne auch hier einen Blick auf die hinter der dominierenden Theorie stehenden Interessenvertreter zu werfen. Im marxistischen Sinne ist das vorherrschende psychiatrische Modell eine von bestimmten Interessengruppen getragene Ideologie, die falsches Bewusstsein erzeugt und sich dabei als objektives Wissen präsentiert, während sie tatsächlich nur einen kleinen Ausschnitt der menschlichen Erfahrung überliefert (Moncrieff 2009: 237). Einer der Akteure im pharmakritischen Expertendiskurses ist Irving Kirsch, der sein wissenschaftliches Arbeiten in erster Linie der Placebo-Forschung verschrieben und vor allem aufgrund der darüber erzielten Untersuchungsergebnisse eine kritische Sicht gegenüber der dominierenden Theorie zur Erklärung psychischer Störungen, der Theorie der chemischen Imbalance, eingenommen hat. Seit den Tagen ihrer ‚Erfindung' sei diese an schwachen und widersprüchlichen Anhaltspunkten festgemacht worden. In über 50 Jahren wissenschaftlichen Arbeitens seien immer wieder Forschungsergebnisse erzielt worden, die die Annahmen der Theorie widerlegen. Dennoch, so Kirsch, halte sie nach wie vor ihre Vormachtstellung zur Erklärung depressiver Erkrankungen; alle sie widerlegenden Untersuchungsergebnisse würden weiterhin konsequent ignoriert (Kirsch 2009: 83).

Bei der medikamentösen Behandlung von Depressionen schreibt Kirsch den größten Teil des allgemeinen Genesungs-Erfolgs dem Placebo-Effekt zu. Versuchsreihen, welche einen direkten Vergleich zwischen Placebo-Effekten und den Wirkungen von Antidepressiva ziehen sollten, haben ergeben, dass der positive Einfluss der wirkstoffhaltigen Medikamente auf den Gemütszustand der Testperson zwar größer war, dies jedoch lediglich in sehr geringem Maße verglichen mit den allein durch Placebos erzielten Verbesserungen (Kirsch 2009: 19). Der sehr geringe Unterschied depressiver Patienten in Reaktion auf psychopharmakologische Medikation verglichen mit wirkstofffreien Placebos würde in den letztlich veröffentlichten Studien schlichtweg unter den Tisch fallen gelassen und Veränderungen der Befindlichkeit beobachteter Patienten als reiner Verdienst der Antidepressiva dargestellt (Kirsch 2009: 3). Wenn auch Placebos eine bewiesenermaßen wirksame Methode zur erfolgreichen Behandlung von Depressionen sind, so sei ihr Einsatz doch aus ethischer Sicht fragwürdig; schließlich werde dem Patienten im ärztlichen Vertrauensverhältnis eine buchstäbliche ‚Unwahrheit' verabreicht (Kirsch 2009: 154 f.). Im Zuge einer umfangreichen Meta-Analyse von Studien zur Behandlung von Depressionen hat Kirsch herausgefunden, dass, egal welcher Wirkstoff zur Medikation einer Depression eingesetzt wurde, der Verbesserungseffekt immer gleich war. Der ohnehin recht geringe Effekt medikamentöser Behandlungen war nur zu 25 % auf den Einsatz des Medikaments selbst zurückzuführen (Kirsch 2009: 12). Während seiner Untersuchungen zum Placebo-Effekt von Antidepressiva hat Kirsch außerdem aufgedeckt, dass 40 % der von Pharmaunternehmen in Auftrag gegebenen klinischen Versuchsreihen zur Wirkung des Mittels von den Auftraggebern von der Veröffentlichung zurückgehalten wurden, weil die Ergebnisse nicht den gewünschten Erwartungen entsprachen (Kirsch 2009: 4). Für Kirsch steckt die Theorie der chemischen Imbalance in einer handfesten Krise. Die empirischen Daten erfüllten schlicht nicht die Erwartungen, die die Theorie verspreche (Kirsch 2009: 99).

Neben David Kirsch beobachtet auch Joanna Moncrieff voller Unbehagen die Entwicklung der Pharmakologie als ‚Allheilmittel' für die Behandlung psychischer Störungen. Während die ärztliche Verordnung für psychotropische Mittel wie Valium und Librium, sogenannte Benzodiazepine, seit den 1990er Jahren deutlich zurückgeht, steigt der Konsum von Sedativa wie Antidepressiva und Antipsychotika in hohem Maße an – vor allem deutlich bei der Gruppe junger Patienten und Kinder (Moncrieff 2009: 3). Während zu früheren Zeiten der Einsatz von Medikamenten generell kritisch betrachtet wurde im Hinblick auf mögliche unbedachte Effekte, sei bereits mit Beginn der 1950er Jahre ein Umdenken eingeläutet worden, das mit einer Metamorphose der Theorien über die Wirkung von Medikamenten einherging: Anstatt als Substanzen betrachtet zu werden, die zwar unausgegorene aber hilfreiche Effekte hervorrufen, entwickelten sich Medikamente in der allgemeinen Wahrnehmung schnell zu *spezifischen* Heilmitteln für *spezifische* Krankheiten (Moncrieff 2009: 4). Lässt man die Nebenwirkungen von Psychopharmaka außer Acht, so gebe es zahlreiche Untersuchungen, die die positive Wirkung entsprechender Medikamente mit Hinblick auf die Linderung psychischer Symptome betreffen. Dies führe schließlich zu der weit verbreiteten Meinung, dass Antipsychotika krankheitsspezifische Behandlungen ermöglichten (Moncrieff 2009: 117). Dabei bedeute moderne Medikamentenverschreibung nicht automatisch auch ‚richtige' Behandlung. Diese Annahme sei ebenso verfehlt wie der frühere Glaube, dass der Schizophrenie effektiv und zielgerichtet mithilfe von Insulin-Koma-Therapie beigekommen werden könne (Moncrieff 2009: 2).

Die massenhafte Verschreibung von Antidepressiva ist jedoch nicht nur aus dem Grunde kritisch zu bewerten, weil die Medikamente Einfluss auf den normalen körperlichen Zustand nehmen und ihn in einen pathologischen Zustand versetzen. Vor allem die Zuschreibung der eigenen Genesung seitens des Patienten auf den Einsatz von Medikamenten wirke sich zukunftsgerichtet nicht positiv auf seine Psyche aus – im Gegenteil: Auf diese Weise entgehe Betroffenen die Erfahrung ihrer Selbstwirksamkeit, welche wichtig für den Aufbau eines nachhaltig stabilen Selbstvertrauens ist und sie mit der nötigen Stärke für das zukünftige Meistern persönlicher Schwierigkeiten und Krisensituation ausstatte (Moncrieff 2009: 172 f.). Moncrieff vertritt entgegen der traditionellen, krankheitsorientierten psychiatrischen Linie ein medikamentenzentriertes Theoriemodell, welches davon ausgeht, dass Medikamente nicht gegen eine bestimmte Pathologie wirken, sondern selbst in ihrer Wirksamkeit eine Pathologie auslösen (Moncrieff 2009:

14). Sie stellt sich dabei weder hinsichtlich möglicher zukünftiger Entdeckungen und medizinischer Entwicklungen völlig gegen die biologische Perspektive, wenn sie sich auch klar gegen deren aktuelle Vorherrschaft in der psychiatrischen Disziplin wendet, noch spricht sie den gegen psychische Symptome eingesetzten Neuroleptika ihre Wirkung grundsätzlich ab. In Referenz auf die Ergebnisse zahlreicher Studien und Untersuchungen hebt Moncrieff jedoch hervor, dass dieselben Effekte auch durch andere Medikamente oder aufgrund plötzlicher Genesung des Patienten ohne ursächlichen Bezug auf irgendwelche Wirkmittel hätten eingetreten sein können. Es fehlten die entsprechenden Belege und wissenschaftliche Nachweise (Moncrieff 2009: 99). Moncrieff bezeichnet ihren Standpunkt bezüglich des psychiatrischen Wissens nicht als einen relativistischen. Sie kritisiert postmoderne und relativistische Positionen aus folgendem Grunde: Beide Haltungen seien letztendlich unbefriedigend, da sie darauf abheben würden, dass alles Wissen unfundiert sei und keine Basis liefern würden, anhand derer man sich für eine bestimmte Theorie zur Erklärung und Behandlung psychischer Störungen entscheiden könne (Moncrieff 2009: 238). Mit Blick auf zeitgenössische Beobachtungen fordert die Psychiaterin vor allem auf, die Medikation von ADHDS kritisch in den Blick zu nehmen. Während unter den Minderjährigen vor allem Jungen die Diagnose ADHDS attestiert bekämen, seien es unter den Erwachsenen deutlich mehr junge Frauen, welche laut des psychiatrischen Gutachtens an ADHDS litten – in einer Form und Stärke, die der Schwemme an Benzodiazepan-Verschreibung für ‚unglückliche' und unzufriedene Frauen in den 1980er Jahren gleichkäme (Moncrieff 2009: 223).

Wie weiter mit der Psychiatrie?

Betrachtet man das breite Feld der in den vorangegangenen Abschnitten zusammengefassten Aspekte gegenwärtiger Kritik an der modernen Psychiatrie, so lässt sich erahnen, wie viel mehr an Stimmen und Akteuren sich noch hinter diesem ersten Eindruck verbirgt. Trotz dessen, dass die Psychiatrie sowohl in der Öffentlichkeit als auch im Expertenkontext in vielfältiger Weise unter Beschuss steht, erscheint das biochemische Modell sich in seiner Dominanz der psychiatrischen Disziplin bislang noch solide zu behaupten. *Wie lange noch?* ist eine Frage, die sich stellt, wenn man in die Lektüre kritischer Texte eintaucht, *Wie könnte es weitergehen?* eine zweite. Zu versuchen, die erste Frage zu beantworten, erscheint an dieser Stelle durchaus als eher überhebliches Unterfangen; verhältnismäßig leichter fällt es, in inhaltlicher Form eine Richtung prognostizieren zu wollen –

und dies nicht zuletzt deshalb, weil die kritischen Akteure selbst konkrete Wünsche und Ziele formulieren, nach denen sie ihr Schreiben und Handeln ausrichten. Conrad und Schneider halten in „Deviance und Medicalization" (1992) vier Formulierungen fest, die beschreiben, was gegen die Übermacht sozialer Kontrolle qua Medikalisierung unternommen werden muss. Zum einen müsste die Medikalisierung abweichenden Verhaltens als de facto soziales Verfahren betrachtet werden. Außerdem bedürfte es umfangreicherer Forschung zur Ergründung und Offenlegung des Ausmaßes, des Nutzens und der Kosten der Medikalisierung von Devianz. Im Zentrum steht der Gedanke, eine effektive Gegenmacht zur medizinischen Autorität in der sozialen Kontrolle zu etablieren, als welche ihnen die Entwicklung eines neuen Devianz-Modells, das abweichende Personen zwar zur Verantwortung zieht, sie jedoch dabei nicht negativ verurteilt, vorschwebt. Wir müssten uns lossagen von der Dichotomie *Krankheit oder Straftat*, welche nur begrenzte Schwarz-Weiß-Antworten zuließe (Conrad und Schneider 1992: 260).

Weniger nah an der Wurzel als Conrad und Schneider setzt Paula Caplan ihre Zukunftsvorstellung an. Caplan möchte die Mystik brechen, die die medizinische und psychologische Wissenschaft umgibt, und den gewöhnlichen Einzelnen zu mehr Beherztheit zum Widerspruch und Hinterfragen ermutigen (Caplan 1995: 281). Sie ruft öffentlich nicht nur zum kritischen Denken, sondern auch zur aktiven Mitarbeit im Kampf um das Wohl psychiatrischer Patienten auf. Petitionen, Leserbriefe usw. bezogen auf individuelle Bedenken und Sorgen können hierfür von jedermann beigetragen werden. Bezogen auf die psychologische Therapiepraxis wünscht sich Caplan den offenen Dialog zwischen Patienten und Therapeut, der mit möglichst geringen Vorannahmen in jedes Gespräch gehen sollte (Caplan 1995: 285). Zuhören sei sehr wichtig. Von den DSM-Autoren wünscht sich Caplan, dass der Umstand, dass ihre Arbeit nicht sehr wissenschaftlich ist, sich auch direkt am Buchtitel des DSM ablesen lassen sollte (Caplan 1995: 287).

Ganz oben auf Whitakers Wunschliste steht ein Appell für Aufrichtigkeit – dass den Schizophrenikern nicht länger erzählt wird, sie leiden an einer Imbalance von Dopamin oder Serotonin, die durch entsprechende Medikamente behoben werden kann. Dieses Gebaren nennt er medizinischen Betrug, der für Menschen, die an Krankheiten wie Krebs oder Herzerkrankungen leiden, undenkbar wäre. Whitaker wünscht sich eine Revision der aktuell angewandten Behandlungsmethoden mit ihrem Fokus auf der psychopharmakologischen Medikation psychisch Kranker. Ihm geht es darum, als Gesellschaft eine „frische Perspektive" auf die entsprechenden Dinge zu bekommen, um in der Zukunft den als verrückt Klassifizierten helfen zu können (Whitaker 2010: xvi). Whitakers Sicht ist dabei gegenüber früheren Einschätzungen inzwischen durchaus optimistisch: Er sieht die Offensichtlichkeit des gescheiterten Fürsorge-Paradigmas in der Gesellschaft überall mehr durchscheinen. Er hofft, dass über die Verbreitung des historischen Rückblicks auf die Psychiatrie nicht nur die breite Masse, sondern mit ihr auch mehr und mehr Anbieter psychiatrischer Serviceleistungen alternative Wege zur herkömmlichen Massenmedikation gehen (Whitaker 2010: 304).

Die mit Kritik an den Mauscheleien der Pharmaindustrie unter dem Begriff des *Disease Mongering* verfolgte Zielsetzung von Moynihan und Cassels ist keine prinzipielle Diffamierung der gesamten pharmazeutischen Branche, sondern aufzudecken, in welcher Form die Marketingmaschinerie der Pharmaindustrie zu viele alltägliche Probleme in Krankheiten verwandelt, um sich auf diese Weise neue Märkte zu erschließen und ihren Absatz auszubauen. Ziel dieser Aufdeckung ist es, eine Debatte anzuregen, die die Öffentlichkeit in ehrlicherer und vernünftigerer Weise über gesundheitsrelevante Themen aufklärt, anstatt weiterhin hinzunehmen, wie Angst geschürt wird mit dem Ziel, den Medikamentenabsatz zu steigern (Moynihan und Cassels 2005: xvii f.). Die Autoren setzen den Hebel bei den Institutionen an, die Forschung betreiben und Wissen produzieren. Diese sollten unabhängig von der Pharmaindustrie sein, unverzerrt neue Ideen verfolgen und diese für jeden gewöhnlichen Leser verständlich vermitteln können. Ehrliche Aufklärung statt Angst, so die entsprechende Devise. Die Autoren schießen dabei klar gegen die medizinisch fundierte moderne Psychiatrie und treten ein für alternative, nicht-medizinische Modelle zur Konstruktion von Krankheiten und Therapien, die neben Experten auch Laien mit ins Boot holen. Beim Wettern gegen die negativen Folgen der Dominanz des medizinischen Modell werden als Hauptschuldige jedoch nicht die Mediziner selbst, sondern primär die Pharmaindustrie angeklagt, welche von oberster Stelle die gesamte Fachdisziplin dominiere (Moynihan und Cassels 2005: 198 f.).

Das strategische Ziel der von Linda Morrison analysierten c/s/x-Bewegung ist es, Unterstützung seitens der breiten Öffentlichkeit zu finden und sich mit anderen Bewegungen zusammenzuschließen. Als das Hauptziel der Bewegung seit Anfang an können das Brechen des Schweigens und Beenden der Unterdrückung seitens der psychiatrischen Autorität formuliert werden (Morrison 2005: 58). Im Laufe der Geschichte dieser Bewegung haben sich laut Morrison fünf Kernforderungen herausgebildet: Erstens das Recht auf Mitsprache hinsichtlich der eigenen Behandlung, zweitens der Zugang zu Rechtsansprüchen sowie Informationen und Wissen, drittens das Recht auf Schutz und Freiheit von Leid, viertens die Autorität zur Selbstbestimmung und fünftens der Zugang zu Wahlmöglichkeiten im Hinblick auf die an der eigenen Person durchgeführten Behandlungen und die eigene Lebensgestaltung (Morrison 2005: 58).

Als einzig wirklich sinnvolle Alternative zur Medikation von Depressionen, sei es durch Psychopharmaka oder auch Placebos, ruft Kirsch, nach eigenen Angaben nicht zuletzt aufgrund seiner eigenen Ausbildung und Tätigkeit in der entsprechenden Disziplin, die Psychotherapie als am besten erforschte Disziplin auf den Plan (Kirsch 2009: 157 f.). Vor allem auch im Hinblick auf die Langzeitwirkung sei die Psychotherapie das effektivste Mittel zur Überwindung einer depressiven Störung. Ein weiterer nicht minder bedeutender Vorteil sei die Schonung des Organismus vor medikamentösen Einflüssen und ihren entsprechenden Nebenwirkungen. Außerdem ist aus Sicht des Gesundheitswesens die Verschreibung einer Psychotherapie langfristig kostengünstiger als das Verabreichen von Antidepressiva (Kirsch 2009: 158 ff.).

Während die zeitgenössische Psychiatrie im Wesentlichen auf neurochemische und genetische Begründungen zurückgreift, um psychische Störungen zu erklären, möchte Lewis ein postpsychiatrisches Denken und damit die Position des Patienten in den Vordergrund rücken. Soziales und Kulturelles sollten der Technologie vorangestellt und so die Einschränkung durch Zwangsmaßnahmen reduziert werden. Der Blick soll geweitet und die reduktionistische Enge der modernen Psychiatrie durch eine breite postpsychiatrische Sicht ersetzt werden, so die von Lewis vorgebrachte Zielsetzung für seine Arbeit. Außerdem sollen interdisziplinäre Allianzen zwischen Psychiatrie, Human- und Sozialwissenschaften geschaffen werden (Lewis 2006: x).

Joanna Moncrieff glaubt, dass trotz des nicht auszuschließenden Einflusses bestimmter Interessengruppen die Möglichkeiten des Wissens in erster Linie durch den weltlichen Rahmen geprägt sind. Gäbe es eine Gegengruppierung, die über genügend Macht verfügte, um die gegenwärtige Dominanz des psychiatrischen Modells zu untergraben, so wäre der Schritt zur Etablierung einer alternativen Wissenshegemonie, die an die Stelle des ‚falschen' Wissens treten kann, nicht mehr allzu groß (Moncrieff 2009: 238).

Wissen ist Macht – diese eingangs in Anlehnung an Foucault formulierte Aussage hat sich nach dem Eintauchen in die Welt der gegenwärtigen psychiatriekritischen Diskurse in vielfacher Weise bestätigt und gefestigt. Wenn Macht der Schlüssel zur Etablierung einer alternativen psychiatrischen ‚Wirklichkeit' ist, so muss also primär die Frage gestellt werden, wie sich die kritischen Diskursakteure so formieren können, dass sie eine ernstzunehmende Gegenmacht zum hegemonialen biomedizinischen Modell und seinen Anwendungsformen darstellen. Um bei den Personen Gehör zu finden, die in der Psychiatrie das Sagen haben, muss man ihre Sprache sprechen, ihre Denkweisen, Werte und Überzeugungen widerspiegeln, so Linda Morrison (Morrison 2005: 12). Nimmt man diese Feststellung beim Wort, so mag sich der Weg einer ‚sanften Revolution' im Expertendiskurs als am vielversprechendsten erweisen. Dabei spielt die Form der Äußerung vorgebrachter Alternativmodelle eine zentrale Rolle. Es geht darum aufzuklären, Mitgefühl zu erzeugen, Anerkennung zu zollen und dennoch Gegenvorschläge zu unterbreiten; der Aufruf zur Selbstreflexion muss weich gebettet werden, wenn die Adressaten der Kritik entsprechende Fachartikel zur Hand nehmen – und sacken lassen – sollen. Anders verhält es sich mit Kritik von außen, die Mobilisierung der Öffentlichkeit und die Aufklärung betroffener Patienten. Damit sie sich als Klienten und mündige Subjekte begreifen können, muss ihnen ausreichend Verständnis dafür vermittelt werden, welche Alternativen für sie bereitstehen, ohne dabei das Vertrauen in das Wissen der Experten völlig zu zerstören. Positive Fallbeispiele, die einen verlässlichen Gegenvorschlag zum biochemischen Modell, dem blinden Konsum von Psychopharmaka als scheinbar einzigen Ausweg markieren, können eine hilfreiche Unterstützung beim Einschlagen eines eigenen Weges darstellen. Die Konzentration auf die Darbietung dessen, was falsch und schlecht ist, erscheint hier zu einseitig. Das Rüstzeug für beide Wege, die Aufklärung der Öffentlichkeit und das Hinterfragen der gegenwärtigen Theorien und Methoden innerhalb des psychiatrischen Faches, liegt bereit. Es gilt nun nur noch, dieses unter Aufbringen einer gewissen, unvermeidbaren Geduldigkeit zu etablieren und langsam aber sicher durchsickern zu lassen.

Literatur

Boyle, Mary, 1990: Schizophrenia: A Scientific Delusion? New York.
Bracken, Patrick und *Philip Thomas*, 2001: Postpsychiatry: A New Direction for Mental Health. British Medical Journal 322: 724-727.
Caplan, Paula, 2004: Call for Congressional Hearing. Empfangen 08.03.2010 von http://psychdiagnosis.net/letter.html
Caplan, Paula, 1995: They say you're crazy: How the World's Most Powerful Psychiatrists Decide Who's Normal. Reading.
Conrad, Peter, 2007: The Medicalization of Society: On the Transformation of Human Conditions into Treatable Disorders. Baltimore.
Conrad, Peter und *Valerie Leiter*, 2003: Health and Health Care as Social Problems. Lanham.
Conrad, Peter und *Joseph W. Schneider*, 1992: Deviance and Medicalization: From Badness to Sickness. Philadelphia.
Foucault, Michel, 1995 [1969/1973]: Archäologie des Wissens. Frankfurt a. M.

Foucault, Michel, 1978: Wahrheit und Macht. Interview mit A. Fontana u. P. Pasquino. S. 21-54 in: *Ders.*: Dispositive der Macht. Über Sexualität, Wissen und Wahrheit. Berlin.
Fruggeri, Laura, 1992: Therapeutic Process as the Social Construction of Change. S. 40-53 in: *Kenneth J. Gergen* und *Sheila McNamee* (Hg.), Therapy as Social Construction. London.
Gergen, Kenneth J. und *John Kaye*, 1992: Beyond Narrative in the Negotiation of Therapeutic Meaning. S. 166-185 in: *Kenneth J. Gergen* und *Sheila McNamee* (Hg.), Therapy as Social Construction. London.
Keller, Reiner, 2001: Wissenssoziologische Diskursanalyse. S. 117-143 in: *Reiner Keller, Andreas Hirseland, Werner Schneider* und *Willy Viehöver* (Hg.), Handbuch Sozialwissenschaftliche Diskursanalyse Bd 1: Theorien und Methoden. Opladen.
Keupp, Heinrich, 1980: Psychische Krankheit als hergestellte Wirklichkeit – eine Grenzbestimmung des Etikettierungsparadigmas. S. 66-77 in: *Kurt Heinrich* und *Ulrich Müller* (Hg.), Psychiatrische Soziologie. Weinheim.
Kirk, Stuart A. und *Herb Kutchins*, 1992: The Selling of the DSM: The Rhetoric of Science in Psychiatry. New York.
Kirsch, Irving, 2009: The Emperor's New Drugs: Exploding the Antidepressant Myth. London.
Kutchins, Herb und *Stuart A. Kirk*, 1997: Making us Crazy. DSM: The Psychiatric Bible and the Creation of Mental Disorders. New York et al.
Lewis, Bradley, 2006: Moving Beyond Prozac, DSM, and the New Psychiatry: The Birth of Postpsychiatry. Ann Arbor.
McNamee, Sheila, 1992: Reconstructing Identity: The Communal Construction of Crisis. S. 186-199 in: *Kenneth J. Gergen* und *Sheila McNamee* (Hg.), Therapy as Social Construction. London.
Moncrieff, Joanna, 2009: The Myth of the Chemical Cure: A Critique of Psychiatric Drug Treatment. Revised Edition [2008]. Basingstoke.
Morrison, Linda, 2005: Talking Back to Psychiatry: The Consumer/Survivor/Ex-Patient Movement. New York.
Schetsche, Michael, 2007: Sucht in wissenssoziologischer Perspektive. S. 113-130 in: *Bernd Dollinger* und *Henning Schmidt-Semisch* (Hg.), Sozialwissenschaftliche Suchtforschung. Wiesbaden.
Scull, Andrew, 2010: The Art of Medicine: A Psychiatric Revolution. The Lancet, 375 (9722), S. 1246-1247. Empfangen 29.02.2012 von http://dx.doi.org/10.1016/ S0140-6736(10)60532-6
Szasz, Thomas, 2007: The Medicalization of Everyday Life: Selected Essays [1972 bis 2006]. Syracuse.
Tausig, Mark, Janet Michello und *Sree Subedi*, 1999: A Sociology of Mental Illness. Upper Saddle River.
Weingarten, Elmar, 1980: Psychische Störung als Verletzung von Alltagsregeln. Zur Frage der Normalisierung von abweichendem Verhalten. S. 78-93 in: *Kurt Heinrich* und *Ulrich Müller* (Hg.), Psychiatrische Soziologie. Weinheim.
Whitaker, Robert, 2010a: Anatomy of the Academic: Magic Bullets, Psychiatric Drugs, and the Astonishing Rise of Mental Illness in America. New York.
Whitaker, Robert, 2010b: Mad in America: Bad Science, Bad Medicine, and the Enduring Mistreatment of the Mentally Ill. Revised Paperback [2002]. New York.

Teil 2
Krankheitskonstruktionen

How Shyness Became an Illness and Other Cautionary Tales about the *DSM*

Christopher Lane

When the American Psychiatric Association decided in 1980 to update its official list of mental disorders, it cited the existence of more than eighty new ones, many of them a source of ongoing controversy (American Psychatric Association: 1980).

Among the new disorders were Social Phobia and Avoidant Personality Disorder, preludes to modified illnesses such as Social Anxiety Disorder, with descriptions so broad and open-ended they gave rise to charges that the APA was turning widespread traits into treatable conditions. The effect of such moves, scholars and fellow psychiatrists warned, was not merely to redefine norms of social interaction, itself a dangerous move, but also to medicalize large swaths of behavior with no previous relation to psychiatry or medicine (see for example Karp 1997, Kutchins and Kirk 1997, Horwitz 2003, Conrad 2007, Horwitz and Wakefield 2007 and Lane 2007[1]). In 1968, to give weight to such charges, the association's *Diagnostic and Statistical Manual of Mental Disorders* (*DSM* for short), to which I'm referring, cited 180 categories of mental disorders. By 1987, that number had grown to 292 and, by 1994, with the publication of *DSM-IV,* to over 350. In just twenty-six years, that is, the number of official mental disorders almost doubled, an outcome occurring nowhere else in the history of medicine.

Having studied in detail how the DSM-III task force made such consequential decisions, from memos and correspondence held at the APA's headquarters near Washington, D.C., I will draw heavily on such material to assess the brief but fascinating history of Social Phobia/Social Anxiety Disorder, which, just a few years after being formally classified, became so widely diagnosed—especially in the United States—that *Psychology Today* dubbed it "the disorder of the decade" and the *Harvard Review of Psychiatry* determined that it had become "the third most-common psychiatric disorder [in the U.S.], behind only major depressive disorder and alcohol dependence" (Rettew 2000: 285). Two decades earlier, by contrast, the disorder did not formally exist.

---

[1] From which parts of this essay have been adapted.

As Social Phobia was classed as a mental illness at a time when the move had surprisingly little professional support among psychiatrists not serving on the DSM-III task force,[2] my essay examines why the latter pushed for its inclusion and that of several near-identical illnesses, such as "Avoidant Personality Disorder" and "Introverted Personality Disorder" (the latter ultimately failing to gain approval). I also assess why Social Phobia was renamed "Social Anxiety Disorder" and why the threshold for diagnosing both it and Avoidant Personality Disorder was lowered dramatically in later editions of the *DSM* to include public-speaking anxiety and other routine fears usually seen as closer to social embarrassment than chronic phobia or acute anxiety. Social Anxiety Disorder is, I'll be arguing, a textbook example of how normal behavior and many human emotions, including grief and sadness, have been turned into disorders supposedly warranting the use of psychotropic medication (see Karp 1997, Harowitz and Wakefield 2007).

As millions of North Americans and Europeans have since taken antidepressant medication for SAD—in 2001 alone, 25 million new prescriptions were written in just the U.S. for the drug Paxil (Hawkins 1987: 241f.)—it is crucial to ask why the official symptoms of the disorder in one of the world's most-influential psychiatric manuals still include fear of public speaking, fear of hand-trembling while writing a check, and, amazingly, even dislike of eating alone in a restaurant. With the bar set so low that it includes such routine concerns, it is on the one hand unsurprising that so many people have been diagnosed with the condition. As two prominent Stanford psychologists recently determined, "nearly 50% (48.7% +/- 2%)" of North Americans (and most other nations and groups) self-identify as shy or introverted around the world (Henderson and Zimbrado in press). Concern about the overlap between shyness and social anxiety even led the DSM-IV task force to add a warning to the 1994 edition, urging psychiatrists not to confuse the two phenomena.[3]

On the other hand, the same task force not only retained in *DSM-IV* all prior symptoms of the disorder, but also managed to add to them, as I'll outline below. The psychotropic medication licensed to treat such behavior is also widely known to be riddled with adverse side effects, from nausea and sexual dysfunction to increased threat of suicide ideation, pregnancy problems, and an often-chronic withdrawal syndrome (see for instance Segraves 1998, Opbroek et al. 2002, Harvey et al. 2003, Warner et al. 2006). In October 2004, concern about

---

2 Isaac Marks, interview with Christopher Lane (November 1, 2005), quoted in Lane 2007: 105. See also David Healy's remarks on the same page.
3 *DSM-IV* (300.23) (1994), 416: "Performance anxiety, stage fright, and shyness in social situations that involve unfamiliar people are common and should not be diagnosed as Social Phobia unless the anxiety or avoidance leads to clinically significant impairment or marked distress."

How Shyness Became an Illness and Other Cautionary Tales about the DSM

increased suicidal ideation among adolescents prescribed Paxil and other SSRI (serotonin-specific reuptake inhibitor) antidepressants led the U.S. Food and Drug Administration to add a black-box warning to that class of drugs, drawing official attention to the problem.

The following advertisement, published the year before (August 2003) in the *American Journal of Psychiatry,* is a striking illustration of such diagnostic confusion, with Pfizer, makers of the drug in question (Zoloft), capitalizing on it by asking of a young woman with a downward glance: "Is she just shy? Or is it Social Anxiety Disorder?" (fig. 1). That the two phenomena could be confused in such a way is, I shall argue, both the point and the problem.

Image 1:

The term "Social Phobia" dates to 1903, when the French psychiatrist Pierre Janet, writing about agoraphobia, referred to "social phobias or those with phobias of society" (originally, *"phobies socials ou des phobies de la societé"*) (Janet 1903: 210); but the term didn't catch until 1966, when Isaac Marks and Michael Gelder at the Maudsley Institute, London, published a review article sketching several different forms of panic they witnessed in patients (10 male, 15 female) who became anxious primarily in social settings (Marks and Gelder 1966: 218). Signs of the patients' distress, Marks and Gelder wrote, included "fears of blushing in public, ... [of] going to dances or parties," and "shaking when the center of attention" (ibid: 218).

As the second edition of the *DSM* (1968) referred only to "anxiety neurosis," a holdover from American psychiatry's previously strong support for Freudianism, the distinctions Marks and Gelder noted in their small group couldn't be registered formally. But nor did either psychiatrist want them to be. Their article, "Different Ages of Onset in Varieties in Phobia," published in the *American Journal of Psychiatry,* neither lamented that situation nor recommended breaking up the overarching, diagnostic term. On the contrary, Marks and Gelder concluded: "behaviorist and psychoanalytic views favor unitary explanations of phobias, and attempts to subdivide the[m] have proved fruitless" (ibid.: 220). Four years later, in a report scholars have since said was instrumental in ensuring the inclusion of social phobia in *DSM-III,* Marks restated his position more firmly. "Evidence is lacking that [social phobia] is a coherent group." He warned, "We need to know more about social phobics before definitely classifying them on their own" (Marks 1970).

Robert Spitzer's DSM-III taskforce welcomed the review, I discovered much later from a detailed review of its memoranda, taking such preliminary findings as evidence that the phobia existed and adopting them wholesale in 1980 as justification for listing the phobia as a distinct illness (see also Cheleby 1987: 167). Yet as knowledge of social phobia remained largely unchanged throughout the 1970s, the task force had ignored Mark's final proviso. It also had glided over two of his and Gelder's major conclusions: the number of patients affected is proportionately small, and anxiety's various facets are so entwined that it's a mistake to split them into separate disorders.

Of the few reports that *did* appear between the 1966 review and the 1980 publication of *DSM-III,* moreover, two sided with Marks in voicing serious doubts that social phobia was a distinct syndrome. In 1969, Eliot Slater and Martin Roth signaled clearly in *Clinical Psychiatry* that "on the present evidence there is no very clear line of demarcation" between those with social anxiety and those with agoraphobia, for instance, a position almost identical to R. P. Snaith's lengthy report on the two types of anxiety, appearing the previous year (Slater and Roth 1969 and Snaith 1968).

Disregarding such caveats, the task force went ahead and formalized social phobia as a distinct mental disorder. It also broke "anxiety neurosis" into five other disorders—simple anxiety, generalized anxiety, OCD, panic disorder, and post-traumatic stress disorder – in effect multiplying by six (rather than dividing by the same number) the populations of mentally ill patients whom drug companies would soon target with SSRI antidepressants. American academics and the U.S. media also swooned over the latter, with international bestsellers such as *Listening to Prozac* offering near-euphoric testament about the drug's pharmaceutical benefits for the worried well (Kramer 1997). News magazines such as *Newsweek* and *Time* also wrote rashly about the benefits of "personality sculpting" and "mood brightening" from SSRIs—all without side effects, of course (Begley 1994). One June 2000 article for *The Report* captures the enthusiasm and press that neuropsychiatry could command, carrying the unironic title, "You're Not Shy, You're Sick: Psychiatrists Discover a Crippling "Social Anxiety Disorder" That Affects 13% of Us" (Cosh 2000: 49f.). Other, scholarly articles put that figure at 18.7% North Americans – close to one in five (Stein et al. 1994: 408). (That higher number was reached, it's worth adding, by researchers polling several hundred urban Canadians and asking them to rate their fear of going to parties, figures of authority, and calling strangers.)

One reason the DSM-III task force was so successful in devising this and more than eighty other mental disorders in 1980, Marks told me in 2005, is that "the consensus [for supporting them] was arranged by leaving out the dissenters" (Lane 2007: 74)[4] Marks himself was not invited to crucial follow-up *DSM* discussions about panic disorder, one of them sponsored by Upjohn Pharmaceuticals, maker of Xanax, because, though he was committed to treating panic, he did not think it represented a bona-fide disorder in the way that, say, depression did. Robert Spitzer, chair of the task force and editor of *DSM-III* and *-IIIR*, has since admitted that he picked only "kindred spirits" (his term) with near-identical diagnostic assumptions to join the task force, which met for four years before it even occurred to some of its members to include other voices and perspectives (Wilson 1993: 404)[5].

The person (John Frosch) later added to the task force to correct this imbalance subsequently resigned, complaining of an "Alice in Wonderland feeling"

---
4   Marks, interview by Lane, quoted in Lane 2007.
5   Spitzer, interview by Mitchell Wilson, quoted in Wilson 1993.

(Lane 2007: 59)[6]. Small wonder, one might think, after an influential member of the Personality Disorders Subcommittee asked colleagues to review his proposal for "Emotionally Unstable Character Disorder" by announcing rather breezily, "You'll note that this syndrome has been repeatedly described by me," with drug and follow-up studies "attesting to the reality of this syndrome, which is more than can be said about a number of the syndromes in DSM-III" (Lane 2007: 44)[7]. Another active consultant to *DSM-III* went public to the *New Yorker* magazine in 2005, conceding: "There was very little systematic research [in what we did], and much of the research that existed was really a hodgepodge – scattered, inconsistent, ambiguous" (Spiegel 2005: 59)[8].

In 1987, however, seven years after Social Phobia entered the stage, it acquired a new name, Social Anxiety Disorder, and with it, even-more dramatically expanded parameters and everyday symptoms, including public-speaking anxiety – one so prevalent among the general public that it's often put higher than even fear of death (Greist et al. 2000: 2). Among the DSM Anxiety Disorders Working Group members, there was also considerable discussion about whether the disorder should include test anxiety among schoolchildren and teenagers, and even anxiety about going on dates. Michael Liebowitz, a prominent Columbia University psychiatrist who chaired the committee and was instrumental in giving Social Phobia its more patient-friendly name, wrote to Spitzer in concern about individuals who "may have difficulty with speaking or auditioning, eating, drinking or writing in public, or in social activities [such] as dating, actual conversations, [and] going to parties" (Lane 2007: 99)[9]. As a result of his intervention, several of those concerns – including, amazingly, even a fear of sounding foolish – were written into *DSM-IIIR and –IV,* with the latter edition going on to sell more than a million copies and influencing diagnostic trends around the world. The wording of SAD's major criteria was also greatly adjusted so that merely *anticipating* fear or anxiety became grounds for diagnosis. As *DSM-IIIR* put it, "the person is exposed to *possible* scrutiny by others and *fears that he or she may* do something or act in a way that will be humiliating and embarrassing"[10]. The manual had deleted language stipulating that the fears had to be "irrational," multiple," and actual – simply anticipating them was enough.

One might at this point wonder how fear of eating alone in restaurants came to be listed as an official symptom of such a devastating anxiety disorder. As far

---

6 John Frosch to Robert Spitzer, quoted in Lane 2007.
7 Klein to Spitzer, quoted in Lane 2007.
8 Theodore Millon, quoted in Alix Spiegel 2005.
9 Michael L. Liebowitz to Spitzer, quoted in Lane 2007.
10 "Social Phobia," DSM-IIIR, 241.

as I can tell from the archive, the matter arose because Donald Klein, another Columbia University psychiatrist serving on the task force, wrote in July 1985 about "a patient with panic disorder who also avoided restaurants because of fear that he may drop some food on his necktie and look ridiculous. I don't think the cure for these complex situations," Klein added," is in the construction of [diagnostic] hierarchies, but rather in multiple diagnoses" (Lane 2007: 77f.)[11].

In their aptly named study *Making Us Crazy: DSM: The Psychiatric Bible and the Creation of Mental Disorders,* sociologists Stuart Kirk and Herb Kutchins write: "By simply altering slightly the wording of a criterion, the duration for which a symptom must be experienced in order to satisfy a criterion, or the number of criteria used to establish a diagnosis, the prevalence rates in the United States will rise and fall as erratically as the stock market" (Kutchins and Kirk 1997: 244).

Not surprisingly, given the accuracy of that observation, the radical expansion of the official symptoms of SAD and the dramatic lowering of its threshold, the American Psychiatric Association was forced to add a warning to *DSM-IV* in 1994, urging that the psychiatrists, doctors, social and healthcare workers, courts, prisons, and schools that routinely consult the manual *not* confuse the disorder with shyness.[12] Yet the same edition added fresh language about Social Anxiety Disorder in children, advising the same large constituency: "Crying, tantrums, freezing, clinging or staying close to a familiar person ... may be present."[13]

Shortly after the manual published these lower thresholds, the U.S. Food and Drug Administration (FDA) gave the Anglo-American pharmaceutical giant GlaxoSmithKline a green light to license its spotty antidepressant Paxil for the revised and renamed disorder. With more than $92 million spent on marketing the condition in the year 2000 alone, it's no surprise that between 3,000 and 5,000 North Americans soon began a course of drug treatment for the disorder every day (fig. 2).[14] The numbers in Europe were lower only because direct-to-consumer pharmaceutical advertising for psychiatric conditions is not permitted in the European Union.

---

11   Donald Klein to Spitzer, quoted in Lane 2007.
12   DSM-IV (300.23) (1994), 416, quoted above.
13   DSM-IV, 413.
14   Hawkins, "Paxil Is Forever," n.pag.

Image 2:

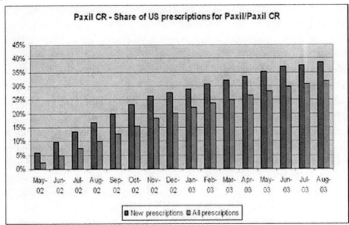

GlaxoSmithKline decided to call its promotional campaign "Imagine Being Allergic to People," adhering to the principle that if you want to sell a drug, you must first sell the disease it is said to treat. On bus shelters across the U.S., the company – through its hired PR consultants Cohn and Wolfe – plastered ads depicting an attractive young man staring forlornly into a teacup, detached from those around him (fig. 3). The copy exhorts:

> You know what it's like to be allergic to cats, or dust, or pollen. You sneeze, you itch, you're physically ill. Now, imagine that you felt allergic to people. You blush, sweat, shake – even find it hard to breathe. That's what social anxiety disorder feels like.... The good news is that this is treatable. People can overcome social anxiety disorder. So if you feel like you're "allergic to people," talk to your doctor or other health professionals.

Image 3:

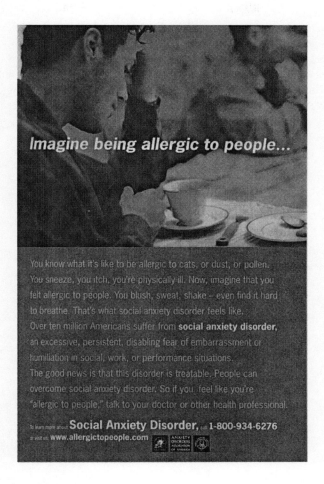

Meanwhile, the latter groups were bombarded daily, sometimes hourly, by smiling but pushy pharma reps "just stopping by" on busy working days to ensure that the colleague in question had enough free samples on hand if a patient came inquiring about the ad.

The "Allergic to People" campaign did not mention Paxil – it didn't need to, since it was the only pharmaceutical remedy approved for the disorder at the time. The ad referred only to a group called Anxiety Disorders Association of America, whose two nonprofit members include the American Psychiatric Association and Freedom from Fear, an advocacy group the drug maker was quietly sponsoring and financing on the side (Koerner 2002: 61). In a thoroughly postmodern turn, then, where companies simply fabricate the feedback they want for their product, Glaxo was funding Freedom From Fear to supply a steady pool of contented "patients" willing to rhapsodize about their experience on the antidepressant and to stress how debilitating their social anxiety was. (The same groups are paid to post comments on Internet articles that are critical of the drug companies.)

Image 4:

GlaxoSmithKline, reporters have since unearthed, also sponsored its own ghost-writing program to land favorable articles with fabricated evidence in influential scholarly journals. It called the program "CASPPER" – short for "Case Study Publications for Peer Review" (fig. 4), an acronym the drug-maker seems to have chosen also as an inside-joke, as it invokes the cartoon ghost Casper, popular among American children – as in *"CASPPER, the friendly ghost*-writing agency" (fig.

How Shyness Became an Illness and Other Cautionary Tales about the DSM 65

5). GSK's Philadelphia office published and circulated the confidential brochure "for consultant use only," noting that its "PAXIL Product Management" team had "budgeted for 50 articles in 2000" (SmithKline 2000: 11).

Image 5:

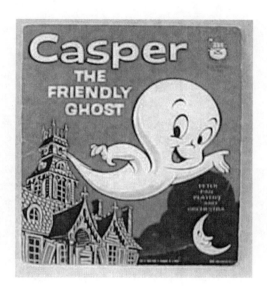

Just one other example can suffice to convey the rampant marketing of disorders and drugs in the 1990s and 2000s. After the Polish-French filmmaker Krzysztof Kieślowski released his *Trois couleurs* series, with the final film *Rouge* (1994) expressing an interest in generalized anxiety, GlaxoSmithKline blatantly plagiarized it and him. In the film, an ethereal model Valentine (Irène Jacob) ultimately connects with her handsome neighbor Auguste (Jean-Pierre Lorit), but only after a half-dozen near-miss encounters and a traumatic rescue from a ferry accident in the English Channel.

Image 6:

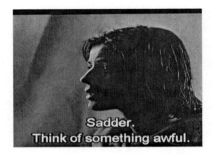

"Be sad," Jacob's character is implored earlier in the film as she tries to get into character to sell some chewing gum. "Think of something awful" (fig. 6).[15] It's a strange, slightly over-the-top scene in the film, not least because, for reasons never explained, the product, gum, never appears in the final ad, even though the image in question (fig. 7) strongly anticipates the final shot of Valentine leaving the almost-collapsed ferry. GlaxoSmithKline later cribbed from the film, very obviously, when using its concept and color scheme to promote Paxil for Generalized Anxiety Disorder (fig. 8). No more than a month after 9/11, when America was trying to recover from the shock of the attacks, the same company also ran ads for Generalized Anxiety Disorder featuring a woman saying, "I'm always thinking something terrible is going to happen"[16]. Subtle it was not – whether as timing, plagiarism, or naked opportunism.

Image 7:

---

15 Krzysztof Kieślowski (dir.), Trois couleurs: Rouge (1994).
16 Hawkins, "Paxil Is Forever," n.pag.

Image 8:

Paxil, *American Journal of Psychiatry* 158 (July 2001)

Whether plagiarizing Polish-French films, fabricating evidence in influential medical journals, or funding vast and expensive promotional campaigns for antidepressants that become the basis for a new (if medicated) sociability (fig. 9), drug companies have exercised a strong, often heavy-handed influence on the medicalization of emotions and common behaviors. (The caption here, below a group of laughing friends, is "Paxil – Your *Life* Is Waiting," as if life itself were waiting for the medication.) Especially in the U.S., where the same corporations sponsor most of the academic research that is undertaken and published on their products, one grasps quite quickly why there's been a scandalous delay in studying the withdrawal syndrome that frequently ensues when drug treatment ends (see for instance Segraves 1998, Opbroek et al. 2002, Harvey et al. 2003, Warner et al. 2006) – it's simply not in the drug companies' interests to fund such studies, despite the millions of people affected (Turner et al. 2008)[17].

Image 9:

As for the American Psychiatric Association, which devised and formally approved so many of the conditions for which such drugs are now approved treatments, the organization is trying to reform the *DSM* by pushing for the adoption of a "dimensional model" that will diagnose conditions based on their frequency and severity, in recognition that the intensity of symptoms may fluctuate across the lifespan, rather than remain, as frequently marketed, a constant neurochemical risk. The hope is that the dimensional model will dampen the pressure to diagnose and medicate, because it will erase black-and-white distinctions between normalcy and pathology, leaving clinicians with greater or lesser shades of gray.

The problem with such a model isn't simply how variously the physician in question can apply it (a particular issue when, as the APA implicitly recognizes, shyness and Social Anxiety Disorder are so easily confused); it's also that the pressure to add more conditions to the *DSM hasn't* gone away. If anything, it's greatly intensified in recent years, with colleagues urging for the adoption of "Internet ad-

---

17   Turner et al. determined that a publication bias skewing to positive reporting of SSRI antidepressants was owing less to the efficacy of the drugs themselves than to the non-publication of clinical trials showing unfavorable results and the recasting of ambiguous, mixed results as mildly positive in publication.

diction disorder," "apathy disorder," "compulsive shopping disorder," "hypersexual disorder," "psychosis risk syndrome," "binge eating disorder," "premenstrual dysphoric disorder," and even "temper dysregulation disorder," which sounds impressive until one asks how many childhood tantrums would be the basis for yet-more pathologization of the very young. After pressure to recognize juvenile bipolar disorder mounted from psychiatrists, schools, some parents, and of course affected drug companies, diagnoses among infants and children in the U.S. skyrocketed 4,000% (Frontline 2008).

As for Internet addiction disorder, how many people—particularly those spending long hours on the web for work—would be eligible for diagnosis? The question almost answers itself, yet one 2008 editorial published in the *American Journal of Psychiatry* did more than call for recognition of the "common disorder" (Block 2008: 306f.). Referencing a single conference paper, its author, Jerald J. Block, argued that the disorder presents three subtypes: "excessive gaming, sexual preoccupations, and email-text messaging." Ominously, even surreally, given the amount of texting that teenagers, in particular, favor, he added: "About 80% of those needing treatment [for overuse of the Internet] may need psychotropic medications, and perhaps 20% to 24% require hospitalization" (ibid.).

Given the almost-identical ways in which putative psychiatric conditions are "introduced" to clinicians and the general public, to say nothing of how they're held up as urgent problems meriting inclusion in the next edition of the *DSM*, Internet addiction disorder can be considered an exemplum representing all the other minor disorders the *DSM-5* task force is currently reviewing, with massive implications for public health and, just as predictable, the likelihood of overdiagnosis and overmedication.

One sign of how zealously American psychiatrists will fight for such additional changes (and defend against the adjustment or removal of existing ones) became clear in 2003, when Harvard-based psychiatrist Ronald Kessler and his team published in the *Archives of General Psychiatry* an article called "Mild Disorders Should Not Be Eliminated from the *DSM-V*" – eight years *before* the edition was slated to appear (Kessler et al. 2003: 1117-22). It's not that anyone had formally proposed such a move; Kessler and his colleagues were merely lining up an argument in case anyone tried. The article indeed reads like a pre-emptive attack, designed to stop the DSM-5 task force and its working groups from second-guessing earlier decisions. It even singles out Darrel Regier, a man "expected to play a prominent role in the development of *DSM-V*," and warns that he would be wrong to "support ... similar restrictions" on the calculation of mild disorders, such as Social Anxiety Disorder. The latter disorder's problem, Kessler nonetheless concedes, is that it and similar ones "appear not to have meaningful thresholds"—by which he means, they lack "consistent" and "wholly reliable" ones (ibid.). Such elasticity allows the disorder to be adjusted as much as tenfold, depending on where one sets its variables and parameters, as the *American Journal of Psychiatry* discovered in 1994 (Stein et al. 1994).

Despite such very *un*reassuring signs of confidence from Kessler, however, he singled out such disorders as needing to remain unchanged in a manual eight years before it was even due to appear. He also, one should add, served as chair of a National Comorbidity Study suggesting that fully 28.8 percent of the American public – almost one in three – met the threshold for an anxiety disorder, with 12.1 percent of them exhibiting signs of social anxiety disorder (Kessler et al. 2005: 593).

Although the latter "appears not to have meaningful thresholds," as Kessler's team conceded (Kessler et al. 2003: 1118), the number of chronically ill patients said to be afflicted is very much at stake as evidence and confirmation of the disorder's severity. More than careers, research lines, and blockbuster drugs are on the line. If the criteria for such disorders were appropriately tightened, not consistently relaxed, millions of patients would no longer be defined as ill. Whole segments of the population, in Europe and the States, currently buoying up the drug companies and their annual returns (fig. 10), would disappear at a stroke, to reemerge beyond their nets as something like the "worried well" or the "simply shy." Nor would Kessler's team be able to state, as it does with remarkable casualness, "About half of Americans will meet the criteria for a *DSM-IV* disorder sometime in their life" (Kessler et al. 2005: 593). The number of people seemingly afflicted by mental disorders would nosedive. It would be as if the *DSM-5* task force took a corrective pin to the manual's bloat and hype, leaving it suitably deflated to focus once more on those who are chronically ill.

How Shyness Became an Illness and Other Cautionary Tales about the DSM 71

Image 10:

I have tried to demonstrate, nonetheless, how quickly and easily a common behavioral trait, shyness, was turned into a psychiatric condition, with millions of Europeans and North Americans given powerful psychotropic medication for it and suffering chronic adverse side effects as a result. Such radical redefinitions of behavior not only pathologize large numbers of people formerly classed as "the worried well"; they also shrink the parameters of normalcy (including "normal" sociability), making it a great deal easier to be grouped among the mentally ill and increasingly more-difficult to be viewed as lacking in pathology. The second edition of the *DSM* even anticipated that move when it included, in 1968, a diagnostic code for those lacking any mental disorder: "318: No mental disorder."[18]

When influential psychiatrists publish editorials in the flagship *American Journal of Psychiatry* advising that, for overuse of the Internet and excessive texting, "About 80% of those needing treatment may need psychotropic medications, and perhaps 20% to 24% require hospitalization,"[19] one does however perceive the pressure amassing behind these diagnostic endeavors and the public health risks affecting us all if, as looks likely, more of them are formally approved.

---

18 DSM-II (318: No mental disorder) (1968), 52.
19 Block, "Editorial: Issues for DSM-V: Internet Addiction," 306.

Works Cited

American Psychiatric Association, 1980: Diagnostic and Statistical Manual of Mental Disorders, 3rd Edition. Washington, D.C.
American Psychiatric Association, 1987: Diagnostic and Statistical Manual of Mental Disorders, Revised 3rd edition. Washington, D.C.
American Psychiatric Association, 1994: Diagnostic and Statistical Manual of Mental Disorders, 4th edition. Washington, D.C.
Begley, Sharon, 1994: "One Pill Makes You Larger, And One Pill Makes You Small." Newsweek (February 7, 1994), 1: 37-40.
Block, Jerald J., 2008: "Editorial: Issues for DSM-V: Internet Addiction," American Journal of Psychiatry 165: 306. Retrieved from http://ajp.psychiatryonline.org/article.aspx?Volume=165&page=306&journalID=13.
Chaleby, Kutaiba, 1987: "Social Phobia in Saudis." Social Psychiatry 22.3: 167.
Conrad, Peter, 2007: The Medicalization of Society: On the Transformation of Human Conditions into Treatable Disorders. Baltimore.
Cosh, Colby, 2000: "You're Not Shy, You're Sick: Psychiatrists Discover a Crippling 'Social Anxiety Disorder' That Affects 13% of Us." The Report (June 19, 2000): 49-50.
"Disorder of the Decade," Psychology Today 26.4 (July-August 1993): 22.
Frontline, 2008: The Medicated Child (PBS documentary). Retrieved from http://www.pbs.org/wgbh/pages/frontline/medicatedchild/
GlaxoSmithKline, 2000: CASPPER: Case Study Publications for Peer Review—for Confidential Use Only. Philadelphia. Retrieved from http://www.christopherlane.org/documents/GSK.Caspper.File.pdf
Greist, John H.; James W. Jefferson and *David J. Katzelnick*, 2000 [1997]: Social Anxiety Disorder: A Guide. Madison.
Harvey, B. H.; B. S. McEwen and *D. J. Stein*, 2003: "Neurobiology of Antidepressant Withdrawal: Implications for the Longitudinal Outcome of Depression." Biological Psychiatry 54.10: 1105-17
Hawkins, Beth, 2002: "Paxil Is Forever: Doctor Please, Some More of These," City Pages 23.1141 (October 16, 2002). Retrieved from http://www.citypages.com/2002-10-16/news/paxil-is-forever/;
Henderson, Lynne and *Philip Zimbardo*, (in press): "Shyness," Encyclopedia of Mental Health. San Diego.
Horwitz, Allan V., 2003: Creating Mental Illness. Chicago.
Horwitz, Allan V. and *Jerome C. Wakefield*, 2007: The Loss of Sadness: How Psychiatry Transformed Normal Sorrow into Depressive Disorder. New York.
Janet, Pierre, 1903: Les Obsessions et la psychasthénie 2 vols., 1:210. Paris.
Karp, David A., 1997: Speaking of Sadness: Depression, Disconnection, and the Meanings of Illness. New York.
Kessler, Ronald et al., 2005: "Lifetime Prevalence and Age-of-Onset Distributions of DSM-IV Disorders in the National Comorbidity Survey Replication." Archives of General Psychiatry 62.6: 593.
Kessler, Ronald et al., 2003: "Mild Disorders Should Not Be Eliminated from the DSM-V." Archives of General Psychiatry 60.11: 1117-22.
Kieślowski, Krzysztof (dir.), 1994: Trois couleurs: Rouge.
Koerner, Brendan I., 2002: "Disorders Made to Order," Mother Jones 27.4: 61.
Kramer, Peter, 1997 [1993]: Listening to Prozac: The Landmark Book about Antidepressants and the Remaking of the Self, rev. ed. New York.

Kutchins, Herb and Stuart A. Kirk, 1997: Making Us Crazy: DSM: The Psychiatric Bible and the Creation of Mental Disorders. New York.
Kutchins, Herb and Stuart A. Kirk, 1997: Making Us Crazy: DSM: The Psychiatric Bible and the Creation of Mental Disorders. New York.
Lane, Christopher, 2007: Shyness: How Normal Behavior Became a Sickness. New Haven.
Marks, I. M. and M. G. Gelder, 1966: "Different Ages of Onset in Varieties of Phobia." American Journal of Psychiatry 123.2: 218.
Marks, I. M., 1970: "The Classification of Phobic Disorders." British Journal of Psychiatry 116: 377-386.
Millon, Theodore, 2005: quoted in Alix Spiegel, "The Dictionary of Disorder: How One Man Revolutionized Psychiatry." New Yorker.
Opbroek, Adam et al, 2002: "Emotional Blunting Associated with SSRI-Induced Sexual Dysfunction." International Journal of Neuropsychopharmacology 5.2: 147-51.
Rettew, David C.,2000 : "Avoidant Personality Disorder, Generalized Social Phobia, and Shyness: Putting the Personality Back into Personality Disorders." Harvard Review of Psychiatry 8.6: 285.
Segraves, Robert Taylor, 1998: "Antidepressant-Induced Sexual Dysfunction," Journal of Clinical Psychiatry 59 (suppl. 4): 48-54.
Slater, Eliot and Martin Roth, 1969: Clinical Psychiatry, 3rd Edition. Baltimore.
Snaith, R. P., 1968: "A Clinical Investigation of Phobias." British Journal of Psychiatry 114: 693.
Spitzer, Robert, 1989: Interview by Mitchell Wilson, September 17, 1989, as quoted in Wilson, M., 1993: "DSM-III and the Transformation of American Psychiatry: A History." American Journal of Psychiatry 150.3: 404.
Stein, Murray B.; John R. Walker and David R. Forde, 1994: "Setting Diagnostic Thresholds for Social Phobia: Considerations from a Community Survey of Social Anxiety." American Journal of Psychiatry 151.3: 408.
Stein, Murray B. et al., 1994: "Setting Diagnostic Thresholds for Social Phobia: Considerations from a Community Survey of Social Anxiety." American Journal of Psychatry: 408.
Turner, Erick H.; Annette M. Matthews, Eftihia Linardatos, Robert A. Tell and Robert Rosenthal, 2008: "Selective Publication of Antidepressant Trials and Its Influence on Apparent Efficacy." New England Journal of Medicine 358. Retrieved from http://www.nejm.org/doi/full/10.1056/NEJMsa065779,
Warner, C. H.; W. Bobo, C. Warner, S. Reid, and J. Rachal, 2006: "Antidepressant Discontinuation Syndrome." American Family Physician 74.3: 449-56.

Psychiatry as Culture:
Transforming childhood through ADHD

Mattan Shachak/Edgar Cabanas Díaz/María Ángeles Cohen/Eva Illouz

Introduction

In the course of the twentieth century, and especially for the last three decades, medical, pharmaceutical and psychological technologies and repertoires have come to play an increasingly central role in providing explanations and ways of addressing deviant child behavior, mainly but not exclusively through the category of Attention Deficit Hyperactivity Disorder and its antecedents (Conrad 1976; Rafalovich 2001). At the turn of the century, ADHD became the most common diagnosis among American children. As of 2007, 5.4 million children aged 3–17 were diagnosed with ADHD (9.5%) in the US, significantly more than in Europe, representing a 22% increase in four years. Rates of ADHD diagnosis increased an average of 3% per year from 1997 to 2006, and an average of 5.5% per year from 2003 to 2007. Boys (12%) are more than twice as likely as girls to be diagnosed with ADHD (5%).

This data shows how vastly ADHD has spread and grown in the last 30 years, after its inclusion in the DSM-III-R in 1987, which provided a simplified and standardized diagnosis and a common language for various actors. Parallel to this increase in ADHD diagnosis the mass marketization of bio-chemical drugs addressing this specific disorder, and the prescriptions of ADHD medications, such as metalphenidates, amphetamines and antidepressants, have risen exponentially. For example, monthly prescriptions of Ritalin increased from just 4,000 in 1994 to 359,000 in 2004, making a $3billion profit in 2006 (Miller, 2008). In 2010, 66.3% of those diagnosed were receiving medication treatment (Bloom et al. 2010).

Instead of being concerned with the ontology of mental disorders, presuming they are natural phenomena to be discovered and intelligible by scientific procedures, a sociological constructionist perspective focuses on those social agents (experts, professionals, teachers and parents), institutions (schools, families, insurance companies), cultural repertoires (psychiatric classifications, psy categories and models), narratives and practices involved in rendering mental disorders visible, meaningful, measurable, solvable and, in short, existent. From this perspective, the process of medicalization consists of reframing various daily life situations, behaviors, emotions and mental states, in medical categories as pathologies which require medico-therapeutic technologies in order to transform or manage them. This has been the thrust of Berger and Luckman's great insight on the social construction of reality (1966), and of "labeling theory" (Conrad/Schneider 1980, Goffman 1986, Scheff 1984), which has come to be a common ground in contemporary critical sociology.

However, in this article we take this familiar critique one step further, by examining not only how cultural categories become medical (how child deviant behavior is pathologized), but how psychiatric categories and psychological techniques related to ADHD are disseminated, how they are used by different agents, and how they come to reshape cultural repertoires, social relations, models of selfhood and forms of control while being circulated within the family and the school. We offer to view psychiatry and psychology as cultural practices that rely on and institutionalize expert classifications, categories and knowledge in various life spheres. Viewing them as a cultural practices entails addressing it as a process in which these classifications and categories are circulated by various agents in different social arenas, while focusing on the meanings and roles they acquire and lose from their usage by these agents, and their socio-cultural consequences, that is to say, how they affect other cultural categories and come to shape social relations. We argue that the use of ADHD category as a hermeneutic device reshapes the cultural categories of "childhood", "education", "responsibility", "authority" and "parenthood", while establishing a new form of social control which shifts the locus of self-control from moral conduct to emotional management.

This is done by implementing medico-therapeutic practices at school and at home, which problematize emotions, reframe the self and rearrange social relationships. We make two central claims: *First*, the case of ADHD shows how school has become a central site in which medico-therapeutic discourse and practices are circulated and incorporated into its educational apparatus, which implies a new mode of domination which disseminates through making teachers and parents into (lay) experts, and relaying on the mediation of professional authority, ideology and technologies in the construction of their own power. It is indeterminate whether this mode of control corresponds more closely to the Foucauldian concept of discipline through surveillance and professional technologies or to the democratic delegation of authority to the individual. Therefore, we suggest they occur simultaneously and denote a general move from control through moral discipline to control through medical technologies and emotion-management.

Moreover, the success of the category of ADHD results from its ability to establish this new form of seemingly democratic control. *Second*, it reshapes the agency attributed to individuals, the realm in which agency is assumed and promoted and the objects and goals of such agency by dualistic use of contradicting discourses and technologies. While the medicalization of ADHD-related behaviors removes them from the realm of morality, responsibility and individual agency and promotes medical technologies (medication), the emotionalization of ADHD by professionals transforms emotions into the main site and object of individual agency, control and management through therapeutic technologies.

In the *first section*, we examine school as a therapeutic site, in which psy-classification is used to reformulate educational problems and to problematize low school performance as a medical and a psychological issue, while expanding the range of audiences and the authority of psy professionals over the eroded authority of teachers. This transformation highlights a process by which non-experts (parents and teachers) are transformed into (lay) experts, that is, socialized and trained to recognize ADHD symptoms in school by professionals, in order to render diagnoses and interventions more efficient. We examine what psychiatric classification and especially the category of ADHD enables the school as an institution to do and how it is used in this setting to establish a liberal-democratic form of control.

In the *second section* we examine the socio-cultural impact the circulation of the category of ADHD within the family has on the parent-child and family relationships. We show how the category of ADHD is used by family members to label the child's behavior, the practical benefits of the usage of the ADHD category, its influence on other cultural categories such as "responsibility", "authority" and "parenting", and the contradiction which emerges between the bio-medical model used to understand ADHD children and the "normal" autonomous model of self in the context of the changing parental models that have gone from authoritative, hierarchical and imposing to more symmetrical, communicative and negotiable ones.

In the *third section*, we show how emotions have become a central issue in the professional diagnosis and treatment of ADHD in the course of the last decade. Problems related to emotional outbursts, aggressiveness, self-esteem, and problematic relationships with peers, although being well known "side effects" of the medication, are reframed as problems of lack of emotional self-control, and come to be just as important as difficulties associated with scholarly underachievement and discipline in the redefinition of the self by professionals. We argue that this process conveys the infusion of what Eva Illouz (2008) calls the "therapeutic emotional style" into the telos of childhood as the final move from control through moral discipline to control through emotion-management (Hochschild 1979). Finally, we describe how the different discourses and technologies reshape subjective experiences and result in self-estrangement and social alienation.

We draw on an ethnographic account of a case study in order to examine the structure (family, school counselors, neurologists, psychologists and researchers) in which ADHD appears in a child's life. In this work we focus on the case of a 17 year old boy who was diagnosed with ADHD at the age of 10 and that has just discontinued the medication. We interviewed him (J), his mother (M), a school psychologist (SP), and two clinical psychologists and researchers on ADHD (CP1 and CP2). We analyze the narratives of each of the actors in order to learn how psy-discourse and practices impact the interpretation of both the child's behavior and other cultural categories.

The school as a therapeutic field: education on prevention and early diagnoses

In the course of the last decades, school has become highly therapeutic through the mobilization of psy-professionals, -categories, -classifications and -techniques into the educational arena. Psy-professionals and -categories come to play an increasingly central role in this setting, diagnosing and treating problematic behavior, bullying and exclusion problems, assisting in multicultural diversity concerns, providing academic orientation, dealing with poor school performance or enabling communication between families and teachers. Since school has always been one of the central realms in which socialization for citizenship takes place (Dewey 1998) the advent of a "therapeutic culture" (Lasch 1978; Bellah et. al. 1985; Nolan 1997) has undoubtedly changed the models of citizenship and the ways in which educational problems are understood and dealt with through the increasing professionalization of education (Ferudi 2009). We suggest that therapeutic repertoires and techniques have come to be so powerful in this setting not only because of the central role that the professionals themselves play, but mainly because they succeeded in recruiting ordinary people, i. e. parents and teacher and transforming them into (lay) experts who disseminate these practices in school and family settings. They have become therapeutic agents in detecting, interpreting and monitoring ADHD related behaviors, initiating the chain of diagnosis and treatment or even executing it themselves. By doing this they translate traditional explanations of discipline, authority, morality and education to explain childrens' misbehaviors into the individualized and naturalized psychological and psychiatric language of cognitive dysfunctions, self-regulation problems, emotional management, self-esteem and neuro-chemical imbalances. In what follows, we examine three main features of this process: the expansion of the boundaries of the ADHD category and its meaning to include problems of discipline and poor school performance; the promotion of medical technologies of treatment (Ritalin) that rely on behavioral symptomatology and bio-medical etiology; and the establishment of a new form of social control.

The clinical psychologists we interviewed described the role of teachers in the process of diagnosis and how they are educated to do so:

Interviewer: "How could a non-expert detect an ADHD child?"

Clinical Psychologist 1: "**If you were a teacher, you could tell that something is going wrong. This is the key question in which we try to educate teachers, family**...*so they can sound the alarm as soon as they detect it. A more complex diagnosis needs experts because there might be things that are not visible and that might be affecting them negatively, but it is good that a non-expert sounds the alarm to get an early diagnosis and an efficient treatment".*

I: "Could you tell me what symptoms you would teach to a teacher to sound the alarm to?"

Clinical Psychologist 2: "The most obvious is the child's hyperactivity, which is not the most worrying but it is the easiest thing to detect. **Right away a teacher is going to complain about a child that does not allow him to teach his class properly. This is a symptom that might sound the alarm**. *Another problem is when that is not that clear, as it is the case among girls, most of whom go unnoticed because they are not fidgety... but maybe that girl is having a lot of academic problems. They need to be helped too, because that might be due to an attentional, intelligence or an affective problem".*

Non-experts are socialized and educated to detect "obvious" and not so obvious ADHD behaviors in children, by monitoring and documenting behavioral aspects of children who interrupt the orderly proceeding of classes and teachers' control over them. Moreover, poor school performance is one of the main aspects that are rendered problematic and aimed to be explained through the psychological category of ADHD: behavior inhibition, self-motivation insufficiency, attention deficit, executive dysfunction. An experienced school psychologist described to us what kinds of conducts are considered characteristic of an ADHD child in class:

> *I: "What is considered a problematic behavior of an ADHD child at school?"*
>
> *School Psychologist: "Speaking too much, not doing their homework, not paying attention in class...all of those conducts that are typical of every child. What happens with teachers now? That every school is trained so teachers are able to identify these conducts as problematic and refer children to professional assessment. All these behaviors usually require teachers to pay more attention than usual. What do teachers see now?* **That these behaviors are symptoms of a disease, not a matter of discipline and education***".*

What is remarkable here is the profound and quick social transformation of "normality" and the crucial role teachers have in redefining children as disordered. That is, ADHD becomes a cultural category which corresponds with the institutional demands of schools and attempts to redefine a specific mode of attention, by taking as its obvious target any outward behavior that does not conform to norms of bodily and verbal self-control – no fidgeting, no disturbing classmates, self-regulation and monitoring. After learning how to notice and document these specific behaviors teachers learn to interpret them as symptoms of "deeper" biomedical causes. This became clear in the interview with the clinical psychologists:

> *I: "What is/are the cause/s of ADHD?"*
>
> *CP2:* **"The origin is neurobiological, not educational.** *There are parents worried about the context, but there is a genetic and prenatal cause that is always there; it is not anything that the child has learnt. It is a problem of the prefrontal cortex, cerebellum...there are many affected structures".*
>
> *CP1:* **"Clearly, we must start by conceiving it as something biological. It is translated into conduct problems, but it has a biological and genetic cause, which is what best explains ADHD***. Later, of course, we have to take into account the education, but what it is never going to happen is that ADHD could be provoked by a bad education".*

The etiological explanation of behavioral problems of discipline and self-control as biological, although acknowledged as typical childlike behaviors, immediately neutralize any moral responsibility of the teachers, parents and the individual, i.e., the problematic behaviors cease to be seen as a result of the individual's agency (intention, will and responsibility) since they are explained as a result of one's bio-chemical makeup. Moreover, it explicitly removes any responsibility from teachers and parents, since the problematic behaviors explained as bio-medical are *not* the result of bad education. As Rafalovich (2001) shows, while in the 19th century discipline was constructed as a moral problem which resulted from the child's agency and legitimized control through punishment, from the end of the 19th century physicians worked to construct deviant child behaviors as biomedical problems. The medicalization of deviancy de-agentizes the individual in relation to his problems while translating it from badness to sickness (Conrad and Schneider 1980). It removes the problem from the realm of morality and submits the individual to the control of psychotherapeutic professionals and medical technologies who redefine the realms, objectives and courses of agency the individual has to foster and cooperate with (Conrad 1992).

We claim that the growing infusion of psy-categories, -repertoires and -technologies, and especially the recruitment of non-experts to exercise expert knowledge and techniques as agents of prevention for detecting ADHD children early, implies more than the medicalization of everyday life (Moyniham et. al. 2002), the cooperation of professionals and pharmaceutical industries in promoting medicalization (Conrad 2010), or the intertwinement of the logics of medicalization and commodification of mental illness which enables it (Illouz 2008). We argue that there are institutional-pragmatic reasons for the infusion of this discourse into schools because of what it enables institutions and actors to do. It enables institutions to redefine authority and forge new practices of discipline in schools by establishing new cultural repertoires for understanding the child, new technologies of monitoring and managing individual conduct, and new modes of evaluation. In this process of the culturization of ADHD, both the category itself and other cultural categories such as responsibility and authority gain new meanings. This implies a new form of control which is mediated through professionals and psy-ideology and -technologies (Conrad 1992), which entails simultaneously discipline through surveillance *and* the democratic delegation of authority and responsibility for self-management to the individual.

The transformation of teachers and parents into (lay) experts enables the use of the psychological and medical language of ADHD as the Lingua Franca of parents, teachers and professionals, providing a common interpretive framework to chart mental and emotional life, and guidelines and technologies to manage and solve the problematic behavior of children and teenagers by submitting them to this new form of control. The a-moralizing effect of the bio-medical discourse enables all actors concerned to shun any specific ascription of responsibility and to avoid blaming one another, while constructing a neutral communicative space which facilitates cooperation in dealing with the problem through the mediation of impersonal professional authority. What facilitates the infusion of psy-discourse into the educational field is the standardization of ADHD, and the construction of elective affinities in relation to social structures and cultural categories in the field.

The standardization of children's behavioral problems

Since DSM-III was published in the 1980s, a revolution has occurred within the psychiatric profession that has rapidly transformed the theory and practice of mental health, first in the United States, and later abroad. In a very short period of time, mental illnesses were transformed from broad, etiologically defined entities that were continuous with normality to symptom-based, categorical diseases (Mayes and Horwitz 2005). This shift reflects the growing standardization of psychiatric diagnoses, psychological classification systems and therapeutic language. As the case of ADHD demonstrates, this process of standardization enables the expansion of the ADHD category to include various child behaviors and psychological meanings and to radically increase the rates of diagnosis (Conrad 1976). The standardization of ADHD has several important consequences for the culturization of this category, its social usage, and the cultural meanings it acquires when circulated within social arenas such as schools and families. We identify three major results.

First, it over-simplifies the process of redefining a child as ADHD while expanding the category to include problems of discipline, academic difficulties and poor school performance. In this process the psychiatric classification, and the category of ADHD in particular, come to be an explanation of school performance measures, namely the grading system, thus creating an equivalence between mental health and scholastic performance. Poor school performance is the principal concern that sounds the alarm among teachers and parents, whose view of the problem often gains the same weight for the formal diagnosis as the psychological and neurological tests (see, for example, Danforth and Navarro 2001). According to J´s mother, the principal reason why she was concerned and turned to redefine her son as ADHD was the low school performance of J: "it was not that the boy was a nuisance or that he moved constantly, which he did, but it was that the kid made no progress in school." J´s problems of conduct that are typically associated with ADHD – namely, impulsivity, aggressiveness, egocentrism, depression, heightened reactivity to emotionally charged events – were not problems that he had before; on the contrary, they started only after he took the medication. As many authors have claimed these problems are typical side effects of methylphenidates.

J's mother's account of the process of redefining her son as ADHD following school underperformance shows the convergence between the constant measurement and monitoring of kids by way of school performance measures and grades in the competitive pursuit of individual excellence, with psy-classification systems which are used to explain and deal with them. This interconnection enables teachers and school staff to convert the hierarchy of the grading system to the non-hierarchic or democratic psychological classification system which defines "special needs." Childrens' evaluations are not usually as thorough as they are claimed to be. In-depth clinical interviews with kids, teachers and relatives, or longitudinal reports of the child's behavior are not usually performed. Although professionals say they are crucial to do a proper diagnosis, they come to be redundant in light of the quick, over-efficient and standardized diagnosis.

In fact, one of the school psychologists we interviewed emphasized the premature diagnosis of ADHD in a child who was an academic underachiever and the lack of in-depth analysis of individual and environmental aspects. While the clinical psychologists interviewed claimed that they spent "7 or 8 hours with every child to seriously assess the case" and to "discard other personal and contextual problems" such as divorce episodes for example, the school psychologist commented that "psychologists tend to discard only problems that are quite visible, not the rest of them". Later in the interview he added that "In fact, just when kids don't do what they are supposed to do, both in school, or the homework at home, which will logically create problems between kids and parents, and they carry on this way for six months, they are going to fall straight into the diagnosis". When we asked J what he thought to be the reason why he was being medicated, he responded that "everything started because I did not pay attention in class; I was…I mean, a bit 'itchy feet,' but…I don't know, the thing is that nowadays every child that is a bit as I was is taken to the doctor." It seems that the standardization of the category of ADHD and its diagnosis, as they are constructed by the DSM to allow effective and common labeling, makes in-depth and thorough examination, which is costly and time consuming, redundant and makes it possible to establish and exercise the psycho-medical form of domination in schools and families on a large scale.

Second, standardization of the category of ADHD bestows objectivity and presents a consensus concerning the redefinition of a child as ADHD, although in practice the process is rather ambiguous, ridden with doubts, and lacks consensus about tests and criteria among professionals and academics, as the DSM-IV-TR (2000) itself recognizes. This objectification produces legitimacy and justification for psycho-medical intervention. Since there isn't a consensus on what tests have to be used, or on what the criteria are to unequivocally interpret the results of those tests as being characteristic of an ADHD case, clinical diagnoses are mainly based on professionals' clinical opinion and on the responses given by parents and teachers to the standardized and generic DSM-IV-TR criteria – despite the fact that several studies "show modest to negligible overlap" between parents', teachers' and children's reports (see, for example, Whalen, et al. 2002; Andrews et al. 1993; Bird et. al. 1992). As the clinical psychologists interviewed recognized, "there is still nothing concrete that can help us decide and diagnose without a doubt. Interviews with parents and seeing the kid for a little while, anyway, is highly informative. Sometimes we see things that clearly point to a clear case of ADHD". In one of J's clinical reports that we had access to, a parent's response to DSM-IV criteria questionnaire was decisive: "following parent's opinion, J meets nine criteria for attention deficit, and six for hyperactivity-impulsivity, so he will be classified as a F90.0 Deficit Attention Disorder with hyperactivity, combined type (314.01)". In the case of J, it seems that his mother's deep concern about school performance drove J straight into the ADHD medical process.

Third, since according to the bio-medical model neurochemical imbalance is assumed to underlie cognitive and behavioral dysfunction, psychiatry states that medication is the best treatment to reduce poor school performance and to increase one's endeavors and compliance with academic and institutional demands. Although many professionals have questioned the necessity of medication to improve school performance in ADHD children while offering other forms of intervention (Lienemann et al. 2007; Resnick and Reitman 2011), medication remains the central technology of control promoted by professionals, teachers and parents. This process represents the convergence of the bio-medical model and the economic approach to disorder management thorough pharmaceutical technologies. Once a certain situation – for instance, school failure – is problematized as individual and isolated issue rather than institutional or holistic, medication becomes the highlight of effective and efficient treatment.

In our opinion, much of the influence of ADHD in reshaping the conception of childhood lies not in its theoretical or discursive background, which has been broadly criticized even by an increasingly critical group of psychiatrists, but in its standardizing and objectifying power displayed by techniques of classification and evaluation. *When a child is redefined as an ADHD, the label of ADHD comes to be prevalent in the construction of self-identity and social relations with peers and parents.* This has been the thrust of Berger and Luckman's great insight on the social construction of reality (1966), and of "labeling theory" (Conrad and Schneider 1980, Goffman 1986, Scheff 1984), a view that has come to be common ground in contemporary sociology.

The circulation of ADHD within the family

Where most studies stop at the 'medicalization thesis' and the 'labeling effect' of psycho-medical diagnoses, we take them a step further and examine how these categories become cultural categories, how they simultaneously shape other categories and are reshaped by them. As we saw earlier, parents have a central role in bringing the therapeutic discourse home and redefining their children as ADHD, and professionals act to socialize them to do so within the school setting. In this section we examine the impacts the circulation of ADHD within the family has on the ways in which the child is framed and familial relations are constructed.

The dialectics of independence and responsibility

J's mother had been terribly worried about J's poor school performance and came to frame his problem as ADHD through the therapeutic discourse the school provided her with.[1] She had done everything in her power to help J with his school duties: she quit her job when J was 10 in order to stay home with him; she would not leave the house when J got home from school just to make sure he was doing what he was supposed to; she would often have him tell her the lesson for next day, something about which they had serious arguments; she made him study with her, and so on. After all these efforts had failed she reached a point where she felt helpless and decided to put him on medication. Understanding J's problem through the terms of the bio-medical model underlying ADHD directed the mother to either support and assist him with his school duties, or to medicate him, claiming that if she had not been there to control him he would have got stuck in his second year of Secondary School because he was not capable of paying attention and fulfilling his duties.

This use of ADHD as an interpretive framework has a bi-directional result in reshaping both the category of ADHD itself and other cultural categories. Once the category has started circulating within the family, the relationship between the child and his parents is then completely imbued by this re-framing of his conduct. The various usages of the ADHD category within the family in daily life transforms not only the meanings of categories such as "responsibility,"

---

[1] Such worries are of course entirely sociological, they are motivated by her fear of unemployment.

and "independence," as we have seen, but also of "authority," "respect," "discipline," "effort," or "commitment," since framing the child as neurologically impaired de-agentizes him and prevents him from assuming those moral categories and carry them out in everyday life. However, ironically, he is still expected to foster those positions by himself. Not only were J's difficulties never blamed on him, but thanks to the bio-medical disease model his problems became a framework for defining "special needs" which accord him privileges and the right to special treatment from his family which, however, still spoke of him as someone who lacked any kind of will and autonomy. Nevertheless, J's mother still expected him to "somehow" be "normal," i.e. responsible and independent, through the use of the drug that diminishes the apparent symptoms of ADHD.

This tension is reflected in J's view of his relationship with his mother as well. J understands his mother's deep involvement and control as limitations that deny him his independence, and actually cripple him:

> J: *"I was in a wheel chair. I was always in a wheelchair, with the pill [Concerta] and my mom. And, of course, when my mom left home I'd do everything I couldn't do when she was there".*
>
> I: *"Even with the pill"*
>
> J: *"Oh, yes, yes, with the pill, with the pill".*
>
> I: *"So don't you think that..."*
>
> J: *"Well, you know, if my mom hadn't been there... I mean, as she's been there since I was little... if she hadn't been there last year I wouldn't be here right now. I'd be a junior or senior in High School again. Because, like, when you get used to being on a leash for such a long time when they take it off you run away and don't want to come back, whereas if you've been with no leash since you were little and they teach you to go anywhere you don't have any problems and it doesn't really matter if you're put on a leash or not. I mean, you know how to run and you know how to come back. Instead, when you're on a leash all day, the second they take it off... what is more, they tell you "we're going to leave you by yourself this weekend. Don't do anything, etc". And I did it anyway".*

While J's mother sees J's underachievement as a symptom of his incapability to control himself, J sees such behaviors as a rebellion against his mother's overprotective involvement regarding his studies. Moreover, the stigma of ADHD keeps him from being "normal" or being granted the freedom to demonstrate independence and responsibility. But on the other hand, being redefined as ADHD grants him privileges, more parental attention and support according to his "special needs," and of course is of great importance in seeking medical or therapeutic help. J admits that when he was a child he really liked all the attention he received, but that has changed since he became a teenager and came to experience more intensively the stigma associated with this label.

J is worried about not being able to get rid of the stigma that has been attributed to him for all these years. He seems to be quite aware of the tautological nature of psy-labeling, that is, once a label frames a certain situation or behavior into bio-medical terms, it becomes almost impossible to get the label off since it refers to deeper bio-physical make-up which exists beneath the "symptoms" and beyond one's control. This is how he expresses the effect of the label on his parents' attitudes towards him:

> *J: "No matter how much I... it's bullshit. Not even with better grades is it possible to take it off. It's a label they put on you and from then on nobody will take it off. Not even family, huh? Not even your parents take it off. They say 'teachers...' no, I don't care for teachers, I see them for two years and then I won't see them again in my life. The point is that it's you [his parents] who put the label on me. The ones who are supposed to want to take it off me actually put it on. So, sure, I leave it on. And although I try to take it off... no... I just know nobody is going to take it off me."*

J thinks that the whole process of being redefined and managed as ADHD involves making him incapable of doing by himself what a mature person is supposed to be able to do without any kind of difficulty. In spite of this, J made up his mind to go on without medication although his mother is reluctant to fully accept his decision until she is sure he is capable of paying attention and putting up with his responsibilities in college.

The interpretive space here exists between two explanatory poles: (1) the bio-medical model, which renders problems as bio-chemical imbalances, hereditary traits, or physical structures in the brain and locates their solution outside the control of the individual; and (2) the autonomous model which defines the healthy and mature individual and demands self-regulation, self-efficacy and responsibility. The play of these two models, according to their usage and results (intended and unintended), comes to structure the dialectics of responsibility and independence of the child and the spheres of agency and de-agency.

Authority without discipline: the outsourcing of parental moral authority to professionals

The involvement of professionals in dealing with parental problems and children's education, functioning, sociability and conduct problems affect the role of parents and the meaning of parental authority. It points to the replacement of parental moral authority with "neutral" professional authority and a shift from a hierarchic and disciplining parenting style to a democratic-therapeutic one. J's mother gives us a glimpse into this process, by comparing her two sons:

> *"I have two sons. They don't have anything to do with each other. One is like hyper-responsible, but, I mean, like 'please, son, go take a walk because you are suffocating me' but both of them have had the same education, the same father, the same mother,* **and the same doses of responsibility and freedom***. [...] He's always comparing himself with his brother. 'Why is my brother allowed to...?' because your brother is one way and you are another.* **Your brother knows how to use his freedom and he's super responsible because he has proved so to us.** *[...]* **So I don't know if there's a professional that helps you mature. A professional might give you rules of conduct but those rules of conduct... do you think it makes you mature?**"

It seems that J's mother noticed the inability of professional intervention to supply a morally disciplining authority to her ADHD son since their authority and intervention assume an autonomous individual and "freedom management" as an individual capacity. But this understanding did not result in refuting professional explanations and practices or practicing parental authority in the "traditional" way. Although J's mother uses the bio-medical model to understand J's problems and turn to professional solutions, she seems quite aware of other interpretive frameworks and parental models to understand and deal with such problems but avoids their use:

> *"[the doctor] said 'well, this is hereditary' and Juan [J's father]... like... because it's him.* **He's completely hyperactive, and then he tells me 'well, but I managed to get it all done' and I say 'of course, because in the past there was no... I guess there was the whip and the father's slap, no Concerta'** *and of course he managed to get it all done, but it's totally hereditary. Absolutely hereditary. And he is hyperactive. And today he is still hyperactive. And the grandmother who is ninety years old is hyperactive as well"*

Psy-models and -practices are not the only ones available or the most effective, but they seem to be adopted because they correspond with a democratic non-hierarchical parenting style, and although other models exist, they have no practical meaning or influence since they are hierarchical and authoritative. J's mother ignores this sort of explanation, and sticks to the bio-medical model which implicitly enables her to blame the flawed "genes" of her husband's family while avoiding the patriarchal, authoritarian or physical discipline practiced by the previous generation.

It appears each of J's parents use a different model to explain J's behavioral problems and hence point to a different parental course of action. J's father understands J's behavior according to the "traditional" approach to education and discipline, which dismisses the bio-medical explanation for his underperformance or at least the technologies of self-transformation it implies altogether. However, J's mother sees ADHD as a definition of what her son "really is." His father tells him to grow up and take his life into his own hands whereas his mother checks on him daily to make sure he takes his medication and does his homework, which he rarely does. His mother claims that since he started taking the medication he has become "more normal" and responsible, more controllable, less restless, his verbiage has diminished and he has started paying more attention in class. At the same time while his father dismisses medication as a possible solution to his son's lack of "maturity" and "responsibility," although he does not provide an alternative approach to educating his child and avoids disciplining him altogether.

Parental models of normality: the problematization of the average and normalization of success

Parental "thresholds" regarding the child's misbehavior depend on parents' beliefs about the origins of such behavior (Bussing, Gary, Mills and Wilson, 2003) on one hand, and on the referents or "normality" models they are using to compare their child with on the other hand. Those normality models are also socially and politically promoted, and in this case they contribute not only to the reshaping of childhood, but also to reframing the parent-child relationship. In J's case, his brother comes to be the point of reference, the label of ADHD comes to frame the competition with his brother and to explain their differences.

According to the family discourse, J's brother meets all the criteria of what a "good boy" is from their point of view: he is independent, self-sufficient, gets the best grades in his class and "knows how to use his freedom and be responsible," as the mother said. In J's ayes, taking his brother, who appears to be exceptionally successful, as the normality model has far reaching consequences regarding his position in his family compared to his brother's:

> J: *"I'm not one of the hoodlums among my group of friends, quite the opposite, I'm just average [...] At their homes I would even be considered an angel but not at mine, and that's so annoying.* **My mom is always like "your brother..."** *well no, the point is that what my brother does is not normal, mom.* **Getting an A plus, an A, a distinction when you are a sophomore in Law is not normal. A boy who never needs anyone to tell him to get down to study is not normal. A boy who has so much autonomy, independence... is not normal.** *When you are nineteen, come on, man, get home drunk one day, bring a girlfriend, crash the car, lose the keys..."*

Being a teenager, as J's eloquently puts it, consists in *not* doing exactly what you are expected, not always being so responsible, and not necessarily achieving top grades in school. The conflicting discourses of normality and J's explicit rejection of the normalizing discourse do not necessarily indicate resistance (since it does not have practical results or effects), but they highlight the new model of normality represented in the ADHD discourse. Confronting his brother as a reference of normality puts J in an awkward position:

> *"[...] this is serious, it's not fun, it's a very big problem that I have, I'm going to be twenty-four years behind my brother... you know, but then... well, actually when working it'll be the same, because on top of it all he is going to be a lawyer and so am I... it's going to be the same all my life. There I hope... well, I hope nothing bad happens to him but... I hope to be above him one day. But it doesn't look like I will. If it was like he got Cs, man, go get a B. I would get down to study solely and exclusively to get a B, because I'm very competitive, but getting a distinction... you can't overtake that. And even less in my case. It's frustrating. So then, of course, when we do sports... I'm at 100% and I'm very competitive and I step over him."*

It appears that the fact that school performance has come be the main measure of self-value and social capital, and not sports for example, leaves J in a poor position when it comes to "winning" this competition or even being recognized as a legitimate competitor. So, first the ADHD redefinition acts as an interpretative tool for what had previously been considered to be abnormal and disturbing for the family. Then, such a label makes J insecure in relation to his capability to do things by himself and also makes him feel helpless at making his family believe he could change and be not like his brother but certainly different to what he had previously been. Thus, the shift from the private experience of a certain problem, with its specific characteristics, to a normalized disorder, that is, a public experience (Conrad 2005) is a process through which other more complex family issues are reinterpreted through the prism of ADHD.

However, the stigma and poor position in relation to his brother is not the whole picture. J's mother's expectations of her children are in turn greatly influenced by her husband's life story: he is a well-known lawyer that reached a high economic position after having been "just like J" as a child, according to her account. J's father was always at work and when he came home, "everything changed," in J's words. J even jokes that if his father were at home more often he would not be an ADHD because when his father is around "the ADHD disappears."

J's mother labels her husband as ADHD as well, but since he is a living model of success, it lacks a medicalizing or stigmatizing meaning and even comes to be a sort of capital in the family context (for an interesting use of ADHD as capital in contemporary culture see Martin 2000). This makes things more complex and the meaning of ADHD more ambiguous. Although for J's mother ADHD is a genetically inherited disorder that makes the child unable to fulfill his duties, the case of J's father, shows he was able to overcome his "difficulties" and lead a successful life. However, at the same time ADHD becomes the unique characteristic and common denominator for J and his successful father. This makes J, from the family's perspective, weak and responsible for his lack of willingness to succeed at school, even though his moral responsibility for his behavior and the practice of parental authority are resolved by the therapeutic discourse. *The ADHD redefinition served the purpose of providing a narrative of pathology in order to put the deviant behavior under the ideal of health and the correcting but non-coercive technologies it implies.* However, the ideal and telos of health are intertwined here with the ideal of economic and social success, which do not entirely overlap, and result in problematizing the average and normalizing success.

1. Summary

It seems that parenting models came to be understood under the discursive structure of therapy: they have moved from authoritative, hierarchical, and coercive, to symmetrical, communicative and negotiable parenting. This symmetric negotiation between adults and children on the latters' behavior through reinforcement and empowerment programs, the emotional and affective nurturing and non-coercive education of the child, the non-authoritarian but "supportive" parenting-style all reflect a more democratic idea of education which has emerged in the last decades. But this democratic idea of education hides another form of authority that is mediated by the authority of professionals – school counselors, psychologists, psychiatrists, social workers – and the therapeutic discourse, both of which render the problem an individual one while refuting responsibility and replace the need for parents' authority with an abstract and impersonal professional authority.

Within this modern educational framework, the "embracing narrative" of ADHD tends to work as a hotchpotch category embracing all those maladaptive or unwanted behaviors which are excluded from an "adults' threshold." They emerge at the point where parents consider either negotiation, support, reinforcement-punishment techniques or any other educative measure they take as fruitless, and where they feel helpless in controlling the child. Medication here plays an important role. Although, as we mentioned earlier, parents seem to be aware of the medication's side effects, and usually do not consider medication to be the ultimate solution, they still conceive of it as a "magic pill," as J and his mother put it. Even in the worst-case scenario, for instance when suffering from many of the aforementioned side effects, it appears to be a necessary evil that helps put the child in compliance with the standards of what is considered "controllable." The claim is that the medication's sedative and arousal-inhibiting effects make children more prone to self-regulation, more responsive to positive reinforcement and more receptive to deferred gratification, and hence, more susceptible to be controlled by the standards of the therapeutic structure of negotiation, rationalization and cooperation.

The point here is not whether we consider modern educational and parenting styles to be worse than the traditional ones; our point is that a category such as ADHD and its usage is only possible and understandable within this therapeutic educational framework (Ecclestone et al. 2005), within the new patterns of diffusion of responsibility and professional authority, and within the new model of childhood. We argue that in this context, the discourse of ADHD enables to construct a new form of control which consists in surveillance and the encouragement of autonomy simultaneously. The model of childhood which underlies ADHD diagnoses and treatment relies on the ability to manage one's freedom. It requires a self-regulated child who knows how to make plans and comply with deadlines, is capable of independently following instructions, self-managed and self-reliant and who motivates himself to not only do what he is supposed to do but also to like it, a child who is able to be alone and still perform the tasks he is expected to. This model of childhood implies that as the discipline in the workplace grows, so does the discipline in school, and its requirements become similar to those of "late modern" organizations. School children are expected to become adults, but as children are inadapted, their residual behavior becomes normalized and controlled through diagnostic practices and through the mobilization of professionals and the therapeutic discourse into schools to control childrens' behavior, not their morality. ADHD is a solution to control behavior without using moral categories of good and bad, and without even putting at fault the child who becomes a bundle of psychological, emotional and biological processes, or the school system itself.

Redefining agency and self-control: from behavioral discipline to emotion management

While problems of discipline and poor school performance are de-agentized by the medical discourse which leads to medical technologies of intervention (medication), emotions are constructed as the main locus and objects of individual agency through the cultivation of what Illouz (2008) calls therapeutic emotional style. To complete the picture of the new form of control and its consequences in daily life, we now turn to examine how the professional discourse reinterprets ADHD in emotional terms and re-problematizes the child through his emotional make-up and the subjective consequences of these hybrid discourse and intervention techniques. This process of emotionalization of ADHD becomes central in justifying psychotherapeutic intervention, and in supplying emotional repertoires which are crucial for parents and ADHD children to frame a wide array of misbehaviors and emotional disruptions. We argue that similar to the role the therapeutic discourse played in the transformation of the form of control in organizations, replacing hierarchy and obedience with emotional self-control and communicative ethics, the therapeutic emotional style comes to play an increasingly important role in constructing children's self-management as part of this new form of control.

The emotionalization of ADHD

Even though the DSM-IV-TR (2000) does not include affective, emotional and peer relationship problems as important diagnostic criteria to classify a child as an ADHD, the emotional world of children and adolescents has grown to be a central concern among ADHD professionals in the last decade, especially amongst psychologists. ADHD acquires these new meanings, while being circulated within professional literature and practice, turning emotional disruptions into another core symptom of the disorder, and sets emotional health and social skills as the main objectives of self-transformation through emotional management techniques.

ADHD professionals claim that "the scattered evidence of emotional deregulation highlights the importance of understanding how the mood profiles of individuals with the characteristics of ADHD differ from those of their peers during the adolescent years, a developmental period characterized by emotional turbulence" (Whalen et al. 2002: 210). Problematic aspects are labeled as "emotional instability" and claimed to establish difficult and dysfunctional peer relationships in ADHD children (Hoza 2007: 655). The clinical psychologists we interviewed also highlighted this aspect:

> *I: "are there any remarkable and typical affective problems concerning ADHD children?"*
>
> *RP1: "Many. You can always find 'something' besides ADHD. We are talking about an impulse regulation deficit disorder, which generates dangerous-non-meditated behavior. These children do not predict the consequences their behaviors have for others and for themselves. [...] There are a lot of studies concerning the cognitive or 'cold' part of the disorder, but the problem of affect has usually been left aside, although it is very important in ADHD."*
>
> *RP2: "It is important to treat self-esteem. We talk about a problem that enormously affects self-esteem, something that can lead to anxiety problems, or make children set themselves above the rest, like intending to be the most extrovert guy in his peer group or like trying to be the leader."*

It is remarkable how ADHD-related behaviors are attributed to bio-medical causes, which de-agentize the individual, while the emotional interpretation of ADHD constructs emotions as the main realm of individual agency and self-control, which therapeutic techniques are assumed to completely restore. Despite several difficulties and contradictions between the medical and psychotherapeutic frameworks to consistently develop a theoretical framework to explain this heterogeneity, ADHD professionals claim that all these aspects are nevertheless intimately related to each other, being the reason why combined pharmacological and psychological treatment is needed (Pelham et al. 2005). They claim that this heterogeneity is not problematic. Rather, in the worst case scenario, it is a matter of emphasis or levels of analysis.

Although medication is the main technology for solving cognitive and behavioral problems, psychotherapists state that it is unhelpful in solving emotional problems. For them, psychological therapy is necessary to solve the emotional instability, problems of self-regulation and self-esteem, emphasizing the need to reshape the emotional makeup of children as an indispensable task of ADHD treatment. In both of J´s clinical reports, this is submitted as an important recommendation right after the medication prescription: "I also recommend psychological treatment to a) reduce frustration levels, b) foster self-esteem, c) achieve higher self-control, d) eliminate anxiety symptoms, e) raise the mood, and f) change negativistic-defiant behavior to a more positive-adequate one through Barkley's behavior modification program and through training in social abilities." Thus, the emotional reinterpretation of ADHD (focusing on emotions rather than behaviors) introduces the therapeutic emotional style into the telos of childhood and the goal of therapy, it defines emotions as the central locus of individual control, agency and autonomy, and it constructs specific procedures and technologies for emotional self-management. That is to say, it replaces behaviors and cognitions with emotions as the central domain through which social control is exercised.

ADHD as a subjective experience: cultivating the therapeutic emotional style

The therapeutic discourse on emotions has three important influences on the subjective experience of the ADHD child when it meets ADHD medical discourse and technologies: **First**, although emotional problems such as *emotional confusion and disruption*, ranging from aggressiveness to feelings of depression and paranoia are well known "side effects" of the medication, they are de-medicalized and become the main locus of individual agency. Surprisingly, they are not explained as results of bio-medical causes even when the individual is treated with medication, but rather as objects one can monitor, control and manage through "emotion management" techniques. **Second**, it re-problematizes the psychological effects of social stigma and medication as a problem of self-esteem or emotion management. And **third**, it results in a phenomenological contradiction in the subjective experience of the child, and creates deep self-estrangement and social alienation.

Based on empirical evidence, many authors such as Peter Breggin (2001) have asserted that Ritalin has "devastating emotional effects" on children, bringing them into an "emotional roller-coaster" that leads to aggressiveness, anxiety, emotional liability, depression and irritability. Other authors such as Michael Schleifer also corroborate this, emphasizing the problematic effects of the medication on peer relationships: "clinical observations indicated that methylphenidate very often had a negative effect on the child's mood and also on his relationships with peers, causing less social behavior and interaction. These almost always appeared and were reported as unwanted side effects of the drug, including sadness, irritability, excessive hugging and clinging, and increased solitary play, as well as the more usual side effects of poor appetite and difficulty getting to sleep..." (Schleifer 1975: XX). The Vademecum informs about these problems and adds further warnings and considerations as common effects derived from the medication, such as "abnormal thoughts," "hallucinations," "severe humor changes," "excessive attention focus," and "confusion." When we asked the school psychologist about the common phenomenological experience of a kid treated with psychostimulants, he responded the following:

> SP: *"Strangeness feelings are very common among children under the effects of psychostimulants. A 17 year- old boy has an already elaborated discourse that allows him to explain certain effects of the medication; besides, he can tell them to you. There are studies that show that these children can feel more isolated than the rest of the children. All these feelings and behaviors that derive from the medication, nevertheless, are commonly seen as positive effects of the treatment, as it is working. But imagine now a 6-7 year old kid that experiences those weird feelings but cannot explain them to himself or to others. If they are evident, they are held in check, but if not, we never know how they could be affecting the kid."*

In J's case, the first clinical report at the age of 10 has stated that the only reason for the clinical visit was "failure at school performance," emphasizing aspects such as J's "lack of perseverance," "little motor ability," "lack of attention" or "constant fingers snapping," and the parents' preoccupation with it, but no other emotional or behavioral problems were detected. "A pill of Concerta, 18 mg, everyday at breakfast" was the only treatment prescription at the end of the report. Although J never had social, emotional or affective problems before the treatment, emotional irregularities and other disturbing effects – such as fear, aggressivity, sadness, feeling of "reality disconnection" and paranoid thoughts – they appeared only after months of taking the medication. However, while these changes were an important concern to J, his mother took these emotional disruptions as typical of both adolescence in general and J's personality in particular.

In subsequent clinical reports emotional treatment was recommended to be combined with progressive higher medication doses of Concerta along the years – from 18 mg daily at the age of 10, to 54 mg daily at the age of 17, the maximum recommended dosage according to the Vademecum. This is how J describes how pharmacological treatment affected him:

> I: *"What kind of effects do you think medication has on you?"*
>
> J: *"Mmm, hunger...in a great way, to the extent that I put on a lot of weight after five days without medication".*
>
> I: *"You are not hungry while taking the medication?"*

> *J: I'm not, I'm not at all. The sleeping as well. I do not sleep much.* **Then... I feel different, I change, I do not know how to explain it, it is...I am myself when I do not take the medication, and when I take it...I am even rude, I am quiet...I pay attention, but I am not myself when I take it. And also...well, with people things are also different. That is also an effect of the medication. [...] I do not act as if it is me who is acting. I mean, everyone has a character and when I take it I have a completely different one. And I feel that it´s been three or four years that I am not myself***"...*
>
> *I: Do you like yourself when you take the medication?"*
>
> *J: "No, not at all. I don´t. Because, maybe, if I had another personality, the change would have not been that severe, but I have a personality... I mean, they are two opposites. I like to talk, to smile, to move... and when I take it I turn into the other extreme, then I do not like it. It is very remarkable. Family, friends...everyone tells me that."*

Academic problems still persist along J´s childhood and adolescence. Although J has improved through the years, he is still said to be beneath the average both of his secondary school and high school, and severe emotional problems have started to arise as a serious concern. First, J´s experience of not being "himself," but someone else, is repeated in the course of the interview as a severe issue that has really concerned him along the last years. On the one hand, he often had the feeling of not being responsible for his acts or for the decisions he was making, *claiming not to know how to differentiate when they were coming from him and when from the "medicated him."* This is a phenomenological contradictory experience that reflects the contradictions of the two different discourses and technologies, the bio-medical and the autonomous-psychological, about the problem, and the lack of alternative frameworks to explain these feelings which result in deep *self-estrangement*. Moreover, all the attention he got from his mother and, of course, the medication he was taking, even when helpful and productive, could not be considered a product of his autonomous agency, but on the contrary, he could not conceive of them as his own authentic achievements since they originate "outside."

Second, these emotional disruptions had important effects on peer relationships and resulted in *social alienation*. For example, a certain sense of "reality disconnection" and of becoming engrossed in his thoughts keeps J from participating in the common dynamics of his group of friends most of the time. He does not usually feel like talking to anyone, either. As he puts it, "I'm in a bubble where I'm thinking all the time, quietly but thinking about millions of things, not always about school...that's why I use earphones and listen to music, because nobody disturbs me...for example, when someone says something to me I´m much more sensitive, you know? Everything affects me much more." Aggressive breakouts then often appear as uncontrollable episodes of overreaction that put him into problematic situations with peers and with his family, something he immediately regrets – as he briefly mentioned above. For this and for other reasons mentioned earlier, J has decided to quit the medication, although his last clinical report still recommends it.

Not only are the emotional side effects of the medication re-problematized by professionals, but the social effects of stigma as well:

> I: *"The boy we interviewed a week ago complained about how he was never going to get rid of the label; he also complained about not feeling certain of being able to face problems without the medication in the future. Is this common?"*
>
> RP2: *"I see there a lack of psychological treatment. He needs self-esteem treatment. Though, well,* **sometimes the label of 'ADHD' is better than the label of 'lazy,' for example. The issue is: how can we work with the children to manage that (...) A feeling of dependence on medication is a problem of self-confidence**. *If things are well explained to him, if he is treated in a proper way..., he will improve for sure".*

This extract shows the tension between the two models – the bio-medical and the psychological-autonomous ones – which points to the shift to emotions as the central locus of agency and control: while the diagnosis and medical treatment rely on the bio-medical model, excluding misbehavior or school underperformance from the child's control and (moral) responsibility, the autonomous model interprets this dependence and lack of autonomy as a self-esteem problem. But what is overwhelming is the turn to the autonomous model to re-problematize emotions (whether as side-effects of medication or not) in order to offer technologies of emotional management and emotional self transformation. The result of these combined technologies of self-management and control is the constant indecisiveness of the child regarding himself or his "real self," which is given to his control and responsibility, which springs from him and which is forced upon him from "outside," and finally, it creates a self-referential loop which constantly translates the psychological to the bio-medical and vice versa.

Conclusion

The culturization of psychiatric classification and psychotherapeutic practices comes to shape what Foucault calls the "ethical substance," i. e. the relations one constitutes with oneself through the available moral and scientific discourses (Dreyfus and Rabinow 1984). However, the process of forging this moral substance involves different and even contradicting discourses and technologies of the self in the case of ADHD, involving the bio-medical discourse and technologies for the problematization and normalization of undisciplined behaviors while at the same time establishing emotions as the principal locus for the expression of agency and morality and managing them through therapeutic technologies. During this process of translation, the psy-category reshapes other cultural categories, modes of evaluation, forms of interpretation and social relations while at the same time being reshaped itself through its use by various agents in different social arenas. This process is carried out and gains scale and scope not only through the direct involvement of experts and professionals, but mainly by transforming "normal people," in our case teachers and parents, into (lay) experts. Ironically, in this form of domination, common childlike undisciplined behaviors come to be pathologized and hence de-agentized, while at the same time the management of one's emotions is assumed to be given to one's control and responsibility. The medicalization of the self thus offers two simultaneous models of the self: one in which the child is not guilty and responsible for being unadapted to the school institution; and one in which a variety of actors mobilize themselves and view themselves responsible to re-empower this deficient self.

Works Cited

Andrews, V. C., C. Z. Garrison, K. L. Jackson, C. L. Addy, and R. E. McKeown, 1993: "Mother-adolescent agreement on the symptoms and diagnosis of adolescent depression and conduct disorders". Journal of the American Academy of Child & Adolescent Psychiatry 32: 731–738.

American Psychiatric Association, 1994: Diagnostic and statistical manual of mental disorders (4th ed.). Washington, DC.

Bellah, R. N., R. Madsen, W. Sullivan, A. Swindler, S.M. y Tipton, 1996: Habits of the Heart. Individualism and Commitment in American Life. London.

Berger, P. and Luckmann, T., 1966: The Social Construction of Reality: A treatise in the sociology of knowledge. New York.

Bird, H., M. *Gould* and B. *Staghezza*, 1992: "Aggregating data from multiple informants in child psychiatry epidemiological research". Journal of the American Academy of Child & Adolescent Psychiatry 31: 78–85.

Bloom. B, *R.A. Cohen*, and *G. Freeman*, 2010: Summary health statistics for U.S. children: National Health Interview Survey, 2009, National Center for Health Statistics. Vital Health Stat 10 (247).

Breggin, P., 1998: Talking Back to ritalin. What Doctors Aren't Telling you About Stimulants for Children. Monroe.

Bussing R., F. A.*Gary*, *T. L Mills* and *C. Wilson Garavan*, 2003: "Parental explanatory models of ADHD. Gender and cultural variations. Social Psychiatry and Psychiatric Epidemiology," 38 (10): 563-575.

Callon, M., 1986: "Some Elements of a Sociology of Translation: Domestication of the Scallops and the Fishermen. Power, Action and Belief: A New Sociology of Knowledge", in: *Law, J.* (ed.), Power, Action and Belief A New Sociology of Knowledge? London.

Conrad, P., 1976: Identifying Hyperactive Children: The Medicalization of Deviant Behavior. Lexington.

Conrad, P., 1992: Medicalization and social control. Annual Review of Sociology 18: 209-232.

Conrad, P., 2005: The Shifting Engines of Medication. Journal of Health Social Behavior 46 (1): 3-14.

Conrad, P. and *Schneider, J.*, 1980: Deviance and Medicalization: From badness to sickness. Philadelphia.

Danford, S. and *V. Navarro*, 2001: "Hyper talk: sampling the social construction of ADHD in everyday language". Anthropology and Education Quarterly 32 (2): 167-190

Davis, Joseph, 2010: "Medicalization, Social control and the Relief of Suffering," in: *Cockerham, William C.* (ed.), The New Blackwell Companion to Medical Sociology. London.

Dewey, J., 1944: Democracy and Education: An Introduction to the Philosophy of Education. London.

Dreyfus, H.L., and P. *Rabinow*, 1984: Michel Foucault: Beyond Structuralism and Hermeneutics. New York.

Ecclestone, K., *H. Dennis, F. Furedi*, 2005: Knowing me, knowing you: The rise of therapeutic professionalism in the education of adults. Studies in the Education of Adults 37 (2): 182-200.

Ferudi, F., 2009: Socialization as Behavior Management and the Ascendancy of Expert Authority. Amsterdam.

Foucault, M., 1977: Discipline and Punish: the Birth of the Prison. New York.

Goffman, E., 1986: Stigma: Notes on the Management of Spoiled Identity. New York.

Hochschild, Arlie R., 1979: "Emotion Work, Feeling Rules and Social Structure," American Journal of Sociology 85 (3): 551-575.

Hoza, B., 2007: Peer Functioning in Children With ADHD. Journal of Pediatric Psychology 32 (6): 655–663.

Illouz, E., 2008: Saving the Modern Soul. Therapy, Emotions, and the Culture of Self-Help. London.

Lasch, C., 1978: The Culture of Narcissism. American Life in an Age of Diminishing Expectations. New York.

Nolan, Jr, J.L., 1998: The Therapeutic State. Justifying Government at Century's End. New York.

Mayes, R. and *A. V. Horwitz*, 2005: DSM-III and the revolution in the classification of mental illness," Journal of the History of the Behavioral Sciences. 41 (3): 249-267.

Martin, Emily, 2000: "Flexible survivors 1". Cultural Values 4 (4): 512–517.

Miller, T., 2008: Ritalin. Panic in USA. Cultural Studies Review. 14 (2): 103-112.

Moynihan, R., I. *Heath*, and *D. Henry*, 2002: Selling sickness: the pharmaceutical industry and disease mongering. British Medical Journal 324 (7342): 886–891.

Pelham, W.E., L. Burrows-MacLean, E.M. Gnagy, G.A. Fabiano, E.K. Coles, K.E. Tresco, A. Chacko, B.T. Wymbs, A.L. Wienke, K.S. Walker and M.T. Hoffman, 2005: Transdermal Methylphenidate, Behavioral, and Combined Treatment for Children With ADHD. Experimental and Clinical Psychopharmacology 13 (2): 111–126.

Rafalovich, A., 2001: The Conceptual History of Attention Deficit Hyperactivity Disorder: Idiocy, Imbecility, Encephalitis and the Child Deviant, 1877?1929. Deviant Behavior 22 (2): 93-115.

Resnick, A., and D. Reitman, 2011: The Use of Homework Success for a Child With Attention-Deficit/Hyperactivity Disorder, Predominantly Inattentive Type. Clinical Case Studies 10 (1): 23-36.

Scheff, T., 1984: Being Mentally Ill: a Sociological Theory (3rd edition). New York.

Schleifer, M., G. Weiss, N. Cohen, M. Elman, H. Crejic and E. Kruger, 1975: Hyperactivity in Preschoolers and the Effect of Methylphenidate. American Journal of Orthopsychiatry 45: 33-50.

Tait, G., 2003: Free will, moral responsibility and ADHD. International Journal of Inclusive Education 7 (4): 429-449.

Trout, A. L., T.R. Lienemann, R. Reid, and M.H. Epstein 2007: A Review of Non-Medication Interventions to Improve the Academic Performance of Children and Youth With ADHD. Remedial and Special Education 28 (4): 207-226.

Whalen, C.K., L.D. Jamner, B. Henker, R.J. Delfino and J.M. Lozano, 2002: The ADHD Spectrum and Everyday Life: Experience Sampling of Adolescent Moods, Activities, Smoking, and Drinking. Child Development 73 (1): 209–227.

Rechtliche Betreuung als Krankheitstreiber

Walter Fuchs

1. Einleitung und Problemstellung

Rechtsinstitute der dauerhaften Stellvertretung Erwachsener haben während der letzten Jahre stark an Bedeutung gewonnen. In vielen westlichen Ländern wächst die Gruppe derer, für die andere Personen im Wege einer Maßnahme der Rechtsfürsorge regelmäßig bestimmte Entscheidungen treffen. So hat sich etwa in Deutschland und Österreich – wenn auch auf jeweils unterschiedlichem Niveau – die Zahl der Menschen, für die eine *rechtliche Betreuung* oder *Sachwalterschaft* eingerichtet ist, innerhalb der letzten zehn bis fünfzehn Jahren in etwa verdoppelt. Diese wohlfahrtsstaatlich ausgestalteten, auf Personensorge setzenden Vertretungsinstitute, die die alten, in seinerzeitigen psychiatriekritischen Reformbemühungen als entrechtend kritisierten Vormundschafts- und Pflegschaftsverhältnisse ersetzt haben, geraten nicht zuletzt aufgrund ihrer immer ausgedehnteren Verbreitung nun selbst verstärkt in die Diskussion. Zum einen wird deren Fürsorgelogik – auch im Lichte internationaler Menschenrechtsdiskurse (UN-Behindertenrechtskonvention) – zunehmend als paternalistischer, immer noch entmündigender und inflationär angewandter Eingriff in die Autonomie pflege- und hilfebedürftiger Menschen empfunden. Zum anderen scheint die öffentliche Finanzierbarkeit einer gerichtlich kontrollierten und im Rahmen professioneller sozialer Arbeit wahrgenommenen rechtlichen Betreuung an Grenzen zu stoßen.

Der Boom der Rechtsfürsorgemaßnahmen ist aber auch im Lichte gesellschaftlicher Individualisierungstendenzen bemerkenswert: Auch wenn in modernen Rechtsordnungen im Rahmen wohlmeinender rechtlicher Betreuungsverhältnisse die Wünsche Betroffener berücksichtigt werden müssen, so handelt es sich dennoch um Verhältnisse der Fremdbestimmung. Doch wie konnte es überhaupt zu dieser Situation kommen? Voraussetzung dafür, dass ein Gericht einen rechtlichen Betreuer bestellen kann, ist das Feststellen einer psychischen Krankheit oder geistigen Behinderung, auf Grund derer die betroffene Person ihre Angelegenheiten nicht mehr alleine zu besorgen vermag. So wird neben einer vermuteten Zunahme psychischer Störungen vor allem die Alterung der Gesellschaft und der mit ihr verbundene Anstieg dementieller Erkrankungen für den gegenwärtigen Boom der Vertretungsinstitute verantwortlich gemacht. Weite Teile der einschlägigen Forschung scheinen dabei einem „epidemiologischen Paradigma" verhaftet zu sein. In dieser Sichtweise führt insbesondere der demographische Wandel geradezu zwangsläufig zu einem Ansteigen der Zahl rechtlich betreuter Menschen.

In diesem Beitrag wird hingegen der Versuch unternommen, diesen – auf den ersten Blick unmittelbar einleuchtenden – Zusammenhang vom Kopf auf die Füße zu stellen: Es soll die These diskutiert werden, dass die erfolgreich entstigmatisierten Institute der rechtlichen Betreuung und Sachwalterschaft – ironischerweise – ihrerseits als Krankheitstreiber ersten Ranges angesehen werden können. Institutionelles Risikodenken, zunehmende Verrechtlichung, spill-over-Effekte aus der Sozialverwaltung und nicht zuletzt die Eigeninteressen des professionellen Betreuungswesens scheinen für anhaltende Konjunktur zu sorgen. Abgesehen davon, dass „psychische Störung" und „Alterung" nicht einfach objektiv vorhandene Tatsachen, sondern stets auch Ergebnisse historisch wandelbarer Problematisierungen sind, ist, wie zu zeigen sein wird, eine direkte Spiegelung der Prävalenz von Krankheiten in der Rechtsanwendung auch rechtssoziologisch-theoretisch unplausibel. Damit soll jedoch, um einer missverständlich-radikalkonstruktivistischen Lesart des hier verfolgten Ansatzes vorzubeugen, nicht gesagt sein, dass es die Zustände und Lebenslagen, die zum einen eine medizinisch-pathologische Situationsbeschreibung und zum anderen eine rechtliche Fürsorgemaßnahme legitimerweise angezeigt erscheinen lassen, „eigentlich" gar nicht gibt. Bestritten wird allerdings, dass die Praxis der Betreuerbestellungen, mit denen stets formelle gutachterliche Krankheitsdefinitionen (und insofern eben auch: *Krankheitskonstruktionen*) einhergehen, unabhängig von geschichtlichen, rechtskulturellen, wohlfahrtsstaatlichen, ökonomischen oder gesamtgesellschaftlichen Rahmenbedingungen erfolgt – Bedingungen, die mit der Verbreitung allenfalls zu diagnostizierender Krankheitsbilder nichts zu tun haben müssen.

Empirisch konzentriert sich der Beitrag auf die Situation in Deutschland und Österreich. Das hat nicht nur pragmatische Gründe: Beide Länder sind sich sehr ähnlich, was demographische Verhältnisse, Kultur, geschriebenes Recht und Wohlfahrtssystem betrifft, sodass mögliche Unterschiede in der Rechtsanwendung besonders gut geeignet sein sollten, Einsichten in die Kontingenz und Variationsbreite der Nachfrage nach dauerhafter Stellvertretung Erwachsener zu eröffnen.[1]

---

[1] Die – auf nationale Rechtsordnungen anspielenden – Termini „Sachwalterschaft" und „rechtliche Betreuung" werden in weiterer Folge aus Gründen der Lesbarkeit und sprachlichen Variation öfters als synonyme Begriffe für das allgemeinere Phänomen der Repräsentation rechtlicher Handlungsfähigkeit erwachsener Menschen durch gesetzliche Vertreter gebraucht (das im Englischen in etwa im Begriff *legal guardianship* zum Ausdruck kommt). Wenn ausschließlich

Nach einer historischen Betrachtung der Vertretungsinstitute (2.) wird im Folgenden zunächst die ihre stark zunehmende rechtstatsächliche Inanspruchnahme während der letzten drei bis vier Jahrzehnte nachgezeichnet (3.). Sodann werden gängige Erklärungen für das Ansteigen der rechtlichen Betreuungsverhältnisse im Lichte empirischer Erkenntnisse diskutiert, die gegen einen „epidemiologischen Ansatz" sprechen (4.). Im anschließenden theoretischen Teil wird der vermehrte Bedarf an vertretener Rechtssubjektivität vor allem als Konsequenz einer spezifischen wohlfahrtsstaatlichen Konstellation in den Blick genommen (5.).

2. Betreuungsrechtliche Krankheitskonstruktionen im Wandel der Zeit

Um zu verstehen, warum Institute der rechtlichen Betreuung gegenwärtig so stark in Anspruch genommen werden, ist eine historische Perspektive unerlässlich. Obwohl die hier vorgestellte geschichtliche Skizze keine Vollständigkeit anstrebt, sollen damit nicht nur der Gestalt- und Funktionswandel, sondern auch die Kontinuitäten vormundschaftlicher Repräsentation sowie ihr Zusammenhang mit Konstruktionen von Krankheit im Laufe der Zeit veranschaulicht werden.

2.1 Frühe Vorläufer

Maßnahmen der Rechtsvertretung für Menschen, von denen angenommen wird, dass sie aufgrund kognitiver oder seelischer Beeinträchtigungen ihre Rechte nicht selbst wahrnehmen können, sind wahrscheinlich beinahe so alt wie das Recht selbst. Als Instrumente, die bestimmte Personen ermächtigen, für andere verbindlich zu handeln, oszillieren sie stets zwischen Fürsorge und Entrechtung. In frühen Entwicklungsstadien können sie noch kaum von faktischen Schutzverhältnissen im Rahmen des Hausverbandes und der Sippe unterschieden werden. Dies trifft etwa auf die altgermanische *Munt* zu, eine Fürsorgebeziehung, in deren Rahmen der „Vormund" die Person der Betroffenen („Mündel") schützte und sie vertrat, wobei er deren Vermögen nicht nur zu verwalten hatte, sondern auch ein Nutzungsrecht daran besaß (vgl. Bundestag 1989: 44; Ließfeld 2012: 37).

Die Konzepte des römischen Rechts sind im Vergleich dazu schon differenzierter. Abgesehen von der *patria potestas* des Hausvaters war eine auf Dauer gestellte Vertretung Erwachsener über zwei – bereits im überlieferten Text der „zwölf Tafeln" erwähnte – Institute möglich. Die *tutela* („Vormundschaft") betraf

---

die konkreten österreichischen bzw. deutschen Rechtsinstitute gemeint sind und dies aus dem Kontext nicht klar hervorgeht, werden *Sachwalterschaft* und *rechtliche Betreuung* dagegen kursiv gesetzt.

„gewaltfreie", also keinem *paterfamilias* mehr unterstehende Frauen und Unmündige. „Unmündig" waren zum einen Kinder, zum anderen aber auch Menschen, die nach allgemeiner Auffassung Kindern gleichgehalten wurden. Mit der *tutela* war eine umfassende Schutzgewalt des Vormunds über Vermögen und Person Betroffener verbunden. Die *cura* („Pflegschaft") beschränkte sich hingegen eher auf ökonomische Aspekte. Ihr Zweck war die Sorge für freie erwachsene Bürger, und zwar entweder aufgrund einer psychischen Krankheit (*cura furiosi*) oder einer Neigung zur Verschwendung (*cura prodigi*). Während „Verschwender" in einem eigenen Verfahren mit konstitutiver Wirkung entmündigt werden mussten, galten *furiosi* ohne weiteres als geschäfts- und deliktsunfähig. Die Pflegschaft für psychisch eingeschränkte Menschen, die den nächsten männlichen Verwandten (den Agnaten) zustand, wurde ohne jede rechtsbeschränkende „Statusdegradierungszeremonie" wirksam. Sie bestand nur für die Dauer der Erkrankung und trat bei einer Heilung von selbst außer Kraft. So wurden denn auch Willenserklärungen in „lichten Momenten" (*lucida intervalla*) als gültig angesehen. Die Vorstellung von Krankheit, die der *cura furiosi* zugrunde lag, scheint demnach nicht allzu statisch gewesen zu sein. Der damit verknüpfte juristische Gedanke, eine Entmündigung für geistig behinderte oder psychisch kranke Menschen nicht für erforderlich zu erachten, blieb im Wege der Rezeption des Römischen Rechts bis zum Ende des 18. Jahrhunderts, in manchen Gegenden Deutschlands sogar bis Ende des 19. Jahrhundert erhalten (vgl. Bundestag 1989: 44; Kaser 1992: 295 ff.; Ließfeld 2012: 35 f.).

Der hauptsächliche Zweck der frühen Rechtsfürsorgeverhältnisse lag im Erhalt des Familienvermögens, wobei sich nach und nach ein stärker verrechtlichtes Verständnis der Vertretungsinstitute durchsetzte. Betonte man zunächst vor allem die Herrschaftsrechte des Vormunds, so wurden später auch seine Pflichten gesehen. Dies spiegelt etwa ein Wandel in der Definition der Vormundschaft im *Corpus Iuris Civilis* treffend wider: Heißt es in der älteren Fassung (Dig. 26, 1, 1 pr) *tutela est [...] vis ac potestas in capite libero ad tuendum eum, qui propter aetatem sua sponte se defendere nequit* („Die Vormundschaft ist [...] die Gewalt und Macht über einen freien Menschen, um den zu schützen, der sich wegen seines Alters nicht verteidigen kann"), so ist in einer neueren Version (Inst. 1, 13, 1) *vis*, die „Gewalt", durch *ius*, das „Recht", ersetzt. Dem Recht des Vormunds korrespondiert dann die Pflicht, seine weitreichenden Befugnisse im Interesse des Mündels wahrzunehmen. Mit einer Reihe von Rechtsbehelfen kann er zur Verantwortung gezogen werden, unter anderem mit einer von jedermann zu erhebenden strafrechtlichen Anklage, der *accusatio suspecti tutoris* (vgl. Mayer-Maly 1999: 40 f.).

2.2 Die „Verstaatlichung" der Vormundschaft

Deutet die Möglichkeit kriminalrechtlicher Verfolgung missbräuchlich handelnder Vormünder bereits darauf hin, dass die Rechtsvertretung hilfebedürftiger Menschen den Charakter einen reinen Familienangelegenheit verliert, so bekommt die Vormundschaft auch nach Ende des antiken römischen Reiches im Laufe der weiteren rechtsgeschichtlichen Entwicklung einen immer stärkeren öffentlich-rechtlichen Einschlag. In karolingischer Zeit bildet sich eine Art Obervormundschaft des Königs heraus, der nicht nur Vormünder beaufsichtigt, sondern auch die beschützt, die keinem „Muntverband" angehören. Daraus wird im Laufe des Mittelalters eine hoheitliche Aufgabe des Landesherrn, bis die Vormundschaft in den neuzeitlichen Reichspolizeiordnungen schließlich gleichermaßen wohlfahrts- wie polizeistaatliche Züge annimmt. Der Kreis der Betroffenen dehnt sich auf körperlich Kranke, geistig und körperlich Gebrechliche sowie Abwesende aus (vgl. Bundestag 1989: 44; Floßmann 2008: 123 f.; Ließfeld 2012: 41 f.).

Damit ist – zumindest konzeptuell – ein Funktionswandel des Instituts hin zu einem Instrument formeller sozialer Kontrolle vollzogen. Krankheit wird zu einer Form von Abweichung, auf die der Staat mit helfenden Maßnahmen reagiert, die als ein Ausdruck jenes Kontrollstils betrachtet werden können, den Donald Black (1976) im Gegensatz zu strafenden, kompensatorischen oder versöhnenden Interventionen als „therapeutisch" bezeichnet. In der Begrifflichkeit von Helga Cremer-Schäfer und Heinz Steinert (1997) ließe sich die Vormundschaft im Rahmen der neuzeitlichen „guten Policey" als Teil einer sich herausbildenden staatlichen „Institution Schwäche & Fürsorge" begreifen, die, anders als die „Institution Verbrechen & Strafe", zwar nicht in erster Linie für soziale Ausschließung zuständig ist, jedoch stets auch das Verhältnis zwischen Inklusion und Exklusion organisiert, indem sie für ihre Klientel degradierende Vokabeln bereithält. Zustände der Krankheit, der Schwäche und des Wahnsinns werden den Betroffenen zwar nicht moralisierend vorgeworfen, können aber eine Gefahr darstellen und müssen daher, wenn der Erfolg der Hilfe ausbleibt, notfalls polizeilich in Schach gehalten werden.[2]

---

2 Diesen obrigkeitsstaatlichen „Geruch" werden die rechtlichen Betreuungsinstitute trotz aller Reformen in der Wahrnehmung der Bevölkerung nie mehr gänzlich los. Wie dem Autor im Zuge von Forschungen zur Praxis des österreichischen Sachwalterrechts in Interviews mit Richtern berichtet wurde, werden Sachwalterschaften irrtümlicherweise häufig deswegen angeregt, weil man sich von ihnen die Möglichkeit des Einsatzes polizeilicher Zwangsbefugnisse gegen „schwierige" Menschen aus dem sozialen Umfeld erhofft.

2.3 Die rechtliche Konstruktion der Geisteskrankheit

Das Preußische Allgemeine Landrecht von 1794 steht insofern noch ganz in der neuzeitlichen Tradition, als es die Vormundschaft für „Wahnsinnige", „Blödsinnige", „Rasende", „Verschwender" und Abwesende als Wahrnehmung einer öffentlichen Aufgabe begreift. Gleichzeitig markiert es als eines der großen aufklärerischen Gesetzeswerke den Beginn eines neuen juristischen Umgangs mit psychisch Kranken, für die erstmals Rechtsbeschränkungen vorgesehen sind, die der römischen *cura prodigi* entsprechen. Wer als „wahn- oder blödsinnig" zu gelten hat, ist nun Gegenstand eines eigenen gerichtlichen Verfahrens, in dem sachverständige Ärzte hinzugezogen werden. Durch das Anordnen der Vormundschaft erlischt die Geschäftsfähigkeit der Betroffenen mit konstitutiver Wirkung. Auch in lichten Augenblicken getätigte Willenserklärungen werden daher als ungültig angesehen.

Seit den Kodifikationen der Aufklärung geht mit der also Vormundschaft eine „Krankheitskonstruktion" im doppelten Sinne einher: Zum einen ist mit ihrer Errichtung immer eine ärztlich-gutachterliche Diagnose verbunden. Zum anderen wird die rechtliche Handlungsunfähigkeit der betroffenen Person, die sich aus ihrer Krankheit ergibt, sozusagen unwiderleglich vermutet und durch das Ritual der Entmündigung nicht einfach nur festgestellt, sondern mit rechtsgestaltender Wirkung für die Zukunft erst vollzogen. Maßnahmen der Rechtsfürsorge organisieren auf diese Weise im aufkommenden „Zeitalter der Vernunft" nun auch die Ausgrenzung der Unvernunft (vgl. Dörner 1969; Foucault 1973; Castel 1979). Insofern diente die Entmündigung psychisch Kranker nicht bloß – wie regelmäßig behauptet wurde – dem Schutz des rechtlichen Geschäftsverkehrs, sondern war ganz bewusst als Zeremonie einer degradierenden Statuspassage angelegt. Unter Kuratel gestellt zu werden, nahm im Laufe des 19. Jahrhunderts die Bedeutung eines stigmatisierenden „bürgerlichen Todes" an (vgl. Crefeld 2006: 247) – eine Einschätzung, an der sich bis in die jüngste Gegenwart hinein wenig ändern sollte.

Parallel zu dieser Entwicklung vollzieht sich indessen eine teilweise Entstaatlichung der Vormundschaft. Begreift das österreichische Allgemeine Bürgerliche Gesetzbuch von 1811 diese zunächst noch als „öffentliche Anstalt" und „politische Vorkehrung" (Floßmann 2008: 124), so geht der wenige Jahre zuvor in Kraft getretene französische Code Civil bereits neue Wege, indem er die Familie (über Einberufung eines „Familienrates") in das gerichtliche Verfahren einbindet und der Vormundschaft als gelinderes Mittel für leichtere Fälle die nicht voll entmündigend wirkende Pflegschaft zur Seite stellt – eine Konstruktion, die dem Grundsatz nach auch die Preußische Vormundschaftsordnung von 1875 übernahm. In ihr erscheint der Vormund nicht mehr als Beauftragter der Obrigkeit, sondern als Stellvertreter des Mündels. Unterschiedliche Krankheitsdefinitionen werden jetzt – der Terminologie der Zeit folgend – mit dem Begriff „geisteskrank" zusammengefasst. Wegen ihrer schwerwiegenden Konsequenzen wird die Entmündigung in der reichseinheitlichen Zivilprozessordnung von 1877 an die Garantien eines förmlichen streitigen Zivilverfahrens gebunden.

Das damit vorliegende Konzept einer in materieller und prozessualer Hinsicht privatrechtlichen Ausgestaltung mit abgestufter Vertretungsbefugnis (Vormundschaft/Pflegschaft) könnte man etwas verallgemeinernd als *klassisches Zivilrechtsmodell* der dauerhaften rechtlichen Stellvertretung Erwachsener bezeichnen. Ihm folgte dann auch das Bürgerliche Gesetzbuch von 1900. Sein Entstehen fiel jedoch in eine Zeit, in der – lange vor der nationalsozialistischen Ära – bereits sozialdarwinistische Vorstellungen von erbbiologischer Minderwertigkeit und Selektion im Interesse eines „gesunden Volkskörpers" verbreitet waren. So enthielt es zwei neue Entmündigungsgründe: Die „Geistesschwäche" wurde auf Drängen von Vertretern der psychiatrischen Profession berücksichtigt; von der Aufnahme der „Trunksucht", die unter anderem mit dem „Verlangen der öffentlichen Meinung nach gesetzlicher Bekämpfung" dieses „Übels" begründet wurde, erhoffte man sich erzieherische Effekte (vgl. Bundestag 1989: 45; Crefeld 2006: 249; Ließfeld 2012: 48 f.). Trotz der nun grundsätzlich vollzogenen zivilrechtlichen Konstruktion der Vormundschaft wurde sie also nach wie vor als Instrument staatlicher Kotrollpolitik wahrgenommen. Gleichzeitig geriet das Institut in den Sog berufsständischer Interessen der Psychiatrie, die danach trachtete, die Möglichkeit rechtlich induzierter Krankheitskonstruktionen zu einem Mittel der Sozialhygiene auszuweiten.

2.4 Die Reformen am Ende des 20. Jahrhunderts

Kritik an der psychiatrischen Praxis ist denn auch einer der Gründe dafür, warum das System der Rechtsfürsorge für geistig-seelisch beeinträchtigte Menschen ab den 1970er Jahren zunehmend als mangelhaft und unzeitgemäß bewertet wird – etwa durch Sachverständige der deutschen „Psychiatrie-Enquete" (Bundestag 1975: 371 ff.). Die Entmündigung diene – so ein gängiger Einwand in den damaligen deutschen und österreichischen Diskussionen, die mit bis in den Wortlaut hinein sehr ähnlichen Argumenten geführt wurden – in vielen Fällen bloß noch dem Zweck, den Zwangsaufenthalt in einer psychiatrischen Anstalt zu legitimieren und zu verlängern. Da sie nur die Wahl eines vollen oder beschränkten Entzugs der Geschäftsfähigkeit lasse, sei sie als Maßnahme der Rechtsfürsorge zu grob, zu starr, zu wenig differenziert und daher unverhältnismäßig. Verbliebene Fähigkeiten der Betroffenen könnten mit ihr nicht berücksichtigt werden, was sich wiederum ungünstig auf Rehabilitationsmöglichkeiten auswirke. Zudem fehle es häufig an geeigneten Personen, die zur Übernahme einer Vormundschaft bereit seien (vgl. Nationalrat 1981: 11 ff.; Bundestag 1989: 49 f.; Crefeld 2006: 252). Ein zentraler Kritikpunkt am alten Recht ist dessen degradierender Effekt für Betroffene, der unter anderem ganz wesentlich durch sein veraltetes und abwertendes Krankheitsvokabular bedingt sei. Die erläuternden Bemerkungen zu einem Gesetzesentwurf für das österreichische Sachwalterrecht bringen diese neue sprachliche Sensibilität treffend zum Ausdruck (Nationalrat 1981: 11):

> „Die ‚Entmündigung' an sich, das ‚Unter-Kuratel-gestellt-Werden', hat heute eine stigmatisierende und diskriminierende Wirkung. Manche sehen in ihr gleichsam die amtliche Bescheinigung dafür, daß jemand geisteskrank oder geistesschwach ist. Das hängt nicht zuletzt mit den Begriffen zusammen, die das geltende Recht verwendet: Entmündigung, Entmündigter, Geisteskrankheit, Geistesschwäche, Kuratel. Diese Begriffe sind an sich geeignet, den Betroffenen in der Einschätzung durch seine Umgebung herabzusetzen und sein Fortkommen zu erschweren. Die Ausdrücke ‚Geisteskrankheit' und ‚Geistesschwäche' entsprechen auch nicht mehr der heutigen medizinischen Terminologie."

Die Bestimmungen zur österreichischen *Sachwalterschaft* traten 1984 in Kraft; in Deutschland zog sich die Novellierung des Vormundschaftsrechts noch einige Jahre hin, sodass das Gesetz, mit dem die *rechtliche Betreuung* eingeführt wurde, erst ab 1992 seine Wirksamkeit entfalten konnte. In rechtspolitischer Hinsicht kann man die neu geschaffenen Institute als späte Früchte sozialliberaler Justizreformbestrebungen ansehen, auch wenn sie letztlich von einem breiten parteiübergreifenden Konsens getragen werden. Beide Systeme teilen die Merkmale dessen, was sich abstrahierend als *wohlfahrtsstaatliches Modell* der Rechtsvertretung für geistig behinderte und psychisch kranke Menschen bezeichnen lässt: In prozessualer Hinsicht wandert die gesamte Materie in den Bereich des nicht-streitigen Zivilverfahrens. Betreuer bzw. Sachwalter sind nun ausdrücklich dazu verpflichtet, die Wünsche der Betroffenen zu berücksichtigen, sofern sie deren Wohl nicht zuwiderlaufen. Der Umfang des Betreuungsverhältnisses soll sich nach dem konkreten Unterstützungsbedarf richten. Rechtsgeschäfte der vertretenen Personen sind nicht schlechthin nichtig, sondern in einem beschränkten Ausmaß ohne weiteres gültig oder zumindest bloß „schwebend unwirksam". Anspruchsvollere Betreuungsfälle werden, soweit keine Angehörigen zur Verfügung stehen, von staatlich finanziertem sozialarbeiterischem Personal wahrgenommen, wodurch gleichzeitig ein neues Berufsfeld entsteht.

Der zur Begutachtung versandte Entwurf der österreichischen Gesetzesbestimmungen hatte noch vorgesehen, an die Bestellung eines Sachwalters keine unmittelbare Beschränkung der rechtlichen Handlungsfähigkeit mehr zu knüpfen; deren Umfang sollte vielmehr für jeden Einzelfall vom Gericht genau festgelegt werden. Nach erheblichen Bedenken, dass dies zu großer Rechtsunsicherheit führen werde, wurde dieser Punkt der Reform jedoch fallengelassen. In Deutschland war es hingegen – einige Jahre später – möglich, die rechtliche Betreuung so auszugestalten, dass mit ihr tatsächlich kein automatischer Entzug der Geschäftsfähigkeit mehr verbunden ist.

In beiden Ländern wurden die neuen Rechtsinstitute – auch wenn schon bald Kritik an der praktischen Umsetzung aufkam – von weiten Teilen der jeweiligen Fachöffentlichkeit grundsätzlich begrüßt und als klarer Abbau sozialer Diskriminierung wahrgenommen. In diesem Zusammenhang ist für die hier verfolgte Perspektive, rechtliche Betreuung als einen Krankheitstreiber in den Blick zu nehmen, aber auch eine Kontinuität zur alten Rechtslage entscheidend: Nach wie vor geht mit der Bestellung eines Sachwalters oder Betreuers nämlich eine formelle ärztliche Krankheitsdiagnose einher. Die medizinische Etikettierung als psychisch krank oder geistig behindert hat nun jedoch in juristischer und gesellschaftlicher Hinsicht nicht mehr unbedingt den „bürgerlichen Tod" zur Folge, sondern wird zur Voraussetzung einer in bester Absicht gewährten „Rechtswohltat". Die gelungene Entstigmatisierung der Vormundschaft vermag so zu deren expansiver Anwendung beizutragen – eine Entwicklung, die es im folgenden Abschnitt zu beschreiben gilt.

3. Der Boom der rechtlichen Betreuung

Sowohl in Deutschland als auch in Österreich wurde im Zuge der großen Rechtsreformen die Erwartung geäußert, die Zahl an Sachwalterschaften und rechtlichen Betreuungen werde gegenüber der bisherigen Menge an neu ausgesprochenen Entmündigungen und aufrechten Vormundschaftsverhältnissen *zurückgehen*. In Österreich gehörte eine solche – erhoffte – Reduktion sogar zu den ausdrücklichen rechtspolitischen Zielen des Sachwalterrechts. Begründet wurden diese Prognosen vor allem mit der gesetzlich verankerten Subsidiarität der neuen Rechtsfürsorgemaßnahmen gegenüber anderen Hilfen (vgl. Nationalrat 1981: 13 f.; Wojnar 1992: 16).

Wie Abbildung 1 veranschaulicht, ist interessanterweise das genaue Gegenteil eingetreten. In beiden Ländern steigt der Bestand an rechtlichen Betreuungsverhältnissen ab den frühen 1990er Jahren kräftig an. Die Datenlage für die letzten 35 Jahre ist leider nicht so gut, dass konstant erhobene und in sich konsistent erstellte Zeitreihenangaben lückenlos verfügbar wären. Letztere liegen für Deutschland nur von 1975 bis 1981 und dann (erstmals einschließlich der neuen Bundesländer) wieder ab 1995 vor, in Österreich vom Reformjahr 1984 bis 1988 und dann als einigermaßen kohärente Zählung wiederum erst ab 2002. Die Unterbrechungen dürften mit dem unterschiedlich ausgeprägten Interesse der jeweiligen Justizressortleitungen für Rechtstatsachenforschung zu tun haben. Die politisch-administrative Wissbegierde nach verlässlicher Empirie erwacht allerdings spätestens dann, als das Wachstum des Betreuungswesens beginnt, unübersehbare Folgen für Budget und Personalaufwand der öffentlichen Hand nach sich zu ziehen. Die vorhandenen unvollständigen Zeitreihen können durch in der Literatur auffindbare Schätzungen und punktuell erhobene Bestandsaufnamen sowie durch – hier nicht eigens wiedergegebene – Zahlen zu Neubestellungen von Betreuern ergänzt werden.[3] Bei aller angebrachten Vorsicht gegenüber prozessproduzierten amtlichen Daten im Allgemeinen und mitunter nicht gänzlich kompatiblen Zähllogiken im Besonderen ist es auf diese Weise immerhin möglich, den Verlauf der Kurven näherungsweise zu bestimmen und zu vergleichen.

Abbildung 1: Zu Jahresende bestehende rechtliche Betreuungsverhältnisse pro 1.000 Wohnbevölkerung in Deutschland und Österreich, 1975-2011

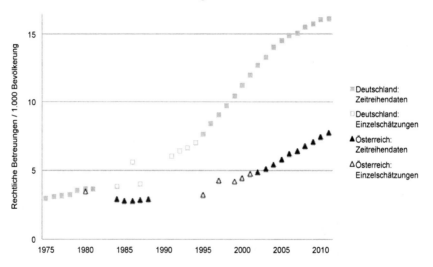

Deutschland: bis 1991 Vormundschaften und Pflegschaften, ab 1992 rechtliche Betreuungen, ab 1995 inklusive neue Bundesländer; Datengrundlagen: Zenz et al. (1987), Bundestag (1986, 1989, 1997), Deutsches Institut für Urbanistik (1988), Deinert (2007, 2012), Statistisches Bundesamt. Österreich: 1980: beschränkt und voll Entmündigte, ab 1984: ständige und einstweilige Sachwalterschaften; Datengrundlagen: Nationalrat (1981), Forster et al. (1989), Barta (2004), Pilgram et al. (2009), Bundesrechenzentrum, Statistik Austria.

---

3 Durch eine eingehendere Recherche wären einige der Lücken möglicherweise noch zu schließen. Dass dies im Rahmen dieses Beitrags nicht geleistet werden kann, zeigt, dass ein solches Unterfangen keinesfalls ganz leicht umzusetzen ist.

Um 1980 herum sind in beiden Ländern zwischen drei und vier Menschen pro 1.000 der jeweiligen Wohnbevölkerung von einem Vormundschafts- oder Pflegschaftsverhältnis betroffen. In Österreich dürfte die Rate der voll oder beschränkt entmündigten Personen noch Mitte der 1970er Jahre indessen über dem deutschen Wert gelegen haben, zumal die neu angeordneten Entmündigungen – wohl auch aus einer gewissen Scheu gegenüber dem zunehmend als veraltet empfundenen Institut heraus – bis 1984 ständig zurückgehen. Nach Inkrafttreten der neuen Rechtslage steigt die Zahl der unter eine Sachwalterschaft gestellten Menschen zunächst leicht, ab Mitte der 1990er Jahre dann deutlich an.

Die deutsche Population an Personen unter Vormundschaft oder Pflegschaft übertrifft in Relation zur Bevölkerung bereits in den 1980er Jahren die österreichische, wobei für dieses Jahrzehnt stark voneinander abweichende Schätzungen vorliegen. Die Näherungswerte sind insofern eine hochpolitische Angelegenheit, als die damit unterschiedlich konstruierbaren Kurvenverläufe auch unterschiedlichen Ursachen zugeschrieben werden können. Wenn die Zahl der Vormundschaften schon mit Beginn der 1980er Jahre beträchtlich ansteigt, so kann es sich dabei keinesfalls um einen Effekt der (tatsächlich geltenden oder antizipierten) neuen Rechtslage ab 1992 handeln. Wenn man den Boom an Betreuungen hingegen erst mit dem reformierten Recht beginnen lässt, so kann man dieses auch leichter dafür verantwortlich machen. Die politische Antwort auf das rapide und kostspielige Wachstum an Rechtsfürsorgeverhältnissen wird dann eher in einer Anpassung der rechtlichen Bestimmungen liegen. So kritisiert etwa Brill (2004: 33) die Argumentation eines Gesetzesentwurfs zur Änderung des Betreuungsrechts, in dem von einer Vervierfachung der Menge der Betreuten von 1992 bis 2002 die Rede ist. Tatsächlich habe sich aber die Zahl der Betreuungen in diesem Zeitraum „nur etwas mehr als verdoppelt". Dieser Anstieg sei denn auch „nicht in erster Linie dem Betreuungsrecht anzulasten, sondern die Fortsetzung einer Entwicklung aus der Zeit des alten Vormundschafts- und Pflegschaftsrechts und eine Folge von Veränderungen im Sozialleistungsrecht". Diese Sichtweise ist empirisch plausibel, wenn man die Zeitreihenlücke so interpoliert, dass die Kurve zwischen den voneinander abweichenden Schätzungen der 1980er Jahre verläuft: Auch dann wäre der Betreuungsboom nicht erst eine Konsequenz der neuen rechtlichen Ausgestaltung des deutschen Vertretungsinstituts. Die Erwähnung wohlfahrtsstaatlicher Rahmenbedingungen verweist indessen bereits auf einen möglichen Grund des Zuwachses an Betreuungen, der weiter unten näher dargestellt wird.

Wie nun auch immer die historische Verlaufskurve aussehen mag: unstrittig ist jedenfalls, dass das Wachstum an rechtlichen Betreuungen nach wie vor anhält, auch wenn es sich ab 2006 verlangsamt. Ende 2011 standen in Deutschland

1,6 % der Bevölkerung unter Betreuung. Somit befindet sich dort annähernd *jede fünfzigste erwachsene Person* in der Situation, dass ihre Teilnahme am rechtlichen Leben im Wesentlichen durch gerichtlich zugeteilte Vertreter wahrgenommen wird. Das durchschnittliche Risiko, während des eigenen Lebens betreut zu werden, ist sogar noch wesentlich höher; allein durch Prävalenzraten kann es nicht gut abgebildet werden. Crefeld (2008) kommt auf der Basis von Inzidenzdaten aus dem Jahr 2007 zum Schluss, dass „mehr als jeder vierte Bewohner irgendwann im Laufe seines Lebens eine rechtliche Betreuung erhält".

4. Was sind die Treiber der rechtlichen Betreuung?

Angesichts der enormen quantitativen Entwicklung der Vertretungsinstitute, von denen weite Teile der Bevölkerung potenziell betroffen sind, ist es geradezu erstaunlich, wie wenig sozialwissenschaftliche Aufmerksamkeit sie bis jetzt erfahren haben – etwa nur im Vergleich mit den Regalmetern an Literatur, die zu Kriminalitätsphänomenen existieren. Dies gilt in theoretischer wie in empirischer Hinsicht. Wie im Folgenden gezeigt wird, ist die Frage, worauf die Zunahme an rechtlichen Betreuungen zurückzuführen ist, noch alles andere als geklärt.

4.1 Alterung der Gesellschaft?

Nicht nur in medialen und politischen, sondern auch in rechtswissenschaftlichen und medizinischen Diskursen wird die wachsende Nachfrage nach Stellvertretungsinstituten meist auf die steigende Lebenserwartung der Menschen und die damit verbundene Zunahme an Demenzerkrankungen zurückgeführt[4] bzw. aus der Sicht einer entstehenden Querschnittsdisziplin „Altenrecht" (*elder law*) beleuchtet (Doron 2002, 2008; Ganner 2005; von Oefele 2009; Domnanovits 2010). Gesetzgeberische Bemühungen[5] und die meisten bisher durchgeführten sozialwissenschaftlichen Studien gehen gleichermaßen von einem primär demographischen Druck auf die Systeme der rechtlichen Stellvertretung geschäftsunfähiger erwachsener Menschen aus (BMFSFJ 2004; Hammerschick und Pilgram 2005; Engels und Köller 2009, Engels et al. 2009; Köller und Engels 2009; 2011). Einer näheren Überprüfung vermag diese durchaus plausibel klingende – und daher

---

4   Die Prävalenz von Demenzsyndromen steigt mit dem Alter stark (und exponentiell) an, sodass – wie auch Abbildung 2 veranschaulicht – die Verbreitung dementieller Erkrankungen in sehr hohem Ausmaß mit dem Anteil hochaltriger Menschen korreliert (siehe dazu Gleichweit und Rossa 2009: 12 ff).

5   Vgl. die erläuternden Bemerkungen zur Regierungsvorlage des Sachwalterrechts-Änderungsgesetzes (Nationalrat 2006).

häufig unreflektiert wiederholte – „Alterungsannahme" jedoch kaum standzuhalten. In Österreich kann die wachsende Hochaltrigenpopulation allein die sehr viel rascher steigende gesellschaftliche Nachfrage nach Sachwalterschaft keineswegs erklären. Dies trifft selbst dann zu, wenn man nicht einfach pauschal auf den Altenanteil, sondern auf das Kriterium der Pflegebedürftigkeit abstellt: Auch der größer werdende Kreis an Beziehern von Pflegegeld – eine Sozialleistung, die primär aufgrund von Gebrechen im Alter in Anspruch genommen wird und dessen Verwaltung eine „typische" Sachwalteraufgabe im Rahmen der Betreuung alter Menschen darstellt (Müller 2010) – bleibt hinter dem Wachstum an Sachwalterschaften insgesamt deutlich zurück (siehe Abbildung 2, in der die Steigerungsraten von 2002 bis 2010 verglichen werden).

Abbildung 2: Entwicklung von Sachwalterschaft, Pflegegeldbezug, Demenz und Hochaltrigkeit in Österreich 2002 bis 2010

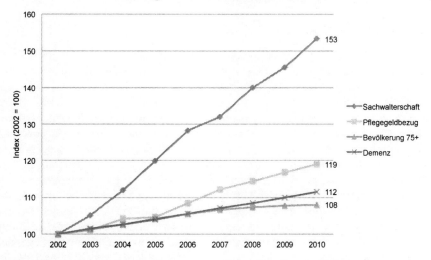

Prävalenzraten, indexiert, 2002=100; Datengrundlagen: Pilgram et al. (2009), Gleichweit/Rossa (2009), Bundesrechenzentrum, Statistik Austria.

Dazu kommt, dass der Anteil an Personen, die 75 Jahre oder älter sind, innerhalb der Gruppe der von Sachwaltern betreuten Menschen trotz deren rapiden Wachstums ziemlich konstant bleibt. Die Zunahme an Sachwalterschaften erfasst also *alle Altersgruppen* in derselben Weise und erstreckt sich auch auf die – sehr viel länger als die häufig schon bald versterbenden Dementen „im System bleibenden" – jüngeren behinderten oder psychisch kranken Menschen (Pilgram et al. 2009a). Auch in Deutschland scheint es – zumindest auf dem Gebiet der besonders stark wachsenden und kostenintensiven beruflichen Betreuungen, die insgesamt etwa ein Drittel aller Betreuungsverhältnisse ausmachen – keine Alterung der Betreuungsklientel zu geben. Im Gegenteil: aktuelle quantitative und qualitative Befunde sprechen sogar eher für eine leichte *Verjüngung* der Gruppe der rechtlich Betreuten (Engels und Köller 2009: 75). Eine etwas ältere Studie des deutschen Bundesministeriums für Familie, Senioren, Frauen und Jugend (BMFSFJ), die sich der „Lebenslage älterer Menschen mit rechtlicher Betreuung" widmet, kommt nach Modellrechnungen auf der Basis von Daten aus dem Jahr 2001 zum Ergebnis, der rein demographisch bedingte Zuwachs an rechtlichen Betreuungen sei „relativ gering" zu veranschlagen (BMFSFJ 2004, S. 39; vgl. Hoffmann et al. 2005: 36).

4.2 Räumliche Disparitäten

Die thematische Karte in Abbildung 3 veranschaulicht Unterschiede im Bestand an Sachwalterschaften in den Gerichtsbezirken Österreichs, die sich in der Gesamtbetrachtung zu einem bemerkenswerten – auch zeitlich stabilen – „Ost-West-Gefälle" verdichten. Ein Querschnittsvergleich ausgewählter Bezirksgerichtssprengel legt zwar einen Zusammenhang zwischen dem Hochaltrigenanteil und der Nachfrage nach formalrechtlicher Stellvertretung nahe. Dieser wird aber nach den Ergebnissen qualitativer Interviews von lokal unterschiedlich ausgeprägten Handlungsroutinen und rechtspolitischen Orientierungen der beteiligten Akteure überlagert. In einer bivariaten quantitativen Analyse zeigt sich unterdessen eine starke Korrelation zwischen der Absolutzahl an Anregungen von Sachwalterschaften in einem Gerichtsbezirk und der Anzahl der dort zur Verfügung stehenden Plätze in Alten- und Behindertenheimen (Kreissl et al 2009; Pilgram et al. 2009). Der Effekt der Altenquote erweist sich auch in der einzigen bislang vorliegenden multivariaten Analyse zu Nachfragedeterminanten der Sachwalterschaft (Fuchs 2010) als wenig robust: ein Hinweis mehr, dass die Alterung der Gesellschaft nicht zwangsläufig zu mehr Vertretungsbedarf führt. Die regionalen Disparitäten der Sachwalterschaftsdichte bleiben indes – ebenso wie die Effekte der Heimunterbringung – selbst nach statistischer Kontrolle sozialstruktureller und demographischer Kontextfaktoren erhalten. Dies muss als starkes Indiz für die Existenz „lokaler Rechtskulturen" betrachtet werden, bei denen es sich im Gegensatz zu den vieldiskutierten „Gerichtskulturen" der Strafrechtspflege (vgl. Hirtenlehner

Rechtliche Betreuung als Krankheitstreiber

und Birklbauer 2006) weniger um intern eingespielte Praktiken des Stabes der professionellen Rechtsanwender, sondern um *external legal cultures* (Friedman 1975: 223) „der verschiedenen anregenden Personen und Institutionen und Personen aus der Umwelt des Justizsystems, also um sachwalterrechtlich relevante Einstellungs- und Verhaltensmuster der Bevölkerung, der Angehörigen, Heime, Banken, Sozialbehörden etc." (Fuchs 2010: 323) handelt.

Abbildung 3: Bestand an ständigen Sachwalterschaften pro 1.000 Einwohner

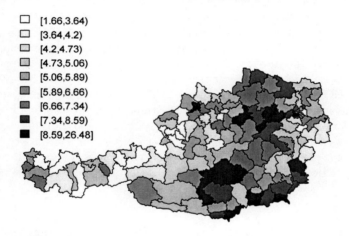

1.1.2010; Datengrundlagen: Bundesrechenzentrum, Statistik Austria.

In internationaler Hinsicht widerlegt bereits eine Gegenüberstellung der deutschen und österreichischen Zahlen (siehe oben Abbildung 1) die Annahme, der Bedarf an rechtlicher Betreuung gehe quasi reflexartig mit der Verbreitung von Demenz einher: Die Anteile hochaltriger Menschen weichen in beiden Ländern nur geringfügig voneinander ab und können zur Erklärung, warum die *rechtliche Betreuung* mehr als doppelt so oft wie die *Sachwalterschaft* in Anspruch genommen wird, überhaupt nichts beitragen. Angesichts ähnlicher demographischer Rahmenbedingungen und weitreichender Parallelen im einschlägigen *law in the books* zeigt sich indessen auch im europäischen Vergleich eine verblüffende Bandbreite der Raten an Menschen, denen rechtliche Vertreterfiguren beigestellt werden (vgl. unten Tabelle 1).

Die Bedingungsfaktoren der im Ländervergleich höchst ungleich ausfallenden Nachfrage nach Sachwalterschaft sind unterdessen noch wenig erforscht. Rein rechtsvergleichende Arbeiten, deren dogmatische *tertia comparationis* (Vergleichskriterien) primär begrifflich-stilistischen und rezeptionsgeschichtlichen Kategorien folgen,[6] können hier wenig zur Lösung beitragen. Sie suggerieren Gemeinsamkeiten, die mit den tatsächlichen Praktiken – die schon in ein und derselben staatlichen Rechtsordnung höchst unterschiedlich ausfallen können – kaum etwas zu tun haben (vgl. Friedman 1997: 36). Ähnlich verhält es sich mit Studien, die – wie etwa die Länderreports der osteuropäischen NGO *Mental Disability Advocacy Center* – bestehende Vormundschaftsregelungen auf menschenrechtliche Standards testen.[7] So interessant und unverzichtbar Rechtsvergleiche sind, um die Aussagekraft rechtstatsächlich-komparativen Datenmaterials überhaupt beurteilen zu können,[8] so sehr erweisen sich Gesetzestexte dennoch als „bad predictors" der Rechtspraxis (Blankenburg 1994: 791). Den Gedanken, dass das geschriebene Recht als solches seine gesellschaftliche Bedeutung niemals schon mitdeterminiert – eine Art rechtssoziologisches Leitmotiv – bringt Carney (2001: 104) für den Bereich des *guardianship law* prägnant auf den Punkt: „it is a mistake to develop a fetish for legislative detail; rather the true meaning of legislation is set by professional practices, funding, system interactions, culture and political perceptions".

4.3 Zunahme psychischer Erkrankungen

Neben der Alterung der Gesellschaft wird der Literatur auch eine Zunahme psychischer Erkrankungen (Köller und Engels 2011, S. 6; vgl. Barth und Ganner 2010: 6) als Grund für den Anstieg an rechtlichen Betreuungsverhältnissen angeführt. Abgesehen davon, dass nicht jede psychische Krankheit die Bestellung eines Sachwalters erforderlich macht, stellt sich hier im Gegensatz zur Demenz – deren Verbreitung direkt aus dem Altenanteil geschätzt werden kann[9] – die epi-

---

6 Vgl. Zweigert/Kötz (1998: 63 ff); speziell zum Sachwalterrecht vgl. Doron (2002) sowie Ofner (2005).
7 Siehe http://www.mdac.info/en/resources (zuletzt besucht am 2.2.2013).
8 Rechtsvergleichende Beiträge zur rechtlichen Betreuung sind leider dünn gesät. Eine Volltextsuche in über 1.400-Seiten starken *Oxford Handbook of Comparative Law* (Reimann und Zimmermann 2006) fördert für *guardianship* vier Treffer zutage, zwei davon in einem Kapitel über Islamisches Recht. Im besonderen Teil des Handbuchs fehlt ein eigenes Kapitel zu Instituten der dauerhaften rechtlichen Stellvertretung.
9 Siehe oben Fußnote 4.

demiologische Datenlage ungünstig dar,[10] sodass diese Annahme nicht leicht zu überprüfen ist. In Bezug auf die Klientel der Berufsbetreuer in Deutschland gibt es immerhin Hinweise auf eine steigende Bedeutung psychischer Erkrankungen bei den Gründen für eine Betreuerbestellung (Engels und Köller 2009: 78). In qualitativen Interviews erhobene Wahrnehmungen niedersächsischer Richter, Rechtspfleger und Berufsbetreuer gehen in dieselbe Richtung (Ackermann et al. 2004: 203). Indes erscheint es aber – ähnlich wie bei dementiellen Erkrankungen – wenig wahrscheinlich, dass der sozialräumlich stark auseinanderklaffenden Inanspruchnahme formaler Stellvertretungsinstitute ähnlich große epidemiologische Unterschiede entsprechen.

4.4 Verrechtlichung

Als weiterer Bedingungsfaktor für das rasante Wachstum an Sachwalterschaften wird in der Fachdiskussion immer wieder eine zunehmende *Bürokratisierung und Verrechtlichung* der Gesellschaft genannt (During 2001: 105 f.; Engels und Köller 2009a: 109; Kreissl 2009: 22). Hammerschick und Pilgram (2005: 30 f.) zufolge bestehe „seitens immer größerer, arbeitsteiliger und anonymer werdender Institutionen des Geschäftslebens, der politischen Verwaltung und der sozialen Wohlfahrt heute wachsender Bedarf nach Formalisierung von Arbeitsabläufen. Dabei ist nicht zu unterschätzen, dass sich der Verkehr zwischen Bürgern, privaten und öffentlichen Einrichtungen namentlich des Gesundheits- und Sozialwesens durch zunehmende Differenzierung und Abstufung von Leistungen und durch deren komplizierte Knüpfung an Bedingungen und Eigenbeiträge verändert hat und dies ‚Laienbeteiligte' leicht verunsichert und überfordert." Zudem seien im Bereich des Konsumentenschutzes Zustimmungserfordernisse erweitert worden, „die nicht einfach missachtet werden können". So einleuchtend diese Überlegungen auch sind: empirisch belastbare Erkenntnisse zu Verrechtlichungsprozessen als Treiber von Sachwalterschaften liegen bisher nicht eben zahlreich vor. Als einigermaßen gesichert kann immerhin gelten, dass ein beträchtlicher Teil aller Anregungen formalrechtlicher Stellvertretung von Krankenanstalten sowie Altenpflege- und Behindertenheimen ausgeht (Köller und Engels 2009: 90 f.; Pilgram 2009: 91; Fuchs 2010: 323), die angesichts rechtlich vorgeschriebener besonderer Konsensanforderungen bei Heilbehandlungen und Heimvertragsabschlüssen auf ein einwilligungs- bzw. geschäftsfähiges Gegenüber angewiesen sind. Gut gemeinte Voraussetzungen autonomer Zustimmung scheinen dann – in Verbin-

---

10 Dies ist nicht nur durch fehlende Studien, sondern auch durch unterschiedlich weite Krankheitsdefinitionen bedingt; vgl. Wancata (2008) in Bezug auf Schizophrenie in Österreich.

dung mit Strategien der Begrenzung von Haftungsrisiken – die paradoxe Konsequenz nach sich zu ziehen, dass die Geschäftsfähigkeit der Betroffenen im Ergebnis fremdverwaltet wird (vgl. Kreissl 2009: 21, Fuchs 2010: 323).

4.5 Wohlfahrtsstaatlichkeit

Einen spezifischen Fall von Verrechtlichung stellt die konkrete *Ausgestaltung wohlfahrtsstaatlicher Hilfesysteme* dar. Es gibt Hinweise, dass Art und Ausmaß der Gewährung von Sozialleistungen mit der Nachfrage nach Sachwalterschaft im Zusammenhang stehen. Ackermann et al. (2004: 218) kommen für Deutschland auf der Basis qualitativer Interviews in Niedersachsen zum Schluss, das Verhältnis zwischen Sozialhilfe und Rechtspflege gleiche einem „institutionellen Verschiebebahnhof". Der Abbau sozialer Hilfen führe zu deren kompensatorischer Verlagerung auf das System der rechtlichen Betreuung. Rosenow (2007: 195) spricht in diesem Kontext von einer „Funktionalisierung der rechtlichen Betreuung" und erhebt den Vorwurf, die Sozialverwaltung missbrauche dieses Rechtsinstitut, „um sich im eigenen Kosteninteresse und illegitimerweise aus der Verantwortung zu stehlen".

Die Instrumentalisierung der formalrechtlichen Stellvertretung ist deswegen möglich, weil die *rechtliche Betreuung* über traditionelle Zwecke der Vermögenssorge, die im alten Vormundschaftsrecht im Vordergrund standen, weit hinausgeht (§ 1901 BGB). Dasselbe gilt für den Grundsatz der Personensorge in der *Sachwalterschaft* gemäß §§ 282 ff ABGB (siehe dazu Barth/Dokalik 2010: 147). Hinzu kommt, dass für diese Aufgabe der persönlichen Rechtsfürsorge in Deutschland und Österreich institutionell ein System der wohlfahrtsstaatlichen Leistungserbringung zur Verfügung steht, in dem anspruchsvolle Fälle durch professionelles sozialpädagogisches Personal mit ganzheitlichem Rollenverständnis betreut werden. Soziale und rechtliche Betreuung sind dann faktisch kaum voneinander zu trennen.[11]

Eine solche Ersetzbarkeit ist im internationalen Vergleich keineswegs selbstverständlich. Die Ergebnisse komparativer Forschungen legen nahe, dass eine hohe Inanspruchnahme der rechtlichen Betreuung die Konsequenz einer ganz besonderen sozialstaatlichen Konstellation sein könnte (vgl. Fuchs 2010a), nämlich der Kombination aus einem wohlfahrtsorientierten System der rechtlichen Stellvertretung einerseits und einem – im Sinne der prominenten Sozialstaatstypolo-

---

11 Auch in Österreich ist die Funktionalisierung der personensorgeorientierten Sachwalterschaft rechts- und fiskalpolitisch brisant: Die professionell wahrgenommene Vereinssachwalterschaft und die Arbeit der Gerichte werden vom Bund finanziert. Für soziale Agenden sind aber eigentlich die Länder zuständig.

gie des dänischen Soziologen Esping-Andersen (1990) – „konservativen" Wohlfahrtsregime andererseits (siehe Tabelle 1). In letzterem werden Sozialleistungen abhängig von Erwerbsstatus und geleisteten Versicherungsbeiträgen gewährt. Öffentliche Angebote sind gegenüber der Familie subsidiär und häufig bedarfsgeprüft, wenn auch nicht immer bedarfsdeckend. Zudem werden staatliche Hilfen fast ausschließlich in der Form von Geldleistungen gewährt (vgl. Bambra 2005), die regelmäßig korrekt beantragt und zweckentsprechend verwaltet sein wollen. Auf diese Weise entsteht ein erheblicher Bedarf an „Führung durch höhere bürokratische Klippen" (Hammerschick/Pilgram 2005: 31), der umso stärker ausfällt, je voraussetzungsreicher sich das Erlangen staatlicher Unterstützung darstellt.

Tabelle 1: Rechtliche Betreuung und Wohlfahrtsregime

	Betreuungen pro 10.000 Bevölkerung: Jahresinzidenz (Stichtagsprävalenz), 2006/07	Rechtliches Stellvertretungssystem	Wohlfahrtsregime
Dänemark	4 (n/a)	liberal	sozialdemokratisch
Deutschland	28 (151)	wohlfahrtsstaatlich	konservativ
Österreich	10 (68)	wohlfahrtsstaatlich	konservativ
Spanien	5 (n/a)	traditionell (reformiert)	residual (familial)
Tschechien	4 (27)	traditionell (postsozialistisch)	residual (postsozialistisch)

Datengrundlage: Engels et al. 2009

„Sozialdemokratische" Wohlfahrtssysteme sehen demgegenüber steuerfinanzierte universelle Angebote vor, die oft – wie etwa im Bereich der Altenpflege in Dänemark (vgl. Mühlberger et al. 2008) – proaktiv und in der Form von Sachleistungen gewährt werden. Dies dürfte den sozialverwaltungsinduzierten formalrechtlichen Vertretungsbedarf deutlich verringern. In Staaten wie Spanien und der Tschechischen Republik hingegen, in denen ein „residuales", vergleichsweise schwach ausgeprägtes („familiales" oder „postsozialistisches") Wohlfahrtsregime auf ein noch immer traditionelles, weitgehend den Prinzipien der überkommenen zivilrechtlichen Vormundschafts- und Entmündigungsinstitute entsprechendes Rechtsvertretungssystem trifft, stellt informelle Vertretung und Hilfe ohnehin den Normalfall dar. Abgesehen davon, dass die Sozialstaatstypologie Esping-Andersens als einigermaßen holzschnittartig, methodisch angreifbar und überdies gender-blind bezeichnet werden kann,[12] vermag jedoch auch eine solche – ziemlich normativ aufgeladene[13] – wohlfahrtsspezifisch kategorisierende Erklärung ein Rätsel nicht zu lösen: die großen Unterschiede zwischen Deutschland und Österreich. Eine naheliegende Vermutung ist hier, dass die unterschiedliche Struktur des professionellen Betreuungswesens, das in Österreich stärker reguliert ist, eine Differenz ausmacht. *Rechtliche Betreuer* und *Sachwalter* sind schließlich Berufsgruppen, die auch eigene Interessen verfolgen. Coeppicus (2000: 50 ff) spricht in diesem Zusammenhang vom Entstehen einer regelrechten „Betreuungsindustrie".

5. Theoretische Überlegungen

5.1 Betreuungsbedarf als Konstrukt

Forschungen zu den Bedingungsfaktoren der Nachfrage nach Sachwalterschaft gehen häufig von der Vorannahme aus, dass sich demographische und epidemiologische Gegebenheiten relativ unvermittelt in die Inanspruchnahme von Vertretungsinstituten übersetzen. Empirisch ist dies, wie oben gezeigt wurde, allerdings unhaltbar. Krankheit führt nicht zwangsläufig zu rechtlicher Betreuung. Umgekehrt führt aber rechtliche Betreuung insofern immer zu „Krankheit", als die Diagnose einer solchen eine notwendige Voraussetzung für die Betreuerbestellung darstellt. Psychische Krankheiten sind in soziologischer Betrachtungsweise indessen nichts anderes als sozial ausgehandelte „Zuschreibungen von Störungen in menschlicher Interaktion" (Dellwing 2008: 150). Auch Betreuung und Betreuungsbedarf sind soziale Konstrukte und damit Ergebnisse medizinischer und juristischer Etikettierungen. Diese Konstruktionsprozesse neigen dazu, sobald eine Betreuung einmal eingerichtet ist, sich zu verselbständigen, wie During (2001: 58) in ihrer rechtssoziologischen Untersuchung von Betreuungsfällen festhält:

> „Unabhängig von Veränderungen in der Lebenslage seit der Anregung der Betreuung, wird die Betreuungsnotwendigkeit mittels psychiatrischer Diagnosen hergestellt. Das psychiatrische Gutachten soll das angestrebte Ergebnis legitimieren. Dagegen steht, dass die auf einen Begriff reduzierte Diagnose, die meist nicht einmal der internationalen Klassifikation psy-

---

12   Für einen Überblick über die Diskussion vgl. Schubert et al. 2008.
13   Manow (2002: 203) kritisiert Esping-Andersens Drei-Welten-Lehre in Anlehnung an den Italo-Western *The Good, the Bad and the Ugly* aus dem Jahr 1967 als „sergio-leonesk": Die sozialdemokratischen Wohlfahrtsregime würden die Rolle der „Guten", die liberalen (und wohl auch residualen, Anm. WF) Systeme hingegen den Part der „Bösen" übernehmen. Die konservativen Regime seien weder gut noch böse, sondern „hässlich", da sie die richtigen Ziele mit den falschen Mitteln anstreben würden. Eine hohe Dichte an Sachwalterschaften – und damit auch an rechtlichen Krankheitskonstruktionen – wäre dann also eine der „hässlichen" Begleiterscheinen des konservativen Wohlfahrtsmodells.

chischer Störungen entspricht, keinen Aussagewert hinsichtlich der vorhandenen Fähigkeiten oder Einschränkungen zur Gestaltung des Alltags, der prognostischen Entwicklung und der Behandlungsmöglichkeiten besitzt. Die gesamte Konstruktion der sozialen Wirklichkeit bezieht sich auf diese psychiatrische Diagnose sowie auf eine aktuelle Problemlage."

Trotz aller konstruktiven Funktionen, die dem Krankheitsvokabular *auch* zukommen (vgl. Dellwing 2008), kann auf diese Weise die Situation eintreten, dass eine Betreuung Betreuungsbedürftigkeit erst erzeugt: Indem der betreuten Person zugeschrieben wird, sich nicht mehr um ihre Angelegenheiten kümmern zu können, werden ihr diese abgenommen. Dadurch „verkümmern verbliebene Restfähigkeiten zu eigenem Handeln noch weiter – wodurch wiederum der Betreuungsbedarf steigt. Die Betroffenen werden durch die Abnahme notwendiger Mühen lebensuntüchtig, sie verlieren bisherige Fähigkeiten, sie werden immobil, sie können keine neuen Erfahrungen und Kenntnisse erwerben" (Coeppicus 2000: 53).

5.2 Recht als Trivialmaschine?

Auch auf einer gesamtgesellschaftlichen Makroebene sind „psychische Krankheit" oder „Alterung" nicht einfach objektiv gegebene Tatsachen, sondern Konsequenzen historisch-kulturell kontingenter Problematisierungen (vgl. Foucault 1973; Ehrenberg 2004; Baer 2010). Abgesehen davon ist die Annahme einer direkten Spiegelung epidemiologischer Phänomene in der Rechtsanwendung rechts- und sozialtheoretisch wenig überzeugend.

Wenn das Recht moderner Gesellschaften als eine autonome gesellschaftliche Sphäre begriffen wird (Luhmann 1993, 1999), dann macht es wenig Sinn, „anzunehmen, die Strukturen des Rechtssystems, die ihrerseits die Produktion seiner Operationen regulieren, könnten durch Input und Output spezifiziert werden" (Luhmann 1999: 7). Externe Anregungen werden aus Sicht der Systemtheorie nicht „nach dem Stimuli-response-Schema direkt in interne Wirkungen umgesetzt, sondern sie werden nach Kriterien eigener Selektivität in die jeweiligen Systemstrukturen gefiltert und eingepasst in die Eigenlogik des Systems. Für die Umwelteinflüsse auf das Recht heißt das, dass selbst die mächtigsten gesellschaftlichen Pressionen juristisch nur insoweit wahrgenommen und verarbeitet werden, wie sie auf den inneren Bildschirmen der rechtlichen Wirklichkeitskonstruktionen erscheinen" (Teubner 1985: 315). Allerdings räumt selbst Luhmann die Möglichkeit ein, dass externe Beobachter das Rechtssystem durchaus mit Hilfe eines Input/Transformation/Output-Modells *beschreiben* können. Eine solche Beschreibung müsse aber die Transformationsfunktion „als ‚black box' anlegen, muss berücksichtigen, dass das Recht seine Reaktionen mit dem jeweils eigenen Zustand abstimmt und dass es sich ändern kann, auch wenn externe Interessen sich nicht ändern, dass es also nicht als ‚Trivialmaschine' funktioniert" (Luhmann 1999: 7). Aber nicht nur in der Systemtheorie, die die Eigenlogik und Selbstbezüglichkeit juristischer Kommunikation besonders stark betont, sondern auch in praxistheoretischen Überlegungen im Gefolge von Pierre Bourdieu (1986), der neuerdings in der Rechtssoziologie stärker rezipiert wird (vgl. Nour 2009; Wrase 2010), erscheint das Recht als ein eigenständiges soziales Universum, „das sich durch Spezialisierung und Rationalisierung juristischer Formen ausdifferenziert hat" (Wrase 2010: 129). Soziale Felder sind nach Bourdieu „autonome Sphären, in denen nach jeweils besonderen Regeln ‚gespielt' wird" (Bourdieu 1992: 187). Im Gegensatz zu den operativ geschlossenen Systemen der Systemtheorie verfügen soziale Felder bei Bourdieu aber immer nur über eine *relative* Autonomie, da sie in die gesamtgesellschaftlichen Strukturen eingebettet bleiben und von diesen mitgeprägt werden. „Auf die Felder wirken die Kräfte der gesellschaftlichen Interessen ein, und es findet eine ständige Positionierung gegenüber anderen sozialen Feldern statt" (Wrase 2010: 126). Innerhalb der Felder, die als Kräfteverhältnisse verstanden werden müssen, kämpfen die jeweiligen Akteure – die hier nicht nur als „Systemumwelt" erscheinen – um Positionen und Ansehen, um ökonomisches und symbolisches Kapital. Die Praxis der Individuen oder Organisationen wird jedoch nicht unmittelbar durch objektive Interessen, sondern durch ihren Habitus – ein Set an Wahrnehmungs-, Deutungs- und Handlungsschemata – bestimmt. Recht (und damit auch rechtliche Stellvertretung) lässt sich auf diese Weise als soziale Praxis begreifen, die „objektive" Zwänge (wie etwa den demographischen Wandel) nicht nur gemäß einer mehr oder weniger selbstreferenziellen Eigenlogik verarbeitet, sondern auch von unterschiedlich ausgeprägten Mentalitäten, Interessenslagen und Verhaltensmustern der Akteure (z. B. Betreuer bzw. Sachwalter, Richter, Krankenanstalten, Heime, Banken) beeinflusst wird. Dieses Verständnis von Rechtspraxis, das die – in räumlicher und zeitlicher Hinsicht – beobachtbaren variablen Rechtsanwendungsmuster theoretisch zu plausibilisieren vermag, ist auch anschlussfähig an das Konzept der *Rechtskultur*, wie es in der vergleichenden Rechtssoziologie verwendet wird. Gemeint ist damit der – empirisch erforschbare – „Inbegriff der in einer Gesellschaft bestehenden, auf das Recht bezogenen Wertvorstellungen, Normen, Institutionen, Verfahrensregeln und Verhaltensweisen" (Raiser 2009: 328). Nelken (2004: 1) definiert den Begriff *legal culture* noch kürzer als „one way of describing relatively stable patterns of legally oriented social behaviour and attitudes".

5.3 Rechtssubjekt und Wohlfahrtsstaat

Die Nachfrage nach rechtlicher Betreuung kann – so die hier vertretene Auffassung – nicht zureichend als ein „Bedürfnis" der Menschen mit Krankheiten oder Behinderungen verstanden werden. Wie bisherige Erkenntnisse nahelegen, bilden meist Anregungen der Interaktionspartner (Heime, Krankenanstalten, Sozialverwaltung, Banken) den tatsächlichen Anlass für eine Sachwalterbestellung. Diese Anregungen rechtlicher Betreuung sind insofern systemisch bedingt, als nur *rechtliche* soziale Aushandlungen – und seien es rechtsförmig gewährte Sozialleistungen – *rechtlich* handlungsfähige Subjekte voraussetzen. Mit Hutter & Teubner (1994: 110 ff.) lässt sich das rationale Rechtssubjekt soziologisch als „kommunikationserhaltende Fiktion der Rechtspraxis" begreifen, der weder reale psychische Zustände noch rechtswissenschaftliche Konstrukte von Rechtssubjektivität je zur Gänze entsprechen. Diese „Fiktion" der Praxis formt jedoch insofern die soziale Realität, als dass sie die Grundlage für rechtliche Operationen – Verträge, sozialrechtliche Anträge, Einwilligungen in Heilbehandlungen etc. – darstellt.[14] Für die betroffenen Menschen können diese Subjektivitätsunterstellungen durchaus den Charakter von Zumutungen annehmen. Hutter & Teubner (1994: 110 f.) sprechen in systemtheoretischer Manier davon, dass die sozialen System des Rechts und der Wirtschaft die „psychischen Systeme" mit solchen Akteursfiktionen für ihre Zwecke „ausbeuten". Je mehr rationale rechtliche Handlungsfähigkeit vom Recht indes ausdrücklich vorausgesetzt wird, desto eher kann ihre mögliche faktische Abwesenheit problematisiert werden. Rationalitätsunterstellungen des Rechts ziehen hier im Zusammenspiel mit Risikominimierungsstrategien paradoxe Folgen nach sich, was am bereits erwähnten Beispiel qualifizierter Einwilligungserfordernisse im Konsumentenschutz- und Medizinrecht veranschaulicht werden kann, die häufig den Anlass für die Bestellung rechtlicher Betreuer

---

14 Dieses Verständnis vom Rechtssubjekt als einem von konkreten Lebenslagen abstrahierten Anknüpfungs- und Zurechnungspunkt rechtlicher Kommunikation kann plausibel machen, warum gesetzgeberische Bemühungen, „maßgeschneiderte" Stellvertretungen (für genau bezeichnete einzelne oder typisierte Sachverhalte) als Normalfall zu etablieren, häufig scheitern (vgl. Carney 2001: 104; Aoki/ Ganner 2010: 196). In Österreich umfassen mehr als die Hälfte aller Sachwalterschaften die „Besorgung aller Angelegenheiten" (§ 268 Abs 3 Z 3 ABGB, Pilgram et al. 2009: 16). Nach den Intentionen des Gesetzgebers sollte diese umfangreichste Form der Stellvertretung freilich den Ausnahmefall darstellen. Für die Rechtspraxis ist es offenbar bequemer und effizienter, aufgrund bestimmter Anlässe (z. B. den Abschluss eines Heimvertrags) eingerichtete Stellvertretungen auch für mögliche zukünftige Verwendungen (etwa eine Heilbehandlung) verfügbar zu halten – als ob auf diese Weise ein Grundsatz des römischen Rechts bestätigt werden sollte, wonach Vormünder nur für Personen, nicht aber für Sachen oder Angelegenheiten bestellt werden können: *tutor personae, non rei vel causae datur* (vgl. Dig. 26, 2, 14 = Inst. 1, 14, 4).

bilden. Das *zu vertretende* „unzulängliche" Rechtsubjekt erscheint dergestalt als ein konstitutives Anderes des *autonomen* Rechtssubjekts. Dass das Rechtssubjekt dem Recht nicht schon vorausgeht, sondern durch dieses als eine reale Abstraktion erst hergestellt wird, betonen auch rechtssoziologisch-theoretische Ansätze, die auf die Verwobenheit des Rechts mit Politik und Ökonomie abstellen. Wie etwa Buckel (2009: 128) in ihrer Rekonstruktion einer materialistischen Rechtstheorie ausführt, erfahren die Subjekte durch das „Schließen von Verträgen, die gerichtsförmige Austragung von Konflikten, sowie Strafen und Verwaltungsakte" ihre Gesellschaftlichkeit. Das Recht subjektiviere die gesellschaftlichen Einzelnen in Rechtssubjekte, indem es sie – von ihrer tatsächlichen Ungleichheit abstrahierend – als formal Gleiche behandle.

Diese formale Gleichheit vor dem Recht ist nach Habermas (1981: 525 ff.) historisch gesehen das Resultat des ersten von vier epochalen „Verrechtlichungsschüben", die zunächst vom vormodernen zum *bürgerlichen Staat* sowie in weiterer Folge über den *Rechtsstaat* zum *demokratischen Rechtsstaat* und schließlich zum *sozialen und demokratischen Rechtsstaat* führen. Entlang dieser idealtypischen Entwicklungslinie ließe sich auch eine – vereinfachte – Geschichte der Rechtssubjektivität skizzieren, die nicht nur zufällig Parallelen zur Geschichte der rechtlichen Stellvertretungsinstitute aufwiese. Das *bürgerliche* Konzept der Rechtsperson, wie es in den großen Kodifikationen der Aufklärung enthalten ist, soll nun „Freiheit und Eigentum der Privatpersonen, Rechtssicherheit und die formelle Gleichheit aller Rechtspersonen vor dem Gesetz, damit die Kalkulierbarkeit aller rechtlich normierten Handlungen gewährleisten" (Habermas 1981: 525).

Mit dem Entstehen des modernen *Wohlfahrtsstaats* nimmt der Widerspruch zwischen formaler Gleichheit und tatsächlicher Ungleichheit eine neue Form an. Da wohlfahrtsstaatliche Leistungen in der Form von Rechtsansprüchen gewährt werden, muss die Antwort auf völlig heterogene Bedürfnisse in der lebensweltfernen Wenn-Dann-Struktur des konditionalen Rechts formuliert werden. Der bürokratische Vollzug der Leistungsansprüche schafft zudem eine komplexe Eigenrealität, die die Betroffenen schnell überfordert: „Die regelungsbedürftige, in den Kontext einer Lebensgeschichte und einer konkreten Lebensform eingebettete Situation muss einer gewalttätigen Abstraktion unterworfen werden, nicht allein, weil sie rechtlich subsumiert werden muss, sondern damit sie administrativ bearbeitet werden kann" (Habermas 1981: 532). Außerdem werden auch solche eingetretenen Lebensrisiken in Geld abgegolten, die sich für eine monetäre Kompensation eigentlich gar nicht eignen. Der „sozialstaatliche Verrechtlichungsschub", den Habermas als exemplarische Veranschaulichung für seine These von der „Kolonialisierung der Lebenswelt" in den Blick nimmt, zieht nach seiner Ansicht unerwünschte desintegrierende Folgen nach sich, die sich – im Gegensatz zu den vorangegangenen Schüben hin zum (demokratischen) Rechtsstaat – direkt aus der Struktur dieser Verrechtlichung selbst ergeben. Die steigende Nachfrage nach rechtlicher Betreuung kann als ein Versuch angesehen werden, mit diesen nicht intendierten Folgen zurande zu kommen – und damit selbst als ein negativer Effekt sozialstaatlicher Verrechtlichung.

Nach Ansicht vieler Beobachter durchläuft der Wohlfahrtsstaat „fordistischer" Prägung, wie ihn noch Habermas in seiner Darstellung epochaler Verrechtlichungsprozesse im Auge hatte, indes tiefgreifende Transformationen. Jessop (1999) spricht von einem Übergang vom „Keynesian welfare state" zum „Schumpeterian workfare post-national regime", in dem der Staat nicht mehr länger die Hauptverantwortung bei der Absicherung gegen Lebensrisiken übernehme. Andere Autorinnen konstatieren – in Anlehnung an den späten Foucault (2000) – eine Entwicklung hin zu einer „neoliberalen Gouvernementalität", in der Gesellschaft und Staat nach Art eines Marktes organisiert werden und Regierungstechniken der indirekten Steuerung vorherrschen (vgl. Lemke et al. 2000). Mit dieser neuen politischen Rationalität geht „nicht so sehr ein Abbau des Wohlfahrtsstaates einher, sondern vielmehr ein Umbau seiner grundlegenden Gestaltungsprinzipien" (Hammer und Österle 2001: 61). Demnach setzt Sozialpolitik nun primär auf „Hilfe zur Selbsthilfe".

Indem autonome Vorsorge und Selbstverwirklichung zum alternativlos dominierenden gesellschaftlichen Leitbild werden (vgl. Fineman 2004), erfahren die Individuen neue Imperative der verantwortungszuschreibenden Subjektivierung: „Wer es an Initiative, Anpassungsfähigkeit, Dynamik, Mobilität und Flexibilität fehlen lässt, zeigt objektiv seine oder ihre Unfähigkeit, ein freies und rationales Subjekt zu sein" (Lemke et al. 2000: 30). Diese Tendenzen verschärfen die von Habermas beschriebenen desintegrierenden Folgen sozialstaatlicher Verrechtlichung noch einmal beträchtlich. Der Druck, selbst noch als Empfänger wohlfahrtsstaatlicher Leistungen ein eigeninitiatives freies Selbst sein zu müssen, kann nicht nur tatsächlich psychisch krank machen, sondern führt auch zu einer erheblich steigenden Nachfrage nach Unterstützung und Vertretung der autonomen rechtlichen Handlungsfähigkeit. So hat es den Anschein, als erweise sich das spätmoderne Subjekt im Lichte der ihm zugemuteten Anforderung, ein rationales „unternehmerisches Selbst" (Bröckling 2007) zu sein, nicht nur als ein „erschöpftes Selbst" (Ehrenberg 2004), sondern zunehmend auch als ein „vertretenes Selbst".

Literatur

Ackermann, Annelen, Irena Medjedovic und *Andreas Witzel*, 2004: Betreuungsrecht und Betreuungspraxis. Gesetzesentwicklung und Handlungsstrategien zwischen Kostendämpfung und Rehabilitation. Zeitschrift für Rechtssoziologie 2004: 191.

Aoki, Hitomi und *Michael Ganner*, 2010: Das japanische Sachwalterrecht – Seinennkoukennhou. Die wichtgsten Regelungen im Rechtsvergleich mit Österreich und Deutschland. Interdisziplinäre Zeitschrift für Familienrecht 2010: 193.

Baer, Susanne, 2010: Juristische Biopolitik: Das Wissensproblem im Recht am Beispiel „des" demografischen Wandels. S. 181 in: Miche*lle Cottier, Josef Estermann* und *Michael Wrase* (Hg.), Wie wirkt Recht? Ausgewählte Beiträge zum ersten gemeinsamen Kongress der deutschsprachigen Rechtssoziologie-Vereinigungen, Luzern 2008. Baden-Baden.

Bambra, Clare, 2005: Cash Versus Services: 'Worlds of Welfare' and the Decommodification of Cash Benefits and Health Care Services. Journal of Social Policy 34, 2: 195.

Barta, Heinz, 2004: Zivilrecht. Grundriss und Einführung in das Rechtsdenken, 2. Auflage. Wien.

Barth, Peter und *Dietmar Dokalik*, 2010: Personensorge. S. 147 in: *Peter Barth* und *Michael Ganner* (Hg.), Handbuch des Sachwalterrechts, 2. Auflage. Wien.

Black, Donald, 1976: The Behaviour of Law. New York.

Blankenburg, Erhard, 1994: The Infrastructure for Avoiding Civil Litigation: Comparing Cultures of Legal Behaviour in The Netherlands and Western Germany. Law & Society Review 28, 4: 789.

Bourdieu, Pierre, 1986: La force du droit. Elements pour une sociologie du champ juridique. Actes de la recherche en sciences sociales 64: 3.

Bourdieu, Pierre und *Loïc Wacquant*, 1996: Reflexive Anthropologie. Frankfurt a. M.

Brill, Karl-Ernst, 2004: Mehr Hilfebedürftige? Psychosoziale Umschau 2/2004: 33.

Bröckling, Ulrich, 2007: Das unternehmerische Selbst. Soziologie einer Subjektivierungsform. Frankfurt a. M.

Buckel, Sonja, 2009: Neo-Materialistische Rechtstheorie. S. 113 in: *Sonja Buckel, Ralf Christensen* und *Andreas Fischer-Lescano* (Hg.), Neue Theorien des Rechts, 2. Auflage. Stuttgart.

Bundesministerium für Familie, Senioren, Frauen und Jugend, 2004: Die Lebenslage älterer Menschen mit rechtlicher Betreuung. Online. Empfangen 2.2..2013 von http://www.bmfsfj.de/RedaktionBMFSFJ/Abteilung3/Pdf-Anlagen/abschlussbericht-rechtliche-betreuung,property=pdf,bereich=bmfsfj,sprache=de,rwb=true.pdf

Bundestag, 1975: Bundestag Drucksache 7/4200.

Bundestag, 1986: Bundestag Drucksache 10/5970.

Bundestag, 1989: Bundestag Drucksache 11/4528.

Bundestag, 1997: Bundestag Drucksache 13/7133.

Carney, Terry, 2001: Globalisation and guardianship – Harmonisation or (postmodern) diversity?, International Journal of Law and Psychiatry 24: 95.

Castel, Robert, 1979: Die psychiatrische Ordnung. Das goldene Zeitalter des Irrenwesens. Frankfurt a. M.: Suhrkamp.

Coeppicus, Rolf, 2000: Faszinierende Zahlen im Betreuungsrecht. Rechtspfleger 2000: 50.

Crefeld, Wolf, 2006: Vom bürgerlichen Tod der Entmündigung und der Rechtsfürsorge für psychisch beeinträchtigte Menschen. Die wechselvolle Geschichte eines Rechtsinstituts. Soziale Arbeit 7-8/2006: 246.

Cremer-Schäfer, Helga und *Heinz Steinert*, 1997: Die Institution „Verbrechen & Strafe". Über die sozialstrukturellen Bedingungen von sozialer Kontrolle und sozialer Ausschließung. Kriminologisches Journal 29: 243.

Deinert, Horst, 2007: Betreuungszahlen 2005, mit Änderungen, Stand 30.1.2007. Empfangen 2.2.201 von http://www.bundesanzeiger-verlag.de/fileadmin/BT-Prax/downloads/Statistik_Betreuungszahlen/Betreuungszahlen2005.pdf

Deinert, Horst, 2012: Betreuungszahlen 2011. Betreuungsrechtliche Praxis 2012: 242.

Dellwing, Michael, 2008: „Geisteskrankheit" als hartnäckige Aushandlungsniederlage. Die Unausweichlichkeit der Durchsetzung von Definitionen sozialer Realität. Soziale Probleme 19: 150.

Deutsches Institut für Urbanistik, 1988: Kommunale Leistungen bei Vormundschaften und Pflegschaften für Volljährige. Köln.

Domnanovits, Katja, 2010: Wenn das Recht auf Selbstbestimmung bedroht ist. Eine qualitative Studie zur Autonomieförderung in der Sachwalterschaft. Saarbrücken.

Doron, Israel, 2002: Elder Guardianship Kaleidoscope – A Comparative Perspective. International Journal of Law, Policy and the Family 16: 368.

Doron, Israel (Hg.), 2008: Theories of Law and Ageing – The Jurisprudence of Elder Law. New York: Springer.

Dörner, Klaus, 1969: Bürger und Irre. Zur Sozialgeschichte und Wissenschaftsgeschichte der Psychiatrie. Frankfurt

During, Margrit, 2001: Lebenslagen von betreuten Menschen – Eine rechtssoziologische Untersuchung. Opladen.

Engels, Dietrich und *Regine Köller*, 2009: Betreuungsrecht – Entwicklung der rechtlichen Stellvertretung in Deutschland. S. 101 in: *Reinhard Kreissl* (Hg.), Citizen by Proxy und Individualrechte. Über das Rechtssubjekt und seine Stellvertreter. Wien: LIT.

Engels, Dietrich et al., 2009: ADEL – Advocacies for frail and incompetent erlderly in Europe. Interim Report. Köln: Unveröffentlichter Forschungsbericht.

Ehrenberg, Alain, 2004: Das erschöpfte Selbst. Depression und Gesellschaft in der Gegenwart. Frankfurt a. M.

Esping-Andersen, Gosta, 1990: The Three Worlds of Welfare Capitalism. Cambridge.

Fineman, Martha, 2004: The Autonomy Myth. A Theory of Dependency. New York.

Floßmann, Ursula, 2008: Österreichische Privatrechtsgeschichte, 6. Auflage. Wien/New York.

Forster, Rudolf et al., 1989: Sachwalterschaftsstatistik 1984 bis 1988. Wien.

Foucault, Michel, 1973: Wahnsinn und Gesellschaft. Eine Geschichte des Wahns im Zeitalter der Vernunft. Frankfurt a. M.

Foucault, Michel, 2000: Die Gouvernementalität. S. 41 in: *Thomas Lemke, Susanne Krasmann* und *Ulrich Bröckling* (Hg.), Gouvernementalität der Gegenwart. Studien zur Ökonomisierung des Sozialen. Frankfurt a. M.

Friedman, Lawrence, 1975: The legal system: a social science perspective. New York: The Russell Sage Foundation.

Friedman, Lawrence, 1997: The Concept of Legal Culture: A Reply. S. 33 in: *David Nelken* (Hg), Comparing Legal Cultures. Aldershot.

Fuchs, Walter, 2010: Lokale Rechtskulturen im Sachwalterrecht – Eine multivariate Analyse, Interdisziplinäre Zeitschrift für Familienrecht 2010: 318.

Fuchs, Walter, 2010a: Systems of advocacies for the elderly in a comparative perspective; Wien: Institut für Rechts- und Kriminalsoziologie, Vortragsmanuskript. Empfangen 2.2.2013 von http://www.irks.at/assets/irks/Publikationen/IRKS_ADEL_Fuchs.pdf

Ganner, Michael, 2005: Selbstbestimmung im Alter. Privatautonomie für alte und pflegebedürftige Menschen in Österreich und Deutschland. Wien/New York.

Gleichweit, Sonja und *Martina Rossa*, 2009: Erster Österreichischer Demenzbericht. Teil 1. Wien.

Habermas, Jürgen, 1981: Theorie des kommunikativen Handelns. Band 2. Zur Kritik der funktionalistischen Vernunft. Frankfurt a. M.

Hammer, Elisabeth und *August Österle*, 2001: Neoliberale Gouvernementalität im österreichischen Wohlfahrtsstaat. Von der Reform der Pflegevorsorge 1993 zum Kinderbetreuungsgeld 2002. Kurswechsel 4/2001: 60.

Hammerschick, Walter und *Arno Pilgram*, 2005: Die Sachwalterschaft – vom Schutz zum inflationären Eingriff in die Autonomie alter Menschen? S. 19 in: *Peter Michael Hoffmann* und *Arno Pilgram* (Hg.), Autonomie im Alter – Stellvertretungsregelungen und Schutzrechte. Ein internationaler Vergleich. Wien.

Hirtenlehner, Helmut und *Alois Birklbauer*, 2006: Lokale Gerichtskulturen – die vernachlässigte Perspektive zur Erklärung regionaler Strafdisparitäten, Journal für Rechtspolitik 2006: 287.

Hoffmann, Peter Michael, Ulrike Hütter und *Miguel Tamayo Korte*, 2005: Die Lebenslage älterer Menschen mit rechtlicher Betreuung in Deutschland. S. 35 in: *Peter Michael Hoffmann* und *Arno Pilgram* (Hg.), Autonomie im Alter – Stellvertretungsregelungen und Schutzrechte. Ein internationaler Vergleich. Wien.

Hutter, Michael und *Gunther Teubner*, 1994: Der Gesellschaft fette Beute. Homo Oeconomicus and Homo Juridicus als kommunikationserhaltende Fiktionen. S. 110 in: *Peter Fuchs* und *Andreas Göbel* (Hg.), Der Mensch – das Medium der Gesellschaft? Frankfurt a. M.

Jessop, Bob, 1999: The Changing Governance of Welfare: Recent Trends in its Primary Functions, Scale, and Modes of Coordination. Social Policy and Administration 4/1999: 348.

Kaser, Max, 1992: Römisches Privatrecht, 16. Auflage. München.

Kreissl, Reinhard, Arno Pilgram, Gerhard Hanak und *Alexander Neumann*, 2009: Auswirkungen des Sachwalterrechtsänderungsgesetzes 2006 (SWRÄG) unter Berücksichtigung der neueren Alternativen zur Sachwalterschaft auf die Betroffenen und ihr Umfeld, auf die Praxis der Gerichte und den Bedarf an Sachwalterschaft. Wien: Institut für Rechts- und Kriminalsoziologie, Forschungsbericht.

Köller, Regine und *Dietrich Engels*, 2009: Rechtliche Betreuung in Deutschland. Evaluation des Zweiten Betreuungsrechtsänderungsgesetzes. Köln.

Köller, Regine und *Dietrich Engels*, 2011: Ausgabenmonitoring und Expertisen zum Betreuungsrecht. Betreuungsrechtliche Praxis Sonderheft 2011: 4.

Lemke, Thomas, Susanne Krasmann und *Ulrich Bröckling*, 2000: Gouvernementalität, Neoliberalismus und Selbsttechnologien. Eine Einleitung. S. 7 in: *dies.* (Hg.), Gouvernementalität der Gegenwart. Studien zur Ökonomisierung des Sozialen. Frankfurt a. M.

Ließfeld, Holger, 2012: Betreuungsrecht in der Praxis. Geschichte, Grundlagen und Planung rechtlicher Betreuung. Wiesbaden..

Luhmann, Niklas, 1993: Das Recht der Gesellschaft. Frankfurt a. M.

Luhmann, Niklas, 1999: Recht als soziales System, Zeitschrift für Rechtssoziologie 1999: 1.

Manow, Philip, 2002: 'The Good, the Bad, and the Ugly' – Esping-Andersens Sozialstaats-Typologie und die konfessionellen Wurzeln des westlichen Wohlfahrtsstaats. Kölner Zeitschrift für Soziologie und Sozialpsychologie 54: 203.

Mayer-Maly, Theo, 1999: Römisches Recht, 2.Auflage. Wien/New York.

Mühlberger, Ulrike, Käthe Knittler und *Alois Guger*, 2008: Mittel- und langfristige Finanzierung der Pflegevorsorge. Wien: Österreichisches Institut für Wirtschaftsforschung, Forschungsbericht.

Müller, Robert, 2010: Einkommens- und Vermögensverwaltung. S. 271 in: *Peter Barth* und *Michael Ganner* (Hg.), Handbuch des Sachwalterrechts, 2. Auflage, Wien: Linde.

Nationalrat, 1981: 742 der Beilagen zu den Stenographischen des Nationalrats XV. GP. Empfangen 2.2.2013 von http://www.parlament.gv.at/PAKT/VHG/XV/I/I_00742/imfname_280312.pdf

Nationalrat, 2006: 1420 der Beilagen XXII GP. Empfangen 2.2.2013 von http://www.parlament.gv.at/PAKT/VHG/XXII/I/I_01420/fname_061458.pdf

Nelken, David, 2004: Using the Concept of Legal Culture. Australian Journal of Legal Philosophy 2004: 1.

Nour, Soraya, 2009: Bourdieus juristisches Feld. S. 179 in: *Sonja Buckel, Ralf Christensen* und *Andreas Fischer-Lescano* (Hg.), Neue Theorien des Rechts, 2. Auflage, Stuttgart: Lucius & Lucius.

Ofner, Helmut, 2005: Gesetzliche Vertretung für psychisch Kranke und geistig Behinderte im internationalen Vergleich – Eine Modellanalyse, Österreichische Juristenzeitschrift 2005: 775.

Pilgram, Arno, 2009: Sachwalterrecht lokal – Variablen der Anregung rechtlicher Stellvertretung und gerichtlicher Entscheidung darüber. S. 87 in: Reinhard Kreissl (Hg.), Citizen by Proxy und Individualrechte. Über das Rechtssubjekt und seine Stellvertreter. Wien: LIT.

Pilgram, Arno/Neumann, Alexander/Hanak, Gerhard/Kreissl, Reinhard, 2009: Entwicklung von Kennzahlen für die gerichtliche Sachwalterrechtspraxis als Grundlage für die Abschätzung des Bedarfs an Vereinssachwalterschaft. Wien: Institut für Rechts- und Kriminalsoziologie: Forschungsbericht.

Pilgram, Arno, Alexander Neumann, Gerhard Hanak und *Reinhard Kreissl* (2009a): Wie viel (Vereins-Sachwalterschaft) braucht es? Eine Bestandsaufnahme und eine Bedarfserhebung unter Richtern. Richterzeitung 2009: 266.

Raiser, Thomas (2009): Grundlagen der Rechtssoziologie, 5. Auflage, Tübingen: Mohr Siebeck.

Reimann, Mathias und *Reinhard Zimmermann* (Hg.), 2006: The Oxford Handbook of Comparative Law. Oxford.

Rosenow, Roland, 2007: Die Funktionalisierung der rechtlichen Betreuung durch den Sozialstaat. Betreuungsrechtliche Praxis 2007: 195.

Schubert, Klaus, Simon Hegelich und *Ursula Bazan,* 2008: Europäische Wohlfahrtssysteme: Stand der Forschung – theoretisch-methodische Überlegungen. S. 13 in: *dies.* (Hg.), Europäische Wohlfahrtssysteme – Ein Handbuch. Wiesbaden.

Teubner, Gunther, 1985: Verrechtlichung – Begriffe, Merkmale, Grenzen, Auswege. S. 289 in: *Friedrich Kübler* (Hg.): Verrechtlichung von Wirtschaft, Arbeit und sozialer Solidarität. Frankfurt a. M.

von Oefele, Konrad, 2009: Psychiatrische Gesichtspunkte und Begutachtungsfragen im Betreuungsrecht. S. 117 in: *Hans-Ludwig Kröber Dieter Dölling, Norbert Leygraf* und *Henning Sass* (Hg.), Handbuch der forensischen Psychiatrie 5. Forensische Psychiatrie im Privatrecht und Öffentlichen Recht. Heidelberg.

Wancata, Johannes, 2008: Epidemiologie. in: *Hans Rittmannsberger* und *Johannes Wancata* (Hg.), Der Österreichische Schizophreniebericht 2008. Wien. Empfangen 2.2..2013 von http://www.hpe.at/upload/documentbox/Schizophreniebericht_2008.pdf

Wrase, Michael, 2010: Recht und soziale Praxis – Überlegungen für eine soziologische Rechtstheorie. S. 181 in: *Michelle Cottier, Josef Estermann* und *Michael Wrase* (Hg.), Wie wirkt Recht? Ausgewählte Beiträge zum ersten gemeinsamen Kongress der deutschsprachigen Rechtssoziologie-Vereinigungen, Luzern 2008. Baden-Baden.

Wojnar, Jan, 1992: Der Betreute – ein unbekanntes Wesen? Über die Bedeutung demographischer und epidemiologischer Daten für die Fragen der Betreuung. Betreuungsrechtliche Praxis 1992: 16.

Zenz, Gisela, Barbara von Eicken, Ellen Ernst und *Cornelia Hofmann*, 1987: Vormundschaft und Pflegschaft für Volljährige. Eine Untersuchung zur Praxis und Kritik des geltenden Rechts. Köln.
Zweigert, Konrad und *Hein Kötz*, 1998: An Introduction to Comparative Law, 3. Auflage. Oxford.

The medicalization of compulsive shopping: a disorder in the making?

Jennifer R. Hemler

"Compulsive shopping" is not listed in the DSM, the *Diagnostic and Statistical Manual of Mental Disorder*, widely held by psychiatrists and mental health practitioners in the U.S. as "the bible" for diagnosing mental illness. But, over the past three decades, this behavior has become increasingly medicalized, as witnessed by its progression from the domain of self-help books and support groups to mainstream media reports bemoaning the prevalence of the problem; to academic research articles on the topic; and, lastly, to clinical drug trials for the condition. Compulsive Buying (CB), as the condition is called clinically, was passed over for inclusion in DSM-IV-TR and the soon-to-be-published DSM-5 (and did not appear in III-R, as some researchers claim) due to its lack of a crystallized body of research: research has generally been based on small, problematic samples, and definitions of compulsive buying continue to shift. In addition, important for back-end justification of a disorder, there are currently no evidence-based treatments for CB (Black 2007). Drug trials, while ongoing, have been inconclusive. Researchers continue in their quest to accumulate the data and findings necessary to justify CB's full disorder status to the American Psychiatric Association, but under DSM-IV, therapists can give patients suffering from CB a diagnostic code for Impulse Control Disorder Not Otherwise Specified (ICD-NOS). While not officially a "disorder," CB can, in this way, be treated as one – receiving the same insurance and other benefits of a DSM classification. DSM-5 will introduce "Behavioral Addictions," further prolonging CB's status as a possible potential disorder (see Frances 2012a). As such, CB remains in a hazy, liminal space: without a stand-alone diagnosis in the DSM, CB is technically not a disorder; but select researchers, media, therapists, and afflicted individuals continue to treat it as such.

Compulsive buying is an interesting case to consider in regard to processes of medicalization precisely because of its lengthy liminal status: it has been a disorder "in the making" since inquiries into the behavior surged in the late 1980s. The emerging *perception* of compulsive buying as a mental disorder is due to cultural shifts in cognition brought on by the forces of medicalization – the most important one being the preeminence now accorded to biomedical explanations for deviant behaviors and problems in living. In the U.S., treating social problems as psychological problems, and treating psychological problems as biological or neurological problems – e.g., genetic inheritance, "chemical imbalances," serotonin deficiency, and other kinds of brain dysfunctions – is now the norm. More and more health care providers are covering psychotropic drugs at the expense of behavioral treatments (see Conrad 2005). The fact that university researchers teamed up with pharmaceutical companies to conduct drug trials (see Ritter 1995; Krum 2000) for CB, a disorder that does not yet exist, shows that we have entered, if not a new phase of medicalization, then a shift of power in the engines driving it (Conrad 2005; Clarke, Fishman, Fosket, Mamo and Shim 2003).

In this paper, I discuss three domains involved in CB's process of medicalization: popular news media, consumer behavior research, and psychiatric research/drug trials. When compulsive shopping emerged on the scene as a "growing problem" in the early 1980s, it might have been possible for other professions to assert different narratives and claim jurisdiction over this phenomenon. However, psychiatry – against the backdrop of growing medicalization and their own ascent into biomedicine – was able to claim this behavior as a disorder, leaving little space for other professions to assert authority. I discuss key moments in compulsive buying's early history that mark its trajectory from whimsical behavior to psychiatric pathology. I also discuss some of the conceptual snags CB encountered early on its path. Some of these "snags" may be responsible for CB's continuing liminal status. CB has been subsumed within the dominant discourse of medicalization but has eluded ultimate acceptance by high-ranking medical professionals and by segments of the public. Formal disorder status is not necessary for behaviors to be treated as disorders by select medical professionals and interested parties – psychiatrists and clinical practitioners can use "workarounds" and NOS categories in the DSM (Whooley 2010) to treat CB – but inclusion in the DSM is necessary for conditions to be officially sanctioned as an illness, leading to cultural acceptance over time. Without official sanction, CB will remain in hazy territory, partly medicalized, partly disbelieved (see Brown 1995).

"Compulsive shopping madness!": The role of the news media in constructing a discourse of disorder

I surveyed 250 general news articles on compulsive buying and shopping from major newspapers from 1980 to 2006.[1] Reports on compulsive shopping emerged in the popular press in the early 1980s, a decade ahead of psychiatric research articles in academic journals. *The Washington Post* (Krucoff 1980; "Buyer's Guide" 1985; "Are You a Compulsive Shopper?" 1985), *Newsweek* ("Compulsive Shopping" 1985), *The New York Times* ("Shopping Addiction"1986), *The Toronto Star* (Fruman 1986; "Compulsive Shopping Growing" 1986), and the *Australian Telegraph* (Koopman 1987) were all front-runners, presenting a picture of an insidious and growing epidemic. The tone of these articles is sensationalist but the set-up is common: you won't believe it, but this is a serious problem. The subtext: women are spending money like mad. The proof: professionals agree. Here is an example of an early article from *Newsweek*:

> Compulsive shopping? You've got to be kidding, is that the answer to the latest trivia-game question on trendy addictions? It may sound absurd, but to the shopper who can't stop at the hosiery counter without blowing a cold $100, the obsession is no joke. Thousands of Americans are caught in the grip of shopping madness, flocking to malls and boutiques across the land. Mental health experts acknowledge that the problem is still relatively unexplored, but many believe it is widespread ("Compulsive Shopping" 1985: 81).

The writer draws the reader into his or her confidences by recognizing how ridiculous this disorder sounds, but then creates a sense of panic attached to feelings of patriotism. The majority of early news articles on compulsive shopping start off similarly, or they present a vignette of someone's extreme shopping practices and subsequent personal and legal problems. Tactics like these disbar the reader's mistrust of yet another new disorder, one related to an activity we all do frequently, at that. Journalists seemed to recognize that they were pitching this condition to a potentially unreceptive crowd.

Compulsive shopping could have been a hard sell to the general public for multiple reasons. For one, the public may have been growing somewhat weary of "trendy addictions," showing some resistance to narratives of medicalization. The public had recently witnessed behaviors such alcohol abuse, compulsive gam-

---

[1] I surveyed major newspaper articles across time, using Academic Search Premier and the "general news" category of LexisNexis and the search terms "compulsive shopping" and "compulsive buying." This search resulted in 250 articles that contain one of the search terms. Some articles used the terms in a facetious or mildly self-deprecating manner, and the others discussed compulsive buying as a disorder or recent developments in the psychiatric field. These news articles were generally from the U.S. but the search did include international newspapers deemed "major" by LexisNexis.

bling, anorexia and sexual "dysfunctions" morph into mental disorders. This trend in labeling excessive behaviors "addictions" can be attributed in part to the 1980 publication of DSM-III, which marks a major shift in how mental illness was perceived and diagnosed. In place of the previous psychodynamic model, DSM-III set forth categorical understandings of mental disorders with symptom-based criteria for diagnosis. This model led to the proliferation of "disorders" (Horwitz 2002), as many excessive behaviors were classified as mental dysfunctions. Disordering behaviors also diminished personal responsibility for them, particularly controversial and difficult to accept in cases like alcoholism and gambling.

Moreover, shopping is a culturally sanctioned activity, unlike taking drugs, gambling, having too much or "perverse" sex, or hoarding. While indulging in anything too much marks a person as morally and now mentally suspect, materialism has a complicated history in Puritan-based America. Being materialistic is a sign of frivolity and weakness, associated with femininity; but, at the same time, materialism is an accepted reward for – and proof of – hard work. Material objects prove to others and ourselves how much we are worth. Compulsive activity is, arguably, built into capitalism, as this economic form needs to continually and constantly expand into new markets to function (Polanyi 2001 [1944]). On a more micro level, people work or act compulsively in other ways (like buying) to appease the new anxiety and uncertainty that modernity brings (Giddens 1991; Weber 2001 [1930]). In order for compulsive shopping to be taken seriously as a disorder in America, compulsive buying needed to be understood as something separate and distinct from consumer culture – even though it is at the heart of it. Compulsive shopping also needed to transcend the stigma of being associated with stereotypically female behavior, which both trivializes and normalizes the behavior (by disparaging women).

Mainstream news articles ultimately comprised a "campaign" that helped advance the medicalization of compulsive shopping. As shown in the excerpt above, the journalist positioned compulsive shopping as an "addiction" despite noting it was "relatively unexplored." Journalists reinforced the categorization and influenced the public's perception of compulsive shopping as a *mental* problem by predominantly turning to prominent local psychiatrists, psychoanalysts and psychologists as the experts on compulsive shopping. Of the newspaper articles I surveyed, those that solicit experts reference psychiatrists, psychoanalysts and psychologists more than four times as often as credit counselors or other specialists, the disparity increasing over time. It seems clear that the American public and the media have accepted the medicalization narrative and mental health professionals, particularly psychiatrists, as the chosen experts for personal and social problems.

Journalists did not scrutinize psychiatrists' perspectives nor did they challenge their position as the rightful experts for these types of problems. Instead, the news media provided a forum within which these experts could claim ownership of the problem and even vie for prospective clients: some psychiatrists and psychologists provided simple self-tests[2] so readers could evaluate their own likelihood of being a compulsive shopper, followed by where and how to seek treatment – usually at their own facilities.

Clinical psychiatrists, in these early articles, described compulsive shopping as an outcome of low self-esteem, feelings of emptiness, anxiety, or depression – traits targeting individuals, particularly women (e. g., see "Shopping Addiction" 1986; Blashki 1988; Busmer 1991; Weese 1994). The press and psychiatrists mostly used examples of female compulsive shoppers, and writers' use of terms like "shopaholic" or "spendaholic" draw upon the cultural schematic conflation of shopping and women. Some argued that men were just as likely to be compulsive shoppers, only understudied or hidden, exhibiting different types of shopping and spending patterns (Nemy 1985; Blashki 1988; "Compulsive Shopping Growing" 1986; Gentry 1991). For instance, men were categorized as compulsive collectors and heavy spenders, buying big-ticket items related to sports, technology, or business, whereas women compulsively bought clothing, shoes, make-up, and home items they rarely took out of their shopping bags (also see Dittmar 2005). These descriptions elevate men for buying "important," power-related or collector-type items and denigrate women for buying frivolous, appearance-related ones. The types of items bought matter in influencing cognitive acceptance or dismissal of the disorder classification: collectors, fans and technophiles are expected to buy items to support these identities; women shopping for the sake

---

2   A sidebar in the *Washington Post* (1985) features "Are You a Compulsive Shopper?" According to Richard Greenberg, Washington psychiatrist, as reported by the Post, "Affirmative answers to the following questions may mean you are a compulsive shopper":

> Do you feel:
> Happiest when you can spend your free time shopping?
> Let down after a day at the mall?
> Anxious if you haven't been to a store in a week?
> Also, do you:
> Buy a dress, shirt or shoes in eight different colors ...?
> Select things that don't match anything in your wardrobe?
> Go to work late, leave early or take extra-long lunch breaks to shop?
> Buy a greeting card or a pack of gum rather than go home empty-handed?
> Shower gifts on acquaintances even when it is not appropriate?
> Hang around car show rooms when your own new auto had done less than 1,000 miles?

Notice how general these questions are; anyone could be a compulsive shopper – which both increases self-anxiety and de-stigmatizes the disorder by pathologizing normal behavior.

of shopping are easily viewed as impulsive, frivolous, and out of control. While a recent national-level survey classified men and women as compulsive buyers almost equally (Koran 2006), early descriptions of compulsive shoppers predominantly focused on women. Women were found to be the majority of compulsive buyers at the time because research focused on women; and research focused on women because they are more believable as compulsive shoppers. Shopping is women's realm, after all, and women are easily pigeonholed as frivolous, impulsive, and materialistic shoppers due to cultural stereotypes (see Zelizer 1997).

The first stage in medicalizing a behavior is conceptualizing it as undesirable (i. e., frivolous, impulsive, materialistic). The second step is conceptualizing it as pathological (Conrad and Schneider 1980). As a behavior, compulsive shopping is believable because it is associated with women; but making compulsive shopping believable as a disorder necessitated it overcoming the silliness and stigma associated with female shopping. Psychiatrists compared compulsive shopping to more masculine disorders in attempt to legitimize the disorder: "It's a compulsive disorder – it's a syndrome much like gambling and alcoholism. It's a build up of anxiety that needs to be released," said one psychotherapist ("Shopping Addiction" 1986). Compulsive shopping becomes less frivolous if it is lumped into the same diagnostic category as other masculinized disorders. Positing compulsive shopping as the female counterpoint to compulsive gambling and alcoholism may have been an advantageous strategy. Now that gambling has been entered into the DSM-5 as the only "Behavioral Addiction," compulsive shopping may have more of a chance of being taken seriously as gambling's female counterpoint. Researchers also reframed "compulsive shopping" as "compulsive buying," making the behavior sound more serious and less feminine.

Journalists could have presented alternatives to the medicalization narrative, for instance, presenting critical perspectives from economists, who might have discussed Americans' increasing lack of savings, or social scientists, who might have explained compulsive shopping in relation to shifting reference groups and status anxiety or as a response to certain social strains (Hemler 2007). Some journalists did turn to debt counselors and money managers for validating quotes. Credit counselors situated CB as a money management problem rather than a mental disorder, offering what, in a different milieu, could have been a competing narrative. As one credit counselor claimed, 99% of the people seeking help from credit counselors simply spend more money than they earn; if that is the problem, then, compulsive shopping is not defined by individualized psychic states, but by cultural conditioning: "It is a habit that is built up over time, and it's a difficult one to break" ("Shopping Addiction" 1986). Debt-forming habits, credit counselors stressed, are encouraged by easy access to credit and having multiple credit cards at one's disposal, in addition to the policies of credit card companies themselves: giving cards to people with bad credit histories, "handing out special cards giving clients a sense of prestige" ("Compulsive Shopping Growing" 1986), upping credit limits, and offering minimum payments with high percentage rates. Identifying social acceptance of debt as the problem more than individual (female) pathology, they warned that compulsive shopping would only increase: "We have a whole generation that has been brought-up in a credit-card society. They grew up with debt and use it freely" ("Shopping Addiction" 1986). This approach displaces the blame from the individual, as does the clinical narrative; only instead of onto internal psychological mechanisms, credit counselors displace the blame onto the credit card companies. Doing so in effect infantilizes the average consumer, suggesting that credit is simply too powerful a force for many to manage prudently. While that certainly may be the case in some instances, this generalizing message does not bode well for a society based on consumption and credit-based spending.

The mental disorder narrative proved to be more appealing to the media and its consumers than the credit-culture argument. While there were pockets of resistance to the medicalization of compulsive shopping (see Stryker 2002; Seligman 2003; Chaker 2003; Daly and Palmer 2004; and Derbyshire 2004, for instance), these objections did not occur early on in compulsive shopping's narrative history nor did they deter development of compulsive shopping's disorder narrative. Positioning compulsive shopping as a mostly female pathology not only plays on the sexist social codes ingrained in American culture, but it also protects consumer society as a whole from being incriminated. Shopping and spending are patriotic and economic imperatives of living in a consumer culture; they are positioned as good, democratic activities. (Shopping is always somewhat feminized but loses its stigma when placed in the larger context of masculine economic power.) While treating compulsive shopping as a disorder does not need to be antithetical to claims against consumerism – we understand that culture impacts cognitions and behaviors – the process of medicalizing compulsive shopping inherently protects norms of consumerism. Whereas an "abnormal" behavior can still exist on the fringe of group boundaries, "pathology" is clearly outside the bounds of normal group behavior. Groups need potential deviants to reinforce group boundaries, if simply by pointing out where those boundaries are. But serious transgressors are ousted from the group altogether (Erikson 1966). As capitalism and consumer society depend upon people shopping impulsively and even excessively at times, these forms need to remain within "normal" group behavior; for them to do so, compulsive shopping needs to jump categories from "badness" to "sickness" (Conrad and Schneider 1980; Conrad 1992).

Buying compulsively to such an extreme level – sinking oneself tens to hundreds of thousands of dollars into debt by squandering money on clothes rather than investing in a house, business, or college education, for instance – is considered morally incomprehensible to the majority. It offends latent Puritan values of self-control and hard work, but also exposes our ambivalence about those values (Hewitt 1989; Reinarman 2006). Ultimately, it may be cognitively "easier" for people to accept compulsive buying as a disorder/illness rather than as a moral failing or even as egregious irresponsibility; pathologizing a behavior means that "normal" people are protected from incurring it. Compulsive buying had to be pushed beyond the realm of normalcy to keep these other forms of buying from suspicion or else they too might be considered "sick" and, consequently, the entire shopping enterprise subject to moral and/or rational scrutiny. Medicalizing compulsive shopping thereby substantiates the integrity and rationality of American consumerism – and the ordinary American consumer – by offering an oppositional category. As I discuss later in this paper, early consumer researchers attempted to treat compulsive shopping as a mental disorder *and* locate possible causes of the disorder within consumer industry, but they soon found this relationship cognitively unsustainable.

"Compulsive buying": consumer behavior researchers carve out a new area of inquiry

Academic inquiries into compulsive *buying* behavior began in consumer research. Consumer research is a field nestled mostly within business, advertising and marketing departments. While the field has interdisciplinary roots, it predominantly uses psychological and sociological tools in the service of retail or product marketing (see Kassarjian 2005 for a short history of the field). On one hand, it makes perfect sense that consumer researchers would have "discovered" compulsive buying as they are the ones most attuned to that social world; on the other hand, clinical psychiatrists and support groups had also noted this behavior, as shown by comments in newspaper articles. Research psychiatry's initial lack of interest in CB provided space for consumer behavior's prowess in the field, but, ironically, the most influential consumer behavior researchers soon merged with psychiatric researchers, in effect handing the field over to psychiatry.

Compulsive buying became a hot topic within consumer research mostly due to the work of two American consumer behavior researchers – Ronald Faber, a professor of journalism and mass communication at the University of Minnesota, and Thomas O'Guinn, a professor of advertising and business administration at the University of Illinois, Urbana-Champaign – and a team of Canadian researchers – initially led by Gills Valence and continued by Alain d'Astous, professors of marketing at the University of Sherbrooke, Québec. Starting off on common ground, both sets of researchers proposed similar models of compulsive buying based on a variety of social, psychological, and biological causes. The two research groups soon diverged, however, on the issue of whether or not compulsive buying is distinct from other forms of buying.

In their earliest articles, Faber and O'Guinn worked with the definition of "compulsive consumption" as a consumer behavior that is "inappropriate, typically excessive, and clearly disruptive to the lives of the individuals who feel impulsively driven to consume" (Faber, O'Guinn and Krych 1987: 132). They initially proposed the topic important for "consumer researchers" to study because of its impact on consumer patterns: "buying has an abuse potential" which could lead to debt, "create economic and emotional problems for [compulsive buyers] and their families ... [and] adversely affect their creditors" (O'Guinn and Faber 1989: 147). Moreover, they claimed studying compulsive buying was an "exploration of abnormal consumer behavior . . . [with] potential to further our understanding of more typical buying behavior" (1989: 156). At this point, they maintained a connection between compulsive and normal buying behaviors, defining them relationally; they presumed that consumer researchers, as studiers of people's buying behavior, were the appropriate people to investigate this topic.

This language is important because it shows that Faber and O'Guinn initially framed compulsive buying within constructs of deviance, not mental illness, even though they did use psychological explanations and classifications to aid their analyses. They suggested that compulsive buying works in ways similar to other compulsions and addictions – first an uncontrollable urge, then heightened emotion, then relief, then regret – but they did not detach the urge, or the compulsion, from its manifestation, buying. Thus, the buying urge is not about a vague, underlying, psychological state; the feelings or urges are embedded in the project of buying, which locates the subject matter in the consumer realm. Insofar as Faber and O'Guinn addressed the psychological components of compulsive buying in their early articles, they focused on the psychological functions buying performs, which necessarily invokes the social context of the buyer (buying provides different functions for buyers in different contexts). Similarly, Valence and colleagues were careful to use psychological mechanisms to explain compulsive buying as an excessive buying behavior – not as a symptom pointing to the existence of a compulsive trait or disposition. They constructed typologies of consumer behavior based on differences in emotional and cognitive states, and they created a measurement scale for compulsive buying that incorporates levels of psychological tension and emotional reactivity; yet, they clearly linked compulsive buying behavior to consumer culture and advertising, appealing to the "macro-marketing responsibility on part of the industry in general" (Valence, d'Astous, Fortier 1988: 431).

Maintaining this balance between psychological explanations for compulsive behavior and social explanations for abnormal consumer behavior, however, proved difficult. As they progressed in their explorations, Faber and O'Guinn became convinced that compulsive shopping is *qualitatively* different from "normal" shopping, not just quantitatively, as Valence and d'Astous and colleagues continued to argue (Valence, d'Astous and Fortier 1988; d'Astous and Tremblay 1989; O'Guinn and Faber 1989). The decision about whether compulsive buying is quantitatively or qualitatively distinct from other forms of shopping is important: if only quantitatively different, compulsive buying remains within the realm of "normal" human behavior; if qualitatively different, compulsive buying becomes pathological. This decision was pivotal in enabling or rejecting the medicalization of compulsive shopping and in determining which academic field could claim legitimacy over its study.

Segmenting compulsive buying into its own, discrete category outside of the normal continuum would seem to have been a dangerous step for consumer researchers to make: it precipitates labeling compulsive buying a disorder, which then removes the topic from their jurisdiction. But claiming that compulsive buying was distinct from excessive or impulsive shopping carves out new territory for investigation, defining CB as a distinct form of consumer dysfunction. It also enabled Faber and O'Guinn to explain a conundrum: a lot of people have low self-esteem, are depressed, and/or want higher social status – three of the main rationales proposed at the time for compulsive shopping – but the majority of these people do not become compulsive shoppers (or compulsive eaters, drinkers or gamblers, for that matter). By differentiating compulsive shopping from "normal" behavior (and from "normal" levels of self-esteem, depression, and status seeking), they could explain that compulsive shoppers have radically different orientations to spending related to radically different psychological make-ups than normal people. As the medicalization narrative became more entrenched in the cultural fabric in the 1980s, it also shifted the way researchers and lay people thought about problems. This narrative provided a ready-made explanation for these kinds of conundrums.

Ultimately, Faber (1992) accepted the clinical definition of "compulsion," rendering social context a subordinate if even necessary explanation. Branching out from strictly consumer-oriented research, he published a solo article in *American Behavioral Scientist*, openly labeling compulsive buying an impulse control disorder and embedding the new disorder within psychiatric lineage, starting with Kraepelin and Bleuler (1992: 809). Claiming CB to have existed long before developments like easy credit came into play strips such cultural factors of their causal poignancy, positioning the disorder as a compulsion in the brain, existing outside specific cultural factors. With the publication of this article, Faber effectively threw in his lot with the psychiatric profession, citing the first psychiatric study of CB (McElroy, Satlin, Pope, Keck and Hudson 1991) and other psychiatrists working on pathological gambling (Jacobs 1989; Lesieur, Blume and Zoppa 1986), hair pulling (Christenson, Mackenzie and Mitchell 1991), substance abuse (Levison, Gerstein & Maloff 1983), and kleptomania (Goldman 1991; McElroy et al. 1991). This article cemented his recent collaboration with psychiatric researchers (Faber, Mitchell and Fletcher 1992; Christenson, Faber, de Zwaan, Raymond, Specker, Ekern, Mackenzie, Crosby and Mitchell 1992) and can be read as a hand-off, giving psychiatric researchers ownership over compulsive buying.

Faber and O'Guinn published their clinical measurement scale of CB in 1992, which became widely used in psychiatric studies. Although this scale is deeply flawed – they based their screener questions on a small, self-selected group of female compulsive shoppers in a support group – Donald Black, a well-published psychiatrist in the fields of compulsive buying and gambling, confirmed that "[t]he scale is now considered an important tool by researchers in identifying and diagnosing compulsive shopping" (Black 2001: 20). Other consumer researchers entered the field, focusing on issues of measurement and definition, but were not referenced in the psychiatric discussions of compulsive buying. Later consumer researchers returned to more traditional consumer research topics in relation to CB, analyzing materialism and spending orientations, family structure, and conducting cross-cultural comparisons of compulsive spending tendencies (particularly the work of James A. Roberts and colleagues). But consumer behavior studies' claims regarding compulsive buying have been overshadowed by the media attention given to psychiatric articles and drug trials. Because of the strength of the biomedical turn, and the ability of "hard" science to trump "soft" disciplines, psychiatry has trumped consumer research as the chosen experts of the field. Topics like materialistic value-orientations cannot compete with "real" psychological mechanisms related to neurobiology. d'Astous warned, "by dichotomizing the world into compulsive and normal consumers, we may be missing an important aspect of consumer behavior" (d'Atous 1990: 16).

Ironically, DSM-5 had attempted to bring about a "paradigm shift" in psychiatry, introducing dimensional scales to its classification of mental disorder. The dimensional scales would have enabled clinical practitioners to assess patients on a continuum rather than using simple, dichotomous categorization (normal/pathological). CB became medicalized by isolating it from normal shopping, rendering it a discrete behavior so that it would fit into the diagnostic logic of DSM-III and -IV. DSM-5 had hoped to introduce dimensionality so that the normal would exist on a spectrum with the pathological; disorder would become measured in quantitative degrees of difference from the normal rather than being considered a qualitatively different state (see Whooley and Horwitz, Forthcoming 2013). Although this plan for DSM-5 was rejected and the dimensional scales relegated to an appendix, if this conceptual movement is ever incorporated into DSM, this would make the question of whether compulsive buying is distinct from normal shopping or just quantitatively different moot.

"Compulsive Buying Disorder" – psychiatry defines the terms of research

Movement toward formalizing a definition of CB and diagnostic criteria by the academic psychiatric community was relatively slow coming, considering the interest of private practitioners as presented in the mainstream press. Three publications by psychoanalysts appeared between 1985 and 1991 (Winestine 1985; Glatt and Cook 1987; Kreuger 1988), but psychiatric researchers did not start publishing on CB en masse until 1994. Most likely, academic psychiatrists did not pay much attention to CB *because* these articles were written by psychoanalysts; psychoanalysis had been losing favor to a more rigid medical model, culminating in the publication of the DSM-III a few years earlier (Horwitz, 2002).

Compulsive shopping did not gain sufficient interest by the academic psychiatric community until after consumer researchers had begun carving out the domain. When psychiatrists entered the field, they claimed there had been few if any systematic studies and no scientific data (McElroy et al. 1991; Christenson, Faber, de Zwaan, Raymond, Specker, Ekern, Mackenzie, Crosby, Crow, Ekert, Mussell and Mitchell 1994; McElroy, Keck, Pope, Smith and Strakowski 1994). Contestations between and within fields are nothing new; yet it is important to notice the way in which psychiatry came to dominate the field: by reducing the complex interplay of psychological and cultural forces to neurobiology. Psychiatry not only claimed domain over compulsive buying, but it also set the terms for future inquiry as biomedical. Even psychological explanations became secondary to biomedical ones.

McElroy et al.'s 1991 article, "Treatment of Compulsive Shopping with Anti-depressants," appeared in the *Annals of Psychiatry* and awoke the interest of others in the psychiatric community. Although they stated compulsive buying was "recognized as a significant psychiatric problem" (ibid: 199), no one within psychiatry had yet published suggested diagnostic criteria or made a clear case that compulsive buying is a psychiatric condition. This study is unusual in that it is the first published "scientific" study on the subject, and it begins its inquiry into compulsive buying by testing various drug treatments. While off-label prescribing is not unusual, publishing results on drugs for an undefined (even ill-defined) disorder seems antithetical to scientific method. Other drugs trials were to be conducted before an official definition was set, even before a consensus was reached as to what diagnostic category compulsive buying fit into. Beginning research with the assumption that compulsive buying is a distinct psychiatric disorder that is prevalent and harmful, researchers arrived at conclusions and drug trials before adequately studying the phenomenon.

In 1994, three other influential articles were published: Christenson et al.'s (including Ronald Faber) "Compulsive Buying: Descriptive Characteristics and Psychiatric Comorbidity"; McElroy et al.'s "Compulsive Buying: A Report of 20 Cases"; and Schlosser, Black, Repertinger and Freet's "Compulsive Buying: Demography, Phenomenology, and Comorbidity in 46 Subjects." These articles established the "foundational" knowledge of compulsive buying and quickly led to more drug testing even though these articles disagreed about how to classify CB.

Christenson and colleagues' article presents an overview of compulsive buying, consolidating the results from the few psychoanalytic case studies and the body of work produced by consumer researchers (Christenson et. al, 1994). They used this information to inform their own study of 24 compulsive buyers. Using structured interviews and screeners for depression, obsession-compulsion and anxiety, they compiled the following profile:

Compulsive shoppers are likely to:
- have irresistible urges followed by mounting tension, resulting in buying
- be motivated to shop by negative mood states (sadness, loneliness, anger, frustration, feeling hurt, and irritability) but also positive ones (happiness, elation);
- feel more positive mood states during shopping (happiness, power), but also negative ones (out of control, frustrated, irritable, depressed, hurt and angry)
- buy products associated with appearance and self-image, particularly clothing

- return items bought, give them away, or store them; but never use them
- have a history of other disorders, particularly anxiety, depression, and sometimes substance abuse disorders

Christenson et al. concluded that "compulsive buying is a definable syndrome that causes significant personal, social, and economic disability and is often associated with psychiatric comorbidity . . . [and] shares features of both OCD and impulsive control disorders" (1994: 10). However, their findings are ambiguous: almost any emotion can act as a trigger or outcome, and almost any mood disorder can be a comorbid condition. In addition, one-third of their subjects reported that they did not have irresistible urges, their first criterion. The lack of specificity and conclusiveness of these findings does not suggest discovery of a unique, discrete illness with reliable characteristics and distinct diagnostic criteria.

McElroy et al. (1994) conducted their own "systematic study" in which they detail "the demographics, phenomenology, course, psychiatric comorbidity, family histories, and treatment responses of 20 consecutive psychiatric patients with compulsive buying" (242). They recruited these study participants by having clinicians at two mental health facilities refer patients, thus all participants displayed psychiatric comorbidity as they were being treated for other disorders. Screening focused on whether or not the patient described his or her own buying as uncontrollable, distressing, time consuming and not part of a manic episode. All patients described their buying as uncontrollable, driven by senseless and intrusive impulses; most reported relief after shopping, due to mounting tension beforehand; and most said the urge to buy caused them distress and that their shopping increased when they were depressed. McElroy's team found similarities between these patients' testimonies and obsessive-compulsive disorder, impulse control disorders and the urges of substance disorders, leading them to query, along with Christenson et. al (1994), if compulsive buying could be part of "a larger family of obsessive-compulsive spectrum disorders" (McElroy et al. 1994: 247). Upon the findings from this sample, McElroy et al. proposed diagnostic criteria for compulsive buying referring to DSM-III-R criteria for obsessive-compulsive disorder, impulse control disorder and substance abuse disorders:

Diagnostic Criteria for Compulsive Buying

A. Maladaptive preoccupation with buying or shopping, or maladaptive buying or shopping impulses or behavior, as indicated by at least one of the following:

1. Frequent preoccupation with buying or impulses to buy that is/are experienced as irresistible, intrusive, and/or senseless.

2. Frequent buying of more than can be afforded, frequent buying of items that are not needed, or shopping for longer periods of time than intended.

B. The buying preoccupations, impulses, or behaviors cause marked distress, are time-consuming, significantly interfere with social or occupational functioning, or result in financial problems (e. g. indebtedness or bankruptcy).

C. The excessive buying or shopping behavior does not occur exclusively during periods of hypomania or mania.

(McElroy et al. 1994: 247)

These criteria do not resolve the issue of what compulsive shopping "is" (an addiction, and impulse control disorder or an obsessive-compulsive disorder) and depend on determining what is "maladaptive," "frequent," "irrepressible," and "functioning." The reliability of diagnosis depends upon the same interpretation of these words by practitioners, even though psychiatrists interpret their clients' problems somewhat intuitively. These criteria were also derived from methodologically problematic previous studies, further adding to the reliability and validity problems in identifying CB. Despite these problems, these criteria were used in numerous other studies and drug trials (cited in at least 297 other papers according to Google Scholar as of December 2012).

After McElroy et al.'s diagnostic criteria was published, Schlosser et al. (1994) published their study, which used Faber and O'Guinn's (1992) screener and almost the same structured interviews, inventories and questionnaires that Christenson et al. (1994) used in their study. Yet, they found lower rates of depression, anxiety and OCD than either Christenson et al. (1994) or McElroy et al. (1994) did. Although noting that the differences could be due to methodological techniques, Schlosser et al. also did not find a clear relationship between obsessive-compulsive (OCD) and impulse-control disorders (ICD), proposing that compulsive buying has more in common with ICDs than OCD. This finding contradicts the basis of the diagnostic criteria above, particularly the assumption that compulsive buyers belong to an obsessive compulsive-impulse control disorder spectrum. Admitting that "work needs to be done to better characterize the disorder, define its boundaries, and explore treatment," they also concluded, once again, that "the data do suggest that a significant number of persons have similar problems with spending, and that compulsive buying is a definable syndrome" (1994:

211). They also reported that they were currently conducting an open-label study of fluvoxamine, a selective serotonin reuptake inhibitor (SSRI), in the treatment of compulsive buying (Black, Monahan and Gabel 1997).

The publication of McElroy et al.'s (1994) definition of compulsive shopping and diagnostic criteria seemed to be what psychiatrists were waiting for: it was enough to jumpstart future inquiries into compulsive buying. Yet, it is difficult to reach any conclusions by comparing most of these studies as many use different screening and interviewing tools. In addition, because all of the studies have their limitations and methodological flaws, studies have difficulty generalizing to a larger population. Some studies estimated 1-2% of the population is afflicted by CB whereas others estimated up to 16% (Faber and O'Guinn 1989; McElroy et al. 1994; Dittmar 2005). Participants in studies often had several different disorders in addition to compulsive buying behavior, making it is difficult to tease out what was a symptom or expression of "compulsive buying" versus another disorder or one underlying disorder. Researchers posited CB belonged to different disease classifications, OCD, ICD, addictions, spectrum disorders, etc. Viewing these studies together, they render compulsive buying more mysterious than definable, and even implicitly suggest that CB may be more of a manifestation of another disorder than its own. For instance, McElroy, Keck and Phillips (1995) reviewed kleptomania, binge-eating and compulsive buying and proposed that all three conditions could be viewed as ICDs belonging to a family of compulsive-impulsive spectrum disorders; this spectrum disorder could exist within a larger family of affective spectrum disorders and could possibly share a "common pathophysiologic abnormality," such as "deranged central serotonergic neurotransmission" (1995: 23). Lejoyeux, Tassain, Solomon and Ades (1997) proposed a link between depression and compulsive buying. This finding is supported, they argued, by McElroy et al.'s (1991) finding that compulsive shopping responds to antidepressants. Black, Monahan and Gabel's (1997) ten compulsive buying subjects for their fluvoxamine study also had histories of other disorders: depression, substance abuse, eating and panic disorders; and all but one had a family history of mental illness. Black, Repertiner, Gaffney and Gabel (1998) found that of 33 compulsive buyers, 9.5% of their relations were also compulsive shoppers, but since none of the family members or subjects had OCD, it was unlikely that compulsive buying was related to OCD. More studies can be compiled here, but the point is that even though these early studies posit different understandings of the underlying mechanisms involved in CB – is it an addiction, a compulsion, and impulsive control disorder, a spectrum disorder? –none of them question the accuracy of defining compulsive buying as a mental disorder in the first place.

Drug Trials – the search for back-end justification and a neurological source of disorder

Without any conclusive evidence, Black et al. (1997) had begun their clinical trial of fluvoxamine, an SSRI used mainly for obsessive-compulsive disorder. Considering the high rates of co-morbidity most "compulsive buyers" have, moving into a drug trial without being able to differentiate CB adequately from other disorders or symptoms is a bold move. What made this trial even bolder was the fact that fluvoxamine, at the time they initiated the trial, had not yet been approved for use in the U.S. (fluvoxamine was approved in the U.S. in December 1994; this article was published in May 1994. See Anderson and Hustak 1994). Solvay Pharmaceuticals of Marietta, Georgia, and The Upjohn Co. of Kalamazoo, Michigan (see Ritter 1995), funded this study. These companies jointly own fluvoxamine, marketed as Luvox, which raises questions about these companies' stakes in the drug trial.

Black consistently stated in the media that drug treatment is only necessary for a very small percentage of extreme cases, viewing therapy and support groups helpful for most (see, for example, Mestel 1994; Ritter 1995; McFarling 1999). After the open-label trial suggested fluvoxamine was effective in treating compulsive buying, Black became somewhat of a media star within the field, often quoted in the mainstream media. His presence in the media helped to normalize the use of pharmaceuticals for conditions like compulsive shopping – and helped the public perceive compulsive shopping as a psychiatric problem. "Clinical trials are often a company's first opportunity to 'educate' the public about a disease or disorder," wrote Maggie Jones of *The New York Times* (2000: 6), paraphrasing David Healy, the author of *Listening to Prozac* and renowned critic of the pharmaceutical industry. Despite the fact that Black, Gabel, Hansen and Schlosser's (2000) second fluvoxamine study, a double-blind comparison of the drug to a placebo, showed no significant differences between fluvoxamine and the placebo, the idea that drugs could – and should – treat compulsive buying was already circulating in the public sphere.

Dr. Lorrin Koran and colleagues at Stanford conducted their open-label study of another SSRI, citalopram, known commercially as Lexapro, around the same time as Black et al.'s study (Koran, Bullock, Hartson, Elliot and D'Andrea 2002). New York-based pharmaceutical company Forest Laboratories sponsored the trials of citalopram, which had been approved by the FDA in 1998. Koran asserted in the press that if compulsive buying is related to depression, and drugs help depression, then drugs should help compulsive buying as well. He speculated that increasing serotonin levels could help control compulsive shopping (Krum 2000: 6). As the Stanford study garnered more media attention, Koran replaced

Black as the media's point person, practically burying Black's unsuccessful results with fluvoxamine.

Koran et al. reported that they found significant improvement (and significant comorbidities) within their first study and proceeded to conduct another, more rigorous study, this time an open-label followed by a double-blind discontinuation (Koran, Chuong, Bullock and Smith 2003). Many of their subjects had active comorbid conditions – depression and dysthymia were prevalent; social phobia, trichollomania, kleptomania and pathological gambling were each present in one study subject – which they noted may require longer or more complex treatment; regardless, they found "rapid, marked, sustained improvement or remission" (793) in 15 to 18 of the subjects, depending on measurement tool used. They also reported that of the eight people given the placebo, five relapsed. Koran is reported in several news articles saying, "Patients improved within one or two weeks. No disorder I have treated has reacted like this," or similar remarks ("Cure Found" 2003). Koran, however, received some flack for this trial: "There are assertions in the US that drug companies, eager to expand the use of their products, fund research into a 'new' disorder for which they, conveniently, have a cure," reported Sharon Krum (2000: 6) of The Guardian. "Koran says he approached a drug company, not the other way around. 'Critics suggest drug companies are creating the disorder to market their drug. But these people are truly suffering. We didn't create the problem – they are compulsive spenders and we are looking to help them.'" Krum also reported that in response to these allegations, Paul J. Tiseo, a director of clinical development at Forest Laboratories, claimed, "'We funded the trial because it's an interesting question . . . . But no one thinks these types of trials are hard science'"(2000: 6). Interestingly, even if not hard science, these initial trials led to more rigorous trials to legitimize the drug for treatment of a particular disorder.

Koran, Aboujaoude, Solvason, Gamel & Smith's (2007) follow-up on the 2003 double-blind study did not find continued benefits, leading Koran to propose, "I don't think we're dealing with one pure biological disorder. We're dealing with a behavior that has different biological roots in different people and therefore we may have had very different groups of people in the two studies." He also suggested that future studies look more into the neurobiology of CB: "We would look for a difference in the brain activation patterns of those who respond to the drug vs. those who don't" (Stanford University Medical Center 2007). Other SSRIs have been tried for use for CB (see Muller & Mitchell 2010 for a nice review), however their limited success led Koran to suggest during deliberations for DSM-5 that CB did not fit within an OCSD category, as other OCSDs do respond to SS-

RIs. Using results in the brain, psychiatry is looking for back-end justification of disorders and illness categories: in essence, if class X drugs work for a behavior, then that behavior must fall into class Y of disorders. And if a drug "works," then the disorder must exist.

Recently, a drug used for Alzheimer's disease showed positive results in its pilot study for compulsive buying (Grant, Odlaug, Mooney, O'Brien and Kim 2010). While more rigorous studies are needed to confirm the results, the authors proposed that the drug may target the "impulsive behavior *underlying* compulsive buying" (italics mine). Grant added in an interview, "People with compulsive spending don't think through the full range of consequences of their behavior, and that improved with this medication" (Moisse 2012). The drug is effective for Alzheimer because it reduces "overactivity" in the brain; it is proposed to be effective for CB because it may reduce "impulsivity" – suggesting a link in the brain between these states. Grant says his study "represents at least a possible pharmacological approach" and is being tried for a variety of excessive behaviors, ICDs and OCDs. The drug "seems to be able to cut across several disorders and home in on a common underlying problem" (Moisse 2012) – bringing back to the question of what kind of disorder CB may be classified as, or if these kinds of classifications actually make sense. Patients exhibit characteristics across a range of categories rather than fitting into one neat category. And drug treatments often defy psychiatric classifications, as many psychotropic drugs work across classes of disorders (Healy 1997; Moncrieff 2001). As such, diagnostic schema that differentiates disorders into discrete types and categories based on perceived neurological activity – as is the task of the DSM – makes little sense. The prestige of psychiatry is intricately linked to their use and promotion of DSM as a classification system (see Whooley and Horwitz, Forthcoming 2013). Disorders become reified once entered into DSM such that the APA's classification of classes impacts how we even begin to think about mental problems; but disorders and treatments often defy these classificatory schema. Psychiatry may be better off returning to more psychodynamic way of thinking about mental disorder.

Conclusion

If psychiatric researchers and interest groups hope for CB to be entered in the DSM, CB needs a cohesive research agenda and the funding to carry out large-scale studies. Research needs to be coordinated and given priority by the APA – or promoted by a successful moral entrepreneur. Pharmaceutical companies usually step into the role of moral entrepreneur for newly emergent physical and mental problems or disorders. The public accepts that pharmaceuticals can and should manage almost any problem. However, drug trials for CB have been inconclusive, leaving CB without a powerful promotion machine. Lack of conclusive results has only convinced researchers that they have misclassified CB thus far. Working backwards, researchers feel that if they find a drug that works for CB, they will be able to concretize its status as a disorder by "proving" that CB results from a certain type of neurological pathology.

Research and inconclusive drug results are not the only reasons CB has evaded formal classification as a disorder, though. CB has encountered several conceptual problems in its process of medicalization, some of which represent clashes of different kinds of frameworks. These clashes in frameworks remain hurdles to CB becoming fully accepted as a disorder. For instance, although medicalization has been incorporated into the social fabric, shopping is a culturally and economically encouraged activity; shopping/buying is not like alcoholism, taking drugs, or gambling where even the "normal" counterpoint is already somewhat morally suspect. Those disorders were able to jump from badness to sickness (Conrad and Schneider 1980) fairly quickly, whereas shopping, even if thought to be frivolous and indulgent, is not in the same category of moral questionability. Most people cannot avoid consumer culture, and many think of shopping as entertainment; with disposable income and credit cards, people normally shop less for need and more for fun or desire – which is not only socially acceptable but culturally esteemed in the U.S.

Secondly, "compulsive shopping," even in its transition to "compulsive buying," has still not shed itself of the stigma of being associated with stereotypical, frivolous, female behavior. Self-help books and articles in the popular press describe compulsive buying as a serious disorder, but compulsive shopping is also the butt of jokes: Sophie Kinsella's "Shopaholic" book series is wildly popular, featuring a spin-off movie; and the new reality TV show *My Shopping Addiction* invites viewers to disparage its subjects. The public seems somewhat ambivalent about whether to accept compulsive shopping as a serious problem or to laugh or to gawk at it – or perhaps all three. Willingness to accept compulsive shopping as a disorder is more likely now that medicalization has become the dominant frame for explaining aberrant behaviors. And, as disorders become de-stigmatized ("the bright side of medicalization," Conrad and Schneider 1980), perhaps they no longer are taken quite so "seriously," such that ambivalence is all that is necessary for social acceptance of the disorder narrative.

Other problems abound over classification. Compulsive buying is conceptually slippery. The term is often defined as an uncontrollable urge to buy, which may not be the prime motivation behind the behavior. People may want to treat themselves, reward themselves, or just elevate their mood. They may use shopping as a way to socialize or be out in the public sphere, as malls have become the town square of modern society. They may shop compulsively to stay up to date on goods, desiring to remain fluent in the language of fashion or technology – often a prerequisite of middle class existence. Or they may want to assert or feel power through spending cash or using credit cards. The act of "compulsive buying" may encompass several different social meanings that the term cannot capture and that are eclipsed by its categorization within a biomedical model (Hemler 2007).

Even within the biomedical model, "compulsive buying" has encountered several conceptual difficulties. It is unclear if the urge compulsive buyers describe is a "compulsion," an "impulse," a "desire," or the result of an "addiction." Because of the way psychiatry has structured its classification system, disorders are thought to be distinct entities, having different underlying mechanisms or origins. If a "true" compulsion, compulsive buying would have to be beyond one's control, originating in a dysfunction of a psychological or biological mechanism, and experienced as "ego-dystonic." Compulsive shoppers do not describe the shopping experience as lacking pleasure, and it is also unclear how uncontrollable the urges to shop or buy are (Dittmar 2005). These urges could be mood states or even "normal" feelings provoked by consumerism. The emotional process may be the same as in "normal" shopping, only the frequency one shops or the amount bought may differ; and the amount bought or the frequency with which one shops may only be a problem according to the person's social location.

DSM-5's inclusion of behavioral addictions may "help" CB reach conceptual clarity. The behavioral addictions category allows researchers to skirt the question of whether CB is an impulse control disorder or a compulsion or a personality flaw; it may not even matter conceptually if the behavior is qualitatively or quantitatively different from other forms of shopping or buying. Behavioral addictions are thought to mirror substance addictions in their neurobiological mechanisms and phenomenology (Grant, Potenza, Weinstein and Gorelick 2010). As such, the urge or desire to shop may begin as a reaction to how one feels while doing it; but addiction to buying and shopping is thought to alter one's brain chemistry, producing the urge or desire to buy and shop. This explanation "solves" the conundrum of whether shopping is a compulsion caused by an internal dysfunction or is a reaction to the external environment: it is both. As an addiction, it no longer matters if CB is ego-dystonic or -syntonic: it can be both. And it no longer matters if CB is predictable or impulsive: the definition of addiction encompasses all of these elements, which were previously considered competing or oppositional when conceptualized through other mental illness constructs.

Even though not listed in DSM-5 as a type of Behavioral Addiction, CB may continue on indefinitely as a possible potential disorder whether the APA includes a Not Otherwise Specified (NOS) category for Behavioral Addictions, as some say it will (Frances 2010; Urbina 2012), or not. Allen Frances, chairperson of the DSM-IV, worries that "DSM 5 has created a slippery slope by introducing the concept of Behavioral Addictions that eventually can spread to make a mental disorder of everything we like to do a lot" (Frances 2012b). But even without formal diagnosis or workarounds (Whooley 2010), it is unlikely that CB will become "un-medicalized." Medicalization once meant that a condition underwent a process by which it became circumscribed in the medical field; medical professionals became accepted as the experts for treating the condition. But, as Conrad (2005) and Clarke et al. (2005) have discussed, the engines of medicalization have become much more powerful now that they include biotechnological advances enmeshed with commercial interests. Disorder status is no longer necessary for commencing drug trials for behaviors pharmaceutical companies define as problematic; they do not need to wait for the APA to define disorders. Successful drug interventions have come to define and classify disorders themselves.

In addition, direct-to-consumer advertising has led patients to request drugs for the problems they have, problems which may or may not be full-blown clinical conditions. Drugs promise to make life better. As the self has become an improvement project in modernity, *not* taking drugs to better one's self is now the suspect position. Adderall and Ritalin are used to improve work performance and Viagra is used to improve sexual performance for people who do not have disorders in these areas. People take drugs to quit smoking, drinking, and biting their nails. Taking drugs for "problems in living" has become normalized as normality itself has become pathologized. Taking drugs to cease "compulsive buying" may occur with or without a proper diagnostic classification.

As psychiatry has fashioned itself into a biomedical science, problems in living have become problems in the brain for which drugs are acceptable treatments. This movement displaces broader social-structural analyses that could articulate how the pressures and strains brought on by cultural imperatives impact individuals. Critics of medicalization are not obscuring the problems people have, but attempting to illuminate them by questioning the shape and form help takes and where and how interventions are directed. Problems with buying derive from the social setting and the cultural messages we receive. Attempts to treat the brain for compulsive buying are treating the wrong end of the equation. It is easy to forget that illnesses and diagnoses – as well as the meanings we attach to personal experiences – are socially constructed: Meanings do not exist in individuals but in chains of relationships. Shopping becomes a problem for people because of the cultural meanings instilled into material goods and the internalization of consumer ideology. CB may very well be a "disorder" in terms of the magnitude of its effects; but focusing on the brain does not alter the social and cultural conditions that give rise to these buying behaviors in the first place.

Works Cited

Anderson, Jon and *Alan Hustak*, 1994, July 24: "Shopaholics: For Some, 'Shop Till You Drop' Is No Exaggeration, Researchers Say." The Gazette Living; Entre Nous: C1.
"Are You a Compulsive Shopper?" The Washington Post Style Plus: B5. July 5, 1985.
Black, Donald, 2001: "Compulsive Buying Disorder: Definition, Assessment, Epidemiology and Clinical Management." CNS Drugs 15 (1): 17-27.
-----, 2007: "A Review of Compulsive Buying Disorder." World Psychiatry 6 (1): 14-18.
Black, Donald W., J. Gabel, J. Hansen and *S. Schlosser*, 2000: "A Double-blind Comparison of Fluvoxamine Versus Placebo in the Treatment of Compulsive Buying Disorder." Annals of Clinical Psychiatry 12 (4); 205-11.
Black, Donald W., Patrick Monahan and *Janelle Gabel*, 1997: "Fluvoxamine in the Treatment of Compulsive Buying." Journal of Clinical Psychiatry 58 (4): 159-162.
Black, Donald W., Susan Repertinger, Gary R. Gaffney and *Janelle Gabel*, 1998: "Family History and Psychiatric Comorbidity in Persons with Compulsive Buying: Preliminary Findings." American Journal of Psychiatry 155 (7): 960-963.
Blashki D., 1988, March 30: "I'll Buy That! And That, and That, and...." Herald.
Bowman Lee, 2000, Dec. 12: "Drug Might Help Some Compulsive Shoppers." Chicago Sun Times News: p. 33.
Brown, Phil, 1995: "The Social Construction of Diagnosis and Illness." Journal of Health and Social Behavior 35 (Extra Issue: Forty Years of Medical Sociology: The State of the Art and Directions for the Future): 34-52.
Busmer, D. 1991, July 14: "What the Doctors Say About It." Sunday Mail.
"Buyers' Guide." The Washington Post Style Plus: B5. July 5, 1985.
Chaker, Ann Marie, 2003, Jan. 5: "Shopaholic? A Pill May Help You." Chicago Sun Times News; Special Edition, p. 24.
Christenson, Gary, T.B. Mackenzie and *J.E. Mitchell*, 1991: "Characteristics of 60 Adult Chronic Hair Pullers." American Journal of Psychiatry 148: 365-70.
Christenson, Gary A., Ronald J. Faber, Marina de Zwaan, Nancy C. Raymond, Sheila M. Specker, Michael D. Ekern, Thomas B. Mackenzie, Ross D. Crosby and *James E. Mitchell*, 1992:

"Compulsive Buying: Descriptive Characteristics and Psychiatric Comorbidity." Unpublished Manuscript, University of Minnesota.

Christenson, Gary A., Ronald J Faber, Marina de Zwaan, Nancy C. Raymond, Sheila M. Specker, Michael D. Ekern, Thomas B. Mackenzie, Ross D. Crosby, Scott J. Crow, Elke D. Ekert, Melissa P. Mussell and James E. Mitchell, 1994: "Compulsive Buying: Descriptive Characteristics and Psychiatric Comorbidity." Journal of Clinical Psychiatry 55 (1): 5-11.

Clarke, Adele, Jennifer Fishman, Jennifer Fosket, Laura Mamo and Janet Shim, 2003: "Biomedicalization: Technoscientific Transformations of Health, Illness, and U.S. Biomedicine." American Sociological Review 68: 161-194.

"Compulsive Shopping." Newsweek 105 (11): 81. March 1,1985.

"Compulsive Shopping a Growing Problem." The Toronto Star Life August 1, 1986: B2.

Conrad, Peter, 1992: "Medicalization and Social Control." Annual Review of Sociology 18: 209-232.

-----, 2005: "The Shifting Engines of Medicalization." Journal of Health and Social Behavior 46: 3-14.

Conrad, Peter and Joseph W. Schneider, 1980: Deviance and Medicalization: From Badness to Sickness. St. Louis, MO.

"Cure Found for Sick Shoppers." Times Higher Education Supplement July 7, 2003: Issue 1599: 11.

Daly, Rita and Karen Palmer, 2004, Dec. 7: "'Magic Bullet' Sold as Cure-all." Toronto Star News: A01.

d'Astous, Alain, 1990: "An Inquiry into the Compulsive Side of 'Normal' Consumers." Journal of Consumer Policy 13:15-31.

d'Astous, Alain and S. Tremblay, 1989: "The Compulsive Side of 'Normal' Consumers: An Empirical Study," p. 657-669 Vol. 1 in: G.J. Avlonitis, N.K. Papavasiliou and A. G. Kouremenos (ed.), Marketing Thought and Practice in the 1990's. Athens.

Derbyshire, David, 2004, Apr. 27: "Are Drugs the Answer? Anti-depressants are being prescribed in increasing numbers – David Derbyshire asks whether we are treating them responsibly, while one long-term user explains that what she really needed was counseling." The Daily Telegraph Health & Wellbeing: p. 18.

Dittmar, Helga, 2005: "Compulsive Buying – a Growing Concern? An Examination of Gender, Age, and Endorsement of Materialistic Values as Predictors." British Journal or Psychology 96: 467-491.

Erikson, Kai T., 1966: Wayward Puritans: A Study in the Sociology of Deviance. Boston.

Faber, Ronald J., 1992: "Money Changes Everything: Compulsive Buying from a Biopsychosocial Perspective." American Behavioral Scientist 35: 809-819.

Faber, Ronald J., J. Mitchell and L. Fletcher, 1992: "A Relationship between Binge Eating and Compulsive Buying." Unpublished Manuscript, University of Minnesota.

Faber, Ronald J. and Thomas O'Guinn, 1989: "Classifying Compulsive Consumers: Advances in the Development of a Diagnostic Tool." Advances in Consumer Research 16: 738-744.

---, 1992: "A Clinical Screener for Compulsive Buying." Journal of Consumer Research 19: 219-225.

Faber, Ronald J., Thomas O'Guinn and Raymond Krych, 1987: "Compulsive Consumption." Advances in Consumer Research 14: 132-135.

Frances, Allen, 2012a: "DSM 5 Is Guide Not Bible – Ignore Its Ten Worst Changes." Psychology Today. DSM5 in Distress: The DSM's Impact on Mental Health Practice and Research. Retrieved December 3, 2012 from http://www.psychologytoday.com/blog/dsm5-in-distress/201212/dsm-5-is-guide-not-bible-ignore-its-ten-worst-changes

-----, 2010. "DSM5 Suggests Opening The Door To Behavioral Addictions." Psychology Today. DSM5 in Distress: The DSM's Impact on Mental Health Practice and Research. Retrieved November 27, 2012 from http://www.psychologytoday.com/blog/dsm5-in-distress/201003/dsm5-suggests-opening-the-door-behavioral-addictions

-----, 2012b. "Do We All Have Behavioral Addictions?" Huffington Post. Addiction and Recovery. Retrieved November 27, 2012 from http://www.huffingtonpost.com/allen-frances/behavioral-addiction_b_1215967.html

Fruman, Leslie, 1986, May 17: "Shopping is a North American Pastime but for Many People It Has Become an Obsession." Toronto Star Life: L1.

Gentry, Carol, 1991, Aug. 17: "Buyers: Beware of Illness." St. Petersburg Times National: 1A.

Giddens, Anthony, 1991: Modernity and Self-Identity: Self and Society in the Late Modern Age. Stanford, CA.

Glatt, Max M. and *Christopher C. H. Cook*, 1987: "Psychological Spending as a Form of Psychological Dependence." British Journal of Addiction 82: 1257-1258.

Goldman, M. J., 1991: "Kleptomania: Making Sense of the Non-Sensical." American Journal of Psychiatry 148: 986-996.

Grant J.E., B.L. Odlaug, M. Mooney, R. O'Brien and *S.W. Kim*, 2012: "Open-label pilot study of memantine in the treatment of compulsive buying." Ann Clin Psychiatry 24(2): 119-26.

Grant, Jon E., Marc N. Potenza, Aviv Weinstein and *David A. Gorelick*, 2010: "Introduction to Behavioral Addictions." Am J Drug Alcohol Abuse 36 (5): 233-241.

Healy, David, 1997: The antidepressant era. Cambridge, MA.

"Help for Compulsive Shoppers." Pittsburgh Post-Gazette Health December 19, 2000: F5.

Hemler, Jennifer, 2007: "When Coping Becomes Compulsive: Women, Modernity, and the Development of Compulsive Buying." Paper presentation at the Consumer Network Research Conference, Columbia and Barnard Universities, New York, New York.

Hewitt, John P., 1989: Dilemmas of the American Self. Philadelphia.

Horwitz, Allan V., 2002: Creating Mental Illness. Chicago.

Jacobs, D. F., 1989: "A General Theory of Addictions: Rationale for and Evidence Supporting a New Approach for Understanding and Treating Addictive Behaviors." p. 35-64 in: *H. J. Schaeffer, S.A. Stein, B. Cambino* and *T. N. Cummings* (ed.), Compulsive Gambling: Theory, Research and Practice. Lexington, MA.

Jones, Maggie, 2000, Oct. 15: "Cure it with Drugs." The New York Times Section 6, p. 88.

Kassarjian, Harold H., 2005: "The Emergence, Excitement and Disappointment of Consumer Behavior as a Scholarly Field," the keynote address presented at the 12th Conference on Historical Analysis and Research in Marketing. Retrieved April 18, 2007 from http://faculty.quinnipiac.edu/charm/index.htm

Koopman, D., 1987, Nov. 2: "For Some, Spending Money is a Disease." Telegraph.

Koran LM, E. Aboujaoude, B. Solvason, N. Gamel and *E. Smith*, 2007: "Escitalopram for Compulsive Buying Disorder: A Double-blind Discontinuation Study." Journal of Clinical Psychopharmacology 27(2): 225-227.

Koran, Lorrin M., Kim D. Bullock, Heidi J. Hartston, Michael A. Elliot and *Vincent D'Andrea*, 2002: "Citalopram Treatment of Compulsive Shopping: an Open-Label Trial." Journal of Clinical Psychiatry 63: 704-708.

Koran, Lorrin M., Helen W. Chuong, Kim D. Bullock and *S. Christine Smith*, 2003: "Citalopram for Compulsive Shopping Disorder: An Open-Label Study Followed by Double-Blind Discontinuation." Journal of Clinical Psychiatry 64 (7): 793-798.

Koran, Lorrin M., Ronald J. Faber, Elias Aboujaoude, M.D. Large and R.T. Serpe, 2006: "Estimated Prevalence of Compulsive Buying Behavior in the United States." American Journal of Psychiatry 163(10): 1806-12.

Kreuger, David W., 1988: "On Compulsive Shopping and Spending: a Psychodynamic Inquiry." American Journal of Psychotherapy 42 (4): 574-584.

Krucoff, Carol, 1980, Apr. 2: "Money: Penny-pinching and Debtor's Anonymous." The Washington Post Style Plus: B5.

Krum, Sharon, 2000, June 26: "Women: Shop Till You Pop: Can Shopaholics be Cured with a Pill? Sharon Krum reports on new research" The Guardian Features Pages: p. 6.

Lejoyeux, Michel, Valerie Tassain, Jacquelyn Solomon and Jean Ades, 1997: "Study of Compulsive Buying in Depressed Patients." Journal of Clinical Psychiatry 58 (4): 169-173.

Lesieur, H. J., S. B. Blume and R. M. Zoppa, 1986: "Alcoholism, Drug Abuse and Gambling." Alcoholism: Clinical and Experimental Research 10 (1): 33-38.

Levison, P.K., D. R. Gerstein and D.R. Maloff, 1983: Commonalities in Substance Abuse and Habitual Behavior. Lexington, MA.

McElroy, Susan L., Paul Keck, Jr. and Katharine A. Phillips, 1995: "Kleptomania, Compulsive Buying, and Binge-Eating Disorder." Journal of Clinical Psychiatry 56 (supp 4): 14-27.

McElroy, Susan L., Paul E. Keck, Jr., Harrison G. Pope, Jr., Jacqueline M.R. Smith and Stephen M. Strakowski, 1994: "Compulsive Buying: A Report of 20 Cases." Journal of Clinical Psychiatry 5 (6): 242-248.

McElroy, Susan L., Andrew Satlin, Harrison G. Pope, Jr., Paul E. Keck, Jr. and James I. Hudson, 1991: "Treatment of Compulsive Shopping with Antidepressants: A Report of Three Cases." Annals of Clinical Psychiatry 3: 199-204.

McFarling, Usha Lee, 1999, May 20: "Compulsions May Be Biological; New Ways Sought to Help Fixations Such as Sex Addiction, Binge Buying." The Houston Chronicle Section A: p. 15.

Mestel, Rosie, 1994: "Drug Brings Relief to Big Spenders." New Scientist 144 (1951): 7.

Moisse, Katie, 2012: "Alzheimer's Drug Curbs Compulsive Buying in Shopaholics." ABC News Health. Retrieved December 7, 2012 from http://www.abcnews.go.com/Health/MindMood-Community/alzheimers-drug-curbs-compulsive-buying-shopaholics/story?id=16449639#.UMbCFY6A&Jw

Moncrieff J., 2001: "Are antidepressants overrated? A review of methodological problems in antidepressant trials." The Journal of nervous and mental disease 189(5): 288.

Muller, Astrid and James Edward Mitchell, 2010: Compulsive Buying: Clinical Foundations and Treatment. New York.

Nemy, Enid, 1985, Dec. 22: "New Yorkers, etc." The New York Times Section 1, part 2: p. 54.

O'Guinn, Thomas and Ronald Faber, 1989: "Compulsive Buying: a Phenomenological Exploration." Journal of Consumer Research 16: 147-57.

Polanyi, Karl, 2001[1944]: The Great Transformation: The Political and Economic Origins of Our Time. Boston.

"Popping a Pill Keeps Shopping Addicts Out of Stores." The Straits Times Tech & Science. July 20, 2003.

Reinarman, Craig, 2006: "The Social Construction of Drug Scares," p. 139-150 in: Patricia Adler and Peter Adler (ed.), Constructions of Deviance: Social Power, Context, and Interaction, 5th edition. Belmont, CA.

Ritter, Malcolm, 1995: May 26. "Drug Seems to Help Shopaholics." The Ottawa Citizen News: A11.

Schlosser, Steven, Donald E. Black, Susan Repertinger and *Daniel Freet*, 1994: "Compulsive Buying: Demography, Phenomenology, and Comorbidity in 46 Subjects." General Hospital Psychiatry 16: 205-212.

Seligman, Dan, 2003, Aug. 11: "Stop Me Before I Shop Again!" Forbes 172(3): 74.

"Shopping Addiction: Abused Substance is Money." The New York Times June 16, 1986: Section C; p. 11.

Sibley, Robert: "To Shop is Human: the Sentimentalist Thinks Good Ends Can Be Achieved Without Unpleasant Effort, Self-discipline, Patience, or Even Pain." The Ottawa Citizen News: A14.

Stryker, Jeff, 2002, July 21: "Oniomaniacs Come out of the Closet: Jeff Stryker Talks about Medical Ethics and Health Care Policy." The New York Times Section 4: p. 2.

Stanford University Medical Center, 2007: "Study of Drug Therapy for Compulsive Buying Yields a Puzzle." ScienceDaily. Retrieved November 28, 2012 from http://www.sciencedaily.com/releases/2007/03/070313114157.htm

Thomas, Jennifer, 2000, Nov. 27: "Pill May End Wish to Shop Till You Drop." The San Diego Union-Tribune Lifestyle: E1.

Urbina, Ian, 2012: "Addiction Diagnoses May Rise Under Guideline Changes." The New York Times Section: U.S. Retrieved November 27, 2012 from http://www.psychologytoday.com/blog/dsm5-in-distress/201003/dsm5-suggests-opening-the-door-behavioral-addictions

Valence, Gills, Alain d'Astous and *Louis Fortier*, 1988: "Compulsive Buying: Concept and Measurement." Journal of Consumer Policy 11: 419-433.

Weber, Max, 2001[1930]: The Protestant Ethic and the Spirit of Capitalism. Trans. by Talcott Parsons. New York.

Weese, Sandra, 1994, Jan. 6: "In for a Penny, in for 70,000 pounds; What Turns an Apparently Normal Person into a Shopaholic?" The Guardian Features: p. 12.

Whooley, Owen, 2010: "Diagnostic Ambivalence: Psychiatric Workarounds and the Diagnostic and Statistical Manual of Mental Disorders." Sociology of Health and Illness 32 (3): 2010: 452-469.

Whooley, Owen and *Allan V. Horwitz*, Forthcoming 2013: "The Paradox of Professional Success: Grand Ambition, Furious Resistance, and the Derailment of the DSM-5 Revision Process." in: *Joel Paris* and *James Phillips* (ed.), Philosophical and Pragmatic Problems in the Diagnostic and Statistical Manual of Mental Disorders 5. New York.

Winestine, M.C., 1985: "Compulsive Shopping as a Derivate of Childhood Seduction."Psychoanalytic Quarterly 54: 70-72.

Wood, Heather, 2003: "In the News: Retail therapy." Nature Reviews Neuroscience 4 (9): 700.

Zelizer, Viviana, 1997: The Social Meaning of Money. Princeton, NJ.

Burnout und soziale Anpassung.
Stress, Arbeit und Selbst im flexiblen Kapitalismus

Regina Brunnett

Einleitung

Wohl kaum ein anderes gesundheitsbezogenes Thema ist in Öffentlichkeit, Medien und in der Wissenschaft zurzeit so populär wie die „Volkskrankheit" Burnout. *Spiegel, Focus, Stern* oder das *Manager-Magazin* berichten regelmäßig in Fernsehdokumentationen, Zeitschriften und online-Beiträgen; so erscheint 2011 etwa das Schwerpunktheft „Das überforderte Ich: Stress-Burnout-Depression" in der Reihe *Spiegel Wissen*, der Spiegel vertreibt über seinen Online-Shop Bücher wie „Diagnose Burnout-Hilfe für das erschöpfte Ich" (2012), im *manager-magazin* wurde sogar jüngst ein Ranking von Firmen mit den höchsten Burnout-Quoten veröffentlicht (Werle 2012).

Allein im deutschsprachigen Raum gibt es eine unüberschaubare Menge an Fachzentren, Fach-Kongressen, Ansätzen zur Behandlung von Burnout inklusive Selbst-Tests mit unterschiedlichen Items[1], Präventionsangeboten und Abhandlungen über seine möglichen Ursachen. Auch die Deutsche Gesellschaft für Soziologie (DGS) führte auf ihrem 36. Kongress „Vielfalt und Zusammenhalt" 2012 eine Ad-hoc-Gruppe „Leistung und Erschöpfung. Burnout – Kehrseite der Wettbewerbsgesellschaft" im Programm (DGS 2012: 60).

In der medizinisch-psychologischen Fachwelt ist umstritten, ob es sich beim Burnout um ein eigenständiges Krankheitsbild handelt. Eine Literaturübersicht listet mehr als 130 Symptome auf (Burisch 2010: 25f.). Die klinische Diagnostik stützt sich, wie bei psychischen Krankheiten auch, auf die subjektiven Aussagen der Betroffenen, da sich mittels physiologischer Parameter ein Burnout nicht eindeutig nachweisen lässt. Die Abgrenzung von anderen Erkrankungen, besonders von Depressionen, ist daher bis heute Gegenstand wissenschaftlicher Debatten (vgl. Kury 2012: 272; Unger und Kleinschmidt 2011). Das Burnout ist entspre-

---

1 Die Verfasserin erzielte in verschiedenen Selbsttests über Burnout-Bewertungen Einschätzungen zwischen völlig risikofrei und im bedenklichen Burnout-Risiko-Bereich, verbunden mit der Empfehlung sich einer ärztlichen Untersuchung zu unterziehen.

chend, anders als das ähnlich vage Krankheitsbild der Neurasthenie, bislang nicht als eigenständige Entität in die Internationale Klassifikation der Krankheiten und gesundheitlichen Störungen (ICD-Kodex) aufgenommen worden (ebd.: 271).[2]

Die wuchernden Diskurse über das Burnout und der Burnout-Markt werden von einer Vielzahl von ExpertInnen getragen: von MedizinerInnen, psychologischen Berufsgruppen, HeilpraktikerInnen, BeraterInnen, ForscherInnen, Gewerkschaften, UnternehmensberaterInnen, Coaches, der Naturheilkundeindustrie und nicht zuletzt von Medienschaffenden (z. B. Klute 2012). Dabei zirkulieren verschiedene „Wissensbestände [..] zwischen Wissenschaft, Populärwissenschaft und Publikumsmedien" (Kury 2012: S. 224). Im Mittelpunkt der Burnout-Diskurse steht das Verhältnis zwischen dem Subjekt und seiner Leistung bzw. seiner Arbeit. Dies bildet den Ansatzpunkt für soziologische Untersuchungen zum Burnout, die arbeitsbedingte Erschöpfung entweder als Strukturphänomen moderner Gesellschaften verstehen, so z. B. des flexiblen Kapitalismus (Voß), als subjektive Formen der Aneignung kapitalistischer Arbeitsstrukturen, oder im Anschluss an Butler als performativer Sprechakt (Graefe 2010 a und b).

In der breiten Öffentlichkeit hat sich demgegenüber das Verständnis von Burnout als missglückte individuelle Anpassungsleistung an äußere Bedingungen (Hillert und Marwitz 2006) durchgesetzt. Kury (2012) hat in seiner Wissensgeschichte vom Stress zum Burnout die Entwicklung der wissenschaftlichen Diskurse über Stress seit Ende des 19. Jahrhunderts im Detail nachgezeichnet. Er zeigt auf, dass sich in den 1970er Jahren – beeinflusst durch die Verbreitung der Psychotechniken – die Deutung von Stress als physiologische Reaktion auf unspezifische, austauschbare Reize (Wohnumfeld, Politik, Arbeit, Beziehung u. ä.) durchsetzen konnte. Burnout wird in diesen Deutungsrahmen eingeordnet und erscheint als „Endstufe" von physiologischen Stressabläufen (Kury 2012: 271).

Doch welches sind die Bedingungen für die Durchsetzung der Deutung von Burnout als Problem der Anpassung? Welchen Stellenwert haben Diskurse um Burnout in der gegenwärtigen Regulierung von Arbeit? Und worauf zielen die Strategien zur Überwindung des Burnouts ab? Der Beitrag wird in drei Schritten vorgehen: Zunächst werden Prozesse der Individualisierung von Gesundheit und Krankheit im flexiblen Kapitalismus umrissen (1), um hiervon ausgehend

---

2   Die ab 2013 gültige ICD-10 Klassifikation fasst das Burnout unter den Diagnoseschlüssel Z73 „Probleme mit Bezug auf Schwierigkeiten in der Lebensführung." Darunter sind „Ausgebranntsein [Burn out] ... körperliche und psychische Belastung o.n.A., Mangel an Entspannung oder Freizeit, Sozialer Rollenkonflikt, anderenorts nicht klassifiziert, Unzulängliche soziale Fähigkeiten, anderenorts nicht klassifiziert, Zustand der totalen Erschöpfung" aufgeführt. http://www.dimdi.de/static/de/klassi/icd-10-gm/kodesuche/onlinefassungen/htmlgm2013/block-z70-z76.htm (Zugegriffen am: 18.10.2012).

auf der Grundlage von Ratgebern die gesundheitliche Relevanz sozialer Anpassung am Beispiel des Burnouts zu analysieren (2). Sodann wird der Stellenwert von gesundheitlich-sozialer Anpassung in der politischen Regulierung von Arbeit thematisiert (3).

1. Gestaltbarkeit von Gesundheit und Krankheit im flexiblen Kapitalismus

In westlichen Gesellschaften wird die Produktion seit den 1970er Jahren zunehmend durch Technologien, Arbeitsorganisationen, Beschäftigungsformen und neue Anlagemöglichkeiten flexibilisiert. Transnationalisierung ermöglicht die flexible Verwertung von sozialen, politischen und ökonomischen Bedingungen (vgl. auch Hirsch 1996), die Grundlage zur Produktionssteigerung wird; Subjektivierung von Arbeit (Voß) ermöglicht die bessere Verwertung der menschlichen Arbeitskraft durch Selbstaktivierung der Arbeitnehmenden, indem subjektive Merkmale und Fähigkeiten (wie Kreativität oder Phantasie) in den Produktionsprozess eingespeist und in Produkten und Dienstleistungen Gefühle (Entspannung, Vertrauen u. ä.) hergestellt und vermarktet werden – Subjektivität wird umfassend inwertgesetzt. Auf der anderen Seite wurden Natur, Gesellschaft und Kultur umfassend kommerzialisiert und vermarktlicht (vgl. Hirsch 2001), während der Konsum sich zugleich generalisiert wie nach sozialen Gruppen und Lebensstilen ausdifferenziert.

Diese Prozesse veränderten auch die Kultur und den Umgang mit Gesundheit. Während noch in den 1970er Jahren ein bio-medizinisches Gesundheitsverständnis dominierte, hat sich bis Mitte der 1990er Jahre in den westlichen Industrieländern eine neue Kultur von Gesundheit herausgebildet: Mit dem Massenkonsum im Verbund mit gesellschaftlichen Individualisierungsprozessen wurde Gesundheit von einer existentiellen Notwendigkeit auf ein kulturelles Bedürfnis erweitert und damit Bestandteil eines Lebensstils. Buchmann et al. (1985) zeigten in einer Untersuchung in der Schweiz schon Mitte der 1980er Jahre, dass 50 % der Befragten Gesundheit als Ausdrucksform ihrer Persönlichkeit sah. Das stand im Kontext einer generellen Orientierung auf Sein, Selbstdarstellung und -verwirklichung, die die AutorInnen im Anschluss an Bourdieu als „Symbolwert" bezeichnen.

Die Konstruktion von Gesundheit als Symbolwert beförderte die Herausbildung eines neuen Gesundheitsmarktes, der sich aus Dienstleistungen und Produkte zur gesundheitlich-medizinischen Vorsorge (IGeL), E-Health, Bio- und Informationstechnologie, Telekommunikation, Umwelt- und Bildungsdienstleistungen, Werbung und Marketing, dem Gesundheitshandwerk sowie alternativen Gesundheitsgütern wie Vitaminen, Kräutern, homöopathischen Mitteln oder Nahrungsergänzungsmitteln zusammensetzt (Kickbusch 2006: 82f.).

Der neue Gesundheitsmarkt wird durch zwei widersprüchliche Entwicklungen geprägt: zum einen zwischen Kommodifizierung und Emanzipation (vgl. auch Kickbusch 2006) – letztere gehörte zu den erklärten Zielen der alternativen Gesundheitsbewegung der 1980er Jahre – sowie zum anderen zwischen Medizin und alternativer Gesundheit (vgl. ausführlicher Brunnett 2009). Diese Entwicklungen beinhalteten, dass Gesundheit im Zuge der Expansion des Gesundheitsmarktes und des Massenkonsums zu einem generalisierten Code ausgeweitet wurde, der disparate und widersprüchliche Bereiche des menschlichen Lebens, wie z. B. Gefängnisse und Nahrungsmittel, Sportkleidung, Führungsstile, Beziehungsgestaltung, umfasst. Gesundheit wird als Bestandteil von Lebensqualität, Wohlbefinden und Glück verstanden. Sie fällt nicht mehr (vorrangig) in den Verantwortungsbereich der Biomedizin, sondern ist im Alltag und in der Konsumkultur verankert (vgl. Kickbusch 2006).

Zeitgleich ist ein paradigmatischer Wandel der Leitbilder von Gesundheit zu verzeichnen: Das traditionelle biomedizinische Verständnis von Gesundheit und Krankheit stützt sich auf eine dichotome Konstruktion, nach der Gesundheit als die Abwesenheit von Krankheit, als das „Schweigen der Organe" (Gadamer) konstruiert wird. Heutzutage ist eine solche dichotome Konstruktion zwischen Gesundheit und Krankheit nicht mehr Konsens, die starre Grenze zwischen gesund und krank wird zunehmend zeitlich und inhaltlich fließend (Mazdumar 2004: 14).

Einen Vektor dieser Entwicklung bildete der Therapieboom der 1970er/1980er Jahre, im Zuge dessen die „Therapeutisierung des Normalen" auf der Grundlage von medizinisch-psychologischen Erklärungsmustern und -techniken in das Alltagsleben westlicher Länder Einzug hielt (Castel et al. 1982; Rose 1999). Aufmerksame, teils minutiöse Selbstbeobachtung, detaillierte Pläne, Techniken und Interpretationsmuster zur Beeinflussung von Körper und Seele durch Entspannungstechniken, autogenes Training, Abbau negativer Gedanken usf. gehören zum kulturellen Repertoire westlicher Kulturen. Des Weiteren wurden im Rahmen systemtheoretischer Theorien dynamische Modelle von Gesundheit und Krankheit entwickelt, welche biologische, psychologische, soziale, physiologische und psychische Komponenten miteinander verknüpfen (z. B. Huber 2002). Das bio-psychosoziale Modell der Salutogenese (Antonovsky 1997) etwa versteht Individuen grundsätzlich als fähig, flexibel mit Stressoren und unterschiedlichen Lebensbereichen umzugehen. Dynamik, Aktivität und ein zu regulierendes Ungleichgewicht bilden den Ansatzpunkt dafür, dass Gesundheit und Krankheit in der Salutogenese als Pole verstanden werden, zwischen denen sich das Individuum bewegt.

Mazdumar (2004) schließt daraus, an Jürgen Links Konzept der Normalisierung anknüpfend, dass im Konzept der Salutogenese nicht mehr eine protonormalistische Grenze zwischen gesund und krank, sondern eine flexibel-normalistische Kontinuitätsstruktur zwischen Gesundheit und Krankheit wirksam ist. Gesundheit wird so idealtypisch nicht mehr als „Zustand des Körpers" verstanden, sondern als weicher, tiefgreifender Prozess, der durch persönliche Fähigkeiten und Kompetenzen gesteuert werden kann; sie wird dadurch von dem Gewicht des (statischen) „körperlichen und psychischen Gesundheitszustands" abgelöst und als Frage gelingender „Selbstmodellierung" und eines angemessenen Umgangs mit den äußeren Bedingungen aufgeworfen.

Demgegenüber war noch in den 1980er Jahren in Deutschland ein Modell populär, in dem Krankheit als subjektiver Widerstand gegen gesellschaftliche Zumutungen angesehen wurde (Haag 1989); Herzlich fand in ihrer Untersuchung der Alltagsrepräsentationen von Gesundheit und Krankheit in den 1970er Jahren in Frankreich heraus, dass viele der Befragten „robuste Gesundheit" als Widerstands- und Abwehrmechanismus gegen Zwänge, Druck und Anforderungen von außen verstanden (vgl. Herzlich 1973).

Mit dem Verständnis von Gesundheit als gelingender Umgang mit den äußeren Bedingungen wird die Veränderung des Selbst als Reaktion auf die sich verändernde Umwelt als individuelle Fähigkeit zur Gesundheit in das Subjekt verlagert (vgl. auch Nettleton 1997; Greco 2000); äußere Bedingungen, wie u. a. Lebens- und Arbeitsbedingungen, Umweltfaktoren, Gewalt, verlieren an konzeptionell an Bedeutung. Krankheit verliert dadurch entlastende Funktionen (Parsons 1968), sondern wird zur Herausforderung für das eigenverantwortliche und aktive Subjekt, diese auch noch angesichts von bevorstehendem Tod gut zu bewältigen und richtig zu managen.

Die Bedeutung dieses Wandels kann nicht hoch genug eingeschätzt werden: Die Herstellung von Gesundheit beschränkt sich damit nicht mehr auf die Heilung von Krankheiten, sondern gibt idealtypisch einen Prozess ohne Ziel, eine unendliche „persönliche Selbstmodellierung" vor. Gesundheit wird zu einer Basiskompetenz der flexiblen Selbstnormalisierung, zu einer Produktivkraft für das Persönlichkeitswachstum. Indem Gesundheit idealtypisch auf einen Prozess der unendlichen „persönlichen Selbstformung" ausgedehnt wird (Bauman 1997: 184), kann sie als Kapital expandieren. Das neue Leitbild von Gesundheit beinhaltet, dass Gesundheit als „gelingende Selbstmodellierung" in der Tendenz mit gelingender Anpassung ineinander fällt. Martin (2002: 50) konstatiert am Anfang des 21. Jahrhunderts, dass die gelingende Selbstadjustierung zum imaginären Wunschobjekt von Unternehmen wie Individuen avanciert ist.

2. Anpassung als gesundheitlich relevantes Paradigma am Beispiel des Burnouts

Fernsehköche, Pop- und Fußballstars, PolitikerInnen und WissenschaftlerInnen (so die bis dato jenseits ihrer Fachkreise relativ unbekannte Miriam Meckel) berichten freimütig in den Medien über ihr Burnout und seine Überwindung. Dies – so die zynische Diagnose eines Journalisten – scheine den Symbolwert des Burnouts zu bedingen (Klute 2012). Verweist die Überwindung von Burnout auf Leistungswille und -fähigkeit als „LeistungsträgerIn" (Klute 2012), so haftet dem Auftreten von Burnout gleichwohl das Stigma des Versagens an. Im Folgenden nähere ich mich dem gesellschaftlichen Umgang mit Burnout mittels eines diskursanalytischen Zugangs[3] zu Burnout-Ratgebern.

Diese vermitteln zwischen akutem negativem Erleben, verbunden mit dem Risiko des Stigmas, und der Möglichkeit zur Überwindung: mittels Selbsttechniken kann der Wille zur Gesundheit, die psychische Bereitwilligkeit zur Selbstveränderung (Greco 1998: 148f.) performativ inszeniert werden. Ratgeber sind zur Analyse von Diskursen über das Burnout gut geeignet, da in ihnen das populäre Wissen über Burnout und Stress verdichtet ist: Sie vermitteln eine eklektische Zusammenstellung aus Checklisten zur Selbsteinstufung von Burnout, verständlich aufbereiteten Wissensbeständen unterschiedlichster Disziplinen und Techniken zur Überwindung des Burnouts. Populäres Wissen zur Erklärung und Deutung des eigenen Erlebens ist eng geknüpft an die Diagnose von Defiziten im Verhalten und in der Persönlichkeit (z.B. „fatal unterentwickeltes Belastungs- und Erholungsmanagement", Müller-Timmermann 2012: 18) und an ein (begrenztes) Set von Techniken und Methoden zur Überwindung. Ich werde im Folgenden einige Knotenpunkte[4] in der Konzeptionalisierung von Burnout[5] als Anpassungsproblem herausarbeiten.

---

[3] Unter Diskursen sollen hier im Anschluss an den britischen Diskurstheoretiker Norman Fairclough mehr oder weniger stabilisierte Formen der Repräsentation der sozialen Welt verstanden werden. Inhalt und linguistische Form eines Textes werden als Ausdruck diskursiver, sozialer und politischer Praxis *und* zugleich als Praxis der Gestaltung sozialer Welt betrachtet. Vgl. hierzu ausführlicher Brunnett 2009; siehe auch Fairclough 2003.

[4] Damit beziehe ich mich auf Fairclough, dessen Konzept und Bild des Verknotens wiederum auf Laclau und Mouffe zurückgeht. Diese haben in Anknüpfung an Lacan Knotenpunkte als privilegierte Signifikanten definiert, um den sich andere herumlagern und deren Bedeutung sich aus der Beziehung zu ihm definieren. Dadurch erfolgt eine (partielle) Fixierung der Signifikantenkette und damit von Bedeutung (Laclau/Mouffe 2000: 149f.). Fairclough (2003: 216f.) zufolge artikulieren Knotenpunkte spezifische Diskurse untereinander und mit sozialen Prozessen. Sie sind demzufolge Ziel wie auch Medium von Hegemonie.

[5] Burnout wird synonym in der Literatur auch als arbeitsbedingte Erschöpfung oder als seelische Erschöpfung bezeichnet. Dahinter stehen verschiedene Krankheits-Konstruktionen.

2.1 Leistungswille und das Management der Leistungsfähigkeit

Ganz im Sinne der umfassenden Vermarktlichung des Selbst wird das Selbst in Burnout-Ratgebern optimiert, indem es zugleich produziert und reproduziert wird: Neben intensivierten Managementtechniken, wie es die NLP-gestützte Schnellkur „Soforthilfe" in 30 Tagen (Braun 2012), oder quasi-therapeutische Elternfiguren als „persönliche Begleitung in Burnout, Depression, Insolvenz oder Sinnkrisen" (Nelting 2012) anbieten, wird umfassende Lebenshilfe mit Impulsen zum „Nachdenken bzw. Aufmerken" vertrieben (Kypta 2011). Die Ratgeber integrieren z. T. durchaus kritisch arbeits- und organisationspsychologisches oder soziologisches Wissen über Stress am Arbeitsplatz (Kypta 2011; Unger und Kleinschmidt 2011), führen die Ursachen des Burnout-Syndroms jedoch in erster Linie auf die „Eigenarten, Defizite und Lebensweisen von burnoutgefährdeten Personen" (Müller-Timmermann 2012: 48), die sogenannte „Burnout-Persönlichkeit" (Müller-Timmermann 2012: 48) zurück oder schreiben sie den „Selbstverbrenner[n]" (Müller-Timmermann 2012: 40) bzw. einem „Menschentyp" (Braun 2012: 136; Unger und Kleinschmidt 2011: 77; Kypta 2011: 52) zu.

Burnout wird positiv invers mit Leistungswillen verknüpft („Gemeinsam war allen nur ihr Fleiß und Ehrgeiz", Unger und Kleinschmidt 2011: 94) – so wird Leistung als positiver Wert verstärkt, indem Leistungsfähigkeit als Ausdruck von Leistungswillen konstruiert wird („Wer leistungsbereit, motiviert und engagiert ist, tendiert dazu, die eigenen Leistungsgrenzen zu oft und zu lange zu überschreiten." Braun 2012: 136). Auf diese Weise wird Leistungsfähigkeit als alleinige Frage des richtigen Umgangs mit dem Selbst (wieder) aufgeworfen („Sie verlieren keineswegs ihre Leistungsfähigkeit. Es braucht nur ein wenig Sammlung und ein Überdenken, wie Sie ihre Ziele energieschonend erreichen können" Kypta 2011:77) – dies plausibilisiert so den Fokus auf Selbsttechnologien und das Angebot der Optimierung der eigenen Persönlichkeit. Dadurch bleiben die Identifikation mit der eigenen Leistung und gesellschaftliche Zugehörigkeit zu den „LeistungsträgerInnen" erhalten. Nur am Rande werden Strategien zur Veränderung der Arbeitsbedingungen oder globale Veränderungen thematisiert.

2.2 Subjektivierende Stresskonzepte

Knotenpunkt dieses Verhältnisses von Selbst und Arbeit sind die populären Stresskonzepte Selyes' und Lazarus'. Deutlich ist der Bezug auf Selyes Modell des Allgemeinen Anpassungssyndroms[6] (vgl. auch Kury 2012: 66ff.). Demzufolge lau-

---

6   Kury (2012: 82) unterstreicht, dass Selye keineswegs als genuiner Schöpfer des Stress-Konzepts zu verstehen sei. Sein Verdienst hätte darin bestanden, physiologische Gleichgewichtskonzepte

fen physiologisch-hormonelle Abläufe im Körper (ebd.: 79) als Reaktion auf eine schädigende Einflüsse bei jedem Menschen unterschiedslos nach einem dreistufigen Schema (Alarmreaktion, Resistenz und Erschöpfung) ab. Das dritte Stadium, das der Erschöpfung, setze erst dann ein, wenn die Anpassung an äußeren Einflüsse nicht mehr gewährleistet sei (ebd.: 68). Die Auslöser selbst sind in Selyes Konzept nicht von Interesse, die Stressreaktion ist unspezifisch. Das Verständnis von Stress als physiologische Reaktion spiegelt sich in den Ratgebern wider. „Und weil das Gehirn nicht zwischen der Angst vor dem Tiger oder der Angst vor dem Chef unterscheidet, kommt die energieaufwändige Stressautomatik x-mal am Tag in Gang" (Unger und Kleinschmidt 2011: 67). Burnout wird dem folgend als sozial-evolutionärer „Anpassungsversuch unseres Körpers an die Lebensbedingungen und Anforderungen der heutigen Welt" (Nelting 2012: 119) oder als „missglückte Anpassung" konstruiert. Dies stützt sich auf die Grundannahme der sozialen und psychischen Anpassungsfähigkeit des Individuums an seine Umgebung. "Wir ... haben die Fähigkeit, uns bis ins Alter anzupassen, an unsere Umwelt und die Menschen die uns umgeben und mit denen wir uns umgeben." (Unger und Kleinschmidt 2011: 47)

Im Stressmodell Lazarus' ist das Subjekt Produzent von Stress: Entscheidend für die Entstehung von Stress ist die subjektive Be-Deutung bzw. Einschätzung von äußeren Faktoren als Schaden/Verlust, Herausforderung oder als Gefahr. Bestünde eine Diskrepanz zwischen den Umweltbedingungen und dem angemessenen kompensatorischen Umgang des Individuums, entstünde Stress (Lazarus 1999: 58f.). Zu den potenziell stressauslösenden Bedingungen gehören nach Lazarus (ebd.: 38) etwa Arbeitslosigkeit, Armut, soziale Anarchie, Familienprobleme oder Arbeitsstress. Diese würden aber nicht bei allen Menschen und nicht in gleichem Maße Stress hervorrufen (ebd.: 53), vielmehr würden Intelligenz, die Unterstützung von Familie und FreundInnen, Gesundheit, Energie u. v. m. als persönliche Ressourcen wirksam (ebd.: 71). Einschätzung, Stress, Gefühle und Bewältigungsstrategien müssten als Einheit betrachtet werden (ebd.: 113). Der Prozess der Bewältigung entstünde in der Transaktion zwischen Person und Umwelt, die sich hierdurch verändern könne (ebd.: 121).

Theoreme dieses Konzepts dienen den Burnout-Ratgebern als Referenz: Strukturen und komplexe und mehrdimensionale Gefüge (wie z. B. Arbeitsverhältnisse) werden atomisiert und dadurch in untereinander unverbundene einzelne, überschaubare Faktoren (Konkurrenz, Anspruchsdenken, Neid, Mobbing)

---

und militärische Belastungs- und Anpassungsdiskurse seiner Zeit aufzunehmen und diese mit den militärisch-psychiatrischen Belastungs- und Anpassungsdiskursen seiner Zeit zu verbinden.

aufgelöst. Die einzelnen in den Burnout-Ratgebern aufgeführten Faktoren sind für sich genommen vielfach in den Medien thematisiert und dadurch als Wiedererkennungsthemen geeignet. Zugleich werden äußere schädigende Bedingungen durch die Gleichsetzung und Reihung prinzipiell austauschbar. Sie erscheinen als Umgebung für ein auto-referentielles Individuum, das sich flexibel und in der Tendenz unbegrenzt an diese anpassen kann (vgl. auch Brunnett 2009: 86).

Burnout wird in den Ratgebern im Anschluss an Lazarus prinzipiell auf eine Störung oder ein Defizit, eine mangelnde Bewältigungskompetenz des Individuums (Nelting 2012: 120, 123; Unger und Kleinschmidt 2011) zurückgeführt oder als vollständig subjektives Phänomen konstruiert („Denn sie [die Nachricht davon, dass Stress zu 90% innen entstehe] bedeutet nichts anderes, als dass Sie es selbst in der Hand haben, ob, wann und wie sehr sie gestresst sind." Braun 2012: 73).

Dies impliziert zugleich eine Nivellierung der Kritik von äußeren Lebens- und Arbeitsbedingungen, gleich ob an Globalisierung, menschenwürdigen Arbeitsbedingungen, Beschleunigung o. ä., indem das Subjekt nicht nur zur Ursache der Entstehung, sondern auch zur *einzigen* Gestaltungsoption erhoben wird. („... darauf möchte ich besonderen Wert legen, liegt doch die größte Chance einer Wandlung und Umkehr darin, an dem Punkt anzugreifen, der ganz nahe liegt – nämlich bei sich selbst." Müller-Timmermann 2012: 45). Andere, soziale und/oder politische Optionen der Handlungsfähigkeit, zu denen z. B. das Gründen von Diskussionsgruppen, Netzwerken oder eines Betriebsrates werden nicht thematisiert. Dadurch bleibt das Subjekt im Zirkel von Selbstverantwortung und der Optimierung des Selbst („Persönlichkeitswachstum", „Persönlichkeitsentwicklung") verhaftet.

2.3 Selbsttechnologien und neue bürgerliche Lebensformen im Kontext von Burnout

Burnout zieht *immer* „Arbeit an sich" mit detaillierter Selbstbeobachtung und Selbstdiagnose („Innehalten, Bilanz ziehen und: sehr sehr ehrlich zu sich selbst sein." Kypta 2011: 75; Braun 2012: 31), sowie minutiös zu erlernenden Änderungen im Verhältnis zum eigenen Leben und zur Erwerbsarbeit nach sich. Das bezieht sich auf Selbsterforschung („Persönlichkeitsstruktur und daraus resultierende Verhaltensweisen exakt kennen" Braun 2012: 58), Gedanken („Gedankenmanagement" Braun 2012), Gefühle und Verhalten, deren Veränderung einem Management-Modell folgend organisiert werden könne („Erfolge feiern, Misserfolge analysieren um sie im nächsten Schritt in einen neuen Erfolg umzuwandeln" Kypta 2011: 203; „Rechnen Sie ... mit Rückschlagen, und würdigen Sie diese als willkommene Hinweisgeber für eine noch verbesserungsfähige Strategieplanung.

Feiern Sie Ihre eigenen Erfolge, und belohnen Sie sich genau dafür", Müller-Timmermann 2012: 143). Die „bequeme Opferrolle" (Braun 2012: 72) dient als neoliberales Gegenszenario, indem mit dem Begriff des Opfers selbst zu verantwortende Passivität verknüpft wird.

Die anvisierte Selbstoptimierung und ideale Anpassung im Kontext des Burnouts scheint bruchlos in die Totalität des unternehmerischen Selbst, wie sie u. a. Bröckling (2007) und die zahlreichen Gouvernementalitätsstudien analysiert haben, überzugehen (vgl. Graefe 2010b). Die „Arbeit an sich selbst" ist Imperativ der autonomen, selbstverantwortlichen Lebensgestaltung der eigenen Biografie und des Alltags, und unterhält das Phantasma des Gelingens von Marktförmigkeit und Selbstoptimierung. Selbst dort noch, wo die Erschöpfung im Burnout als totaler Zusammenbruch einen vorübergehenden Stillstand vermuten lassen könnte.

Ratgeber vermitteln nicht nur Erklärungsansätze, Techniken zur Überwindung des Burnouts, sondern verknüpfen Leistungsfähigkeit mit Visionen des richtigen Lebens, in denen Lebensfreude, Genuß und Lust eine zentrale Rolle spielen („Kraft durch Gelassenheit", „frische Quellen der Lebensfreude", „Rückenstärkung" Müller-Timmermann 2012; vgl. auch Braun 2012; Kypta 2011). Als Gegenbild zu Stress und Leistungsdruck knüpfen sie an das ganzheitliche Wohlfühlen, die Energiesteigerung und den Genuss durch Wellness an (vgl. Duttweiler 2005). Entsprechend werden „erholsamer Schlaf, Massage, Blumen, Meeresrauschen, Waldspaziergang" (Braun 2012: 97f.), humorvolles, gesundes Lachen, Sonnenuntergang, Spiel (Müller-Timmermann 2012: 129) als Vision gegen Burnout und zum Abbau von Stress beschworen.

Ähnlich wie im Wellness handelt es sich bei dem Leben nach einem Burnout um eine besondere Art und Weise der sorgend-reproduktiven Selbstführung zum Erhalt der eigenen Leistungsfähigkeit: Lebensfreude im Kontext von Burnout wird auf individuelle Einstellungen und Verhaltensweisen (vor allem Ernährung und Bewegung) zurückgeführt (Braun 2012: 77f.; Nelting 2012; Müller-Timmermann 2012) und nicht primär in erfüllenden Lebensbedingungen gesucht. Die Einhaltung der Regeln und Prinzipien „immunisiert" gegen Burnout und spendet ein „Leben voller Lebensfreude, Gelassenheit, Souveränität" (Braun 2012: 87). Dabei steht die Reproduktion der Arbeitskraft im Vordergrund und wird teils mit einem durch Kitsch-Stereotype dominierten und romantisierten Modell bürgerlicher Lebensführung verknüpft. So werden etwa „kernige, kräftige und robuste ‚Naturburschen und -mädels'" mit „unerschöpfliche[r] Vitalität" (Müller-Timmermann 2012: 129), solche mit starkem Willen, gelungenem „Energiemanagement" (ebd.) oder „starke Persönlichkeiten" (Unger und Kleinschmidt 2011) angeführt, die menschliche „Energieräuber" meiden und „Kraftquellen" gezielt aufsuchen würden (Müller-Timmermann 2012: 141). Das Privatleben als Ort der Entspannung und des Genusses wird als Gegenbild zu „Stress und Hektik", „Leistungsideal", „rauem Wettbewerb" und „harten Konkurrenzkämpfen" (ebd.: 84f.), „Disziplin" (Kypta 2011: 208) *und* zugleich als Voraussetzung für ein produktives Berufsleben entworfen („Immer mehr Menschen spüren, dass es keinen dauerhaften und gesunden Erfolg im Beruf gibt ohne eine erfüllte Freizeit." Müller-Timmermann 2012: 83). Diese romantischen und rückwärtsgewandten Bilder von idealer Lebenswelt in Burnout-Ratgebern korrespondieren mit einem Trend zum konservativen Lebensstil. Koppetsch (2011) konstatiert eine neue Ethik der Bürgerlichkeit, die Mäßigung, Grenzziehung und den Rückbezug auf Werte und Tugenden wie Leistungsbereitschaft, Gemeinschaft und Disziplin propagiere. Diese neue Bürgerlichkeit sei insbesondere in den traditionell bürgerlichen und in den linksliberalen Milieus verbreitet.

In den Ratgebern taucht am Rande Authentizität als Gegenentwurf zur Arbeits- und Lebenswelt auf, indem nach Verantwortung, Wertschätzung und der Kongruenz von Arbeit und Lebenszielen gefragt wird (Unger und Kleinschmidt 2011: 124), um die Option der Konsequenz eines Stellenwechsels zugleich auf soziale Mittel- und Oberklassen zu beschränken (ebd.: 137). Koppetsch (2011) folgend, stützt sich die Konstruktion des gelingenden Überwindens von Burnout als „gesundheitlich-soziale Anpassung" auf das Distinktionsbedürfnis sozialer Mittelklassen angesichts prekärer Lebens- und Arbeitsbedingungen. Als protonormalistische Grenze gesellschaftlicher Zugehörigkeit – jenseits scheint sozialer Ausschluss zu drohen – dient soziale und gesundheitliche Anpassung.

3. Der Stellenwert von Anpassung in der politischen Regulierung von Arbeit

Leistungs- und Anpassungsfähigkeit werden zurzeit als national, volkswirtschaftlich, gesundheitlich und unternehmerisch relevant diskursiviert (vgl. z. B. Deutsche Gesetzliche Unfallversicherung 2009). Ursprünglich als protestantische Ethik als Verpflichtung gegenüber Gott konstituiert (Weber), wird Leistungswille zur Grundlage für die Teilhabe an einer nationalen Gemeinschaftlichkeit, während der Bezug von Sozialleistungen mit Abhängigkeit gleichgesetzt wird. Der Wille zur Gesundheit wird mit einer neoliberalen Arbeits- und Leistungsmoral verknüpft.

Daraus resultieren zwei Übergänge zwischen Gesundheit und Arbeitsmarktpolitik. Das Theorem der Fähigkeit zur Gesundheit entspricht erstens der *Employability*, der Beschäftigungsfähigkeit. Darunter wird die Fähigkeit zur Teilhabe von Menschen an Erwerbsarbeit auf dem Arbeitsmarkt verstanden, welche mit der Lissabon-Strategie ins Zentrum der Maßnahmen der gegenwärtigen Arbeitsmarkt- und Beschäftigungspolitik, aber auch der Bildungspolitik gerückt wurde (Deutsche Gesetzliche Unfallversicherung 2009: 1). Als ein wichtiger Bestandteil von Employability wird neben einer Vielzahl von Schlüsselkompetenzen auch Gesundheit angesehen (ebd.: 4).

Aktivierung zur Erwerbsarbeit durch Maßnahmen des Arbeitsamtes wird in diesem Zusammenhang zur individuellen, gesundheitsförderlichen Chance der Betroffenen umgedeutet (vgl. Cruikshank 1996). Zugleich geraten gesunde Lebensführung und Lebensstile in das Blickfeld von Maßnahmen zur Förderung von Employability. „Will man aber die nachhaltige Employability von Erwerbstätigen im Berufsverlauf angesichts neuer Arbeitsformen mit verschwimmenden Grenzen zwischen Arbeit und Freizeit und vor dem Hintergrund eines geänderten Krankheitsgeschehens sowie demographischer Wandlungsprozesse nicht gefährden, muss die Lebensführung zusätzlich in den Fokus der Gesundheitspolitik rücken." (Kriegesmann et al. 2005: 1)

Dagegen lässt der „fehlende Wille zur Arbeit und zur Gesundheit" – als zweiter Übergang – finanzielle Sanktionen und materiellen Ausschluss aus Arbeitsmarkt und ökonomischem Wettbewerb als gerechtfertigt und schuldhaft verursacht erscheinen (vgl. Rose 1999). Beide Varianten wirken unter den Bedingungen hoher Arbeitslosigkeit, Rezession und der Eurokrise im europäischen Raum disziplinierend. Sie üben Druck auf ArbeitnehmerInnen aus, Reserven zur psychosozialen Anpassung zu mobilisieren, statt auf Veränderung der Arbeitsbedingungen hinzuwirken oder zu kündigen.

Umgekehrt weisen Befragungen von ArbeitnehmerInnen darauf hin, dass sich Wettbewerb und die Anforderung nach Anpassung darin niederschlagen, dass Individuen Probleme individualisieren und sich als „*nicht-schaffen-Können*" selbst zuschreiben (Krömmelbein 2004). Die Verschränkung von kommodifizierter Gesundheit, sozialer und gesundheitlicher Anpassung und prekären Arbeitsbedingungen schürt Ängste vor dem sozialen Ausschluss (vgl. auch Ehrenberg 2004): Individuen bilden dabei zugleich den Fluchtpunkt von Strategien zur Bewältigung von Belastungen wie auch von politischen Maßnahmen der Arbeitsmarktpolitik.

Vor diesem Hintergrund gewinnt die Einschätzung Kurys, dass die Diskurse über Stress der gesellschaftlichen Entlastung von Individuen dienen, an Plausibilität. Sie könnten sich, so Kury, im Stress über negative Befindlichkeiten und Unbehagen an der Gesellschaft austauschen, Komplexität reduzieren und sich von der Forderung nach Anpassung abgrenzen (vgl. auch Kury 2012: 289), um diese sodann im selben Atemzug zu perfektionieren. Das Reden über Stress verhelfe, so der Autor (ebd.) dass sich Individuen in den Gesellschaften der Gegenwart verorten könnten.

Schluss

In diesem Beitrag wurde ein Bogen vom flexiblen Kapitalismus über Leitbilder der Selbstoptimierung und Gesundheit als flexible Selbstmodellierung zur politischen Regulierung von Arbeit in der Arbeitsmarkt- und Beschäftigungspolitik bis zur neuen Bürgerlichkeit in westlichen Gesellschaften geschlagen. Es sollte am Beispiel des Burnouts gezeigt werden, wie biologische Prozesse, soziale Verhaltensweisen und politische Regulierungen eng miteinander verzahnt werden und dadurch einen Komplex normativer gesundheitlich-sozialen Anpassung von Individuen hervorbringen, der politische Relevanz erhält. Konzeptionell spiegeln die Burnout-Diskurse die Totalisierung der Vermarktlichung: die zirkuläre Dynamik zwischen Optimierung, freiwilliger sozialer Standardisierung von Individuen und sozialen Gruppen entlang von wechselnden Kriterien des Marktes und der Ausgrenzung sowie die Entwertung all dessen und all derer, die nicht dem Dogma der gesundheitlich-sozialen Anpassung folgen. Wie sind diese Prozesse vor dem Hintergrund aktueller gesellschaftlichen Verhältnisse zu bewerten? Es spricht viel dafür, dass die Verzahnung von gesundheitlicher Lebensführung und marktkonformem Verhalten der Selbstaffirmation sozialer Mittelklassen dient, die dadurch ihre Ängste vor sozialem Abstieg kompensieren. Auf der anderen Seite werden Arbeitslosigkeit und der Bezug von Sozialleistungen in der Tendenz durch den Bezug zur Gesundheit noch stärker moralisiert. Es bleibt ist zu vermuten, dass Individualisierung und die Vorstellung der Gestaltbarkeit von Gesundheit und Krankheit die gesellschaftliche Toleranz und Offenheit gegenüber chronisch und unheilbar Kranken senken – das Theorem der möglichen Selbstoptimierung verstärkt die kollektive gesellschaftliche Abwehr von Endlichkeit, Schwäche und Leiden.

Literatur

Antonovsky, Aaron, 1997: Salutogenese. Zur Entmystifizierung von Gesundheit. Hrsg. von Alexa Franke. Tübingen.
Bauman, Zygmunt, 1997: Flaneure, Spieler und Touristen. Essays zu postmodernen Lebensformen. Hamburg.

Braun, Matthias W., 2012: Burnout-Watcher. Die Leistungsfähigkeit erhalten. Das Leben bewusst gestalten. Regensburg.
Bröckling, Ulrich, 2007: Das unternehmerische Selbst. Soziologie einer Subjektivierungsform. Frankfurt a. M.
Buchmann, Marlis, Dieter Karrer und *Rosemarie Meier*, 1985: Der Umgang mit Gesundheit und Krankheit im Alltag. Bern.
Burisch, Matthias, 2010: Das Burnout-Syndrom. Theorie der inneren Erschöpfung. 4. Auflage. Berlin.
Brunnett, Regina, 2009: Die Hegemonie symbolischer Gesundheit. Eine Studie zum Mehrwert von Gesundheit im Postfordismus. Bielefeld.
Castel, Francoise, Robert Castel und *Anne Lovell*, 1982: Psychiatrisierung des Alltags. Produktion und Vermarktung der Psychowaren in den USA. Frankfurt a. M.
Deutsche Gesellschaft für Soziologie, 2012: Vielfalt und Zusammenhalt. 36. Kongress der Deutschen Gesellschaft für Soziologie. Ruhr-Universität Bochum TU Dortmund 1.-5. Oktober 2012. Hauptprogramm.
Deutsche Gesetzliche Unfallversicherung, 2009: Beschäftigungsfähigkeit – eine individuelle und unternehmerische Ressource für die Zukunft. Empfangen 12. Nov. 2012 von http://www.dguv.de/inhalt/medien/bestellung/documents/beschaeftigung.pdf
Duttweiler, Stefanie, 2005: „Körper, Geist und Seele bepuscheln ..." Wellness als Technologie der Selbstführung, Artifizielle Körper – Lebendige Technik. S. 261-277 in: *Orland, Barbar* (Hg.), Technische Modellierungen des Körpers in historischer Perspektive. Zürich.
Fairclough, Norman, 2003: Analysing Discourse. Textual Analysis for Social Research. London.
Graefe, Stefanie, 2010a: „Selber auch total überfordert". Arbeitsbedingte Erschöpfung als performativer Sprechakt. S. 49-64 in: *Kaindl, Christina* und *Alfred Krovoza* (Hg.), Das Subjekt – Zwischen Krise und Emanzipation, Hrsg. Alex Demirovic. Münster.
Graefe, Stefanie, 2010b: An den Grenzen der Verwertbarkeit. Erschöpfung im flexiblen Kapitalismus. S. 75-102 in: *Becker, Katharina; Hennig Larnz* und *Tilman Reitz* (Hg.), Grenzverschiebungen des Kapitalismus. Umkämpfte Räume und Orte des Widerstands. Frankfurt a. M.
Greco, Monica, 1998: Illness as a Work of Thought. A Foucauldian Perspective on Psychosomatics. London.
Greco, Monica, 2000: Homo Vacuus. Alexithymie oder das neoliberale Gebot des Selbstseins. S. 265-268 in: *Bröckling, Ulrich; Susanne Krasmann* und *Thomas Lemke* (Hg.), Gouvernementalität der Gegenwart. Frankfurt a. M.
Haag, Antje, 1989: Körpersymptome – Sprache des Widerstandes. Das Argument 162: 148-158.
Herzlich, Claudine, 1973: Health and Illness. A Social Psychological Analysis. London.
Hillert, Andreas und *Michael Marwitz*, 2006: Die Burnout-Epidemie oder brennt die Leistungsgesellschaft aus? München.
Hirsch, Joachim, 1996: Der nationale Wettbewerbsstaat. Staat, Demokratie und Politik im globalen Kapitalismus. 2. Auflage. Berlin.
Hirsch, Joachim, 2001: Postfordismus. Dimensionen einer neuen kapitalistischen Formation. S. 171-210 in: *Hirsch, Joachim; Bob Jessop* und *Nicos Poulantzas* (Hg.), Die Zukunft des Staates. Hamburg.
Deutsches Institut für Medizinische Dokumentation und Information. (o.J.) ICD-10-GM Version 2013. Empfangen 18.10.2012 von http://www.dimdi.de/static/de/klassi/icd-10-gm/kodesuche/onlinefassungen/htmlgm2013/ index.htm#XXI

Huber, Ellis, 2002: Paradigmenwechsel in der Medizin – von der Schulmedizin zur Beziehungsmedizin. S. 61-75 in: *Sauer, Herbert* (Hg.), Betriebliches und persönliches Gesundheitsmanagement. Stuttgart.
Kickbusch, Ilona, 2006: Die Gesundheitsgesellschaft. Megatrends der Gesundheit und deren Konsequenzen für Politik und Gesellschaft. Gamburg.
Klute, Hilmar 2012: Wir Ausgebrannten. Vom neuen Trend erschöpft zu sein. München.
Koppetsch, Cornelia, 2011: Gesellschaft aus dem Gleichgewicht? Zur Signalfunktion neuer Bürgerlichkeit. S. 265-282 in: *Dies*, (Hg.), Nachrichten aus den Innenwelten des Kapitalismus. Zur Transformation moderner Subjektivität. Wiesbaden.
Kury, Patrick, 2012: Der überforderte Mensch. Eine Wissensgeschichte vom Stress zum Burnout. Frankfurt a. M.
Kriegesmann, Bernd, Marcus Kottmann und *Peter Krauss-Hoffmann* (o.J.): Employability und Lebenslanges Lernen. Neue Perspektiven für eine nachhaltige Gesundheitspolitik. Bochum. Empfangen 12.11.2012 von http://www.ruhr-uni-bochum.de/fpe/pdf/abstract%20fruejahrskongress.pdf
Kypta, Gabriele, 2011: Burnout erkennen, überwinden, vermeiden. 3. Auflage. Heidelberg.
Laclau, Ernesto und *Chantal Mouffe*, 2000: Hegemonie und radikale Demokratie. Zur Dekonstruktion des Marxismus. 2. Auflage. Wien.
Lazarus, Richard S., 1999: Stress and Emotion. A new Synthesis. London.
Link, Jürgen, 1997: Versuch über den Normalismus. Wie Normalität produziert wird. Opladen.
Martin, Emily, 1994: Flexible Bodies. Tracking Immunity in American Culture – from the Days of Polio to the Days of AIDS. Boston (MA).
Martin, Emily, 2002: Flexible Körper. Wissenschaft und Industrie im Zeitalter des flexiblen Kapitalismus. S. 32-54 in: *Duden, Barbara* und *Dorothee Noeres*, Auf den Spuren des Körpers in einer technogenen Welt. Opladen.
Mazdumar, Pravu, 2004: Der Gesundheitsimperativ. Widerspruch. Münchner Zeitschrift für Philosophie 42: 11-24.
Moosbrugger, Jeanette, 2010: Burnout: Einzelschicksal oder Massenphänomen? Eine soziologische Betrachtung. ThPQ 158: 252-260.
Müller-Timmermann, Eckhart, 2012: Ausgebrannt – Wege aus der Burnout-Krise. 7. Überarb. Auflage 2012. 13. Gesamtauflage. Freiburg.
Nelting, Manfred, 2012: Burnout. Wenn die Maske zerbricht. Wie man Überbelastung erkennt und neue Wege geht. 6. Auflage. München.
Nettleton, Sarah, 1997: Governing the Risky Self. How to become Healthy, Wealthy and Wise. S. 207-222 in: *Petersen, Alan* and *Robin Bunton*, Foucault, Health and Medicine. London.
Parsons, Talcott, 1968: Definitionen von Gesundheit und Krankheit im Lichte der amerikanischen Werte und der Sozialstruktur Amerikas. S. 323-366 in: *Ders,.* Sozialstruktur und Persönlichkeit. Frankfurt a. M.
Perner, Rotraud, 2012: Der erschöpfte Mensch. St. Pölten, Salzburg, Wien: Residenz Verlag.
Rose, Nicholas, 1999: Inventing Our Selves. Psychology, Power and Personhood. 2. Auflage. Cambridge.
Unger, Hans-Peter und *Carola Kleinschmidt*, 2011: Bevor der Job krank macht. Wie uns die heutige Arbeitswelt in die seelische Erschöpfung treibt und was man dagegen tun kann. 6. Auflage. München.
Werle, Klaus, 2012: Rangliste. Die DAX-Riesen mit den meisten Burnout-Kranken. Empfangen 25.10.2012 von http://www.manager-magazin.de/unternehmen/karriere/0,2828,834827,00.html

Zwei Seiten der Medaille „Psychiatrie" – Verkaufsfördernde Krankheiten erfinden, behandlungsbedingte Erkrankungen tabuisieren

Peter Lehmann

> „Werden im allgemeinen für bekannte Krankheitsbilder Medikamente gesucht, so werden hier für interessante Substanzen Indikationen gesucht. Solche ‚Indikationen' mögen durchaus außerhalb konventioneller psychiatrischer Nosologien *(Krankheitslehren)* liegen: z. B. Erschöpfungszustände bei überarbeiteten Managern oder berufstätigen Müttern, ‚Schulmüdigkeit', Konzentrationsstörungen, aggressive Zustände bei Strafgefangenen, schizoide *(kontaktarme, ungesellige)* oder zyklothyme *(durch ausgeprägte Stimmungswechsel charakterisierte)* Persönlichkeitsstrukturen, Empfindlichkeit gegen Geräusche, leichter Schlaf [...]. Wenn wir davon ausgehen, dass unsere Welt immer künstlicher, ‚menschengemachter' werden wird, gleichzeitig die Anforderungen der Leistungs- und Massengesellschaft an unsere psychische Stabilität immer größer werden, muss dann nicht jede mögliche chemische Beeinflussung psychischer Funktionen auf ihre eventuelle soziale Brauchbarkeit hin untersucht werden?"[1]

Helmchen, seinerzeit Präsident der Deutschen Gesellschaft für Psychiatrie und Nervenheilkunde, und Müller-Oerlinghausen stellten Ende der 1970er Jahre eine eher rhetorisch zu verstehende typische Sinnfrage der modernen Psychiatrie (1978: 16f.). Statt humanistische Hilfe- und Unterstützungsmöglichkeiten für Menschen in psychischen Notlagen und Krisensituationen zu entwickeln, sucht die Mainstream-Psychiatrie nach Wegen, Einsatzmöglichkeiten für neu entwickelte synthetische Substanzen zu begründen, für die es bisher noch keine Indikationen gibt.

Seit Jahren werden in der Medizin (Psychiatrie inklusive) zunehmend Neuroleptika (sogenannte antipsychotische Medikamente) wie zum Beispiel Haldol, Zyprexa oder Imap eingesetzt. Ihre Indikationen gehen von Psychosen über psychosomatische Störungen wie allergische Reaktionen, Übelkeit, schwerer Schluckauf oder übermäßiges Schwangerschaftserbrechen bis hin zu neurologischen Erkrankungen wie dem Tourette-Syndrom. Neuroleptika wirken, indem sie im Nervenreizleitungssystem die Dopamin-Rezeptoren blockieren. Zei-

---

[1] Die kursiv in Klammern gesetzten Erläuterungen in den Zitaten dieses Artikels stammen von Peter Lehmann.

gen sich Behandlungsschäden, werden diese als Nebenwirkungen abgetan, zum Symptomwechsel deklariert, psychologisiert, ignoriert oder tabuisiert. Letzteres betrifft insbesondere den behandlungsbedingten Suizid, der im Mittelpunkt dieses Artikels stehen soll.

Unter der Maßgabe, Menschen mit psychischen Problemen therapeutisch behandeln und so Selbst- und Fremdschädigung bewahren zu wollen, verabreichen Mainstream-Psychiater Substanzen, die geeignet sind, Menschen in suizidale Stimmung zu befördern oder bereits vorhandene Depressionen noch zu verstärken. Auch wenn intern dieses Risiko aus Selbst-, Einzel- und Placeboversuchen, epidemiologischen Studien und einem Suizidregister bekannt ist, wird es nach außen hin geleugnet und tabuisiert.

Risikofaktoren für Depressionen und Suizidalität

Es gibt viele allgemein bekannte Umstände, die Depressivität und suizidales Verhalten auslösen können, wie beispielsweise politische, soziale und ökonomische Faktoren. Am häufigsten liegen psychische Gründe vor. Diese, insbesondere Unglücklichsein und suizidale Ideation (gedanklicher Tatentwurf), kann man nach Belieben als Symptome einer psychiatrischen Krankheit diagnostizieren. Geschieht dies, und fürchten sich Menschen vor Zwangsunterbringung (vgl. „Angst" 1988) oder verzweifeln angesichts von Stigmatisierung und Diskriminierung, so bestätigen sie dadurch nur bereits gefällte Diagnosen wie „Schizophrenie" (vgl. Rufer 1988). Hoffnungslosigkeit wegen einer unheilbaren psychiatrischen Diagnose kann den Suizid bewirken, insbesondere wenn diese einhergeht mit Selbststigmatisierung (vgl. Hentschel et al. 1987), traumatisierender psychiatrischer Behandlung (vgl. Kempker 2000, Lehmann 2010) und ablehnender Haltung gegenüber psychotherapeutischen Hilfsangeboten (vgl. Kamann 2012).

Möglich sind auch physische Faktoren: neurologische Erkrankungen wie Parkinson; zerebrovaskuläre Störungen; Tumore; Infektionen wie AIDS oder Hepatitis; endokrinologische Störungen wie Morbus Cushing; Stoffwechselstörungen wie Dehydrierung; Krebs; Alkoholabhängigkeit; genetische Abnormitäten im Serotoninsystem – vielerlei Störungen können Depressionen auslösen (vgl. Härter et al. 2007).

Depressionen und Suizidalität können ausgelöst werden von Drogen wie Mephedron (vgl. Rehfeld 2011) wie auch durch legal verschriebene Medikamente (vgl. Jain 2012: 62) einschließlich psychiatrischer Psychopharmaka wie Tranquilizer (z.B. Benzodiazepine [vgl. Hall & Joffe 1972, Remschmidt 1980, van der Kroef 1979, Lydiard et al. 1987, Lehmann 1996b: 361]), Stimmungsstabilisatoren (vgl. Patorno et al. 2010), Antidepressiva (vgl. Arzneimittelkommission 2004, Fergusson et al. 2005, Olfson et al. 2006, U.S. Food and Drug Administration 2007)[2] und Neuroleptika (siehe unten). „Suizidalität kann offenbar auch eine chemisch-biologische Ursachen im Gehirn haben" (zit. nach Schmalenberg 2010: 21), so Müller-Oerlinghausen.

Neuroleptika und Parkinsonoid

Seit den 1950er Jahren bekommen Menschen mit der Diagnose „Schizophrenie" in der Psychiatrie standardmäßig Neuroleptika verabreicht. Diese synthetischen psychotropen Substanzen wirken primär auf das Gehirn und den Stoffwechsel und produzieren eine sogenannte Zweitkrankheit: einen zerebral schädigenden Artefakt (vgl. Haddenbrock 1964: 62f.). Dörner und Plog erklären, wie ihre Behandlung funktioniert (1992: 545): „Wir verwandeln den seelisch leidenden vorübergehend in einen hirnorganisch kranken Menschen, bei der EKT *(Elektrokrampf-,Therapie')* nur globaler, dafür kürzer als bei der Pharmako-Therapie." Meyer spricht vom Zustand verlangsamten Lebens (1953: 2/8):

> „Man erzeugt durch konsequente pharmako-dynamische Blockade des neurovegetativen Systems den Zustand eines ‚verlangsamten Lebens', eine vita minima, eine zeitlupenartige Veränderung aller biologischen Abläufe. [...] Was wir medikamentös hervorrufen, ist einem Winterschlaf gleichzusetzen."

Sekundär wird so die Psyche beeinflusst und die primär diagnostizierte Krankheit, die Psychose oder eine sonstige störende Sinnes- und Lebensweise, überlagert oder zurückgedrängt. Gemäß medizinischer Definition gilt eine Substanz nur dann als Neuroleptikum, wenn sie die „neuroleptische Schwelle" überschreiten kann, das heißt, wenn sie ein mehr oder weniger subtiles Parkinsonoid auslöst (womit die „therapeutische" Zweitkrankheit benannt ist).

Das Parkinsonoid ist ein Symptomenkomplex der Schüttellähmung, im Wesentlichen bestehend aus Bewegungsarmut bis hin zu Bewegungsunfähigkeit, Muskelzittern und -steifheit sowie gesteigertem Speichelfluss auf dem einen Pol und krankhaft gesteigerter motorischer Aktivität, genannt Akathisie, auf dem anderen. Das Parkinsonoid ist die definierte Hauptwirkung, die conditio sine qua non, wobei es nicht besonders ausgeprägt sein muss.

Neuroleptika setzt man in verschiedenen Bereichen der Medizin ein, in der Psychiatrie und in der Tiermedizin. In totalen Institutionen wie Heimen und Ge-

---

2   Siehe auch die Berichte auf der Website „SSRI Stories – Antidepressant Nightmares": http://ssristories.com

fängnissen versucht man Insassen ebenso gefügig zu machen wie politische Gefangene in manchen totalitären Staaten. Oft wird das Argument ins Feld geführt, mit der jeweils neuesten Generation von Psychopharmaka würde alles anders. Dass die modernen, sogenannten atypischen Neuroleptika sich jedoch in ihren Auswirkungen nicht wesentlich von herkömmlichen Neuroleptika unterscheiden, bekräftigt Ebner, Präsident der Schweizerischen Vereinigung Psychiatrischer Chefärzte und Mitglied des Advisory Board bei Janssen Cilag zur Einführung des Risperdal Consta (2003: 30):

> „Es handelt sich nicht um weniger Nebenwirkungen, sondern um andere, die aber ebenfalls sehr einschneidend sein können, auch wenn sie von den Patienten nicht unmittelbar wahrgenommen werden, weswegen die Patienten leichter zur Einnahme dieser Antipsychotika motiviert werden können, da die quälenden Frühdyskinesien/extrapyramidalen Nebenwirkungen nicht oder nicht so stark auftreten."

Oft kombiniert man herkömmliche Neuroleptika mit Antiparkinsonmitteln, um Muskel- und Bewegungsstörungen zu unterdrücken; diese könnten die Behandlung diskreditieren und die Betroffenen zum Absetzen der Neuroleptika motivieren. Neuroleptika der jüngsten Generation haben einen Breitbandeffekt und sind laut Müller (2003: 54) „im pharmakologischen Sinne ‚dirty drugs', also Substanzen mit mehr als einem Wirkungsmechanismus". Sie dämpfen die behandlungsbedingten Muskel- und Bewegungsstörungen in ihrer Entäußerung und wirken wie die Kombination aus herkömmlichen Neuroleptika und Antiparkinsonmitteln. Haase erklärt das Wirkprinzip am Beispiel des Prototyps der „atypischen" Neuroleptika (1988: 143): „Clozapin verhält sich also ähnlich wie andere Neuroleptika, denen man eine zunehmend hohe Dosis eines Antiparkinsonmittels hinzugibt."

Während das Parkinsonoid als Neuroleptika-Nebenwirkung abgetan wird, während es sich doch um eine erwünschte Hauptwirkung handelt, werden andere Risiken meist ignoriert. Dies betrifft beispielsweise das metabolische Syndrom (Symptomenkomplex aus Übergewicht, Fettstoffwechselstörungen, Bluthochdruck und Insulinresistenz), die Apoptose (eine Form des programmierten Zelltods, eine Art „Selbstmordprogramm" einzelner Zellen, das heißt, Schrumpfen der Hirnzellen und Abbau der DNA) oder das Defizitsyndrom (bleibende Antriebslosigkeit und verminderte Willensstärke, Spontaneität, Zuwendung zur Umwelt und emotionale Regungen). Andere katastrophale Behandlungsergebnisse werden tabuisiert, insbesondere die Risiken körperlicher Abhängigkeit und der Suizidalität.

Menschen mit psychiatrischen Diagnosen und entsprechender Behandlung haben eine um durchschnittlich zwei bis drei Jahrzehnte reduzierte Lebenserwartung (vgl. Ösby et al. 2000, Colton und Manderscheid 2006, Aderhold 2010: 48–57). Die Sterblichkeit von Psychiatriepatienten steigt seit drei Jahrzehnten in alarmierender Weise kontinuierlich linear an (vgl. Saha et al. 2007: 1126). Abgesehen von der oft prekären ökonomischen Situation psychiatrischer Patientinnen und Patienten spielt die toxische Wirkung der Psychopharmaka, insbesondere der modernen Neuroleptika (Fettleibigkeit, Herz-Kreislauf-Erkrankungen, metabolisches Syndrom, Agranulozytosen etc.), eine wesentliche Rolle für diese Katastrophe. Statt jedoch Konsequenzen zu ziehen, plädieren Mainstream-Psychiater wie Saha und Kollegen lieber dafür, noch einige Jahrzehnte Daten zu sammeln (und damit die Patienten dem Risiko des frühen Todes auszusetzen), um gefestigtere Aussagen treffen zu können. Sie sprechen der Einfachheit halber von einem unerklärbaren Paradox, um die hohe Sterblichkeit zu erklären (2007: 1129):

> „Es ist ernüchternd, über dieses Paradox der Schizophrenie-Behandlung zu sinnieren. Während wir besser werden, die Kernsymptome der Schizophrenie zu entdecken und behandeln, verschlechtert sich der SMR[3] der Patienten. Das Potenzial für eine sogar größere Krankheitsbelastung als Ergebnis der Einführung der antipsychotischen Medikamente der zweiten Generation gegeben, muss die Forschung mit dem Ziel der Optimierung der körperlichen Gesundheit von Menschen mit Schizophrenie dringend optimiert werden."[4]

Herz-Kreislaufstörungen und vor allem Suizidalität sind die häufigsten Todesursachen. Selbstverständlich gibt es Psychiater, die den Zusammenhang der frühen Sterblichkeit mit den Auswirkungen der verabreichten Neuroleptika anzweifeln. Einige sehen sogar eine Abnahme der Sterblichkeit als Folge der Neuroleptika. Die geringe Lebenserwartung sei nicht durch die Toxizität psychiatrischer Psychopharmaka bedingt, meinen Psychiater in Finnland nach einer Langzeitstudie, sondern im Gegenteil (Tiihonen et al. 2009: 1): „Bei Patienten mit einer oder mehrerer Verschreibungen für ein antipsychotisches Medikament beobachtete man ein reziprokes Verhältnis zwischen Sterblichkeit und zunehmender Dauer der Anwendung..." Neuroleptika hätten gar eine positive Breitbandwirkung auf die Gesundheit (Haukka et al. 2008: 691f.): „Unsere Resultate legen nahe, das sich die Anwendung einer antipsychotischen Medikation segensreich auf die Gesamtsterblichkeit auswirkt und bis zu einem gewissen Grad auch auf die Suizid-Sterblichkeit."

In ihren Arbeiten über den Einfluss von Neuroleptika auf die Sterblichkeit von „Schizophrenen" nennen Aderhold und Kollegen eine Reihe neuroleptikabedingter Todesursachen wie Herz-Kreislauf-Störungen, massive Gewichtszunahme, metabolisches Syndrom, Diabetes etc. (vgl. Weinmann et al. 2009). Im Gegensatz zur Argumentation von Tiihonen und Kollegen sehen sie eine deutlich verringer-

---
3 Standardisierter Mortalitätsquotient: Verhältnis der Sterblichkeit „Schizophrener" zur Sterblichkeit der Gesamtbevölkerung
4 Die Übersetzungen aller englischen Zitate stammen vom Autor.

te Lebenserwartung. Die unterschiedliche Bewertung der Daten spiegelt sich in den Erklärungen der Autoren zu möglichen Interessenkonflikten. Danach unterliegen Aderhold und Kollegen keinen Konflikten, während Tiihonen wie auch Haukka geschäftliche Beziehungen mit Pharmafirmen wie Lundbeck, Organon, Janssen-Cilag, Eli Lilly, AstraZeneca, Hoffmann-La Roche oder Bristol-Myers Squibb haben und ihnen Gutachten und Vorträge liefern (vgl. Tiihonen et al. 2011).

Parkinsonoid, Parkinsonpsyche und Suizidalität

Wie oben erwähnt, verabreichen Psychiater standardmäßig Neuroleptika, wenn sie sich für die Diagnose „Schizophrenie" oder „Psychose" entschieden haben und lösen so ein mehr oder weniger ausgeprägtes Parkinsonoid aus. Auf der psychischen Ebene zeigt sich diese Störung als sogenannte Parkinsonpsyche. Darunter ist eine neurologisch begründete, in – grob gesehen – fünf Stufen voranschreitende Persönlichkeitsveränderung zu verstehen: Diese reichen von bedrückter Stimmung (1), emotionaler Flachheit und Labilität sowie niedergedrückter Stimmung (2), Unruhe und herabgesetzter seelischer Dynamik (3), Weinerlichkeit, weiterem Niedergang der Affektivität, des vitalen Antriebs, des Willens und der Interessen (4) bis hin zu demenziellem Nachlassen der intellektuellen Fähigkeiten (vgl. Fünfgeld 1967: 3–25).

Depressionen stellen also typische Auswirkungen von Neuroleptika dar und werden demzufolge von Psychiatern problemlos hingenommen. Ayd stellt klar (1975: 497):

> „Es besteht nun eine allgemeine Übereinstimmung, dass milde bis schwere Depressionen, die zum Suizid führen können, bei der Behandlung mit jedem Depot-Neuroleptikum auftreten können, ebenso wie sie während der Behandlung mit jedem oralen Neuroleptikum vorkommen können. Diese depressiven Veränderungen der Stimmung können zu jeder Zeit während depotneuroleptischer Behandlung auftreten. Einige Kliniker haben Depressionen kurz nach Behandlungsbeginn bemerkt; andere machten diese Beobachtung Monate oder Jahre nach Behandlungsbeginn."

Viele Psychiater versuchen, unerwünschte Psychopharmaka-Wirkungen als Folge einer zu hohen Dosierung abzutun. Benkert und Hippius verneinen die Vorstellung, dass die neuroleptikabedingte Suizidalität eventuell einer zu hohen Dosierung geschuldet sein könnte (1980: 257f.):

> „Aber auch kleine Dosen können besonders bei älteren Patienten depressive Verstimmungen hervorrufen. Die Suizidgefahr ist bei einer pharmakogenen Depression genauso groß wie bei einer Depression anderer Genese und muss daher unbedingt ernst genommen werden. [...] De-

pressionen, Suizidalität, Erregungszustände und Delirien unter Pharmaka treten im allgemeinen unter Dosierungen auf, die durch den behandelnden Arzt therapeutisch verordnet wurden."

Berichte über Depressionen und Suizidalität aus erster Hand

Immer wieder berichten Psychiatriebetroffene, wie sie unter der Wirkung von Neuroleptika suizidal wurden. In „Psychopharmaka absetzen" veranschaulicht Bellion ihren psychischen Zustand unter gemeindepsychiatrischer Behandlung (2008: 314):

> „Hinter meiner neuroleptischen Mauer vegetiere ich vor mich hin und bin ausgesperrt aus der Welt und aus dem Leben. Die reale Welt ist weiter von mir weg als Pluto von der Sonne. Meine eigene heimliche Welt ist auch weg – diese letzte Zuflucht habe ich mir mit Haldol zerstört. Dies ist nicht mein Leben. Dies bin nicht ich. Genauso gut könnte ich tot sein. Eine Idee nimmt allmählich Form an: Bevor es Winter wird, werde ich mich erhängen. Vorher will ich ausprobieren, ob mein Leben ohne Haldol anders wird. Ich reduziere die Tropfen. Weniger und weniger nehme ich davon ein, bis ich bei Null ankomme. Nach einem Monat bin ich clean. Da merke ich, wie verwahrlost ich bin. Ich wasche mir die Haare, beziehe das Bett, mache die Wohnung sauber. Ich bereite eine warme Mahlzeit. Das macht mir sogar Vergnügen. Ich kann wieder denken."

Ähnliche Erfahrungen schildert eine Betroffene, der man eine Kombination aus Haldol und dem Antidepressivum Aponal verordnet und die unter diesem Einfluss versuchte, ihrem Leiden durch Suizid ein Ende zu setzen (Marmotte 2002: 135f.):

> „Wieder entlassen, hockte ich stundenlang in meiner Küche vorm Wasserhahn, durstig, aber unfähig, einen Becher Wasser zu nehmen oder das hart gewordene Brot zu beißen. Der Supermarkt war nur wenige Schritte entfernt, ich schaffte es nicht aufzustehen und wünschte mir nur, einfach tot zu sein, um endlich Ruhe zu haben. Mit Gott hatte ich gebrochen wegen dieser Erkrankung. Ich sah sie als Bestrafung an für zwei dunkle Punkte in meinem Leben. Das Schlimmste aber war der Teufelskreis des ewig wiederkehrenden psychotischen Denkens. Ich versuchte immer wieder, wenigstens ein paar Sekunden etwas anderes zu denken – es gelang nicht. Die Gedanken drehten immer wieder ihre sattsam bekannten gleichen Runden, Hunderte Male am Tag, mal im Zeitlupentempo, dann immer schneller werdend das Gehirn zu malträtieren. Genau das war für mich die Hölle und das teuflische Spiel. Ich fühlte mich verdammt, von Gott auf immer verlassen, es gab keine Erlösung. Ich konnte nichts tun, als diesen fiesen Film liegend zu ertragen. Ich wusste, ich muss wieder glauben lernen, aber es ging nicht, und so versuchte ich, das Leben zu beenden."

Suizidale Auswirkungen hat offenbar auch Leponex, der Prototyp der „atypischen" Neuroleptika, dessen Wirkstoff Clozapin im deutschsprachigen Bereich auch als Clopin, Clozamedica, Clozapin, Elcrit und Lanolept im Handel ist. Fröhlich berichtet (zit. nach Lehmann 1996a: 70f.):

„Seit Beginn der Leponex-Einnahme habe ich keine Lust mehr auf Sex, keine Lust an der Bewegung und keine Freude am Leben. Ein Leben ohne Freude ist jedoch ärger als der Tod. Alles, war mir geblieben ist, ist das Fernsehen, wo ich seit sieben Jahren anderen zusehe, wie sie leben. Ich bin zwar biologisch noch am Leben, doch meine Sinne sind schon längst tot, alles, was mir früher Freude gemacht hat, kann ich nicht mehr machen. Mein Leben existiert eigentlich gar nicht mehr, ich komme mir so leer und so unbedeutend vor. Am schlimmsten ist es am Morgen. Jeden Tag nehme ich mir vor, am nächsten Tag mit einem gesunden Leben zu beginnen, die Medikamente wegzuschmeißen, viele Vitamine und Fruchtsäfte zu trinken und mit einer täglichen Fitnessroutine zu beginnen. Durch die Neuroleptika entsteht ein Gefühl, als ob es mir gelingen würde, am nächsten Tag mit einem ganz anderen, einem neuen Leben zu beginnen. Wenn ich dann aber in der Früh aufwache, bin ich wie zerschlagen und komme vor 9 Uhr nie aus dem Bett, meine Depressionen sind so arg, dass ich jeden Tag an Selbstmord denke."

Psychiatrische Berichte über Depressionen und Suizidalität

Die Ergebnisse psychiatrischer Selbst-, Einzel- und Placeboversuche bestätigen die Berichte von psychiatrischen Patientinnen und Patienten.

Selbstversuche

Psychiatern ging es bei ihren Selbstversuchen im Prinzip nicht anders, auch ihre Lebensfreude nahm merklich ab. Mitte der 1950er Jahre veröffentlichten Heimann und Witt ihre an Radnetzspinnen und Kontrollpersonen sowie in drei Selbstversuchen und neun weiteren Experimenten an ebenso vielen Psychiatern und Pharmakologen gewonnenen Erfahrungen mit einer einmaligen Einnahme von Largactil, dessen Wirkstoff Chlorpromazin hierzulande noch als Chlorazin erhältlich ist. Sehr deutlich wird das unter dem Neuroleptikum ausgeprägte Gefühl der Minderwertigkeit und Leistungsunfähigkeit, struktureller Bestandteil der neuroleptikabedingten Parkinsonpsyche, an der folgenden Aussage (1955: 113):

„,Ich fühlte mich regelrecht körperlich und seelisch krank. Auf einmal erschien mir meine ganze Situation hoffnungslos und schwierig. Vor allem war die Tatsache quälend, dass man überhaupt so elend und preisgegeben sein kann, so leer und überflüssig, weder von Wünschen noch anderem erfüllt' ... *(Nach Abschluss der Beobachtung)*: ,Riesengroß wuchsen vor mir die Aufgaben des Lebens auf: Nachtessen, in das andere Gebäude gehen, zurückkommen – und das alles zu Fuß. Damit erreichte der Zustand sein Maximum an unangenehmem Empfinden: Das Erlebnis eines ganz passiven Existierens bei klarer Kenntnis der sonstigen Möglichkeiten'..."

Was Heimann und Witt schon 1955 publizierten, trifft den Kern der depressiv machenden Wirkung von Neuroleptika. Die Behandelten sind wach, obwohl ihr vegetatives System einer vita minima gleicht; angesichts des bestehenden Bewusstseins über die – nicht mehr und scheinbar nie wieder im Leben – realisierbaren Möglichkeiten, ein aktives Leben zu führen, reagieren sie auf die neuroleptische Apathisierung potenziell mit depressiver Verzweiflung. Berichte von Betroffenen, von Selbstversuchen, Einzelfallberichte, epidemiologische Studien und Auslassversuche zeigen übereinstimmende Ergebnisse.

Einzelversuche

Von einem bemerkenswerten psychiatrischen Versuch berichten de Alarcon und Carney, die die depressive Stimmungsveränderung unter Neuroleptika bei gleichbleibenden äußeren Bedingungen prüften. Sie schilderten einige unter gemeindepsychiatrischer Behandlung erfolgte Suizide unter Fluphenazin (im Handel als Dapotum, Fluphenazin und Lyogen), um schließlich ausführlich einen Versuch mit diesem Neuroleptikum an einem 39jährigen wiederzugeben, der bereits einen Suizidversuch unter dieser Substanz hinter sich hatte. Als die Psychiater bemerkt hatten, dass der Mann regelmäßig einige Tage nach seiner 14tägigen Depotspritze Suizidabsichten entwickelte, wollten sie mit eigenen Augen die stimmungsverschlechternde Wirkung des Neuroleptikums miterleben. In der Klinik beobachtete man den „schizophrenen" Mann vier Wochen lang, ohne dass man ihm Neuroleptika verabreichte und ohne dass etwas Wesentliches an seiner Stimmung auffiel. Dann erhielt er eine intramuskuläre Spritze à 25 mg (1969: 565f.):

> „An einem Mittwoch um 15 Uhr verabreichte man ihm die Versuchsspritze. Am Nachmittag des folgenden Tages war er in gedrückter Stimmung, wollte in Ruhe gelassen werden und hatte kein Bedürfnis, mit irgend jemandem zu reden, zu lesen oder fernzusehen. Ungefähr um 16 Uhr ging er zu Bett. Nach Meinung der aufsichtsführenden Schwester stellte er einen Suizidrisikofall dar. Als man ihn am Freitag interviewte, war die Veränderung seines äußeren Erscheinungsbildes beeindruckend. Er blickte düster drein, einen Scherz beantwortete er nicht mit einem Lächeln, und es fand keine spontane Konversation statt. Seine Antworten waren auf das unbedingt Notwendige beschränkt. Das Vorhandensein irgendwelcher paranoider oder hypochondrischer Ideen oder irgendwelcher Schuldgefühle verneinte er. Er sagte einfach, dass er sich sehr minderwertig vorkomme, und wenn er alleine in seiner Bude wäre, würde er sich das Leben nehmen. Am Freitagabend trat eine Besserung ein, und als man ihn am Samstag erneut interviewte, hatte er wieder zu seinem gewohnten, normalen Selbst zurückgefunden."

Placeboversuche

Am bekanntesten für Placeboversuche zur Abklärung suizidaler Neuroleptikawirkungen sind die Publikationen von Müller. Dieser fand in seiner placebokontrollierten Untersuchung bei einem weit höheren Prozentsatz depotneuroleptisch Behandelter depressive Syndrome häufiger als bei den Placebobehandelten. Zu den Ergebnissen nach Verminderung oder Absetzen der Neuroleptika teilt er mit (1981: 52f./64):

> „Bei insgesamt 47 Behandlungsmaßnahmen kam es in 41 Fällen zu einer Besserung der depressiven Verstimmung, nur in zwei Fällen gab es keine Veränderung, bei vier war der Effekt fraglich. Es war sehr überraschend festzustellen, dass allein die Reduzierung der neuroleptischen Dosis (in der Regel auf die Hälfte der bisherigen Gabe) in der überwiegenden Zahl dieser Fälle schon zur Besserung des depressiven Syndroms führte, allerdings oft nur zu einer Teilbesserung, die aber immerhin den Patienten schon deutlich entlastete. Demgegenüber brachte das gänzliche Absetzen bei anderen Patienten oder bei den gleichen Patienten, bei denen eine Dosisminderung nur zur geringen Besserung führte, einen sehr eindrücklichen Erfolg hinsichtlich der Depressionsbesserung. Manche Patienten berichteten, dass sie sich erst jetzt wieder völlig gesund fühlten wie lange vor der Erkrankung, und die von manchen Ärzten fast als unveränderlich angesehene depressive Bedrückung, die eventuell für Vorboten defektuöser Entwicklungen hätte gehalten werden können, verschwand gänzlich. Der mögliche Einwand, es könne sich hierbei um psychoreaktive Effekte im Sinne der Erleichterung des Patienten über das Absetzen der Medikation handeln, ist zu widerlegen, da fast alle Patienten Depot-Injektionen erhielten und über die Dosis dann nicht informiert wurden bzw. Placebo-Injektionen erhielten. [...] Die Veränderungen dieser Patienten waren für sie selbst, für Angehörige und Untersucher in manchen Fällen recht eindrucksvoll, die Patienten berichteten selbst, dass sie sich jetzt wieder ganz gesund wie lange vor der Erkrankung fühlten. Das war bei der neuroleptisch weiterhin behandelten Gruppe überwiegend nicht der Fall. Diese Befunde sprechen wohl doch eindeutig für pharmakogene Einflüsse und gegen morbogene Entwicklungen."

Müller resümiert (1981: 72):

> „Depressive Syndrome nach der Remission der Psychose und unter neuroleptischer Behandlung sind nicht selten, sondern treten etwa bei zwei Dritteln der Patienten auf, teilweise auch noch häufiger, besonders wenn parenteral Depot-Neuroleptika gegeben werden. Ohne neuroleptische Behandlung finden sich hingegen nach vollständiger Remission diese depressiven Verstimmungen nur ausnahmsweise."

Epidemiologische Studien

Müllers Aussagen werden durch eine Vielzahl epidemiologischer Studien gestützt (vgl. Lehmann 1996a: 57–87, 109–115). Healy und Kollegen (2006: 227) sehen nach dem Vergleich von Suizidzahlen in der Zeit zwischen 1875 und 1924, als die Suizidrate bei als „schizophren" diagnostizierten Menschen unter 0,5 % lag, gegenüber heute einen Anstieg um das 20fache und führen diesen auf die Behandlung zurück. Battegay und Gehring betonen nach einem Vergleich von Behandlungsverläufen der vor- und nachneuroleptischen Ära (1968: 107f.):

> „Im Verlauf der letzten Jahre wurde verschiedentlich auch eine Verschiebung des schizophrenen Symptomenbildes nach einem depressiven Syndrom hin beschrieben. Mehr und mehr zeigen die Schizophrenien einen bland-depressiv-apathischen Verlauf. Es wurde offenbar, dass

unter Neuroleptica oft gerade das entsteht, was mit ihrer Hilfe hätte vermieden werden sollen und als Defekt bezeichnet wird."

Pöldinger und Siebern äußern (1983: 131): „Es ist nicht ungewöhnlich, dass medikamentenverursachte Depressionen durch ein häufiges Vorkommen von suizidaler Ideation gekennzeichnet sind." In Übereinstimmung mit Scharfetter (1986: 89), der den Wirkungshöhepunkt der Neuroleptika zum Zeitpunkt des Suizids betont, warnt Rufer (1988): „Schizophrene, die hoch dosiert Neuroleptika erhalten, begehen vermehrt Selbstmord". Haase (1976) teilt mit, die Anzahl lebensgefährdender depressiver Erscheinungen nach Anstaltsbehandlung mit Psychopharmaka habe sich seit Einführung der Neuroleptika mindestens verzehnfacht. Die Steigerung der Suizidrate sei „alarmierend und besorgniserregend", so Armbruster (1986) im *Nervenarzt* – ohne allerdings die Betroffenen und ihre Angehörigen oder gar die Öffentlichkeit zu alarmieren.

Über die Entwicklung in Finnland, Norwegen und Schweden klärt Hessö auf; es scheine klar zu sein (1977: 122),

„... dass der Anstieg sowohl der absoluten Suizidzahlen als auch der relativen im Jahre 1955 begann. Dies war das Jahr, in dem Neuroleptika in den skandinavischen psychiatrischen Krankenhäusern eingeführt wurden."

Modestin informiert über seinen Arbeitsplatz, die Psychiatrische Universitätsklinik Bern, sowie die benachbarte Psychiatrische Klinik Münsingen (1982: 258): „Unsere Resultate zeigen eine dramatische Zunahme der Suizidhäufigkeit unter den in der PUK Bern sowie auch PK Münsingen hospitalisierten Patienten in den letzten Jahren."

Laut Müller (1989) kommt Suizid bei Menschen mit der Diagnose „Schizophrenie" ungefähr 50mal häufiger als bei der Allgemeinbevölkerung vor, laut Saha und Kollegen (2007: 1126) immerhin noch zwölfmal häufiger. Neuere psychiatrische Zahlen nennen für „Schizophrene" übereinstimmend eine Suizidrate von ca. 5 %, was dem 10fachen der Allgemeinbevölkerung entspricht (vgl. Nordentoft et al. 2004, Heilä et al. 2005, Qin & Nordentoft 2005, Hor und Taylor 2010). Schneider (2003) bezeichnet Suizid als die häufigste Ursache des vorzeitigen Todes „Schizophrener". Aber während die „neuromythologische" (Rufer 2007: 400) Psychiatrie für alle menschlichen Emotionen eine biochemische Erklärung hat, sei es für Liebe oder wohlige Gefühle beim Blick in den Sonnenuntergang (vgl. „Alles" 2000): Wenn es zur Erklärung von Suiziden neuroleptikabehandelter „Schizophrener" kommt, finden Mainstream-Psychiater ausschließlich emotionale und sozioökonomische Ursachen. In ihrem Literaturüberblick über die Sterblichkeit und Todesursachen bei „Schizophrenen" verweisen Tabbane und Kollegen auf alle möglichen Suizidursachen; pharmakologische Faktoren nennen sie jedoch mit keinem Wort. Vorzeitiger Tod sei in hohem Maße mit Suizid verbunden (Tabbane et al. 1993: 23):

> „Es gibt zahlreiche Suizidrisikofaktoren. Einige von ihnen gelten als stichhaltig, andere werden noch diskutiert. Die erstgenannten sind: männlich, jung und mindestens zehn Jahre seit Ausbruch *(der Krankheit)*, miteinhergehende depressive Symptome, zurückliegende Suizidversuche, wiederholte Rückfälle und Perioden nach der Krankenhausentlassung. Die letztgenannten sind: Soziale Isolation, Ehelosigkeit, Arbeitslosigkeit, hohes Ausbildungsniveau, wahnhafte und halluzinatorische Aktivität sowie Zurückweisung innerhalb der Familie."

Hor und Taylor (2010) überprüften systematisch alle Originalstudien, die seit 2004 publiziert wurden und Suizide „Schizophrener" thematisieren. Den bereits von Tabbane und Kollegen genannten Ursachen fügten sie noch Substanzmissbrauch parallel zur „Schizophrenie" hinzu. Selbstverständlich meinen sie mit Substanzmissbrauch nicht die offiziell verschriebenen Neuroleptika.

All diese Studien halten daran fest, dass die Gewährung der „bestmöglichen Behandlung psychotischer Symptome" der einzige zuverlässige Schutz vor einem Suizid sei. Mit „bestmöglicher Behandlung" meint man derzeit die Verabreichung „atypischer" Neuroleptika. So überrascht es wenig, dass die Studie von Tiihonen und Kollegen an Patienten mit „erster Episode" zum Schluss kommt, das Suizidrisiko bei „Schizophrenen", die keine Neuroleptika nehmen, sei 37 mal höher als bei behandlungswilligen „Schizophrenen" (vgl. Tiihonen et al. 2006). Demgegenüber können Khan und Kollegen (2001) bei der Auswertung der Datenbank der FDA, der US-amerikanischen Bundesbehörde zur Überwachung von Nahrungs- und Arzneimitteln, keinen Unterschied für das Suizidrisiko erkennen zwischen Personen, denen man Placebos gibt, und solchen, denen man Neuroleptika gibt.

Suizidregister im psychiatrischen Bereich

Drei Register versuchten oder versuchen, Zusammenhänge zwischen Suizidalität und psychiatrischen Psychopharmaka aufzudecken. Nach Flugblattaktionen und Informationen über neuroleptikabedingte Suizide gründeten die Irren-Offensive Berlin, damals eine undogmatische Selbsthilfegruppe, und das Psychiatrie-Beschwerdezentrum Berlin 1983 gemeinsam die „Erfassungsstelle für Selbstmorde durch psychiatrische Behandlung" und riefen per Pressekonferenz im Rathaus Schöneberg zur Unterstützung ihrer Initiative auf. Der Aufruf war allerdings erfolglos, so dass die Initiative ihre Aktivitäten wieder einstellte (vgl. Klust 1983, „Psychopharmaka" 1983).

Mit einem Sonderbogen zur Spontanerfassung unerwünschter Arzneimittelwirkungen möchte die Gruppe „Arzneimittelüberwachung in der Psychiatrie" (AMÜP) Bayern um den Psychiater Manfred Wolfersdorf seit Anfang der 90er Jahre Daten zur möglicherweise behandlungsbedingten Suizidalität sammeln (vgl. Haen et al. 1989). 2002 reflektieren Mitglieder von AMÜP Bayern über ihre Ergebnisse und die vielfältigen methodologischen Probleme und sprechen sich für weiterentwickelte Fragenkataloge und Erfassungsbögen aus (vgl. Franke et al. 2002). Wiederholte Angebote seitens des Europäischen Netzwerks von Psychiatriebetroffenen zur Mitarbeit an der Lösung offener methodologischer Probleme blieben jedoch unbeantwortet; das von Psychiatern alleine betriebene Suizidregister bringt keinerlei nennenswerte Ergebnisse.

Anders verhält es sich mit dem schwedischen Suizidregister, das Larsson beschreibt. Gemäß dem Gesetz zur Regelung professioneller Handlungen im Gesundheitsbereich („Lex Maria") müssen seit Februar 2006 alle Suizide, die innerhalb von vier Wochen nach dem letzten Besuch einer Stelle des Gesundheitssystems begangen werden, der Nationalen Behörde für Gesundheit und Soziales zur Untersuchung gemeldet werden. Larssons Daten[5] zu verschiedenen Neuroleptika (Abb. 1), Antidepressiva (Abb. 2) und Tranquilizern (Abb. 3), die jeweils innerhalb eines Zeitraums von vier Wochen vor dem Suizid verabreicht wurden, zeigen (2009: 17–19),

> „gemäß den erhaltenen Daten wurden für 2007 den sechs regionalen Büros 393 Fälle berichtet. In 338 der 393 Fällen – 86 % der Fälle – behandelte man die Personen im Jahr vor dem Suizid mit psychiatrischen Medikamenten.

In 304 Fällen – 77 % der Fälle – behandelte man die Personen mit Antidepressiva und/oder Neuroleptika.

In 261 Fällen – 66 % der Fälle – behandelte man die Personen mit Tranquilizern und/oder Schlafmitteln: Medikamente aus der Gruppe der Benzodiazepine oder ähnlicher neuerer Präparate."

---

5 Eine Liste der in den deutschsprachigen Ländern verwendeten Psychopharmaka steht im Internet unter www.antipsychiatrieverlag.de/verlag/titel/absetzen/psychopharmakaliste.htm, eine Liste mit psychopharmakologischen Wirkstoffen und weltweit verwendeten Handelsnamen unter www.peter-lehmann-publishing.com/info/psychodrugs.htm

Abbildung 1: „Atypische" Neuroleptika, die man 2007 in Schweden Personen vier Wochen vor ihrem Suizid verabreicht hatte

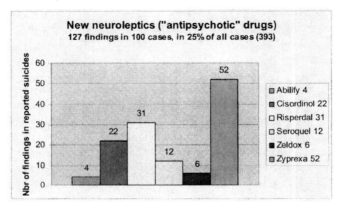

Zusätzlich behandelte man viele Personen mit anderen Substanzklassen psychiatrischer Psychopharmaka – einschließlich Antiepileptika, die man als Stimmungsstabilisatoren einsetzt (Pregabalin [im Handel als Lyrica], Lamotrigin [im Handel als Gerolamic, KPC Lamotrigin, LamicGSK, Lamictal, Lamitor, Lamo, Lamotribene, Lamotrigin, Lamotrig-Isis und Lamotrin]), ADHD-Mittel (Methylphenidat [im Handel als Concerta, Equasym, Medikid, Medikinet, Methylpheni, Methylphenidat, MPH und Ritalin] und Atomoxetin [im Handel als Strattera]) und andere Medikamente wie das Schmerzmittel Buprenorphin (im Handel als Bupensan, Buprenorphin, Cras, Norspan, Suboxone, Subutex, Temgesic und Transtec) oder das Beruhigungsmittel Clomethiazol (im Handel als Distraneurin).

Zwei Seiten der Medaille „Psychiatrie" 191

Abbildung 2: Antidepressiva, die man 2007 in Schweden Personen vier Wochen vor ihrem Suizid verabreicht hatte

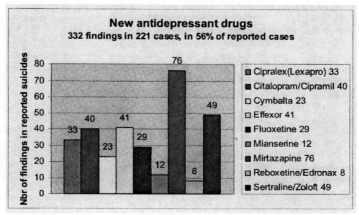

Abbildung 3: Tranquilizer/Schlafmittel, die man 2007 in Schweden Personen vier Wochen vor ihrem Suizid verabreicht hatte

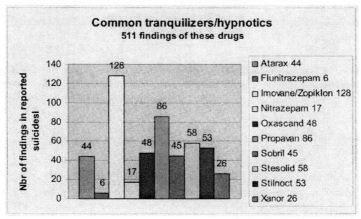

Larsson fasst die Resultate seines Berichts wie folgt zusammen (2009: 23–25):

> „In 86% der Fälle von Suiziden, die der Nationalen Behörde für Gesundheit und Soziales für 2007 gemeldet wurden – das sind 338 von 393 Fällen – behandelte man die Personen mit psychiatrischen Medikamenten. In 0% (!) dieser Fälle leitete man diese Angelegenheit der Agentur für Medizinprodukte zur Registrierung als unerwünschte Medikamentenwirkung weiter [...]. Entgegen der Behauptung von Eli Lilly *(Herstellerfirma von Zyprexa)*, das Medikament Zyprexa *(Neuroleptikum, Wirkstoff Olanzapin, im Handel auch als Aedon, Arkolamyl, Espanzapin, Lapozan, Lazapix, Ola, Olancer, olaniz, Olanza, Olanzabeta, Olanzaburg, Olanzagamma, Olanzanat, Olanzapin, Olanzapine, Olanzaran, Olanzatang, Olanzespin, Olazax, olchem, Olipazix, Olpinat, Zalasta, Zapilux und Zypadhera)* sei bei 0 Suiziden in Schweden beteiligt gewesen, war dies bei 52 Fällen dieser Untergruppe von 338 Personen der Fall. Entgegen derselben Behauptung von Wyeth für Effexor *(Antidepressivum, Wirkstoff Venlafaxin, im Handel als Efectin, Efexor, Faxiprol, Lindalex, Lunaven, Tonpular, Trevilor, Vandral, Venaxibene, Venla, Venlabeta, VenlaCare, Venlafab, Venlafaxin, Venlagab, Venlagamma, Venlasan, Venlatrev, Venlax und Zaredrop)* war dieses Medikament in Wirklichkeit bei 41 Fällen dieser Gruppe beteiligt."

Larssons Bericht beinhaltet auch Daten zur Gesamtzahl von Suiziden in Schweden 2007 und der jeweils vorausgegangenen psychopharmakologischen Behandlung, ebenso Autopsiedaten der nationalen Behörde für Forensische Psychiatrie. Die Daten zeigen den Prozentsatz der Substanzklassen psychiatrischer Psychopharmaka, die Personen verschrieben worden waren, die Suizid begangen hatten (Abb. 4) wie auch die Substanzklassen psychiatrischer Psychopharmaka, die man bei Autopsien in ihrem Blut gefunden hatte (Abb. 5). Er schreibt (2009: 2):

> „Das Ergebnis zeigt, dass 2007 in Schweden 1126 Suizidversuche mit tödlichem Ausgang zu verzeichnen waren (325 Frauen und 801 Männer). Von diesen Personen hatten 724 (64%) innerhalb des Jahres, in dem sie sich das Leben nahmen, eine Verordnung für psychiatrische Medikamente erhalten. Von den 325 Frauen hatten 250 (77%) eine Verordnung für psychiatrische Medikamente erhalten; bei den 801 Männern lag die Zahl bei 474 (59%). Von den Frauen hatten 196 (60%) eine Verordnung für Antidepressiva erhalten; bei den Männern lag die Zahl bei 306 (38%).
>
> Bei den forensischen toxikologischen Analysen fand man Spuren psychiatrischer Medikamente bei 575 Personen (52%) der erfolgten Analysen.
>
> Spuren von Antidepressiva fand man bei 132 (41%) der weiblichen Leichen.
>
> Man kommt zum Ergebnis, dass ein großer Prozentsatz der Personen, die 2007 in Schweden Suizid begingen, im Jahr des Suizids und in seiner zeitlichen Nähe ausgiebig mit psychiatrischen Medikamenten behandelt worden sind."

Abbildung 4: Prozentualer Anteil der Substanzklassen psychiatrischer Psychopharmaka, die Personen verschrieben worden waren, die 2007 in Schweden Suizid begingen

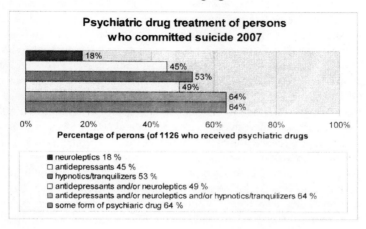

Abbildung 5: Prozentualer Anteil von Spuren psychiatrischer Psychopharmaka, die man bei Autopsien bei Männern und Frauen fand, die 2007 in Schweden Suizid begingen

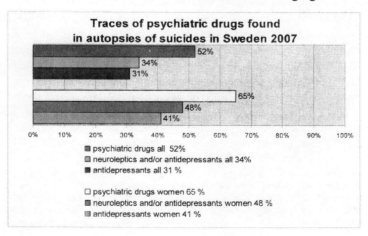

Was tun?

Psychiatrie und Vernunft scheinen sich auszuschließen. Menschen, die sich in suizidaler Weise selbst gefährden könnten und dadurch Psychiatriepatienten werden, verabreicht man Neuroleptika, die bereits vorhandene Depressionen häufig verstärken. Andere Personen mit unbequemer und störender Lebens- und Sinnesweise erhalten dieselben Substanzen mit den gleichen suizidfördernden Wirkungen.

Man kann nun den Autor dieses Artikels unlauterer Motive oder falscher Interpretation der genannten Daten verdächtigen; man kann auf der banalen Position verharren, wonach es außer der neuroleptischen Eigenwirkung noch andere Suizidfaktoren geben und man deshalb keine Stellung nehmen muss; man kann der Pharmaindustrie weiterhin die Finanzierung und (Des-) Organisation von Suizidprophylaxeprogrammen überlassen; man kann der Propagierung früher und konsequenter Elektroschockverabreichung als angeblich antidepressiv wirksame und besser verträgliche Maßnahme (vgl. Falkai & Gruber 2012) oder der Verabreichung potenziell suizidaler Neuroleptika weiterhin tatenlos zuschauen und der Obrigkeit vertrauen, dass diese die Interessen der Schwachen vertritt.[6]

Man kann es andererseits für dringend notwendig erachten, die suizidalen Risiken von Neuroleptika öffentlich zu machen – sowie im wissenschaftlichen Bereich als auch gegenüber der Allgemeinbevölkerung und insbesondere gegenüber psychiatrischen Patienten und ihren Unterstützern. Herstellerfirmen und psychiatrisch Tätige müssen verpflichtet werden, in ihren Informationsschriften bzw. Aufklärungsgesprächen deutlich vor dem Suizidrisiko zu warnen, das mit der Verabreichung von Neuroleptika verbunden ist.

Als Sofortmaßnahme sollte man sich per Vorausverfügung wie zum Beispiel dem Psychiatrischen Testament (vgl. Ziegler 2007) vor der gewaltsamen Verabreichung von Neuroleptika schützen. Kommt es unter der Wirkung von psychiatrischen Psychopharmaka zum Suizid, sollte auf den Straftatbestand des Eventualvorsatzes (bedingter Vorsatz) plädiert werden. Eventualvorsatz liegt nach herrschender Auffassung vor, wenn der Täter den Taterfolg – in diesem Fall den Suizid – als Folge seines Handelns ernsthaft für möglich hält, ihn billigend in Kauf nimmt und sich damit abfindet (zum Beispiel durch die Weiterverabreichung von Neuroleptika trotz sichtbarer Entwicklung einer Depression). Allgemein herrscht

---

6   Die Auseinandersetzung mit Suiziden von Menschen, die dem Zeitgeist zum Opfer fallen, ist weder leicht noch allgemein erwünscht. Suizide störender und unbequemer Menschen wurden schon vor 100 Jahren als wünschenswert angesehen. Lenz meinte beispielsweise (1923:23): „Die Auslese durch den Selbstmord liegt daher in der Richtung auf eine Stärkung des Lebenswillens und auf ein heiteres Temperament der Bevölkerung." Es dauerte über 60 Jahre, bis man begann, die Suizide jüdischer Menschen während der Nazizeit zu erforschen (vgl. „Freitod" 2006).

unter Juristen Einigkeit, dass für die Strafbarkeit einer Tat sowie für die zivilrechtliche Verantwortlichkeit Eventualvorsatz ausreicht.

Mittelfristig sollten die vorliegenden Fakten durch weitere Studien erhärtet werden. Dies könnte ein unabhängiges Pilotprojekt zur Entwicklung eines Suizidregisters unter Mitwirkung unabhängiger Psychiatriebetroffener auf den Weg bringen, wie es auch in den Empfehlungen der EU-Studie „Diskriminierung und Schikane von Menschen mit psychosozialen Beeinträchtigungen im Gesundheitsbereich" enthalten ist[7]. In der Medizin sind Sterblichkeitsregister nicht ungewöhnlich, um den Zusammenhang zwischen verringerter Lebenserwartung, lebensgefährlichen Resultaten ärztlicher Behandlung und anderen Risikofaktoren zu ermitteln.

Bessere Kenntnisse über die suizidalen Wirkungen von Psychopharmaka und anderen psychiatrischen Maßnahmen könnten psychiatrisch Tätigen, Angehörigen, Freunden und Betreuern dabei helfen, die Suizidalität gefährdeter Menschen nicht auch noch zu verstärken. Sofern ihnen überhaupt Entscheidungsmöglichkeiten eingeräumt werden, wüssten Menschen in psychischer Not, welche Substanzen sie auf der Suche nach Hilfe meiden sollten. Sie würden verstehen, dass sie den Anspruch der Psychiatrie, als medizinisch-naturwissenschaftliche Disziplin, psychische Probleme überwiegend sozialer Natur lösen zu wollen, möglicherweise mit einem hohen Preis bezahlen. Die Enttabuisierung behandlungsbedingter Suizide wäre nicht verkaufsfördernd für Neuroleptika, aber ein wichtiger Baustein für eine vernünftige Suizidprophylaxe.

Literatur

Aderhold, Volkmar, September 2010. „Neuroleptika zwischen Nutzen und Schaden. Minimale Anwendung von Neuroleptika – ein Update". Unveröffentlichtes Manuskript. Empfangen am 13.4.2012 von www.bgt-ev.de/fileadmin/Mediendatenbank/Themen/Psychopharmakadebatte/Aderhold_Neuroleptika_update.pdf.
„Alles, was wir fühlen, ist Chemie. Glück, seelisches Leiden und Psychopillen: Die Pharmakotherapeutin Brigitte Woggon debattiert mit der Psychoanalytikerin Brigitte Bothe". Weltwoche 8.6.2000: 53–54.
„Angst vor Anstalt – Sprung aus 7. Stock". AZ München 29.12.1988.

---

7 Siehe www.peter-lehmann-publishing.com/articles/enusp/empfehlungen.pdf

Armbruster, Bärbel, 1986: „Suizide während der stationären psychiatrischen Behandlung". Nervenarzt 57: 511–516.
Arzneimittelkommission der deutschen Ärzteschaft, 2004: „‚Aus der UAW-Datenbank' – Suizidalität unter SSRIs" (Elektronische Version). Deutsches Ärzteblatt 101(39). Empfangen am 7.4.2009 von www.akdae.de/Arzneimittelsicherheit/Bekanntgaben/Archiv/2004/ 200409243.pdf
Ayd, Frank J., 1975: „The depot fluphenazines". American Journal of Psychiatry 132: 491–500.
Battegay, Raymond und *Annemarie Gehring,* 1968: „Vergleichende Untersuchungen an Schizophrenen der präneuroleptischen und der postneuroleptischen Ära". Pharmakopsychiatrie Neuro-Psychopharmakologie 1: 107–122.
Bellion, Regina, 2008: „Nach dem Absetzen fangen die Schwierigkeiten erst an". S. 313–325 in: *Lehmann, Peter* (Hg.), Psychopharmaka absetzen – Erfolgreiches Absetzen von Neuroleptika, Antidepressiva, Phasenprophylaktika, Ritalin und Tranquilizern. 3., aktualisierte Auflage. Berlin.
Benkert, Otto und *Hanns Hippius,* 1980: Psychiatrische Pharmakotherapie. 3. Auflage. Berlin.
Colton, Craig W. und *Ronald W. Manderscheid,* 2006: „Congruencies in increased mortality rates, years of potential life lost, and causes of death among public mental health clients in eight states". Preventing Chronic Disease 3(2): 1–14.
de Alarcon, Richard und *M. W. P. Carney,* 1969: „Severe depressive mood changes following slow-release intramuscular fluphenazine injection". British Medical Journal: 564–567.
Dörner, Klaus und *Ursula Plog,* 1992: Irren ist menschlich. 7. Auflage. Bonn.
Ebner, Gerhard, 2003: „Aktuelles aus der Psychopharmakologie. Das Wichtigste vom ECNP-Kongress". Psychiatrie (Schweiz), Online-Ausgabe (1): 29–32. Empfangen am 23.12.2003 von www.medpoint.ch/frame.asp?ru=document&ArtikelID=10116
Falkai, Peter und *Oliver Gruber,* 2012: „Elektrokonvulsionstherapie – Psychiatrische Fachgesellschaften aus vier Ländern empfehlen einen rechtzeitigen und adäquaten Einsatz". Nervenarzt 83: 919–925.
Fergusson, Dean, Steve Doucette, Kathleen Cranley Glass, Stan Shapiro, David Healy, Paul Hebert und *Brian Hutton,* 2005: „Association between suicide attempts and selective serotonin reuptake inhibitors: systematic review of randomised controlled trials". British Medical Journal 330: 396; doi: 10.1136/bmj.330.7488.396 (veröffentlicht am 17.2.2005).
Franke, Christoph, Stefan Roider, Manfred Wolfersdorf und *Matthias Dobmeier,* 2002: „Zusammenhang zwischen Suizidalität und Psychopharmaka – Ergebnisse der AMÜP-Bayern 1991 bis 1999". Psychopharmakotherapie 9: 108–111.
„Freitod von Juden in der NS-Zeit wird erforscht". Berliner Zeitung 26.2.2006: 19.
Fünfgeld, Ernst Walter, 1967: Psychopathologie und Klinik des Parkinsonismus vor und nach stereotaktischen Operationen. Berlin / Heidelberg / New York.
Haase, Hans-Joachim, 1976: „Pharmakotherapie bei Schizophrenien". In: ders. (Hg.), Die Behandlung der Psychosen des schizophrenen und manisch-depressiven Formenkreises (93–120). Stuttgart.
Haase, Hans-Joachim, 1988: „Neuroleptika: Fakten und Erlebnisse". In: Otfried K. Linde (Hg.), Pharmakopsychiatrie im Wandel der Zeit (137–154). Klingenmünster.
Haddenbrock, Siegfried, 1964: „Hyperkinetische Dauersyndrome nach hochdosierter und Langstreckenbehandlung mit Neuroleptika". S. 54–63 in: *Kranz, Heinrich* und *Kurt Heinrich* (Hg.), Begleitwirkungen und Misserfolge der psychiatrischen Pharmakotherapie. Stuttgart.
Haen, Ekkehard, Josef-Maria Aigner, Dirk Jost, Esther Lippert, Petra Spindler und *Helmfried Klein,* 1999: „Die Arzneimittelüberwachung in der Psychiatrie Bayerns (AMÜP-Bayern)". Arzneimitteltherapie 17(3): 93–96.

Härter, Martin, Harald Baumeister und *Jürgen Bengel* (Hg.), 2007: Psychische Störungen bei körperlichen Erkrankungen. Berlin.
Hall, Richard C.W., und *Joy R. Joffe,* 1972: „Aberrant response to diazepam". American Journal of Psychiatry 129: 738–742.
Haukka, Jari, Jari Tiihonen, Tommi Härkänen und *Jouko Lönnqvist,* 2008: „Association between medication and risk of suicide, attempted suicide and death in nationwide cohort of suicidal patients with schizophrenia". Pharmacoepidemiology and Drug Safety 17: 686–696.
Healy, David, M. Harris, R. Tranter, P. Gutting, R. Austin, G. Jones-Edwards et al., 2006: „Lifetime suicide rates in treated schizophrenia: 1875–1924 and 1994–1998 cohorts compared". British Journal of Psychiatry 188: 223–228.
Heilä, Hannele, Jari Haukka, Jaana Suvisaari und *Jouko Lönnqvist,* 2005: „Mortality among patients with schizophrenia and reduced psychiatric hospital care". Psychological Medicine 35: 725–732.
Heimann, Hans, und *Peter Nikolaus Witt,* 1955: „Die Wirkung einer einmaligen Largactilgabe bei Gesunden". Monatsschrift für Psychiatrie und Neurologie 129: 104–123.
Helmchen, Hanfried und *Bruno Müller-Oerlinghausen,* 1978: „Klinische Prüfung neuer Psychopharmaka". In: ders. (Hg.), Psychiatrische Therapie-Forschung – Ethische und juristische Probleme (7–26). Berlin.
Hentschel, Reinhold, Peter Lehmann, Kurt Lindner, Tina Stöckle und *Hermann Treu*sch, 1987: „Behandlungsergebnis Selbsttod – Ein klassischer psychiatrischer ‚Fall'". Die Irren-Offensive – Zeitschrift von Ver-rückten gegen Psychiatrie (3): 19–24.
Hessö, Rolf, 1977: „Suicide in Norwegian, Finnish, and Swedish hospitals". Archiv für Psychiatrie und Nervenkrankheiten 224: 119–127.
Hor, Kahyee und *Mark Taylor,* 2010: „Suicide and schizophrenia: a systematic review of rates and risk factors". Journal of Psychopharmacology 24(4), Suppl.: 81–90.
Jain, Kewal K., 2012: Drug-induced neurological disorders. 3., überarbeitete und erweiterte Auflage. Göttingen.
Kamann, Matthias, 24.3.2012: „Die Leichtfertigkeit der Sterbehelfer. 27 Menschen wurden 2011 von Roger Kusch und seinem Verein beim Suizid unterstützt". Berliner Morgenpost: 4.
Khan, Arif, Shirin R. Khan, Robyn M. Leventhal und *Walter A. Brown,* 2001: „Symptom reduction and suicide risk among patients treated with placebo in antipsychotic clinical trials: an analysis of the Food and Drug Administration database". American Journal of Psychiatry 158: 1449–1454.
Kempker, Kerstin, 2000: Mitgift – Notizen vom Verschwinden. Berlin.
Klust, Heinz, 1983: „30 Sekunden Zeitaufwand – für immer Ruhe. Erfassungsstelle für (Selbst-) Morde durch psychiatrische Behandlung (ESPB) gegründet". Die Irren-Offensive – Zeitschrift von Ver-rückten gegen Psychiatrie (2): 16–17.
Larsson, Janne, 2009: „Psychiatric drugs & suicide in Sweden 2007: A report based on data from the National Board of Health and Welfare" (Elektronische Version). Empfangen am 26.6.2010.
Lehmann, Peter, 1996(a): Schöne neue Psychiatrie. Band 1: Wie Chemie und Strom auf Geist und Psyche wirken. Berlin.
Lehmann, Peter, 1996(b): Schöne neue Psychiatrie. Band 2: Wie Psychopharmaka den Körper verändern. Berlin.
Lehmann, Peter, 2010: „Medicalization and irresponsibility". Journal of Critical Psychology, Counselling and Psychotherapy 10: 209–217; ungekürzte Fassung auf der Website von Peter Lehmann Publishing: www.peter-lehmann-publishing.com/articles/lehmann/medicalization.htm.
Lenz, Fritz, 1923: Menschliche Auslese und Rassenhygiene. 2. Auflage. München.

Lydiard, R. Bruce, M. T. Laraia, J. C. Ballenger und *E. F. Howell*, 1987: „Emergence of depressive symptoms in patients receiving alprazolam for panic disorders". American Journal of Psychiatry 144: 664–665.
Marmotte, Iris, 2002: „Die Blaue Karawane, unterwegs...". In: *Peter Lehmann* (Hg.), Psychopharmaka absetzen – Erfolgreiches Absetzen von Neuroleptika, Antidepressiva, Lithium, Carbamazepin und Tranquilizern (134–151). 2., aktualisierte Auflage. Berlin.
Meyer, Hans-Hermann, 1953: „Winterschlafbehandlung in der Psychiatrie und Neurologie". Sonderdruck nach: Deutsche Medizinische Wochenschrift 78: 1097–1100.
Modestin, Jiri, 1982: „Suizid in der psychiatrischen Institution". Nervenarzt 53: 254–261.
Müller, Peter, 1981: Depressive Syndrome im Verlauf schizophrener Psychosen. Stuttgart.
Müller, Peter, 1989: „Der Suizid der schizophrenen Patienten und sein Zusammenhang mit der therapeutischen Situation". Psychiatrische Praxis 16: 55–61.
Müller, Walter, 2003: „Wirkungsmechanismen älterer und neuerer Neuroleptika". S. 37–54 in: *König, Frank* und *Wolfgang P. Kaschka* (Hg.), Interaktionen und Wirkmechanismen ausgewählter Psychopharmaka. 2. Auflage. Stuttgart.
Nordentoft, Merete, Thomas Munk Laursen, Esben Agerbo, Ping Qin, Eyd Hansen Høyer und *Preben Bo Mortensen*, 2004: „Change in suicide rates for patients with schizophrenia in Denmark, 1981–97: nested case-control study" (Elektronische Version). British Medical Journal 329: 261 – doi: 10.1136/bmj.38133.622488.63 (veröffentlicht am 22.6.2004)
Ösby, Urban, Nestor Correia, Lena Brandt, Anders Ekbom und *Pär Sparén*, 2000: „Mortality and causes of death in schizophrenia in Stockholm county, Sweden". Schizophrenia Research 45(1–2): 21–28.
Olfson, Mark, Steven C. Marcus und *David Shaffer*, 2006: „Antidepressant drug therapy and suicide in severely depressed children and adults: a case-control study". Archives of General Psychiatry 63: 865–872.
Patorno, Elisabetta, Rhonda L. Bohn, Peter M. Wahl, Jerry Avorn, Amanda R. Patrick, Jun Liu et al., 2010: „Anticonvulsant medications and the risk of suicide, attempted suicide, or violent death". Journal of the American Medical Association 303: 1401–1409.
Pöldinger, Walter und *S. Sieberns*, 1983: „Depression-inducing and antidepressive effects of neuroleptics". Neuropsychobiology 10: 131–136.
„Psychopharmaka – der todsichere Weg. Erfassungsstelle für Selbstmorde in der Psychiatrie". Tageszeitung (Ausgabe Berlin) 31.1.1983: 15.
Qin, Ping N. und *Merete Nordentoft*, 2005: „Suicide risk in relation to psychiatric hospitalization: evidence based on longitudinal registers". Archives of General Psychiatry 62: 427–432.
Rehfeld, Nina, 21.7.2011: „Auf Wolke 9: Menschen, die sich im Rausch verletzen oder andere gefährden – eine neue Modedroge erschüttert Ärzte in Amerika". Berliner Zeitung: 32.
Remschmidt, Helmut, 1980: „Paradoxe Reaktionen und Interaktionen von Psychopharmaka bei Kindern und Jugendlichen". Monatsschrift für Kinderheilkunde 128: 636–641.
Rufer, Marc, 1988: „Schizophrene, die hoch dosiert Neuroleptika erhalten, begehen vermehrt Selbstmord". Pro mente sana aktuell (3): 34.
Rufer, Marc, 2007: „Psychiatrie – ihre Diagnostik, ihre Therapien, ihre Macht". S. 400–418 in: *Lehmann, Peter* und *Peter Stastny* (Hg.), Statt Psychiatrie 2. Berlin.
Saha, Sukanta, David Chant und *John McGrath*, 2007: „A systematic review of mortality in schizophrenia: is the differential mortality gap worsening over time?" Archives of General Psychiatry 64: 1123–1131.

Scharfetter, Christian, 1986: „Die Selbsttötung schizophrener Menschen". Schweizer Archiv für Neurologie und Psychiatrie 137(4): 85–91.
Schmalenberg, Detlef, 6.5.2010: „Ein Selbstmord und ein Medikament". Frankfurter Rundschau: 20–21.
Schneider, Barbara, 2003: Risikofaktoren für Suizid. Regensburg.
Tabbane, K., R. Joober, C. Spadone, M. F. Poirier und *J. P. Olié*, 1993: „Mortalité et causes de décès dans la schizophrénie : revue de la literature". L'Encéphale 19(1): 23–28; englisches Abstract auf der Website des NCBI – National Center for Biotechnology Information. Empfangen am 23.7.2011 von www.ncbi.nlm.nih.gov/pubmed/8275890
Tiihonen, Jari, Kristian Wahlbeck, Jouko Lönnqvist, Timo Klaukka, John P. A. Ioannidis, Jan Volavka et al., 2006: „Effectiveness of antipsychotic treatments in a nationwide cohort of patients in community care after first hospitalisation due to schizophrenia and schizoaffective disorder: observational follow-up study" (Elektronische Version). British Medical Journal 333: 224 – doi: 10.1136/bmj.38881.382755.2F (veröffentlicht am 6.7.2006).
Tiihonen, Jari, Jouko Lönnqvist, Kristian Wahlbeck, Timo Klaukka, Leo Niskanen, Antti Tanskanen et al., 2009: „11-year follow-up of mortality in patients with schizophrenia: a population-based cohort study (FIN11 study)". Lancet 374: 620–627.
Tiihonen, Jari, Jari Haukka, Mark Taylor, Peter M. Haddad, Maxine X. Patel und *Pasi Korhonen*, 2011: „A nationwide cohort study of oral and depot antipsychotics after first hospitalization". American Journal of Psychiatry 168: 603–609.
US Food and Drug Administration, 2007: „Antidepressant use in children, adolescents, and adults": im Internet auf der Website der U.S. Food and Drug Administration: Empfangen am 28.7.2011 von www.fda.gov/Drugs/DrugSafety/InformationbyDrugClass/ucm096273.htm
van der Kroef, C., 1979: „Reactions to triazolam". Lancet: 526.
Weinmann, Stefan, John Read und *Volkmar Aderhold*, 2009: „Influence of antipsychotics on mortality in schizophrenia: Systematic review." Schizophrenia Research 113: 1–11.
Wolfersdorf, Manfred und *Elmar Etzersdorfer*, 2011: Suizid und Suizidprävention. Stuttgart.
Ziegler, Laura, 2007: „Vorausverfügungen für den Fall der Psychiatrisierung – ‚Die Rechte eines Flohs'". In: *Peter Lehmann und Peter Stastny* (Hg.), Statt Psychiatrie 2 (331–343). Berlin.

Erklärung zu möglichen Interessenkonflikten

Peter Lehmann hat keinerlei Verbindung zur pharmazeutischen Industrie und zu Organisationen, die von ihr gesponsert werden, noch zu Scientology oder anderen Sekten jeglicher Couleur.

Beyond and before the label:
The ecologies and agencies of ADHD

Alexander I. Stingl/Sabrina M. Weiss[1]

> "For discipline is ambiguous just as the pharmakon is. And it is as well the entire ambiguity of systems of care in general, that can always reverse themselves into systems of control."
>
> Bernard Stiegler

> "I don't have a whole lot of choice, We've decided as a society that it's too expensive to modify the kid's environment. So we have to modify the kid."
>
> Physician, quoted in *New York Times*, Oct. 9, 2012

1. Introduction

1.1 Give me a label broad enough and a system of care and I will move all life-worlds.

It cannot escape our attention: deficit/hyperactivity disorder is everywhere. Debates about it are heated. As a category, it is contested and so are available treatment options. It is, well, murky, fuzzy, slippery territory. Draw a map and you will have to write in *hc svnt dracones* more than once.

There is a trend among doctors to prescribe ADHD drugs to children regardless of diagnosis – if kids have 'bad grades', drugs are the solution (Schwarz 2012). The American comedian Stephen Colbert calls it, mockingly, *meducation*

---

[1] *Acknowledgments and editorial note:* This chapter was planned to be an updated version of Stingl's previous work on ADHD and science studies (Stingl 2010), while Stingl and Weiss were collaborating on several writing projects and an ADHD-related grant proposal. A discussion of Weiss's paper to be presented at 4S 2012, transported several ideas we had recently co-developed into the discourse on ADHD, changing many aspects of this chapter. Subsequently, an entirely novel 'director's cut' of this chapter was written by Stingl, It was more than three times as large as would have been possible to include in this publication. Stingl and Weiss condensed and rewrote the chapter accordingly into the present form. We also would like to thank our students and colleagues at Leuphana University, Lüneburg and Rensselaer Polytechnic Institute, Troy, NY, our informants, the professional and (education) student audiences who come to our talks, and academic friends who have offered supportive and productive critique on this and other subjects over the past few years. In particular, we would like to thank the editors of this volume, as well as the Nuremberg/Fuerth 'rainbow group', the Seattle 'alchemists', also Sal Restivo, Hans Bakker, Gareth Edel, Ron Eglash, John Ratey, Ellen Langer, Jonah Friedman, Donald Levine, Torben Schneider, and Mike Bare.

(*Colbert Report*, 10/10/2012): Another reminder of the salience (bio-)medicalization and its complexities connecting social, mental and physical development to academic achievement and disruptive behavior disorders such as ADHD.

We are concerned here with the question of how the faculty of society, its citizens, construct and determine a 'direction of fit' for the *figuration* of body-mind-society. This subject has been made explicit (*problematized*) by Michel Foucault. It has been the subject of much research literature on medicalization (Conrad 1980, 1991) and, recently, biomedicalization (Rose 2007, Clarke et al. 2010). In introducing alternative regimens and comparative techniques for the body (e.g. physical education or martial arts), we argue (with Diamond and Lee 2010; Ratey 2008; Shusterman 2000, 2008), that ultimately it is both the individual person(s) and the political imagination (Grosz 2011; Hengehold 2007) that benefits. We also argue that, from a techno-scientific point of view, alternative regimens of analog, somaesthetic, material and post-colonial social technologies will truly enable children not just to "reach a functional potential" but to unfold and live their natural potentials, and create robust and cost-effective complementary practices. Naturally, it follows that the actual subjects of this research are the power-relations in play as well as their effects on bodies and on the political imagination. With regard to the situation of children who are suspected of suffering from ADHD and their parents being presented with the pressure of necessitated (socio-cultural) choices, we argue that it is imperative that we create robust research on alternative choices and on the actual situation of decision-making. The situation here is remarkably different from the majority of the research on doctor-patient interaction, because the patient (child/minor) and the decision-maker (parent/guardian) are not the same person, generating a unique power differential overlaid onto their existing asymmetrical relationship. The situation "doctor-parent-patient" requires a special kind of investigation with regard to the power-knowledge constructs in play, wherein the agency of the child is reconstructed or reenacted either in a state of *(silent) othering* or a process of *thirding*.

This chapter will approach this complex topic from several angles: historical, conceptual, and practical. First, we shall examine how social trends of industrialization and urbanization promoted an interest in commodifying and regulating attention, increasing its desirability at the expense of other cognitive styles described by Immanuel Kant. Second, we will employ discussions of narratives and governmentality to contextualize current approaches to ADHD diagnosis and (bio)medicalization. Finally, we will engage current literature on Thirdness, vital materiality and somatic scapes to propose new ways of engaging patients, parents, educations, and health practitioners in practices that promote agency, mindfulness, and integration of multiple social spheres. Through these perspectives, we hope to promote a constructive *abstractio* that opens possibilities for new engagements with this topic.

2. The rise of a disorder, still waiting for its fall

The 19th century witnessed the emergence of a new human condition: Industrialization, urbanization, the growth spurt of an educated public sphere, etc. For this new class of craftsmen, citoyens, *Buerger*, and merchants, which will come to be described in the ideal-type of the *middle class*, it was important to impress the fact of social mobility and its conditions onto their children. In the 19th century, lack of 'success' in life, ill health, etc., were mostly a moral problem – not yet a medical one (Hejl 2000, Porter 1987), favoring the lesser power of attention, the closing of the mind to the completion of one single-dimensional – usually visually presented – task by way of 'focusing' on it (the use of this visual metaphor is not an accident). By the end of the 19th century, industrial fatigue research (Rabinbach 1990) in Italy, Germany, and the USA had 'gone viral'. The classic popular depiction of a child suffering from Attention-Deficit-Hyperactivity Disorder is also a 19th century product: The tale of *Zappel-Phillip* ('Fidgety Phil') in a collection of moral tales called the *Struwelpeter* by Heinrich Hoffman, a German physician and anatomist who became a reformer of psychiatric institutions in Frankfurt am Main. In 1871, he wrote in the journal *Die Gartenlaube* (a popular journal on family-life, moral education and social hygiene), that in 1844 he was unable to find story- or picture-books suitable for the moral education child of three or four years of age. As a consequence, he began writing stories for his son, which were first published in 1845 and enjoyed great success in the 150 plus years since. The stories told, usually, of unruly children who ended up condemned to a gruesome fate due to their refusal or inability to conform to social standards. These ideas still lurk as implicit phantasms (Boesch 2002) governing our socio-cultural and medico-political systems. Some of these concepts and debates focus directly on the concept of attention and on the role of the mind/body relationship in health, normalcy, and pathology. A transformation had to take place in science, culture and society to lead William James's *Principles of Psychology* (1890) and Hugo Muensterberg's work on industrial efficacy (1913). The conception of attention as a socio-physical normalization procedure led to the emergence of a pathology of ADHD as the *assemblage* (Rabinow 2003) which with its sensual, task, gender, age and racial biases provides the benchmarks for the figuration which "normalizes" human beings towards a direction of fit with the *industrious human condi-*

tion. When William James took it on himself to write up his chapter on 'Attention' in his two-volume seminal treatise of the *Principles of Psychology* (1890), James assembled his ideas in a discursive climate of the moralization of medicine and social hygiene that promoted the participation in industry and democracy, and the inspiration of the novel appreciation for the individual *will* (volition) in between organism-environment interaction (Lakoff 2000). In 1902, George Still provided the first documentation of a systematization of disturbances in childhood behavior in a series of lectures before the Royal College of Physicians, which were published afterwards in *The Lancet*, a journal founded in 1823 with a focus "to entertain, instruct, and reform" in the relations between medicine and its publics and with the mission to defend medicine against "political, social, or commercial forces" that sought to undermine its values.

George Still, in tune with the discursive climate of his time, described cases in a way that would remain stable throughout the different health care paradigms, labels, diagnostic and therapeutic tools and classificatory narratives of the 20th century: children's distortive/disordered behavior included failure to sustain attention, restlessness, inability to sit still, and it was found more in boys than girls, among other symptoms described. George Still framed the problem in the language of moral degeneracy rather than as one of either intelligence or deviance (Mayes and Rafalovich 2006), recreating the issue in terms of the discourse of evolution and biology, which aligned with the discourse on industrial fatigue research (see: Sarasin 2001, 2003; Sarasin and Tanner 1998; Rabinbach 1990; Crary 2001). In Still's view, this distorted behavior only manifested a 'morbid physical condition' in the form of a moral deficiency (Still quoted in Mayes and Rafalovich 2006). Still, in other words, combined the utilitarian moralist view with a positivist attitude, where a few years later another British researcher, Alfred Tredgold, described the same behavior, which was always found in the context of education as 'anti-school behavior' (ibid.) as a symptom, introducing the idea that it was an issue of 'brain damage', respectively. Non-conformity became equated with 'minimal brain-damage'. *Inattentiveness* became a pathological weakness in the underdevelopment of will on the road from medicalization to bio-medicalization. In 1937, Charles Bradley opened the door for the 'medication of children'. Bradley, who worked in a home for children with behavioral problems, discovered by accident that *benzedrine*, a substance that he speculated could have positive effects on inhibiting uncontrolled motor-action turned out to exert a general calming effect through inhibition that translated into improvements in school performance. While it took another thirty years for controlled trials to receive official funding and, consequently, wider recognition, pharmaceutical interventions eventually became the 'weapon of choice' for parents and teachers struggling to help children perform well at school and to qualify for jobs and careers. Of course, rivaling explanations for ADHD, competing diagnostic categories and etiologies, and, as a result, alternative therapeutic regimes should also be accounted for. The most critical inquiries from within anti-psychiatric, anti-medical, and anti-pharmacological (or anti-capitalist) circles point to the idea that not only can diseases be considered a social construction, as Peter Conrad and others in adopting Irving Zola's category have put it, but any behavior that is unwanted or non-conforming is currently being *medicalized*. We agree that medicalization is one of many factors in this complex situation, but as Eyal rejects simplistic causal mechanisms for the observed rise in autism in *The Autism Matrix*, we too reject one-dimensional explanations such as anti-capitalist conspiracy theories that exclusively blame Big Pharma.

2.1 Disease Entities

Three discourses were meshed together as anthropology and (developmental) psychology to produce many of the concepts that are still applied today: The diagnostic ideas of medical semiotics, the personal regimens of dietetics (physical and mental exercise, relation to one's own body, and nutrition), and hygiene (society's influence on the citizen's body through public health). Emil Kraepelin's (1856 – 1926) categorical-operational approach to diagnostics and clinical practice found many imitators: Basically, a catalog of symptoms was originally produced, and by way of check-listing symptoms observed in a patient, disorder was diagnosed algorithmically and a regimen of therapy was 'calculated' from a predetermined set of universalized options. More recently, a school of Neo-Kraepelians was directly responsible for the production of the diagnostic standards applied in the third to the upcoming fifth edition *Diagnostic and Statistical Manual of Mental Disorders (DSM-III, IV,* published in 2013: *V)*. Despite the fact that this was neither the idea of Kraepelin nor the intention for the DSM, which was supposed to be a helpful additional reference guide for highly trained clinicians (used with additional training, experience and in lieu of a casebook), this catalog-style approach is currently being used with comparable ease and little training, not only by members of clinical establishment (recent pressures from the job-market, increased case-loads, reduced quality of and funding for education, etc. also play a role) but often also by interested members of the public and involved lay people such as teachers, parents, employers, spouses, and people looking for self-diagnosis. Much of the resulting standardization, however, does fail to fit the individuality of the patient and his/her needs. Misdiagnosis can be common, and the *quality* of the individual patient's life is often not accounted for except in superficial considerations of 'fitting in' by being 'normal'.

In many ways, the critique of the *medicalization of the human condition* today is split between an idealistic discourse on medicalization on the one side, and on the other side the scientific paradigms of (epi-)geneticization and making the body transparent: the common (lay) narrative presumes that a human being is merely the sum of his/her genes (binary gendered), which have found expression in the individual physico-chemical organism and that the mind is also just a neuro-chemical system that can be made visible and transparent by imaging technologies, such as MRI (Magnetic Resonance Imaging). Human behavior is thus conceived to be related to genes and colored voxels and any kind of disturbance or abnormality is, therefore, medical and open for an intervention that shifts the physico-/neuro-chemical system towards functioning according to socially accepted standards of normality. The easiest way imagined to accomplish this is, of course, the use of physico-chemical compounds with an (almost magical) *active ingredient*, in other words, pharmacological drugs.

Any serious researcher knows how impoverished this depiction really is. However, the majority of people in the ADHD discourse are not researchers but are instead legislators who produce laws and standards for funding research, administrators who work for health-care insurance companies, schoolteachers who have to deal with unruly children, or concerned parents who want only the best for their children and their (successful) futures. The whole of the ADHD discourse, including the options and dispositions we have for research and therapy, is a product of this history. But at the same time, it faces an empirical reality that individual biological organisms are constituted by the *thirdness* of being social persons (Lindemann 2011, 2011, 2009a,b, 2006).

2.2 The (Bio-)Medicalization and Governmentality of Attention

2.2.1 Biomedicalization and the modes of attention

The discursive production and transformation of ADHD as an *assemblage*, in other words, the historicity of the disease entity began with a re-evaluation of the concept of attention. It is a history of the process reevaluation of a concept, *attentio*, elevating it from being 'part of a whole' (of mind, one of the powers of the mind) to a totality, to an unconditional concept. This process tied to the production and transformation of the (European) public and a social sphere as the *emergent thirds* in the interactions between science/scholarship and industrialization – the birth of modern society and the modern concept of society – that runs through moralization of medicine and its public through the medicalization of morals and industry to the biomedicalization of society and governance, and, finally, life itself (Rose 2006; Braidotti 2008).

The crucial moment when the transformation from part to totality and from conditional to unconditional concept was completed at the turn from the 19th to the 20th century, culminating in the views of William James (1890), James Baldwin (1890), and Hugo Muensterberg (1913: 219f.). For the latter, attention was assigned as constituting the totality of the mind applied to practice and industry, and thus, served as the benchmark for 'normal' participation in social life, becoming programmatic for the century that followed. The road from experiment to practice in our care and education institutions ran through the process of medicalization (Zola 1972; Conrad 1992; Clarke et al. 2003), which is understood as the expansion of the sphere of jurisdiction of medicine, the space in which a medical statement is considered a legitimate statement with a claim to truth and to (practical) consequence; in philosophical, critical and positivistic ruminations on the concept of truth, the aspect that truths have actual consequences is often ignored. Medicalization means that social, behavioral, legal, and organizational problems can be re-conceptualized, even re-constituted as medical problems, and solutions can be found by way of the practice of medicine. The critique by Zola, Conrad and others, taking Foucault's work (1963, 1966a, 1975) as their source, focuses on medicine transforming into an institution of social control, with medical practitioners turning into willing agents of this social control, discipline and normalization, and people (as patients) being remade (subjugated) into willing subjects. The medicalization of any kind of social problem or of individual fault, such as noncomformity, can be then subsumed under a universalized category that carries the name – and we must always that remember *names have power,* vitally, materially, somatically – of a disease entity. Of course, in the evolution of practice and between individual practitioners, there are still variances and degrees of permissibility and freedom. Biomedicalization, conceptualized by Adele Clarke et al. (2003, 2010), creates another change in this process:

„Medicalization practices typically emphasize exercising *control over* medical phenomena – diseases illnesses, injuries, bodily malfunctions. In contrast, biomedicalization practices emphasize *transformations* of such medical phenomena and of bodies, largely through sooner-rather-than-later technoscientific interventions not only for treatment but also increasingly for enhancement. The panoply of biomedical institutions is itself being organizationally transformed through technoscience, along with biomedical practices (diagnoses, treatments, interventions) and the life sciences and technologies which inform them." (2010: 2)

This describes a pendulum swing of the dialectic (mutually interactive) narrative relation that medical reasoning and concepts have with our *political imagination*, which is the intermediary between *body* and *State* (Hengehold 2007). With medicalization, the formative force of concepts in our political imagination was largely State side, with biomedicalization, it swings towards bodies: This establishes the social sphere as a phantasmagoria; its topography 'needs continuous shaping' in which is provided in the regime of medicalization, it is the universal social structure that individuals are required to conform to and, through medicalization are made to conform. This process is co-constituting the structure and the individuals that inhabit it at the same time: The pendulum swing now re-introduces the individual by 'technifying' and 'scientifying' individuation; the *landscaping* now occurs on the body, but more importantly, in the body. However, that does not negate the inter-media(c)tive relationscape of *body-'political imagination'–State*. Instead, a new quality is added: Techno-scientific governance has infiltrated the process of individuation in novel ways and the assemblage of attention has gained additional importance. To say that it was once medicalized and now it was being biomedicalized instead is probably the wrong way of putting it. What actually happens is that attention is now at the same time the governing principle of two co-occurring process of medicalization *and* biomedicalization, thereby increasing the formative forces of the (re)construction and proliferation *(Krankheitskonstruktion* and *Krankheitstreiberei)* of the marked and unmarked *Other(s)* of the pathologies of attention.

2.2.2 Narrativizations

This has to do with an effect that Ian Hacking (1986,1992, 1995a,b, 1999) has elaborated in the two notions of *kind-making* and *looping effect,* which we situate in the aforementioned relationscape, with *kind-making* describing an activity inherent in the political imagination and a looping effect describing a consequence of an act of political imagination that occurs on both sides, bodies and State. In developing Hacking to fit into our discourse, we can say that 'making *interactive kinds'* (Hacking 1999, formerly: *human kinds*) occurs when people apply concepts that are artificially – meaning here: conditionally – construed but used to describe/classify them, to actively imagine themselves and imagine others like them according to that description (identity formation). Once imagining is transformed into reality in practices *and* their products (whether *enacted* State side or *embodied*), a *looping effect* has effectively taken place. It makes sense to remind our readers here that this is important for ADHD and the scientific discourse historically, since Hacking (1995b) in developing these concepts in the discussion of child abuse (1992), multiple personality disorder (1995b), and his critique of constructivism (1999) demonstrated the importance of the memory sciences for 19th and early 20th century clinical and experimental psychology in their production of many disease entities, including the attention/ADHD discourse, see for example the respective references on above quote from Muensterberg's work on industrial efficacy (1913). Current research shows that formation of the medicalized and biomedicalized identities of being an ADHD-sufferer or an ADHD-caring family is structurally dependent on concepts, contexts and practices that (narratively re-)shape the process of identity formation itself, as well as individuation, illness trajectories, patient careers, and (individual, family, and community) life-worlds. Mothers who accept accounts of negative responsibility that are often advertised in ADHD brochures and mass media or assigned by teachers, as well as children who accept biological accounts or negative ascriptions, *do* live individual and family lives different from those who are *enabled* to form positive narratives and who are, as a consequence, *empowered* to live creative and autonomous lives, regardless of diagnosis and treatment (see among others: Wiener et al. 2012; Malacrida 2002, 2004). The current focus is, unfortunately, on negative narrativizations, which are typically found in the pharmaco-centric discourse and are the result of medicalization and biomedicalization, not to mention the economization through globalization, which means that a paradigm of inflated competitiveness and scarcity has recreated the concept of attention into a scarce resource in an 'economy of attention'. The topologies of the economies and ecologies of attention construct a technosomatic world, which is a process of 'configuring us as users' (Woolgar 1991; Oudshoorn et al. 2004, also: Merleau-Ponty 1994; Richardson 2010). Bernard Stiegler's analysis of this process re-conceptualizes the emergence of the *psychopower* over consumers as a mode of individuation – the emergence and dissemination of what Fritz Haug has named *Warenaesthetik (the aesthetic of commodity)* – which we must also understand as the effect that the imbrication of the pre-individual milieu of transindividuation with the techno-aethetics (Simondon 2012) of mobile and screen-based media has. This can be described in a highly theoretical language of relational ontologies and the dialectics of techno-narrative somatotropes (Richardson 2010) or it can be criticized as a process that leads to *digital dementia* (Spitzer 2005; 2012). The technological changes in our natural, social, and cultural environments do result in a change in the concept and, more importantly, in the reality of paying *attention*. We follow Stiegler and N. Kathryn Hayles in their accounts of a generational shift, one which many authors describe as digital natives versus digital. With Stiegler and Hayles we add a twist: There are no 'natives'. We are all of us in a *process of be-*

coming, in a process of *digital immigration*, only some of us are already better-integrated immigrants than others, but integration works not only culturally but – above all – cognitively, and it is not a one-way street.

However, because most people largely consider the process in binary oppositions – such as 'digital natives versus digital illiterates' – and because these binaries construct static discontents and (social pathologies), Stiegler can conclude:

> „Thus began the process which would lead to the destruction of the juvenile psychic apparatus and to the liquidation of intergenerational relations, of which attention deficit disorder has become the dominant symptom" (Stiegler 2010)

However, in constructing the problem as one of opportunity and not of pathology, as one of integration and becoming, and not as normalization, Hayles's distinction of different modes of attention – deep and hyper – provides an excellent framework to account for the techno-aesthetic changes that have resulted in the neuro-cognitive intergenerational shift.

Even if we must emphasize that this does not mean that all cases of ADHD are accounted for by this shift or that all cases of ADHD are non-pathological – quite on the contrary we do believe that some (diagnosed and undiagnosed) cases of ADHD are indeed pathological and may or may not have been in part caused by the 'dark side of technology' (cf. 'digital dementia' Spitzer 2012) – what we try to explain is that, instead, the high prevalence of the diagnosis (or overdiagnosis and misdiagnosis) can be partially accounted for by the shift, as well as by the fact that the changes in our techno-ecology are not well understood.

Hayles identifies a generational shift in cognitive styles, within which she distinguishes (seemingly reiterating Kant's conceptualization of *attentio/abstractio*)

> „the contrast between deep attention and hyper attention. Deep attention, the cognitive style traditionally associated with the humanities, is characterized by concentrating on a single object for long periods (say, a novel by Dickens), ignoring out-side stimuli while so engaged, preferring a single information stream, and having a high tolerance for long focus times. Hyper attention is characterized by switching focus rapidly among different tasks, preferring multiple information streams, seeking a high level of stimulation, and having a low tolerance for boredom." (2007: 187)

It is important to note that she does not prioritize either cognitive mode but recognizes that each has potentials and limitations:

> „Deep attention is superb for solving complex problems represented in a single medium, but it comes at the price of environmental alertness and flexibility of response. Hyper attention excels at negotiating rapidly changing environments in which multiple foci compete for attention; its disadvantage is impatience with focusing for long periods on a noninteractive object such as a Victorian novel or complicated math problem. In an evolutionary context, hyper attention no

doubt developed first; deep attention is a relative luxury, requiring group cooperation to create a secure environment in which one does not have to be constantly alert to danger." (2007: 188)

The research of Eisenberg et al (2010) confirms the evolutionary account Hayles invokes, which can be rephrased into an etiological account that renders these cognitives modes into functions that were 'selected' in an evolutionary process, since 'functions are selections' (Graham forthcoming, 2011; Casullo 2007). As a consequence of her argument, Hayles suggests that ADHD is actually a bit of a misnomer, because observed events of inattentiveness are to be re-conceived as cases of a lack in stimulation. The problem is not so much that 'inattentive' types are incapable of deep attention. They are embedded in technosomatic worlds with a prevalence of multiple and high intensity stimulation types that 'select' modes of attention which *constantly* require high levels of stimulation. It is not impossible for them to achieve deep attention, but in the current society parents and teachers do not (re)create the levels of stimulation needed for the tasks they demand performed: „AD/HD might more appropriately be named the "search for stimulation" disorder." (Hayles 2007: 190).

The conclusions Hayles urges her readers to draw, and we concur, are that while there exist biological (e. g. genetic and epigenetic) tendencies for individuals and their development that are the outcome of humanity's biological evolution, this process has also resulted in (e. g. positively selected for) 'plasticity', in particular for the main neuro-cognitive (executive) system: the brain (Malabou 2008). Socio-cultural evolution, on the other hand, has recently tended to create two separate forms of lifeworlds: one evokes Hayles' *deep attention* by rewarding elitism and specialization across industrialized labour and mentally-taxing higher education institutions, and the other reveals a technosomatic constellation that resurrects early nomadic conditions where hyper attention was rewarded through positive selection. Hayles' account leads to the suggestion that education, higher education and mental health care must no longer consider these two realms as separated and incommensurable, nor privilege deep attention and pathologize other modes of attention; instead, we must recognize both forms as complementary and integrate this insight with our systems of education and care.

Narrativity is, perhaps, the basic mode of participation and experience in these systems because "people live their lives as a narrative". Narrative sites (the spaces that narratives both construct and inhabit, that they occupy and furnish) entail 'possible worlds' because the problem of transforming pain into suffering re-describes a 'perceptual world' as a sequence of events that 'comes into place' through organization. This organization is enacted and embodied in practices *narrative*.

We embed the agency of pain and suffering as illness narratives in our 'organized' interactions with health care professionals not in dyadic interactive relations but in triadic ones, constructing our patient selves as emergent thirds between pain and suffering: In the cases of migraines, hemorrhoids, and multiple sclerosis, pain is experienced directly. In cases of ADHD, paraplegia or deafness, pain enters the scene in an indirect fashion: Someone's *inattention* may cause that person to hit his/her knee or head, they may be considered "clumsy" for this happens to them frequently, just being *labeled* as ADHD, deaf or disabled is often said "to cause someone pain" in an emotional way for they may feel judged, under-/de-valued, or excluded – although this isn't pain but suffering. In each of these instances, we can see that there are various types of enmeshed *agencies* and *affects* in play.

In short, the manifold experiences of pain that we have mentioned are full of different agencies that are intertwined and entangled in vital interactive or dialectic relations and materialities (Bennett 2010; Connolly 2011; Ahmed 2012; Coole ed. 2010; Barad 2003; Chen 2012) that often involve diagnostic and therapeutic regimes in health care contexts. These regimes utilize categories, concepts, and labels that are generally characterized by epistemic vagueness (Boghossian 1996; 2003; Stingl 2012a; Ross 2002; Goldmann 1991, 2010); still, these concepts (categories, labels) and their histories become further entangled with an actual patient's life-course and, subsequently, are integrated into the patient's life-world in the form of narratives that structure the world anew while also being enmeshed in contexts that are historical, ecological, and vitally material. The meshwork of agencies constitutes what we call *anthropocology*[2]. Pain is experienced, suffering is enacted in this meshwork. We understand pain in a very restrictive manner. Pain can also indicate or signify an *a*ffect that is emotional more so than physical. Yet, 'emotional' pain is actually more akin to suffering because it links *events* together, whereas actual pain is *an* event or, in other words, data

---

[2] One of our 'traveling definitions' for *anthropocology* is: When negotiation of boundaries fail, it is because limitations of embodiment apply. For the human topography, the intersections with the world are the natural environments, the social environments, the cultural environments. These relations within the human ecology [the *Within*], are dialectical, interactive, *wechselwirkende* interaction, we are becoming less analog and more digital, we become more diffracted, more parallactic, more displaced. And with that, our ecology turns the letter N in Nature into the more emphasized capital N. The nature humans as bodies actually really live (as furniture) in and the Nature that they furnish (and are garnish for)– *anthropocology* –are two diffracted things (it is the diffraction itself that is *anthropocology*). The human ontologies, as historic ontologies, are therefore figuratively (furnishment) and literally (garnishment) problematic. That is because they are referring to conceptualizations for surrounding ecologies that construct emerging and developing environments in relations that eventually form the human point of view to mean that there is no human bios without human *zoë* or human *ethos*.

that occurs as a neural stimulus, a sensory input or as a symptom. Emotional suffering needs interaction (and, therefore, *interactive kinds*), whereas pain is a somewhat mechanical affair that becomes suffering – and/or emotional – only in a more complex meshwork, which I will do my best to detail to comprehension in the space and time available.

In short, pain can be a migraine attack, the itch or burn from hemorrhoids, a needle's sting, a broken joint, hitting one's knee or head, etc. Suffering is different and yet, when we consider diagnoses and therapies, inextricably linked to pain. Iain Banks has defined this process:

> „The creature undergoing the experience could appreciate it fully, could think back when it had not suffered so, look forward to when it might stop (or despair of it ever stopping – despair was a large component of this) and know that if things had been different it might not be suffering now. This requires both intelligence and imagination." (2004)

Narrative is not to be confused with fiction or story: Healing practitioners, such as physicians, *must* tell fact from fiction, but that does not mean that they can simply ignore or afford to neglect the narrative dimension of suffering and healing. To clarify this: Facts are narratives, too, while fiction is just a particular garnish that leads to an increase in epistemic vagueness and bias. *Equipped* with Barabara Tversky's (2004) narrow definition of narrative as "the representation of at least two events with a temporal ordering between them", we understand suffering to be a 'sentient ordering of painful data', wherein data are constituted as events. This provides us with a qualification of *temporality* for these events, while we should also not lose sight entirely of *spatiality*. Spatiality, in the history of medicine, was of course made explicit by Michel Foucault and his analysis of the clinical gaze that structurally spatialized the body it looked upon/into and the sites it constructed for the occurrence of this gaze.

2.2.3 Somatic Scapes

For our purposes, however, we will speak of the spatial dimension of suffering conceptualized as a *somatic scape*. Each and every one of us cannot unconditionally refer to "the body" or "the organism", and for good reason: We understand the body itself as a *heterotopia* (Foucault 1986) and multiplicity (Deleuze), the *somatic scape* is something different altogether with regard to agency. Just think of the issue of "phantom limbs". You cannot induce pain in breaking a phantom limb but people still suffer pain in phantom limbs. The somatic scape is a spatial site for events that can be narrativized (along the narrow definition) and that does have agency, which opens it for a two-pronged critique of materiality *and* vitality. Let us complete the theoretical trio with a discussion of semantics. We do not narrow and restrict semantics to linguistics or texts. In our view, semantics is about connecting practices, regardless whether they are textual or not. When humans interact, their agency is *semantic agency* because their practices can be coordinated, can be ordered *both* spatially *and* temporally (Stingl 2011). And yet, since semantic agency depends on the meshwork of other inter-relating, interfering, and coordinating agencies, we are stuck with the problems of *vital materialities* that create the *anthropocology* we operate in.

In order to make things more accessible for readers who prefer to avoid the effective but quirky *vital materialist* vernacular, we think that an older and more familiar conceptual distinction might be helpful: the differentiation between types of environments. We all find ourselves in different environments from the moment we are conceived and have rudimentary responsive neuro-cognitive networks. These environments are interdependent, interactive, interpenetrative amongst themselves and with each of us individually, which means we are in a dynamic mutually interactive (or dialectical) developmental relationship.

The simplest but still useful distinction we find acceptable delineates three types of these environments: natural, social, cultural environments.

- There are material and organic environments which consist of the micro- and macroscopic physical, chemical, and biological objects around us that form the contingencies and restraints for our (ideo-motor) movements and sensory inputs, such as walls, chairs, tables, trees, mountains, etc., things that smell, taste, sting, are red, green, blue, loud, silent, scratchy, harmonic, polyphonic, etc.
- We are also part of social environments, which are constituted by the actual interactions we have with people in dialogue, direct touch, and so forth.
- Then there is the cultural environment which provides its traditions, values, institutions, and stories/fictions.

These environments form the contingencies that constitute the necessity for making decisions. Our biological body, including its brain, is certainly as much part of this *whole* as are stories and texts and practices. And this is precisely the point: There are contingent, possible orders of meaning, time, and space that we can realize. But these realizations are not arbitrary. The topology of these orders are what we call *scapes* as in s*omatic scapes, semantic scapes,* and *narrative scapes* (in some cases we have created discussion on what we call *thought-scapes* [Stingl[3]]

---

3   An „intellectual climate circumscribes the field of the conceptual relations or potentialities that an interlocutor can possibly make. Relations include analogies, metaphors, equivoca-

and *mind-scapes* [Weiss][4]). And while neither infinite nor arbitrary, within these scapes, we do develop styles which function very much like the attractors in a Deleuzean flat ontology (see: DeLanda 2002) and we would do well not to forget that medical practices also establish different (historical) ontologies. Richard Shusterman introduces the terms *somaesthetics* and *somatic style* as a useful and, above all, dynamic concept: Imagine someone who is born with a missing limb, his/her somatic style will take account of that fact (somatically, semantically, narratively). If someone has hemorrhoids or chronic lower back-pain, their somatic style will develop to cope; it may even persist after the condition has been treated or even cured. If someone is fidgety, they will develop motoric reactions such as not sitting still (or should we here find agency not be distributed vice versa!), if they grow up in a telematic environment with lots of screens, they will develop a style of looking at and viewing things, of engaging their environments *technosomatically*: The end result, the cyborg as 'human augmentation by technology', will bring forth new *somatic styles* (Haraway 1997; Clark 2004; Restivo, Stingl and Weiss 2013). *Semantic* and *narrative styles* work in similar ways. They are guided as if by *attractors* within the *scapes* to connect or order events spatially and/or temporally (with an increased likelihood) or, to use the Deleuzean notion, they will reduce the correlation length, defined as the "distance across which events influence each other's probabilities" (DeLanda 2002: 186), between

---

tions, comparisons, creative misunderstandings, &c. The history of scientific progress is, in my account, a history of creative misunderstandings and equivocations. The intellectual climate's diachronic aspect is understood as a *thought-scape* (or *Denkraum* [Dieter Henrich]). A *thought-scape* represents a field or sphere of cognitively possible/intelligible problems or *problematizations* (Foucault). Problematization describes a historical and social situation that constructs potential outcomes of truth-and-false selections in a web of possible solutions. This problematizationis also described as a 'historical space of conditioned contingency' (Paul Rabinow): In the progress of discourses throughout history, a chain of discoveries may lead to the emergence of new problems. At first, these problems remain largely implicit and cannot be made explicit for lack of proper concepts. They keep summing up and remain implicitly present but unresolved, until they are concretized and rendered explicit (and largely public) by a string of publications or public enunciations that thereby open up a new *thought-scape*." (Stingl 2011)

4   The field of potentially accessible sensory inputs, of which a portion can be in "focus" to an observing agent. Even if an input is not instantaneously available, if it is readily available within a scope of ease for the agent/contextual standards, it can be part of the mindscape. This notably adds an interactive dimension between the agent's context (usually culturally/socially informed) and the features of the accessing technology (somatic/material/social). ex. James Bond's watch, a technological aid to perceive time, would usually be available, even if not in view and covered by a sleeve. But if James Bond is tied down, he can't move his arm so that the watch is visible to him and thus it would not count as being within his minds cape. His options are to free his arm (a somatic technology), trigger a gadget in his watch (material technology), or ask a pretty Bond Girl to read it for him (social technology). With one of these options, he can count his watch as being once again within his mindscape.

two events. As for human narratives, special attention should be paid to the issue of empathy because this is the most adequate conceptualization of how decision-making and ordering function together: The reality of pain and suffering is incredibly complex. If we go and see a doctor about something as supposedly simple as headaches, we make complex decisions on which data we present to the doctor and which we do not, and in turn, the doctors make complex decisions based on the data they are presented with and data they observe independently: the events construct narratives and semantics that differ strongly between doctors and patients because they each reside in their own scapes and have their own styles. Folk psychology tends to equate empathy to mean sympathy, and with regard to the "illness narrative" paradigm, most people nowadays wish doctors had more of that "old country doctor"-styled empathy or bed-side manner. We agree: Health care professionals do indeed have a need for more empathy, but we use a concept of empathy quite different from folk psychology's: Narrative empathy is a much more rounded and useful concept, in particular with the narrow definition of narrative in mind that doesn't rest in a particular culturally situated nostalgia.

2.3 Integrating Thirdness

In Fritz Breithaupt's concept of triadic narrative empathy (2012a,b, 2011, 2009), he acknowledges the existence of (at least) three credible standard accounts for empathy: The mirror neuron account in neuro-cognitive science, the theory of (theory of other) minds or "simulation" account, and the coercion or "Stockholm syndrome" account. He does find internal problems with each of these three which point him to identify these three as separate modes or *cultures of empathy* steered by an underlying form of empathy that they have in common, which can account for their theoretical weaknesses: In this triadic approach, an actor chooses between at two (or more) oppositional *actor narratives* that s/he is presented with, i.e. between two or more different options for the (temporal) ordering of events. In a saturated model of decision making, this would lead to a reconstruction of the trialectics of somatics, semantics, and narratives on the basis of narrative empathy, such as in the situation of doctor-patient interactions, which are actors "merely" embedded in institutions from a simplified sociological point of view; the trialectics, by contrast, allow for a far more complex yet pragmatic approach, which is what contemporary health care debates and discourses on techno-scientific governance and biomedicalizalization are clearly lacking.

Unfortunately, health care today is practiced in institutional politico-economic contexts that are 'managed' by accounting strategies (not even necessarily profit motivations, but instead phantasms of calculability and control), universalization patterns, and a belief in the normalizing power of evidence-based practice and its gold-standard of randomized, placebo-controlled double-blind studies – what would it be like to believe (Dellwing, in this volume) in the reality of psychiatric illness, indeed. As a system, and despite motivated, benevolent, and well-trained practitioners, it fails its patients. It fails because the gold-standard does not account for individual variability and the necessity to integrate diagnosis and therapy into actual life-courses; this is because the gold standard is not always upheld, many studies are not well executed, and the mechanism of the various types of placebo effects are not well understood – in other words, the 'placebo effect' is used as a residual category or black box for results that do not fit the current paradigm (Sehon 2010a,b; Sehon and Stanley 2003; Ionnanidis 2008, 2005; Cohen 2002). The system also fails because research into complementary medicine is often stigmatized, even criminalized, by self-declared 'skeptics' who have substituted religion with a quasi-religious, dogmatic faith in bald naturalism and causally simplistic explanations. At the same time, there is no quick fix. In the long run, political health care reform requires a lot of time (more than election cycles allow) and effort (which means something other than squabbles over financial resources that are measured in fiscal periods such as annual budgets or quarterly reports). Let us be frank: The current understanding of medicine as practice and of health care reform in the realm between lay public and experts is like a bad case of hemorrhoids or ADHD in that proposed cures will not actually address the underlying problem. Even worse, there will be a relapse of the condition (along with the accompanying suffering), sometimes worse than before, *unless we take time and make effort.*

We must accept that there is no magic bullet solution, that we really need to think about our options and discuss openly over an extended period what the long-term goal for our health care system should look like. It also doesn't do to see corruption or incompetence everywhere when something doesn't work out nicely, nor is the one-dimensional negative moralization of business by social justice zealots constructively helpful. To simply presume that the pharmacological industry is not allowed to attempt to be a profitable enterprise is just as foolish as the idea that some people on the other side of the political spectrum have in claiming that corporations have a right to make as much profit as possible and consequences be damned. The question is not *whether* industry and doctors should make a profit. The question is how much profit allows for a truly effective and sustainable socio-politico-economic national system with permeable but gate-kept borders that is integrated in a world society between world markets, world cultures, and one global ecology.

Finally, medicine needs to be a truly integrative medicine. This does not only involve integrating different ideologies; that is only half the story while it is, of course an important part of the story. It also means integrating the layers of healing practitioners from doctors and nurses to nutritionists, yoga teachers, acupuncturists, home nurses and others better. Donald Berwick, in the Triple Aim Agenda (2008), has emphasized the goal of health care reform thusly: Better (individual experience of) care, better (population) health, lower cost. This cannot be achieved by performing best practices on pain; we can only achieve this by continuously bettering practices that actually address root causes of suffering. If we understand suffering of patients and how it can be helped, we may succeed in healing. A truly integrative system of health care and medicine can achieve these goals.

3. Conclusions: Revisiting ADHD and the Classroom

Parents and teachers are usually the first reporters and responders, when a child 'does not function'. Because the charge of parents and teachers is to ensure that children are *empowered* to lead successful lives, they play a decisive part in a positive ADHD diagnosis and in the decision regarding treatment options. Based on how the narratives of teachers' and/or parents' reports can be entangled functionally and successfully with the rationalities of the health care system, (mental) health care practitioners reach (legitimate) a conclusion, and propose or prescribe therapeutic regimens. There certainly are cultural (Lai 2011; Malacrida 2004, 2002, al-Sharbati 2011), subcultural, and class differences regarding prevalence of positive diagnosis and reasoning for choosing pharmacological treatments, in particular among parent populations. However, there is little substantial scientific knowledge about some of these important differences and aspects. For example, while there is a wealth of research on dyadic doctor-patient interaction in general, there is little to almost no research on triadic doctor-parent-'child patient' interaction, which is a distinct and different situation. Regardless of sociological or anthropological *vernaculars*, empirically the first reporters and first responders in cases of ADHD are often enough teachers, and it is teachers who often play a deciding role in what kind of treatment options are being discussed and implemented. As for the aspect of behavior training, cognitive and emotional education, social learning, and academic achievement, these areas are part of a teacher's job description, even if they are not solely responsible for them in a child's life. The aspect of ADHD in the class-room is one of the main stages where the current discourse and its discontents are being waged. Therefore, in conclusion, we should reflect on a few issues that affect educators today.

We are currently seeing a generational shift occurring in the teacher population, and the long-term effects can hardly be projected. This new generation of teachers is better integrated, some argue they are 'natives' of the mind-set of education by numbers, of the imbrication of classroom and information and communication technologies (ICTs), of a positive attitude towards medication, and of a conceptual world of binaries like education/training and achievement/performance. The incoming generation of teachers grew up with a visible culture of special needs, learning disabilities, and the invasion of the class-room by (bio)medical therapeutic regimes. Therefore, we should assume that they are, at least, well prepared for the realities they will have to face, but truth be told, we are not so sure. We think that this generational change is filled with more mixed blessings, blind spots, and ambiguities than we can afford. In following research and news reports on the subject and in interviewing German and American teachers, high school students, university educators, and teachers-in-training (several in our own seminars), our impression is that some of the new generation are well-prepared and have received excellent educations that included dealing with issues such as ADHD. However, many people we have encountered rate themselves as or seem to us to be under-prepared. From what we can understand, the encounters young teachers and interns have with children who suffer from learning difficulties or display disruptive behavior are shaped not by their own past experiences but by the reactions of their colleagues. Anecdotal evidence suggests that reactions are fueled by system-inherent difficulties such as an undue focus on learning by rote, a myopic emphasis on STEM subjects (instead of subjects conducive to a broad development of cognition and executive functions such as physical education, music, art), lack of time, training, and resources to deal with problematic situations that lead to the labeling of children and adolescents as ADHD cases and of ignoring the problem if possible. This blindness to the specifics of each child's case can result in egregious cross- or misdiagnoses of autism spectrum traits or learning disabilities (like dyslexia) as ADHD, with these children subsequently being, 'mal-pharmacologicalized' – to use a very ugly word.

What teachers and parents need to *unlearn* is the hyper-universalizing use of hyper-specialized labels, assemblages, and metaphors, such as ADHD, which a long history of industrialization, moralization, medicalization, and biomedicalization has sedimented from the discourses between biomedical science and their lay-publics to the discourses between teachers and parents. ADHD has become the assemblage that defines and *virtualizes* modern society; it is a signature for where Enlightenment discourse and modern science have gone wrong and why and how they must be rethought (Stingl 2010b). The discontent of Enlightenment science between bald naturalism and hyper-idealism, as well as the need to *rethink* and not *unthink* it is a case most eloquently and reasonably argued for by Yehuda Elkana in his seminal anamnesis and analysis (2000). In the same state of mind, we argue that ADHD must be *rethought* – not *unthought* – in the health care and education systems, and we emphasize that this rethinking must happen *mindfully*. We argue that teachers should be *mindful* of what is in a label such as ADHD, because in 'paying attention' to a label, we close ourselves off to unlabeled opportunities. In freeing ourselves from labels, in opening our minds to other kinds of connections, in practicing abstractions, we can look at a situation, see the contingencies and potentialities that led to the situation and that are still present in the situation to work with. This is not our 'solution' to ADHD in the classroom; it is merely a suggestion how those who have to face ADHD in the context of their profession can cooperate with others to find and evaluate localized solutions that can accomplish more than just labeling and medicating a child, while also making clear when and why medication is actually called for. Studies in schools that have implemented physical education programs, such as described in John Ratey's *Spark* (2008) or in the research of Adele Diamond (Diamond and Lee 2010), show alternatives that have proven to be successful. This is, however, a process with political consequence, because the emergent, recent discourse of techno-scientific governance and post-colonial science studies is enthralled with politics of how the prevalent model of how western science and that includes, of course, but does in no way exhaust (bio-)medicine and how it is governed. With regard to the question of healing, we must ask: how this logic of governance is inextricably intertwined with its industrial, economic and political organization, which includes health-care bureaucracies and industries, is based on a salient *phantasmatic* logic that proliferates western imperialistic ideas of attention, the logic of space, and the doctor-patient rationale of focusing on episodic pain and classifiable symptoms and abstains from any comprehensive view that would account for narratives of becoming, abstraction, temporalities, and the more complex notion of suffering (among others: Boesch 2002; Sarasin 2001, 2003; Sarasin and Tanner 1998; Hejl 2000; Rabinbach 1990; Stingl forthcoming).

The focus on attention and on space has created a western system of politics, industry, economy and society, which has been identified by Walter Mignolo and others as the *Western colonial matrix*. The cultural logic of this matrix with its focus on the industrialization and biomedicalization attention has created a civic culture and a political imagination, which many post-colonial critics identify with the neoliberal profit-oriented share-holder value rationales and short-term thinking, which permeates political discussion and decision-making, the reduction of science and scholarship to accounts of instrumental-usefulness *in the now*. The reality by actual parents, teachers, children and, of course, mental health care practitioners experienced does not exist in independence of this matrix. With the industrialization of attention and the biomedicalization of its pathological 'other', attention-deficit/hyperactivity disorder, arrived the j*ust-so story* of the magic bullet for the 'child that doesn't fit in with the normal world'. Following the logic of capitalism, commodification, and consumerism there seem to be plenty of these unruly, inattentive children, plenty of magic bullets, and many apprehensive parents and hopeful teachers to 'consume' these biomedical indirectly through their children and students without questions. Our analysis is not to be understood to offer another magic bullet nor is our task an ideological one. We do not try and debunk western medicine nor do we deny the existence of somatic origins of behavior problems or the fact that severe cases might need professional medical attention. However, keeping in mind that pedagogy means, after all, "leading the children, teaching them conduct", we are suspicious of this pedagogy-biomedical complex. Let us not kid ourselves:

Biomedicalization and excessive labeling are currently a reality in the class-room and they are proving to be severe constraints limiting learning opportunities. We must put mindfulness, aka thinking in opportunities, back into the class-room and take biomedicalization and labeling out of it. To adopt a notion from Walter Mignolo (2012): We must engage in acts of epistemic disobedience.

A health care system that fails to do this, such as the current Western discourse on ADHD reveals, is truly guilty of the charge in the title of this book, *Krankheitskonstruktionen und Krankheitstreiberei,* of constructing and proliferating illness. Our first step is to de-ideologicalize the discourse left and right: If one wants to help children reach their full potential, then we must *enable* children, or people in general, to use their imagination, not tell them how to use it or empower them blindly without enabling them, nor constrain them in making them 'function better' or otherwise. We should, perhaps recall that Kant demanded that people must never be treated as means to an end – only means have a function. Indeed, to fulfill the Kantian motto of Enlightenment, *Sapere Aude!*, requires the use of and care for all the powers of the mind (*Gemueth*), *distractio, attentio, abstractio –*, it is the latter power that opens closed systems and allows us to imagine new ideas.

"Imagination is a contagious disease."
Alfred North Whitehead

Bibliographie

Adams, Vicanne, 2002: Randomized Controlled Crime: Postcolonial Sciences and Alternative Medicine Research. Social Studies of Science Vol. 32: 659 – 690

Ahmed, Sara, 2012: On Being Included. Durham, NC.

Anastassiou-Hadjicharalambous and *David Warden,* 2008: Cognitive and affective perspective-taking in conduct-disordered children high and low on callous-unemotional traits. Child and Adolescent Psychiatry and Mental Health Vol. 2 (16): 1-11.

Anscombe, G.E.M, 1957: Intention. Oxford.

Baldassano, Claudia F, 2006: Illness course, comorbidity, gender, and suicidality in patients with bipolar disorder. Journal for Clinical Psychiatry Vol. 67 suppl. 11: 8 – 11.

Baldwin, James Mark, 1890: Attention .Chapter 5. p. 69- 79 in: *James Mark Baldwin,* Handbook of Psychology: Senses and Intellect. New York.

Bakker, Hans and *Alexander I. Stingl,* (upcoming): The Unease of the Mind: Radically Historizing the new DSM between Critical Theories in Sociology and Psychology.

Banks, Iain M., 2004: The Algebraist. New York/London.

Barad, Karen, 2003: Posthumanist Performativity. Signs: Journal of Women in Culture and Society Vol. 28: 801 – 831.

Barkley, R. A., 1997: Behavioral inhibition, sustained attention, and executive functions: Constructing a unifying theory of ADHD. Psychological Bulletin 121, 65-94.

Barkley, R. A., K. R. Murphy and *M. Fischer,* 2008: ADHD in adults: What the science says. New York.

Bateson, Gregory, 1972: Steps to an Ecology of Mind: Collected Essays in Anthropology, Psychiatry, Evolution, and Epistemology. Chicago.

Bennett, Jane, 2010: Vibrant Matter: A Political Ecology of Things. Durham, NC.

Berwick, Donald et al., 2008: The Triple Aim. Health, Care, and Cost. Health Affairs Vol. 27: 759 – 769.

Bijlenga, Denise et al., 2011: Associations between sleep characteristics, seasonal depressive symptoms, lifestyle and ADHD symptoms in Adults. Journal of Attention disorders. Online first.

Blakemore, Colin, 2002: From the "Public Understanding of Science" to the Scientist's Understanding of the Public. p. 212—221 in *Marcus, Steven* (ed.), Neuroethics: Mapping the Field. Washington, DC.

Boesch, Ernst E., 2002: The myth of lurking chaos. p. 116 –135 in: *Keller, Heidi, et al.* (ed.), Between Biology and Culture. Cambridge, UK.

Boghossian, Paul, 1996: Analyticity Reconsidered. Nous Vol. 30: 360 – 391.

Boghossian, Paul, 2003: Epistemic Analycity: Defense. Grazer Philosophische Studien Vol. 66: 15 – 35.

Bogost, Ian, 2012: Alien Phenomenology. What it's like to be a thing. Minneapolis.

Bordage, Georges, 2007: Prototypes and semantic qualifiers: from past to present. Medical Education, 41: 1117–1121.

Braidotti, Rosi, 2008: The Politics of Life as Bios/Zoe. p. 179–196 in: Anneke Smelik and Nina Lykke (ed.), Bits of Life. Feminism at the Intersections of Media, Bioscience and Technology, Seattle and London.

Breidbach, Olaf, 2011: Radikale Historisierung. Berlin.

Breithhaupt, Fritz, 2012a: Kultur der Ausrede. Berlin.

Breithaupt, Fritz, 2012b: The Blocking of Empathy, Narrative Empathy, and a Three-Person Model of Empathy. Emotion Review January 2012.

Breithaupt, Fritz, 2011: The Birth of Narrative from the Spirit of the Excuse. A Speculation". Poetics Today Vol. 32: 107-128.

Breithaupt, Fritz, 2009: Kulturen der Empathie. Frankfurt a. M.
Bryant, Levi R,. 2012: The Democracy of objects. Ann Arbort, MI.
Bryant, Levi, Nick Srnicek, Graham Harman (ed.), 2011: The Speculative Turn: Continental Materialism and Realism. Victoria.
Buck-Morss, Susan, 1997: The dialectics of seeing. Cambridge, MA.
Carlson, Gabrielle A. et al., 2007: A pilot study for augmenting atomoxetine with methylphenidate: Safety and concomitant therapy in children with attention-deficit/hyperactivity disorder. Child and Adolescent Psychiatry and Mental Health Vol. 1 (10): 1-10.
Canguilhem, Georges, 2007: The Normal and the Pathological. New York, NY.
Casullo, Albert, 2007: What is entitlement? Acta Analytica Vol. 22: 267 – 279.
Chilakamarri, Jagan K., Megan M. Filkowski, Nassir Ghaemi, 2011: Misdiagnosis of bipolar disorder in children and adolescents: A comparison with ADHD and major depressive disorder. Annals of Clinical Psychiatry Vol. 23: 25 – 29.
Chen, Mel Y., 2012: Animacies: Biopolitics, Racial Mattering, and Queer Affect. Durham.
Clark, Andy, 2004: Natural Born Cyborgs. Oxford.
Clarke, Adele et al. (ed.), 2010: Biomedicalization. Durham, NC.
Cohen, Trevor, Brett Blatter, Vimla Patel, 2008: Simulating expert clinical comprehension: Adapting latent semantic analysis to accurately extract clinical concepts from psychiatric narrative. Journal of Biomedical Informatics Vol. 41: 1070–1087.
Coe DP et al. 2006: Effect of physical education and activity levels on academic achievement in children. Medicine and Science. Sports and Exercise, Vol. 38: 1515-1519.
Cohen, Ed, 2002: The Placebo Disavowed: Or Unveiling the Bio-Medical Imagination. Yale Journal for the Humanities in Medicine. Retrieved from http://yjhm.yale.edu/essays/ecohenprint.htm
Colter, Ashley L., Caroline Cutler, Kelly Anne Meckling, 2008: Fatty acid status and behavioral symptoms of Attention Deficit Hyperactivity Disorder in adolescents: a case-control study. Nutrition Journal. Vol. 7 (8): 1 – 11
Comings, David E. et al., 2000:Comparison of the role of dopamine, serotonin, and noradrenaline genes in ADHH, ODD and conduct disorder. Clinical Genetics Vol 57: 178 – 196.
Connolly, William E., 2011: A World of Becoming. Durham, NC.
Conrad, Peter, 1992: Medicalization and social control. Annual Review of Sociology Vol.18: 209–32.
Conrad, Peter and J.W. Schneider, 1980: Deviance and medicalization: From badness to sickness. St Louis.
Coole, Diane, Samantha Frost (ed.), 2011: New Materialisms: Ontology, Agency and Politics. Durham, NC.
Crary, Jonathan, 2001: Suspensions of Perception. Cambridge, Ma.
Cunningham, Charles E., 2007: Family-Centred Approach to Planning and Measuring the Outcome of Interventions for Children with Attention-Deficit/Hyperactivity Disorder. Journal for Pediatric Psychology Vol. 32 (6): 676—694.
D'Oro, Giuseppina, 2007: The gap is semantic, not epistemological. RATIO Vol. 20 (2): 168-178.
Damasio, Antonio, 2002: The Neural Basis of Social Behaviour. p. 14-20 in: Marcus, Steven (ed.), Neuroethics: Mapping the Field. Washington, DC.
Daston, Lorraine, 1995: The Moral Economy of Science. Osiris Vol. 10: 2—24.
Daston, Lorraine and *Peter Galison,* 2007: Objectivity. New York, NY.
DeGrandpre, Richard, 2006: The Cult of Pharmacology. Durham, NC.
Delanda, Manuel, 2002: Intensive Science and Virtual Philosophy. New York.
Diamond, Adele, (in press): Executive functions. Annual Review of Psychology. Vol. 64.

Diamond, Adele, (in press): Activities and programs that improve children's executive functions. Current Directions. Psychological Science, Vol. 22.

Diamond, Adele and *Kathleen Lee*, 2011: Interventions shown to Aid Executive Function Development in Children 4-12 Years Old. Science. p. 333, 959-964. Being reprinted in German in: *Spitzer M.* and *S. Kubesch* (ed.) (publication date of October 2013). Executive Functions – International Research and Transfer into the Pedagogical Practice. To be published by Hans Huber Hogrefe AG.

Diamond, Adele, 2005: Attention-deficit disorder (attention-deficit/hyperactivity disorder without hyperactivity): A neurobiologically and behaviorally distinct disorder from attention-deficit/hyperactivity disorder (with hyperactivity). Development and Psychopathology Vol. 7: 807—825.

Eglash, Ron, 1995a: African influences in cybernetics. p. 17 – 27 in: *Gray, Chris H.* (ed.), The Cyborg Handbook. New York.

Eglash, Ron, 1997: The African Heritage of Benjamin Banneker. Social Studies of Science 27: 307-315.

Eglash, Ron, 1993: Inferring representation type from the fractal dimension of communication waveforms. Journal for Social and Evolutionary Systems. Vol.16: 375-399.

Eisenberg, Dan et al., 2008: Dopamine receptor genetic polymorphisms and body composition in undernourished pastoralists: An exploration of nutrition indices among nomadic and recently settled Ariaal men of northern Kenya. BMC Evolutionary Biology Vol. 8: 173ff.

Elia, Josephine, Paul Ambrosini & *Wade Berettini*, 2008: ADHD Characteristics I: Concurrent Comorbidity Patterns in Children and Adolescents. Child and Adolescent Psychiatry and Mental Health Vol. 2(15): 1-9.

Elias, Norbert, 2007: Involvement and Detachment. Dublin.

Elakna, Yehuda, 2000: Rethinking – not unthinking – Enlightenment. 1 – 17 in: *W. Krull* (Ed.), Debates on issues of our common future. Weilerswist: Velbruck Wissenschaft. Also available at http://www.ceu.hu/yehuda rethinking enlightnment.pdf

Esfeld, Michael, 2006: The impact of science on metaphysics and its limits., Abstracta Vol. 2: 86-101.

Evans, Dwight L., 2000: Bipolar Disorder. Diagnostic Challenges and Treatment Considerations. Journal of Clinical Psychiatry. Vol. 61 suppl. 13: 26 – 31.

Eyal, Gil, 2010: The autism matrix : the social origins of the autism epidemic. Cambridge, UK; Malden, MA.

Faggianelli, Patrick and *David Lukoff*, 2006: Aikido and Psychotherapy: A Study of Psychotherapists who are Aikido Practitioners. Journal of Transpersonal Psychology Vol. 38 (2): 159-178.

Faraone, Stephen V. and *Arun R. Kunwar*, 2007: ADHD in Children with Comorbid Conditions: Diagnosis, Misdiagnosis, and Keeping Tabs on Both. In: Medscape Psychiatry and Mental Health: ADHD Expert Column Series. Retrieved July, 15 2008 from www.medscape.com/viewarticle/555748.

Fausto-Sterling, Anne, 2012: Sex/Gender: Biology in a Social World. New York.

Fasuto-Sterling, Anne, 2000: Sexing the body.New York.

Fleck, Ludwik, 1979: The Genesis and Development of a Scientific Fact. Chicago, IL.

Fogg, B. J., 2002: Persuasive Technology: Using Computers to Change What We Think and Do. San Francisco, Ca.

Foucault, Michel, 1963: Naissance de la Clinique. Paris.

Foucault, Michel, 1966: Une historie restée muette. La Quinzaine littéraire 8: 3f.

Foucault, Michel, 1966a: Folie et déraison. Paris.

Foucault, Michel, 1966b : Les mots et les choses. Paris.

*Foucault, Miche*l, 1969 : L'archéologie du savoir. Paris.

Foucault, Michel, 1975 : Surveiller et punir. Paris.
Foucault, Michel, 1986: Of other spaces. Diacritics Vol. 16: 22 – 28.
Foucault, Michel, 2007: Psychiatric Power: Lectures. New York.
Foucault, Michel, 2008: Introduction to Kant's Anthropology. Cambridge, MA.
Frazzetto, Giovannua, Sinéad Keenan and *Ilina Singh*, 2007: "Il Bamini e le Droghe": The Right to Ritalin vs. the Right to Childhood in Italy. Biosocieties Vol. 2: 393-413.
*Ghanizadeh, Ahm*ad, 2011: Predictors of Postural Stability in children with ADHD. Journal of Attention disorders Vol. 15: 604 – 610.
Gied Jay, N., 2000: Bipolar Disorder and Attention Deficit/Hyperactivity Disorder in Children Adolescents. Journal of Clincal Psychiatry Vol. 61 suppl 9: 31- 34.
Gillet, Grant, 2006: Medical Science, Culture, Truth. Philosophy, Ethics, and Humanities. Medicine Vol. 1 (13): 1-11.
Goldman, Alvin I., 1991: Epistemic Paternalism: Communication Control in Law and Society. The Journal of Philosophy Vol. 88: 113 – 131.
Goldman, Alvin I., 2010: Epistemic Relativism and Reasonable Disagreement. 187 – 215 in: *Feldman, R.* and *T. Warfield* (ed.), Disagreement. Oxford.
Gomez, Rapson, 2011: DSM-VI ADHD symptoms self-test ratings by adolescents: Test of invariance across gender. Journal of Attnetion Disorders Online first: 1-7.
Gomez-Guerrero, Lorena et al., 2011: Response-time variability is related to parent ratings of inattention, hyperactivty, and executive functions. Journal of Attention Disorders: Vol. 15: 572 – 582.
Graham, Peter, (forthcoming): Functions, Epistemic Warrant and Natural Norms Forthcoming. p. – in: *Fairweather, A.* (ed.), Virtue Scientia: Virtue Epistemology and Philosophy of Science: Synthese Library.
Graham, Peter, 2011: Does Justification Aim at Truth? Canadian Journal of Philosophy Vol. 41: 51-72.
Graziano, Paolo A. et al., 2011: Differentiating co-ocurring behavior problems in children with ADHD: Patterns of Emotional reactivity and executive function. Journal of Attention Disorders online first: 1 – 12.
Green, Harvey, 1986: Fit for America. New York
Grosz, Elisabeth, 2011: Becoming Undone. Durham
Grohol, J., 2012: „Ritalin Gone Right: Children, Medications and ADHD". Retrieved Feb. 8 2012 from: http://psychcentral.com/blog/archives/2012/02/06/ritalin-gone-right-children-medications-and-adhd/
*Grover, Kath*ryn, 1989: Fitness in American Culture. Images of health, sport and the body, 1830 – 1940. Boston, MA
Guattari, Felix, 1989: The Three Ecologies. New formations Vol. 8: 131 – 147.
Hacking, Ian, 1999: The Social Construction of What? Cambridge, Ma
Hacking, Ian, 1995a: The looping effects of human kinds. p. Seiten in: *Sperber, Dan* et al. (ed.), Causal Cognition. Oxford
Hacking, Ian, 1995b: Rewriting the human soul. Princeton
Hacking, Ian, 1992: World-making by kind-making: Child abuse for example. p. 180 – 232 in: *Douglas, Mary* and *David Hull* (ed.), How classification works. Edinburgh
Hacking, Ian, 1986: Making up people. p. 161-171 in: *Heller, Thomas et al.* (ed.) Reconstructing individualism. Stanford
Hallahan, Daniel and *Cecile Mercer*, 2007: Learning Disabilities. Historical Perspectives. Learning Disabilities Summit: Building a Foundation for the Future White Papers. National Research

Center on Learning Disabilities. Retrieved Oct., 3 2012 at:http://www.nrcld.org/resources/ld-summit/hallahan2.html
Haraway, Donna, 1997: Modest_Witness@Second_Millennium.FemaleMan©Meets_OncoMouse™: Feminism and Technoscience. New York.
Harding, Sandra, 2008: Sciences from Below. Durham, NC.
Hayles, N. Katherine, 2007: Hyper and Deep Attention. Profession Vol. 13: 187 – 199.
*Hengehold, La*ura, 2007: The body problematic. University Park, PA.
Hejl, Peter M. and *Achim Barsch*, 2000: Menschenbilder: Zur Pluralisierung der Vorstellung von der menschlichen Natur (1850 – 1914). Frankfurt a. M.
Hensch, Tilman, et al., 2011: ADHD and bipolar disorder: Common causes, common cure? Journal for Attention Disorders Vol.15: 99 – 100.
Hofmann, Bjoern, 2001: The Technological Invention of Disease. Journal of Medical Ethics: Medical Humanities Vol. 27: 10–19.
Horkheimer, Max,. 1967: Zur Kritik der instrumentellen Vernunft,. Frankfurt, a. M.: Fischer, [Part one as Eclipse of Reason, 1947, Part 1+2, German 1967]1985
Horkheimer, Max, 1937: „Traditionelle und kritische Theorie [1937]" p. 205-260 in: Horkheimer, Max (ed.),, Traditionelle und kritische Theorie. Frankfurt a. M.
Hunt, Robert D., 2006a: The Neurobiology of ADHD. Medscape Psychiatry and Mental Health Vol. 11 (2): 1 – 7.
Hunt, Robert D., 2006b: Functional Roles of Norepinephrine and Dopamine in ADHD. Medscape Psychiatry and Mental Health Vol. 11 (1): 1—4.
Ionnanidis, John, 2008: Effectiveness of antidepressants: A myth constructed from a thousand randomized trials? Philosophy, Ethics, and Humanities in Medicine Vol. 3 (14): 1 – 9.
Ioannidis, J. P. A., 2005: Why most published research findings are false. PLoS Medicine Vol.2: 1 – 9.
Isaac, G., 1992: Misdiagnosed bipolar disorder in adolescents in a special educational school and treatment program. Journal of Clinical Psychiatry Vol. 53: 133-136.
James, William, 1890: The Principles of Psychology, 2 vols. New York.
Johansson, J. et al., 2011: Altered tryptophan and alanine transport in fibroblasts from boys with attention-deficit/hyperactivity disorder (ADHD): an in vitro study. Behavioral and Brain Functions Vol. 24: 7 – 40.
Joyce, Kelly, 2008: Magnetic Appeal. Ithaca, NY.
Kant, Immanuel,: Akademie Ausgabe, Vols. I, II, IV, V, VII..
Keen Suzanne, 2011: Empathetic Hardy: Bounded, Ambassadorial, and Broadcast Strategies of Narrative Empathy. Poetics Today Vol. 32 (2): 349-389
Kempner, Joanna, 2008: The Chilling Effect: How Do Researchers React to Controversy? Public Library of Science Medicine Vol.5 (11): e222.
Kempner, Joanna, 2006a: Uncovering the man in medicine: Lessons learned from a case study of cluster headache. Gender & Society Vol. 20 (5): 632-656.
Kempner, Joanna, 2006b: Gendering the migraine market: Do representations of illness matter? Social Science & Medicine Vol. 63 (8): 1986-1997.
Klassen, Anne F., Anton Miller and *Stuart Fine*, 2004: Health-Related Quality of Life in Children and Adolescents Who Have a Diagnosis of Attention-Deficit/Hyperactivity Disorder. Pediatrics;114;e541-e547.
Kockelman, Paul, 2010: Enemies, Parasites, and Noise How to Take Up Residence in a System Without Becoming a Term. Journal of Linguistic Anthropology Vol 20: 406-421.

Koplewicz, Harold, 2012: „Righting the Record on Ritalin", Child Mind Institute. Last accessed Feb. 12, 2012 at: http://www.childmind.org/en/posts/articles/2012-1-30-adhd-righting-record-stimulant-medications

Lai, Kelly et al., 2011: Validation of the Chinese strengths and weakness of ADHD-symptoms and normal-behaviors Questionnaire in Hong Kong. Journal of Attention Disorders online first: 1 – 9.

Lakoff, Andrew, 2000: Adaptive Will: the Evolution of Attention Deficit Disorder. Journal of the History of Behavioral Sciences Vol. 36: 149 – 169.

Langer, Ellen, 1998: The Power of Mindful Learning. Boston. MA.

Latour, Bruno, 2006: Reassembling The Social. Oxford.

Latour, Bruno, 2004: How to talk about the body? Body&Society Vol. 10: 205 – 229.

Lench, Heather C. et al., 2011: Exasperating or Exceptional? Parents interpretations of their child's ADHD behavior. . Journal of Attention Disorders online first: 1-11.

Lenoir, Timothy, 1999: Shaping Biomedicine as an Information Science. p. 27-45 in: *Bowden, Mary Ellen; Trudi Bellardo Hahn* and *Robert V. Williams* (ed.), Proceedings of the 1998 Conference on the History and Heritage of Science Information Systems. ASIS Monograph Series. Medford, NJ: Information Today, Inc.

Levine, Donald, 2008: Powers of the Mind. Chicago, IL.

Levine, Donald, 1991: Martial Arts as a Resource for Liberal Education: The Case of Aikido. p. 209-224 in: *Featherstone, M. et al.* (ed.): The Body: Social Process and Cultural Theory. London.

Lewontin, Richard and *Richard Levins*, 2007: Biology under the Influence. New York.

Lindemann, Gesa, 2011: "Neuronal Expressivity: On the Road to a New Naturalness". p. 69-82, in: *Ortega, Francisco* and *Fernando Vidal* (ed.) Neurocultures. Frankfurt a. M.

Lindemann, Gesa, 2010a: Das Problem des Anderen. Ein Vergleich der Sozialtheorien von Plessner und Scheler". p. 149-159 in: *Becker, Ralf, Joachim Fischer* and *Matthias Schloßberger* (ed.): Philosophische Anthropologie im Aufbruch. Max Scheler und Helmuth Plessner im Vergleich, Internationales Jahrbuch für Philosophische Anthropologie, Bd. 2, Berlin.

Lindemann, Gesa, 2009a: Gesellschaftliche Grenzregime und soziale Differenzierung. Zeitschrift für Soziologie Vol. 38 (2): 94-112

*Lindemann, Gesa. 2009*b. From Experimental Interaction to the Brain as the Epistemic Object of Neurobiology. Human Studies Vol. 32: 153-181.

Lindemann, Gesa, 2006a: Medicine as practice and culture. The analysis of border regimes and the necessity of a hermeneutics of physical bodies. p. 47-58 in: *Burri, Regula Valérie* and *Joseph Dumit* (ed.): Biomedicine as Culture: Instrumental Practices, Technoscientific Knowledge, and New Modes of Life. New York, London.

Lindemann, Gesa, 2006b: Die. Emergenzfunktion und die konstitutive Funktion des Dritten. Perspektiven einer kritisch-systematischen Theorieentwicklung. Zeitschrift für Soziologie Vol. 35: 82-101.

Lindemann, Gesa, 2005: The Analysis of the Borders of the Social World: A Challenge for Sociological Theory. Journal for the Theory of Social Behavior Vol. 35: 69-98.

Lowry, K., 2012: "A Response to New York Times Opinion Pages piece "Ritalin Gone Wrong" Feb. 1, 2012. Last accessed on Feb. 8Th, 2012 at http://www.groundreport.com/Health_and_Science/A-Response-to-New-York-Times-Opinion-Pages-piece-R/2943980

Malacrida. Claudia, 2004: Medicalization, ambivalence and social control: mothers' descriptions of educators and ADD/ADHD. Health: An Interdisciplinary Journal for the Social Study of Health, Illness and Medicine Vol. 8: 61 – 80.

Malacrida, Claudia, 2002: Alternative Therapies and Attention Deficit Disorder: Discourses of Maternal Responsibility and Risk. Gender and Society Vol. 16: 366 – 385.

Malabou, Catherine, Marc Jeannerod and *Sebastian Rand*, 2008: What should we do with with our brain? New York.

Manning, Erin, 2009: What If It Didn't All Begin and End With Containment? Toward A Leaky Sense of Self. Body and Society. Vol. 15: No. 2.

Manning, Erin, 2007: Relationscapes: How Contemporary Aboriginal Art Moves Beyond the Map. Cultural Studies Review.Vol. 13 No. 2: 134-155.

Manning, Erin, 2006: Prosthetics Making Sense: Dancing the Technogenetic Body. Fiberculture Vol. 9. Retrieved December 2006 from http://nine.fibreculturejournal.org/fcj-055-prosthetics-making-sense-dancing-the-technogenetic-body/

Mayes, Rick and *Adam Rafalovich*, 2007: Suffer the restless children: The Evolution of ADHD and Pediatric Stimulant Use, 1900 – 1980. History of Psychiatry Vol. 18: 435 – 445.

Mayes, S. D. and *S. L. Calhoun*, 2006: Frequency of reading, math, and writing disabilities in children with clinical disorders. Learning and Individual Differences Vol. 16: 145-157.

Mayes, S. D., S. L. Calhoun and *E. W. Crowell*, 2000: Learning disabilities and ADHD: Overlapping spectrum disorders. Journal of Learning Disabilities Vol. 33: 417-424.

Merleau-Ponty, Maurice, 1964: The Primacy of Perception, And Other Essays on Phenomenological Psychology, the Philosophy of Art, History and Politic. Evanston, IL.

Mignolo, Walter D., 2012: The Darker Side of Western Modernity 2012. Durham, NC.

Mol, Annemarie, 2002: The Body Multiple: Ontology in Medical Practice. Durham.

Münsterberg, Hugo, 1913: Fatigue and Attention. Chapter 17 in: *Münsterberg, Hugo*, Psychology and Industrial Efficacy.

Münsterberg, Hugo, 1899: President 's Address, American Psychological Association , New York Meeting , December, 1898. Psychological Review Vol. 6: 1- 31.

Oades Robert D., 2008: Dopamine-serotonin interactions in attention-deficit hyperactivity disorder (ADHD). Progress in Brain Research Vol.172: 543–565.

Oades, Robert D., 2007: The Role of the Serontonin System in ADHD: Treatment Implications. Expert Review of Neurotherapeutics Vol. 7 (10): 1357-1374.

Oudshoorn, Nelly et al., 2004: Configuring the user as everybody. Science Technology Human Values Vol. 29: 30-63.

Pearce, Trevor, 2010: From 'circumstances' to 'environment': Herbert Spencer and the origins of the idea of organism–environment interaction. Studies in the History and Philosophy of the Biological and Biomedical Sciences Vol. 41 : 241 – 252.

Pelham, W. E., M. E. Foster and *J. A. Robb*, 2007: The economic impact of attention-deficit/hyperactivity disorder in children and adolescents. Ambulatory Pediatrics 7: 121-131.

Peterson, Barabara D. and *Jon E. Grahe*, 2102: Social Perception and Cue Utilization in Adults with ADHD. Journal of Social and Clinical Psychology Vol. 31: 663 – 689.

Porter, Roy, 1987: A social history of madness: Stories of the insane. London.

Prado, G.C., 2006: Searle and Foucault on Truth. Cambridge, UK.

Prasad, Amit, 2005: Making Images/Making Bodies: Visibilizing and Disciplining through Magnetic Resonance Imaging (MRI) Science Technology Human Values Vol. 30: 291-316.

Prasad, Amit, 2006: Social Adoption of a Technology: Magnetic Resonance Imaging in India. International Journal of Contemporary Sociology Vol. 43: 327-355.

Rabinbach, Anson, 1990: The Human Motor. Berkeley.

Rabinow, Paul, 2003: Anthropos Today: Reflections on Modern Equipment. Princeton.

Ratey, John, 2008: Spark: The Revolutionary New Science of Exercise and the Brain. New York.
Restivo, Sal, Sabrina M. Weiss and *Alexander I. Stingl*, 2013: Worlds of ScienceCraft. New Horizons in Philosophical Science Studies. Surrey.
Richardson, Ingrid, 2010: Faces, Interfaces, Screens: Relational Ontologies of Framing, Attention, Distraction. Transformations Vol.18. Retrieved from http://www.transformationsjournal.org/journal/issue_18/article_05.shtml
Robert Wood Johnson Foundation, 2010: The Future of Nursing. Last accessed on August 16th, 2012 http://www.iom.edu/Reports/2010/The-Future-of-Nursing-Leading-Change-Advancing-Health.aspx ;
Rose, Nikolas, 2007: The Politics of Life Itself Biomedicine, Power, and Subjectivity in the Twenty-First Century. Princeton.
Ross, Sherry Tuttle, 2002: Understanding Propaganda. In: "The Epistemic Merit Model and Its Application to Art." Journal of Aesthetic Education Vol. 36: 16 – 20.
Sarasin, Phillip, 2003: Geschichtswissenschaft und Diskursanalyse. Frankfurt a. M..
Sarasin, Phillip, 2001: Reizbare Maschinen: Eine Geschichte des Körpers 1765–1914. Frankfurt a. M.
Sarasin, Phillipp and *Jakob Tanner* (ed.), 1998: Physiologie und industrielle Gesellschaft: Studien zur Verwissenschaftlichung des Körpers im 19. und 20. Jahrhundert. Frankfurt a. M.
Al-Sharbati, Marwan et al., 2011: Characteristics of ADHD among Omani school children using DSM-IV. Journal of Attention Disorders Vol. 15: 139 – 146.
Schlander, Michael, 2008: The NICE ADHD health technology assessment: A review and critique. Child and Adolescent Psychiatry and Mental Health Vol. 2 (1): 1-9.
Scott, Colin, 1996: Science for the West, Myth for the Rest? p. 159 – 174 in: *Harding, Sandra* (ed.) 2010. Postcolonial Science Studies Reader. Durham, NC.
Schwarz, Alan, 2012: Attnetion Disorder or Not, Pills to Help in School. New York Times, Retrieved Oct. 9, 2012 at: http://www.nytimes.com/2012/10/09/health/attention-disorder-or-not-children-prescribed-pills-to-help-in-school.html?pagewanted=all&_r=0
Searle, John, 1999: Mind, Language, and Society. New York.
Sehon, Scott, 2010a: Evidence and Simplicity: Why We Should Reject Homeopathy. Journal of Evaluation in Clinical Practice Vol. 16 : 276-281.
Sehon, Scott, 2010b: Applying the Simplicity Principle to Homeopathy: What Remains? Focus on Alternative and Complementary Therapies, Vol. 15:1.
Sehon, Scott and *Donald Stanley*, 2003: "A philosophical analysis of the evidence-based medicine debate," BMC Health Services Research Vol. 3: 14.
Shusterman, Richard, 2000: Somaesthetics and the Care of the Self. The Monist Vol.83 (4): 530 – 55.
Shusterman, Richard, 2008: Body Consciousness: A Philosophy of Mindfulness and Somaesthetics. Cambridge, UK
Simondon, Gilbert, 2012: On Techno-Aesthetics. Parrhesia Vol. 14: 1 – 8.
Simoneau, Martin et al., 2006: The effects of moderate fatigue in dynamic balance control and attentional demands. Journal of NeuroEngineering and Rehabilitation Vol.3 (22): 1-9.
Sinzig, Judith et al., 2008: Inhibition, flexibility, working memory and planning in autism spectrum disorders with and without comorbid ADHD-symptoms. Child and Adolescent Psychiatry and Mental Health Vol. 2 (4): 1-12.
Smith, Roger, 2005: The History of Psychological Categories. Studies in History and Philosophy of Biological and Biomedical Science Vol. 36: 55-94.
Spitzer, Manfred, 2012: Digitale Demenz. München
Spitzer, Manfred, 2005: Vorsicht, Bildschirm! Stuttgart..

Sroufe, L. Alan, Jan. 28th, 2012: „Ritalin gone wrong." New York Times, Sunday Review.
Stehr, Nico, 2007: Die Moralisierung der Märkte. Frankfurt a. M.
Stengers, Isabelle, 2011: Thinking with Whitehead. Minneapolis.
Stern, Marc, 2008: „The Fitness Movement and the Fitness Center Industry, 1960-2000". Business and Economic History On-Line Vol.6: 1 – 26.
Stiegler, Bernard, 2008: Taking Care of Youth and the Generations. Stanford.
Stiegler, Bernard, 2010: Biopower, psychopower and the logic of the scapegoat. Last accessed Oct. 3. 2012 at: sciy.org/2010/03/03/biopow er-psychopow er-and-the-logic-of-the-scapegoat-by-bernard-stiegler/
Stingl, Alexander I. with Sabrina M. Weiss, (tentatively accepted): Digital Fairground. Telos.
Stingl, Alexander I., (forthcoming): Anthropos's Scaffoldings. Lampeter..
Stingl, Alexander I., 2013: Review of Laura Hengehold The Body Problematic. Foucault Studies Vol. 15: 1 – 5.
Stingl, Alexander I., 2012(n): Talks, available via academia.edu
a) Semantic gaps, epistemic deficiencies and the cyborg gaze: Medical Imaging, gender, and the perspective of postcolonial philosophy of science (NeuroGenderings II)
b) The Post-democratic body and the Bio-Scientific Stae (ASA)
c) Styles of Suffering and Spaces of Pain: Somatic, Semantic, Narratvie Sites of Empathy and Agency (SSSI)
d) My body is dancing with a yodeling dog, the STS scholar said. (STS Italia)
Stingl, Alexander I., 2011a: Truth, Knowledge, Narratives of Selves. A Microclimatology of Truth. American Sociologist Vol. 42: 207 – 219.
Stingl, Alexander I., 2011b: How to map the bodies spaces, Proceedings of the International Conference Myth-Making and Myth-Breaking, Bucharest. Retrieved from http://www.unibuc.ro/n/resurse/myth-maki-and-myth-brea-in-hist-and-the-huma/docs/2012/iul/02_12_54_31Proceedings_Myth_Making_and_Myth_Breaking_in_History.pdf
Stingl, Alexander I., 2010a: The ADHD regime and neuro-chemical selves in whole systems. A science studies perspective. 157 – 186 in: *Kopnina, Helen* and *Hans Keune* (ed.), Health and Environment. Chapter 7. New York.
Stingl, Alexander I., 2010b: The Virtualization of Health and Illness. TeloScope. Retrieved from http://www.telospress.com/main/index.php?main_page=news_article&article_id=372
*Stingl, Alexand*er, 2009: Aufklaerung als Flaschenpost oder Anthropologie der Gegenwart . Saarbruecken.
*Taylor, Eric,*2009: Developing ADHD. Journal of Child Psychology and Psychiatry Vol. 50: 126 – 132.
Titchener, Edward B., 1923: The term "attensity." American Journal of Psychology Vol. 35: 156.
Titchener, Edward. B., 1908: Lectures on the elementary psychology of feeling and attention. New York.
Tversky, Barbara, 2004: Narratives of Space time and Life. Mind & Language Vol. 19: 380–392.
Van Dijk, Jose, 2005: The Transparent Body. Seattle.
Wallis, D., 2010: The search for biomarkers for attention deficit/hyperactivity disorder. Drug News Prospect Vol. 23: 438 – 439.
Wehmeier, Peter M. et al., 2008a: Emotional well-being in children and adolescents treated with atomoxetine for attention-deficit/hyperactivity disorder: Findings from a patient, parent and physician perspective using items from the Pediatric Adverse Event Rating Scale (PAERS). Child and Adolescent/Psychiatry and Mental Health Vol. 2 (11): 1-10.
Wehmeier, Peter M. et al., 2008b: Global impression of perceived difficulties in children and adolescents with attention-deficit/hyperactivity disorder: Reliability and validity of a new instrument

assessing perceived difficulties from a patient, parent, physician perspective over perceived difficulties from a patient, parent, physician perspective over the day. Child and Adolescent Psychiatry and Mental Health Vol. 2 (10): 1-12.
Van Weijer-Bergsma, Eva et al., 2012: The Effectiveness of Mindfulness Training on Behavioral Problems and Attentional Functioning in Adolescents with ADHD. Journal for Childhood and Family Studies Vol. 21: 775 – 787.
Wexler, Bruce, 2008: Brain and Culture Cambridge, MA.
Wiener, Judith et al., 2012: Children's perceptions of their ADHD symptoms: Positive Illusions, attributions, and stigma. Canadian Journal of School Psychology Vol. 27: 217 – 242.
Whitehead, Alfred N., 1929: The Aims of Education. New York.
Willcutt, E. G., Doyle, A. E., Nigg, J. T., Faraone, S. V., & Pennington, B. F., 2005: Validity of the executive function theory of attention-deficit/hyperactivity disorder: A meta-analytic review. Biological Psychiatry 57: 1336-1346.
Woolgar, Steven, 1991: Configuring the user: The case of usability trials'. p. 55-99 in *Law, John* (ed.), A Sociology of Monsters: Essays on Power, Technology and Domination. London.
Yoshimasu, Kouichi et al., 2012: Childhood ADHD is strongly associated with a broad range of psychiatric disorders during adolescence: a population-based birth cohort study. Journal of Child Psychology and Psychiatry Vol. 53 (10): 1036–1043.
Žižek, Slavoj, 2008: Violence. New York.

Augenscheinlich überführt: Drogentests als visuelle Selektionstechnologie

Simon Egbert / Bettina Paul

Noch immer wird der Konsum von Drogen oftmals mit Krankheit in Verbindung gebracht, zu omnipräsent sind die damit verbundenen Konzepte von Sucht und Abhängigkeit. Zur Detektion und damit Zuschreibung und Klassifizierung derartig ‚krankhaften' Verhaltens werden zunehmend Drogentests, das heißt technische Verfahren eingesetzt, die vermehrt als Schnelltests entwickelt und vermarktet werden und dabei verstärkt auf visuelle Auswertungsverfahren zurückgreifen. Der folgende Beitrag basiert auf der Annahme, dass Bildlichkeit und visuelle Darstellung spezifische Effekte auf das von Sichtbarmachungsinstrumenten produzierte Wissen haben und die menschliche Praxis mit letztgenannten in erheblichem Maße beeinflussen. Daher möchten wir am Beispiel des Anwendungskontextes Arbeitsplatz den Stellenwert von Drogentest als Identifizierungs- und Selektionstechnologie hervorheben und die Rolle von Visualität als Gegenstand einer ‚Soziologie des Teste(n)s' konturieren.

1. ‚Krankhafter' Drogenkonsum – neue Verfahren der Zuschreibung

Dass die derzeit illegalen psychoaktiven Substanzen[1], die gemeinhin als „Drogen" bezeichnet werden, auch in Deutschland einmal integrierte Konsumgüter waren, die jedem zugänglich waren, wie z. B. das Kokain im Nasenspray oder im Softdrink oder Heroin im Heilmittelchen, ist heute nur noch schwer vorstellbar. Dabei sind die Substanzen selbst Neutren, denen in verschiedenen gesellschaftspolitischen, ökonomischen und kulturellen Kontexten andere Eigenschaften und Nutzungsmöglichkeiten wie -erwartungen zugeschrieben werden. Ob sie als ‚Rausch'-, ‚Genuss'-, ‚Lebens'- oder ‚Sucht'-mittel gebraucht werden, obliegt den Nutzern, ihren Zuschreibungen und Konsumerwartungen (vgl. Zinberg 1984).

---

1 Im Folgenden wird der Begriff der Droge für illegalisierte psychoaktive Substanzen verwendet, da diese im Blick der hier thematisierten Zuschreibungen sowie technischer Kontrolle sind. Zur Sinnhaftigkeit der Orientierung am Legalstatus der Substanz siehe Paul 2011: 133ff.

Der sich historisch wandelnde Legalstatus der Substanzen hängt dabei weniger von den spezifischen Zuschreibungen ab, bezogen auf ihre Wirkung oder ihrem Gefährdungspotential, als vielmehr von den politisch-ökonomischen Interessen, die mit ihren Verboten zusammenhingen (siehe insbesondere Bartholdy 1993). So ist die Drogenprohibition ebenso wie das Konzept der Sucht und die Anerkennung selbiger als Krankheit eine Entwicklung des 20. Jahrhunderts (Szasz 1980: 22ff.). Das Verbot wie das Konzept der Sucht entwickelte sich jeweils aus wertrationalen und ökonomischen Beweggründen. Ihre zeitliche Verortung zeugt vom wechselseitigen Zugriff der Medizin, insbesondere der Psychiatrie, und der Justiz auf die Deutungsmacht über den Drogenkonsum.[2] Die Geschichte der missbilligten Verhaltensweisen, derer sich die Psychiatrie angenommen hat ist lang: ob missbilligtes Sexualverhalten zur Perversion wird (zum Fetischismus, Transvestitismus oder Sadomasochismus), Essgewohnheiten zur Fettsucht oder Drogenkonsum zur Sucht – Kern des psychiatrischen Deutungs- und Behandlungszugriffs sind die „medizinischen oder gesellschaftlichen Normen" nach denen ein Verhalten als störend angesehen wird oder wie Thomas Szasz es ausdrückt, nach der „gesellschaftlich mißbilligtes persönliches Verhalten jedweder Art als ‚Geisteskrankheit'" gesehen wird (Szasz 1980: 26, vgl. z. B. auch Turner 1987 zur „weiblichen Hysterie"). Doch kann die Umdeutung eines Verhaltens in ein Problem auch Positives mit sich bringen: Die Etablierung des Krankheitskonzeptes der Abhängigkeit durch die Klassifizierung der Weltgesundheitsorganisation brachte eine Entstigmatisierung mit sich und ermöglichte zugleich die Kostenübernahme für Hilfsmaßnahmen. Damit konnten KonsumentInnen aus dem Zugriff der Strafverfolgung in den der medizinischen Kontrolle gelangen. Zugleich führte dies aber dazu, dass sie definitorisch ihrer Autonomie enthoben wurden, zum einen durch die Festsetzung des zwanghaften Gebrauchs und zum anderen durch die Feststellung der Krankheit als ‚regelwidriger Zustand', der nicht ohne fremde Hilfe beendet werden kann (vgl. Scheerer und Vogt 1989: 24). Die Konsequenzen der Krankheitszuschreibung indessen verändern sich stetig. So wurde lange Zeit die Auffassung vertreten, dass ‚abhängige' Drogenkonsumenten durch die Klassifizierung als ‚Kranke' zugleich schuldunfähig seien und ‚Therapie statt Strafe' angeboten werden müsse. Heute werden Krankheit und Schuld

---

2   Die medizinische Klassifikation von Devianz steht im Kontext der Hervorbringung des medizinischen Berufsstandes, der medizinischen Institution – des Krankenhauses, und ihren Untersuchungsarten (vgl. Foucault 2005). Bis zum Ende des 18 Jahrhundert fokussierte sich die Medizin noch mehr auf „Gesundheit" als auf „Normalität", die Medizin des 19 Jahrhundert – dagegen hatte die Normalität im Fokus. Der Kampf um die Deutungshoheit von Personen als sündig oder krank entwickelte sich parallel bei Medizinern und Juristen (eindrücklich vor allem in Bezug auf die Hervorbringung der Sucht, siehe Szasz 1980).

gleichzeitig zugeschrieben, so dass die Konsequenzen und damit die Interventionsbefugnis der jeweiligen Disziplin austauschbar geworden sind (vgl. Schorb und Schmidt-Semisch 2011).[3]

Im englischen Sprachgebrauch bestehen verschiedene Konzepte und Begriffe von Krankheit, die im deutschsprachigen Raum zwar Anwendung finden, jedoch nicht sprachlich differenziert werden. Neben dem Konzept der ‚Illness' (der subjektiven Störung des Befindens auf der individuellen Ebene des Erlebens von Beeinträchtigungen) und der ‚Sickness' (ein definiertes soziales Phänomen; die Zuschreibung einer sozialen Rolle), ist für unsere Betrachtung die medizinische Deutungsmacht des normwidrigen (körperlichen) Zustands relevant, die mit dem Begriff des ‚Disease' bezeichnet wird (vgl. Armstrong 2001; Turner 1987). Dieses Krankheitskonzept charakterisiert den veränderten Zustand einer Person durch die Abweichung von physiologischen, organischen oder psychiatrischen Normen. Im biomedizinischen Verständnis geht es um die Beobachtung und Diagnostik von veränderten abnormen Zuständen und physiologischer Regulation oder Funktionsweisen im menschlichen Organismus. Krankheit wird so als objektivierbarer medizinisch-psychiatrischer Befund gesehen. Krankheitsbilder, ihre Zeichen und Symptome werden objektiviert (ggf. durch die Einführung von handfesten Kriterien, die getestet werden können) und klassifiziert (z. B. im ICD 10 oder DSM-IV). Die Kontrolle von sozialen Abweichungen durch die Medizin heißt, abweichendes Verhalten als ‚krank' anzusehen und als ‚normal' gesehene Handlungen als ‚gesund' anzusehen. Damit kommen viele Phänomene neu in den Zugriffsbereich der medizinischen Diagnose, Therapie und Regulierung, ungeachtet ob die Medizin oder etwa Laiengruppen (Boston Women Health Group, Anonyme Alkoholiker etc.) einen Regulierungszugriff darauf haben (für weitere Beispiele siehe Conrad und Schneider 1992). Die Gründe für diese Ausweitung der medizinischen (und hier psychiatrischen) Zugriffsausweitung sind mannigfaltig. Neben der Professionalisierung der Psychiatrie (siehe Szasz 1980; Foucault 2005) und dem Ansehensgewinn der Mediziner innerhalb dieses Prozesses (vom Irrenarzt zum Psychiater) gelten auch hier finanzielle Interessen als Hauptmotor der Entwicklungen (Szasz 1980: 136), da für jede Krankheit zugleich auch entsprechende Therapien (pharmakologischer Art etc.) auf den Markt kommen. Die auf diese Weise immer mächtiger werdende Pharmaindustrie (Szasz 2003; 2010) in der Verknüpfung mit dem inzwischen als ‚Megawert' gehandeltem Gut ‚Gesundheit' (Paul und Schmidt-Semisch 2010) bilden den Hintergrund für die kon-

---

3 Peter Conrad und Joseph Schneider konstatieren die historisch gesehene Entwicklung als „hybrid crimininal-medical designation of addiction" (1992: 142).

tinuierliche Ausweitung der Neubewertung von Verhaltensweisen und psychischen Merkmalen von Krankheiten (Dyslexie, ADHS etc., siehe Armstrong 2001). Die in Deutschland noch stärker als in den USA greifende Medikalisierung des Drogenkonsums[4] ist für die heute vorherrschende Charakterisierung von Konsumenten als ‚krank' richtungsweisend, auch wenn die medizinisch-psychiatrischen Diagnosesysteme (DSM, ICD) nur spezifische Ausprägungen des „Drogengebrauchs" als „Psychische und Verhaltensstörung" klassifizieren (wie z.B. das „Abhängigkeitssyndrom" ICD-10, F-11.2 etc.).[5] Dass in diesen Kategorisierungen auch ein Drogengebrauch klassifiziert wird, der lediglich als „unerlaubt" angesehen wird, gesteht zumindest ein, dass es auch aus medizinischer Sicht ein Konsumverhalten gibt, welches nicht als ‚abhängig' zu deklarieren ist[6], selbst wenn dieses auch unter den Verhaltensstörungen aufgeführt wird. Eine solche Differenzierung ist im Verständnis der breiten Bevölkerung nur partiell und auch dann nur bei ganz spezifischen Substanzen erkennbar. Nämlich immer dann, wenn es um eine vertrautere Substanz geht. Dabei geht es wie zu Beginn gezeigt, nicht um eine historische Vertrautheit. Sind sowohl Opiate wie Kokain einmal in unseren Kreisen kulturnahe Substanzen gewesen, stehen sie heute oftmals für einen Drogengebrauch, der mit Assoziationen von Verelendung und Kriminalität einhergeht. Cannabis wiederum wurde auch in all den Jahren seiner Prohibition in weiten Kreisen unserer Gesellschaft konsumiert, so dass keine kulturelle Entfremdung eintrat. Dies hatte zur Folge, dass sein Konsum durchaus als Freizeitaktivität angesehen wird, die dem Bereich des selbstbestimmten und so genannten ‚kontrollierten' Konsums zugerechnet wird[7]. Inzwischen wird versucht, die heute verfügbaren Cannabisprodukte als wesentlich schädlicher als frühere darzustellen, womit auch die Konsumrisiken wachsen würden (Blake 2009: 40f.). Bei anderen Substanzen wie Heroin oder Kokain wird die Auffassung, dass sie auch kontrollierbar zu konsumieren seien nur in Fachkreisen anerkannt. Dass sich die Kenntnis und Auffassung eines nicht zwanghaften und damit selbst bestimmten Konsums von weithin noch als ‚Suchtmittel' bekannten Substanzen (dies gilt auch

---

4 Die diamorphingestützte Behandlung die in Deutschland seit 2010 zum Leistungskatalog der gesetzlichen Krankenkassen gehört, zeugt von einem weiteren Meilenstein in der Medikalisierung des Konsums illegalisierter Drogen.
5 Siehe Online ICD-10 WHO Version 2011: http://www.dimdi.de/static/de/klassi/icd-10-who/kodesuche/onlinefassungen/htmlamtl2011/block-f10-f19.htm#S05F10_4 [Zugriff 24-08-2012]
6 Für die Veränderungen in den Diagnosekriterien des DSM mit ihrem Zuwachs an Spezifität siehe insbesondere Lakoff 2005.
7 Zu den Konzeptionen eines als nicht-abhängig geltenden Konsums wie z.B. der „Kontrollierte Konsum" (z.B. Waldorf et al. 1991, Harding 1982, 1984), der Gelegenheitskonsum („Chippers", Zinberg und Jacobson 1976), sporadisch exzessiven Konsums (Waldorf et al 1991) und anderen siehe für eine Übersicht Kolte 2005 sowie Kolte und Schmidt-Semisch 2002.

für Alkohol und Tabak, vgl. Körkel 2002; Kolte 2005) in der breiten Öffentlichkeit nicht durchsetzt (obschon dies in der Fachöffentlichkeit seit vielen Jahren als Wissens-Status-Quo gilt), überrascht nicht. Zu etabliert ist der Begriff der ‚Sucht', der ‚Suchtmittel' und mit ihnen die Auffassung davon, dass der/die ‚Süchtige' aus eigener Kraft von der Drogen nicht ablassen kann (Herwig-Lempp 1994: 83). Legnaro spricht von der „Aura einer Droge", die verantwortlich dafür sei, welche Distinktionen einer Substanz zuteil werde (1999: 126). Dabei ist der Begriff der ‚Sucht' nicht mehr – aber eben auch nicht weniger – als ein Alltagsbegriff, der, abgeleitet „vom gotischen siukan (= krank-sein) (...) bis zum 16. Jahrhundert die generelle Bezeichnung für Krankheit" war (Scheerer 1995: 10), später aber zumeist Laster benannte. Wird eine Substanz nicht per se mit diesem Begriff assoziiert, wie z. B. beim Alkohol, so gelingt die Differenzierung der möglichen Konsumvarianten (kontrolliert versus abhängig). Mit dem Begriff der Sucht sind diverse Alltagstheorien verbunden, die über die Drogenforschung zuvor lanciert wurden, inzwischen überworfen wurden, sich aber als „Mythen" weiter halten und wirken (Herwig-Lempp 1994: 41ff.). Dank der (wenngleich historisch sehr späten) Aufnahme der ‚Sucht' in das „psychiatrische Vokabular stigmatisierender Diagnosen" (Szasz 1980: 23), hat sich ein Gegendiskurs des Genussmittelkonsumenten illegalisierter Substanzen bislang nicht etablieren können, wenngleich durchaus Ansätze dafür bestehen. Gerade unter Musikern u. a. Prominenten finden sich Versuche den Konsum illegaler psychoaktiver Substanzen zu normalisieren, doch werden derartige Versuche von geläuterten Stars (z. B. Konstantin Wecker) konterkariert. Derartiger Drogenkonsum gilt heute nach wie vor als Anzeichen für bestehende oder zu erwartende Probleme des Individuums, ungeachtet ob es sich aus Sicht der Person um einen problembehafteten Konsum handelt oder nicht. So charakterisiert Legnaro diese Sicht als Ausdruck der sozialen Verachtung gegenüber der unterstellten Unfähigkeit zur gesellschaftlich erwarteten Balance zwischen Kontrolle und Entäußerung, die gegenwärtig von jeglichen Konsum psychoaktiver Substanzen erwartet würde (ob legal oder illegal) (Legnaro 1999: 120) und die man hier nicht gegeben sehe.[8]

Diese Zuschreibung des ‚krankhaften' (bzw. ‚Störungs'-) Zustands einer Person wird, sofern sie im Kontext des medizinischen Hilfesystem erfolgt, mittels Feststellung des Vorliegens klinischer Kriterien anhand diagnostischer Checklisten festgelegt, in anderen Kontexten wird zunehmend auf technische Verfah-

---

8   Aus einem anderen Blickwinkel kann man sagen, dass psychodiagnostische Klassifikationen haften bleiben. Einmal als ‚geisteskrank' diagnostiziert, ist dieses Etikett kaum abzulegen. Ähnlich geht es Konsumenten illegalisierter Drogen, die als ‚Süchtige' klassifiziert wurden, ‚einmal süchtig, immer süchtig' heißt der Allgemeinplatz, der nicht abzuschütteln ist (siehe Herwig-Lempp 1994: 42).

ren gesetzt. Geht es im medizinischen Kontext um die Diagnose des ‚abhängigen' oder ‚schädlichen' Gebrauchs, geht es in Alltagskontexten um die Identifizierung von Personen als Konsumenten (selten auch um jene, die in anderer Form mit Drogen Kontakt haben), wobei diese Identifikation nicht mehr hinsichtlich der Ausprägung des Konsums unterscheidet. Im Straßenverkehr testet die Polizei z. B. mittels Schweiß-Drogen-Wischtests, ob die betroffene Person Kontakt zu Drogen hat, wobei sie ebenso am Nachweis des Konsums wie des Handeltreibens interessiert ist, wofür das Auffinden eines Substanznachweises ein Indiz sein könnte. Im Elternhaus wird mittels eines Heim-Drogentests (zumeist als Haar-Test, da sich diese ‚Körperprobe' heimlich entwenden und einschicken lässt) das Kind auf Drogenkonsum getestet (Haggerty und Moore 2001), während in der Schule Urin-Drogen-Tests erfolgen, um selbiges zu erfahren. Ob als Ergebnis die Zuschreibung des krankhaften Konsums steht, kommt darauf an, ob die Eltern bzw. Schule herrschende Diskursbilder übernommen oder aber eine eigenes Drogen(konsum)bild und Verständnis in dieser Frage aufgebaut haben. Was auffällt ist, dass diese Zuschreibungen zunehmend auf Kriterien basieren, die mit technischen Instrumenten – konkret: ‚Drogentests' erhoben werden. So versuchen Drogenschnelltesthersteller Eltern eine Sicherheit zu verkaufen, deren Unsicherheit sie zuvor provozieren. Der Drogentesthersteller Gecko Pharma GmbH z. B. legt Eltern nahe, wenn sie einen Wechsel im Freundeskreis ihres Kindes feststellen, durchzechte Nächte etc. herauszufinden, ob sich bei ihrem Nachwuchs nicht doch eine Drogensucht feststellen lassen könnte. Ein Drogenschnelltest soll der Unsicherheit abhelfen.[9] Die technische Intervention ist die Fortschreibung dessen, was Legnaro als Rationalisierung der sozialen Verachtung umschreibt, die vormals mit der Medikalisierung und Therapeutisierung des Drogenkonsums erfolgte (2004: 1). Diese Entwicklung korrespondiert mit Clarke et al.'s Charakterisierung der Wandlung der Medikalisierung in eine Biomedikalisierung, die nicht mehr nur die Ausweitung der medizinischen Kontrollbereiche aufzeigt, sondern auch die Technologisierung und mit ihr die technologische Wissensproduktion in ihren Konsequenzen für die betroffenen Akteure derartiger Verfahren beschreibt (Clarke et al. 2010).

Ein weiterer Alltagskontext, in dem diese Verfahren Einzug gehalten haben, ist der Arbeitsplatz. Drogentests in diesem Kontext gelten als arbeitsrechtlich prekär und werden entsprechend ungern öffentlich besprochen. Im Betrieb werden Drogentests eingesetzt mit dem Ziel der Identifizierung jener Personen, die man

---

[9] S. 6 der Gebrauchsanweisung Drogen-Schnelltest Self Screen von Gecko. http://shop.selfscreen.de/media/files_public/xhiueifx/008H600_GBA_Gecko_Drogentest.pdf (Zugegriffen 30.09.2012).

bei Vorliegen eines positiven Tests als Konsumenten klassifiziert. Die Krankheitszuschreibung ist in diesem Kontext nicht automatisiert, jedoch oft praktiziert. Es wird dabei nicht zwischen verschiedenen Arten des Konsums – ob problembehaftet oder nicht, Abhängigkeitssyndrom oder nicht – unterschieden, relevant ist lediglich der Kontakt zu illegalen Substanzen, die man nicht mit der Betriebswelt in Verbindung bringen möchte. Die Frage, ob es sich also um abhängige ArbeitnehmerInnen oder konsumierende ArbeitnehmerInnen handelt, steht nicht im Vordergrund einer Identifizierung von Personen, die mit Drogen in Berührung gekommen sind. Drogentests werden in diesem Sinne dazu genutzt, um die getestete Person des Konsums und oft gleichgesetzt der Krankheit zu überführen und schaffen mit ihren Ergebnissen – denen einerseits eine gewisse Zuverlässigkeit zugeschrieben wird, die andererseits erhebliche Wirkmacht entfalten und damit Realität konstituieren – mehr oder minder handfeste Tatsachen, kurz: sie begründen Faktizität. Auf Grund dieser Fähigkeit von Tests, die Zukunft in erheblichem Maße beeinflussen zu können, ist es lohnenswert, deren Rolle als Instrument zur Identifizierung von DrogenkonsumentInnen näher zu beleuchten.

2. Drogentests am Arbeitsplatz: ‚Untauglichkeit als Sicherheitsrisiko'

Drogenkontrollen am Arbeitsplatz bilden den in Deutschland etabliertesten Anwendungskontext für Drogentests außerhalb von Therapie, Straßenverkehr und Gerichtsmedizin. Seit Anfang/Mitte der 1990er Jahre werden ‚Workplace Drug Tests' (WDT) in Deutschland als Instrumente eingesetzt, um bei ArbeitnehmerInnen und BewerberInnen das Vorhandensein einer drogeninduzierten Untauglichkeit festzustellen. Dabei ist hinsichtlich der konkreten Anwendungsanlässen zu differenzieren zwischen flächendeckenden Drogenscreenings im Verlauf von Bewerbungsverfahren, der verdachtsunabhängigen und randomisierten Kontrolle von Beschäftigten, der Prüfung bei konkreter Vermutung des Drogenkonsums einer MitarbeiterIn (z. B. auf Grund von Verhaltensauffälligkeiten) und als Reaktion auf (Arbeits-)Unfälle (vgl. Tunnell 2004; Paul 2010).

Exkurs:
Drogenanalytische Nachweisverfahren, ihre Aussagekraft und Grenzen

Bei drogenanalytischen Nachweisverfahren gilt es grundsätzlich zu unterscheiden zwischen den an Speziallabore gebundenen chromatografischen bzw. spektrometrischen Methoden, die zur Trennung chemisch nah verwandter Stoffe genutzt werden und bereits seit langem etabliert sind, sowie neueren immunchemischen Schnelltests, die sich die körpereigene Antigen-Antikörper-Reaktion zunutze machen, eine Handhabung außerhalb des Labors versprechen und ein ebenso rasches wie kostengünstiges Testergebnis ermöglichen sollen (vgl. Schütz 1999, S. 11; von Minden und von Minden 2002, S. 224).[10] Diese Immunoassays werden in der WDT-Praxis zumeist als Instrumente zum Vorscreening eingesetzt, während die zeit- und kostenaufwändigeren chromatografischen Tests im Labor zur Bestätigungsanalytik herangezogen werden (vgl. Scholer 1999, S. 28).

Diskutiert wird in der fachspezifischen Literatur über Grenzen des Leistungsspektrums nicht nur mit Blick auf die erforderliche, prinzipiell willkürlich gesetzten Mindestkonzentrationen an Molekülen, der als sachgerecht angesehenen Bedienung oder die grundsätzliche Begrenztheit der Aussagekraft, sondern auch mit Fokus auf die Verfälschungsmöglichkeiten der Resultate und den adäquaten Einsatzmöglichkeiten. Dies gilt gerade für die von uns fokussierten Drogenschnelltests.

Für die Frage der ‚richtigen' Interpretation der Schnelltestergebnisse ist die Festsetzung der Grenzwerte (‚Cut-Off-Werte') ein entscheidendes Element. Der Cut-Off-Wert zeigt das Erreichen einer vorab im Testgerät festgelegten Konzentrationseinheit eines Stoffes an, bei dem der Test ein positives Ergebnis anzeigen soll (vgl. ebd.: 63ff, Scholer 1999: 35). Flexibles Moment in diesem Analyseprozess ist, dass es in Deutschland keine anerkannten Werte gibt anhand derer über das Vorliegen eines positiven Testes entschieden werden kann. Vielmehr ist es jedem Labor selbst überlassen, seinen Cut-Off-Wert festzulegen (vgl. Schmid 2007: 286). Dies kann dazu führen, dass die Grenzwertfestsetzungen nach „strategischen Erfordernissen des Auftragsgebers festgelegt werden" (Schütz et al. 2004: 133), je nachdem welche Auftraggeber, in welchem Zeitraum und mit welchem Aufklärungsdruck ein Ergebnis einfordern. Dabei könnten sowohl analytische wie auch drogenpolitische Gründe entscheidend sein (vgl. Schütz 1999: 63). Kurz: Die Festlegung der Grenze, wann ein Test ein positives oder negatives Ergebnis anzeigt, ist prinzipiell ein arbiträrer Akt, der sich nicht an absoluten Kriterien sondern an pragmatisch-analytischen Gründen orientiert. Die relative Natur des Grenzwertes impliziert, dass wenn ein Test ein negatives Ergebnis anzeigt, die

---

10 Dringen körperfremde Stoffe (Antigene) in den Organismus ein, so reagiert das Immunsystem mit der Bildung von Antikörpern, die die eingedrungene Substanz binden und damit unschädlich machen sollen (vgl. Jawork 2007: 24). Immunologische Schnelltests machen es sich zu Nutze, dass Antikörper auch außerhalb des Organismus in der Lage sind, Antigene spezifisch zu binden (vgl. Schütz 1999a: 321). Der Schnelltest wird dabei mit experimentell hergestellten Antikörpern bestückt, die dann mit drogenspezifischen Abbauprodukten (Metaboliten) eine Indikatorreaktion hervorrufen und damit das Vorhandensein einer bestimmten Substanz anzeigen sollen (vgl. Schmid 2007: 287 und 291).

getestete Person trotz allem die entsprechende Substanz konsumiert haben kann, die produzierten Metaboliten aber unter dem definierten Grenzwert lagen, was wiederum auf zahlreiche Einflüsse zurückführbar ist (Halbwertzeit etc.) und ein falsch-negatives Ergebnis zur Folge haben kann. Diese testimmanente Problematik ist umso virulenter, als dass der Cut-Off-Wert nicht als Grenzbereich, sondern als exakter Messwert definiert ist (vgl. Schmid 2007: 286). Ein weiterer Faktor, dass ein Schnelltest fälschlicherweise ein negatives Ergebnis anzeigt, kann in den zahlreichen Verfälschungsmöglichkeiten begründet liegen (vgl. Tunnell 2004; für Urin: Schütz 2000). Umgekehrt muss stets die Möglichkeit eines falsch-positiven Ergebnisses bedacht werden. Dies kann nicht nur in einer unsachgemäßen Testdurchführung oder Lagerung der Testflüssigkeit, sondern in erster Linie in einer fehlerhaften Antikörper-Antigen-Verbindung begründet liegen: Die wichtigste aller Fehlerquellen bei Drogenschnelltests ist die grundsätzlich nie in Gänze auszuschließende Möglichkeit, dass die auf den Urin-Teststreifen platzierten Antikörper nicht mit den Wirkstoffen bzw. Metaboliten der gesuchten Substanz reagieren, sondern Moleküle mit ähnlicher chemischer Struktur eine Reaktion mit den testspezifischen Antikörpern herstellen (Kreuzreaktivität) und damit zu einem falsch-positiven Ergebnis führen (vgl. z. B. von Minden und von Minden 2002a: 274; Schütz et al. 2004; Schütz et al. 2003; Schütz 1999: 325).[11]

2.1 Drogenschnelltests als Instrumente zur Kontrolle von drogeninduzierten Sicherheitsrisiken

Im Vergleich zu den USA, wo Unternehmen ihre MitarbeiterInnen bereits seit den 1980er Jahren systematisch auf etwaigen Drogenkonsum testen, sind Drogentests am Arbeitsplatz im deutschsprachigen Raum zwar ein jüngeres Phänomen, mittlerweile aber hat sich deren Anwendung – insbesondere bei Großbetrieben – zu einer gängigen und weit verbreiteten betrieblichen (Drogen-)Kontrollpraxis entwickelt, ohne jedoch eine nennenswerte sozialwissenschaftliche Diskussion nach sich gezogen zu haben. Während die gesellschaftstheoretischen Implikationen dieser Praxis hinsichtlich der Situation in den USA ausführlich aufgezeigt wurden (vor allem Tunnell 2004; auch Gilliom 1994; ACLU 1999; Potter und Orfali 1999), bleiben deren konkrete Umstände in Deutschland noch immer größtenteils unberücksichtigt (Ausnahmen, s. Paul 2007; 2010). Da die Ausführungen über die Situation in den USA vor allem vor dem Hintergrund des dort von der Regie-

---

11 Einer der in diesem Zusammenhang bekanntesten Fälle stellt die ‚Mohn-Problematik' dar: Der Verzehr von mohnhaltigen Lebensmitteln kann die Aufnahme von Morphin und Codein bewirken, deren Abbauprodukte den Drogenschnelltest zu einem positiven Opiatnachweis nötigen (vgl. Külpmann 2003: 1139; Kauert 2004: 300-301; Schmid 2007: 383).

rung ausgerufenen ‚War on Drugs' interpretiert werden müssen (vgl. O'Malley und Mugford 1991; Wisotsky 1986), dieser moralisch aufgeladene Umgang mit Drogenkonsum in Deutschland in diesem Maße nicht vorzufinden ist und auch der hiesige Staat eine deutlich weniger prominente Rolle in diesem Kontext einnimmt, muss eine Analyse über die deutsche Situation weitgehend unabhängig von den US-zentrierten Ansätzen gestaltet werden.

Ursächlich für die Einführung von Drogentests am Arbeitsplatz sind in Deutschland hauptsächlich Bestrebungen zur Erhöhung der Arbeitssicherheit. Mit Verweis auf ihre Fürsorgepflicht gegenüber ihren MitarbeiterInnen, mit Hinweis auf die allgemeine Drogenkonsumrate in der Gesamtbevölkerung und der damit verbundenen Annahme, dass Betriebe immer auch ein Spiegelbild der Gesellschaft sind, demnach auch in der Arbeitswelt DrogenkonsumentInnen existieren, wird begründet, dass Drogentests notwendig sind, um das Konsumverhalten von ArbeitnehmerInnen zu kontrollieren. Es gehe darum, die erwarteten, aus Substanzmissbrauch resultierenden verhaltensbedingten Risikopotentiale zu bändigen und die eigene, rechtlich dokumentierte Fürsorgepflicht konsequent auszuüben (vgl. Paul 2010: 167; Heilmann et al. 2001: 212).[12] Diese Argumentation geht in ihrem Kern davon aus, dass der Konsum von illegalen Substanzen – zunächst losgelöst vom konkreten Gebrauch (also z.B. ob sporadisch oder chronisch) – negative Folgen für die Leistungsfähigkeit der ArbeitnehmerInnen hat und dadurch das Risiko von Arbeitsunfällen erhöht. Dieser Bedrohung soll schließlich mit Hilfe von Drogentests entgegengetreten werden, indem letztere die getesteten Personen dahingehend kategorisieren, ob sie vor dem Hintergrund der den Tests zugewiesenen analytischen Kriterien als tauglich oder als untauglich zu gelten haben. Damit sollen den Unternehmen vermeintlich handfeste Kriterien zur Beurteilung von BewerberInnen bzw. MitarbeiterInnen hinsichtlich ihres Konsumverhaltens vermittelt werden, die eine ebenso zielgerichtete wie treffsichere Identifikation dieses als Risikogruppe definierten Personenkreises versprechen.

Die in Deutschland am häufigsten angewendete Art der Drogenkontrolle am Arbeitsplatz findet auf Grund der vergleichsweise unkomplizierten rechtlichen Vorgaben bei BewerberInnen im Kontext von Einstellungsverfahren statt[13], in deren Rahmen zumeist aus praktischen und ökonomischen Gründen auf Drogen-

---

12 Zur diesbezüglichen Argumentation siehe exemplarisch: Bundesarbeitgeberverband Chemie 2007: 69ff; Breitstadt und Kauert 2005; Breitstadt und Müller 2011; Kittel und Kegel 2001; Strack 2006; Breitstadt und Meyer 1998; Gaber 2010.
13 Mittlerweile sind indes auch randomisierte Kontrollen der Beschäftigten qua Rechtsprechung erlaubt: Das Arbeitsgericht Hamburg hat entsprechende verdachtsunabhängige Drogenkontrollen als rechtlich einwandfrei eingestuft, dies jedoch eng an die Charakterisierung der konkreten Tätigkeit als „gefahrengeneigt" geknüpft (Az.: 27 Ca 136/06).

schnelltests zurückgegriffen wird (vgl. Egbert 2012). Rechtliche Voraussetzung für eine entsprechende Praxis ist zunächst die Formulierung einer einschlägigen Betriebsvereinbarung, wobei die Qualifizierung einer Tätigkeit als gefahrgeneigt nicht zwingend erforderlich ist, ein tätigkeits- und damit hierarchieunabhängiges Screening bisweilen als besonders konsequente Kontrollstrategie eingeschätzt wird (vgl. Bengelsdorf 2011). Grundsätzlich gilt, dass stets die (freiwillige) Zustimmung der Betroffenen erforderlich ist (vgl. Musial 2005). Dass hier aber der Begriff der Freiwilligkeit weit gefasst werden muss und gleichsam von rein rhetorischer Bedeutung ist, liegt auf der Hand, sofern man sich die konkreten Konsequenzen einer solchen Entschlusses seitens der BewerberInnen anschaut: Entscheidet sich die AspirantIn gegen die Abgabe einer Probe, so kann die betreffende Betriebsarzt/-ärztin die Analyse nicht durchführen und die Gesundheitsüberprüfung nicht vollständig abschließen, was eine Einstellung faktisch unmöglich macht (vgl. Fleck 2002: 74f; Wienemann und Schumann 2006: 38). Wird eine BewerberIn positiv getestet, so gilt in der Regel – obgleich die konkrete betriebliche Praxis davon in Einzelfällen abweichen mag –, dass deren Bewerbung nicht weiter berücksichtigt wird (vgl. Wienemann und Müller 2005: 67). Die Resultate werden allerdings nicht ohne weitere Prüfung als Grundlage der mitunter arbeitsrechtlich relevanten Konsequenzen genutzt. Vielmehr werden – obgleich nur bei positiven Ergebnissen – Bestätigungsanalysen angefordert, die von externen Laboren oder gerichtsmedizinischen Instituten durchgeführt werden und die Resultate der Schnelltestverfahren verifizieren sollen. Dieser Mechanismus greift bei vielen Unternehmen indes nicht automatisch, sondern wird mitunter nur auf nachhaltiges Bitten der positiv getesteten Person veranlasst (vgl. Egbert 2012). Die Prüfung der Korrektheit der vom Schnelltest erzielten Ergebnisse mittels Bestätigungsanalyse entspricht der in der einschlägigen drogenanalytischen Literatur vorgetragenen Forderung, dass die Ergebnisse von Drogenschnelltests – auf Grund deren analytischen Grenzen – zwingend mit einem anderen Verfahren geprüft werden müssen (vgl. z.B. Külpmann 2003: 1140; Schütz 1999a: 324).

Dass positive Schnelltestergebnisse in der Regel per laborgebundener Bestätigungsanalyse überprüft werden, zeigt, dass die beteiligten AkteurInnen in den Unternehmen durchaus um die analytischen Grenzen von Drogenschnelltests wissen (vgl. dazu auch Egbert 2012). Wie im Folgenden zu zeigen sein wird, gibt es aus ihrer Sicht gute Gründe, trotz der oben aufgezeigten Limitationen auf Drogenschnelltestsysteme zurückzugreifen.

2.2 Relative Zuverlässigkeit und Praktikabilität – oder: der Urinschnelltest als drogenanalytische Kompromisslösung

Dass Drogenurinschnelltests als adäquate Instrumente zur drogenspezifischen Verhaltenskontrolle erachtet werden, hängt mit den an sie herangetragenen Nutzererwartungen zusammen – ihnen wird Funktionalität zugeschrieben: Aus Unternehmenssicht wird davon ausgegangen, dass Drogentests in der Lage sind, auf die an sie gestellten Fragen zutreffend zu antworten, demnach DrogenkonsumentInnen zuverlässig identifizieren vermögen und damit die an sie herangetragene Funktion – die Selektion von DrogenkonsumentInnen – adäquat erfüllen. Mit der Funktionalität eng verbunden ist eine hinreichende Verlässlichkeit der vom Test angezeigten Resultate: Nur wenn der Test ein angemessenes Maß an richtigen Ergebnisse liefert, kann er als funktional im oben genannten Sinne wahrgenommen werden.

Die Funktionalität der Urindrogenschnelltests lässt sich aber nicht nur auf die Zuverlässigkeit der Ergebnisse beziehen, sondern kann weiter differenziert werden. Drogentests wird eine, insbesondere im Vergleich zur menschlichen Urteilskraft konturierte, Neutralitätsfunktion zugeschrieben. Die Nutzung von Drogentests scheint den Identifizierungsprozess von potentiellen DrogenkonsumentInnen unabhängig von subjektiven Bewertungen zu machen und für eine unvoreingenommene Beurteilung der getesteten Personen sorgen zu können. Drogentests erscheinen in diesem Sinne als objektive Bewertungsinstanzen, die die Identifikation von DrogenkonsumentInnen verlässlich und ohne Rückgriff auf interpretative Axiome und in intersubjektiv nachvollziehbarer Weise vollziehen. Deutlich wird diese, dem Test zugeschriebene Funktion im folgenden Kommentar von einem Arbeitsmediziner, der lange Zeit leitender Werksarzt bei einem deutschen Chemieunternehmen war und über alternative Mechanismen der Verhaltenskontrolle spricht: „Ich sage, ja mein Gott, die Mitarbeiter untereinander haben sich letztendlich zu Begucken und dann muss eine oder einer sagen ‚mit dem stimmt's nicht'. Denunziation in so einer Gruppe geht nicht, die einzige Chance ist randomisiertes Screening, damit bin ich da raus, ja. Das ist wesentlich fairer." (zit. n. Egbert 2012: 51).[14]

Die Nutzung von Drogentests zur Kontrolle von MitarbeiterInnen, hat – wie das obige Zitat des Werksarztes zeigt – weiterhin den Effekt, (persönliche)

---

14 Dieses und alle folgenden Interview-Zitate stammen aus einer 2011 bis 2012 am Institut für Kriminologische Sozialforschung der Universität Hamburg durchgeführten Pilotstudie (siehe Egbert 2012). Für Ihre Hilfe bei der Datenerhebung möchten wir an dieser Stelle Mauri Paustian herzlich danken. Um eine bessere Lesbarkeit zu gewährleisten, wurden die jeweiligen Zitate für diesen Aufsatz an das Schriftdeutsch angeglichen.

Verantwortung an ein technisches Fabrikat delegieren („damit bin ich da raus") und eine diagnostische Einschätzung fern menschlich-interpretativer Bewertungen anbieten zu können, was für alle Beteiligten „wesentlich fairer" sei. Ähnlich argumentiert ein Mitarbeiter eines Drogentestherstellers in Bezug auf Alkoholmessgeräte, dass man nur unter Rückgriff auf derartige Detektionsgeräte einen entsprechenden Grad an Objektivität gewährleisten kann, da das Urteil einer Person ein subjektives sei (vgl. Egbert 2012: 52).

Verantwortung wird indes nicht nur auf der Mikroebene von den GutachterInnen der Ergebnisse an die Tests übergeben, auch auf struktureller Ebene kann eine Verschiebung beobachtet werden: Indem der Schnelltest das individuelle Konsumverhalten der getesteten Person in den Blick nimmt und sein Resultat die empirische Basis für mögliche arbeitsrechtliche Konsequenzen bildet, fokussiert er das (Fehl-)verhalten des Testsubjekts und lenkt damit von strukturellen Problematiken des Arbeitsplatzes ab, die vom Grundsatz her ebenso sicherheitsrelevante Überlegungen evozieren könnten (vgl. Nelkin und Tancredi 1994).

Die partielle Herausnahme des menschlichen Faktors aus dem Testprozess hat weitere Vorteile: Der Drogentest, als automatisiertes Produkt, hat gegenüber dem Menschen erhebliche Geschwindigkeitsvorteile und kann problemlos viele Proben in kurz aufeinanderfolgenden Zeitintervallen analysieren. Potentielle Alternativen zur Überprüfung von möglichem Drogenkonsum, die allein von Menschen durchgeführt werden (so z. B. Vigilanztests[15]), dauern wesentlich länger und operieren nicht unbedingt verstärkt aber viel offensichtlicher mit der menschlichen Fehlbarkeit.

Die Antwort auf die Frage, unter welchen Rahmenbedingungen die Tests ihre Funktion auszuüben im Stande sind, ist für die Anwendung von Drogentests am Arbeitsplatz ein weiteres zentrales Kriterium. Drogentests sind für Unternehmen nicht nur funktional, sondern ebenfalls praktikabel[16]. Maßgebend sind dabei nicht allein die finanziellen Bedingungen eines Testprodukts, sondern auch die tatsächlichen praktischen Voraussetzungen, die bei der Realisierung des Testvorgangs im Arbeitsalltag zu beachten sind (z. B. die Dauer des Testprozesses; der Aufwand der mit der Entnahme der Probe zusammenhängt; die Frage, welches Instrument für die Analyse der Proben notwendig ist).

---

15 Also Aufmerksamkeits- und Reaktionstests, die die getesteten Personen vor spezifische koordinatorische und geistige Herausforderungen stellen und einen möglichen Drogen- oder Alkoholkonsum entdecken sollen.
16 Unter dem Begriff Praktikabilität möchten wir die ökonomischen und anwendungsbezogenen Rahmenbedingungen verstehen, die mit der Umsetzung der entsprechenden Kontrollmaßnahme zusammenhängen.

Großbetriebe sind in diesem Kontext zunächst als ökonomische Akteure zu betrachten. Die dort getroffenen Entscheidungen werden immer auch unter Rückgriff auf finanzielle Gesichtspunkte getroffen. Dies gilt freilich auch für die Arbeit der BetriebsärztInnen und damit für die Implementierung und Testpraxis von Drogenkontrollen. Sowohl die grundsätzliche Entscheidung, ob Drogenkontrollverfahren eingeführt werden sollen, als auch die Frage, wie die Testprozesse konkret ausgeführt werden und auf welche Instrumente dabei zurückgegriffen werden soll, unterliegen einem ökonomischen Kalkül. Das heißt, dass nur jene Testsysteme als zweckmäßig erachtet werden können, die grundsätzlich auch – insbesondere mit Blick auf ihre Funktionalität – als kostengünstig wahrgenommen werden. Drogenschnelltests sind – gerade im Vergleich zu alternativen laborgebundenen Detektionsverfahren – überaus preiswert[17], was sie insbesondere für einen Masseneinsatz, z. B. im Rahmen von Einstellungsverfahren, zu einem ökonomisch zweckmäßigen Selektionsinstrument werden lässt.

Drogenschnelltests sind ferner einfach zu bedienen, für ihre Handhabung muss nicht zwingend Expertenwissen vorausgesetzt werden, daher können sie auch von Laien angewendet werden. Nicht zuletzt ist ein praktischer Vorteil ihres Einsatzes, dass sie unkompliziert in den Arbeitsalltag integriert werden können, da sie rasche Ergebnisse versprechen und eine eindeutige Identifikation der Resultate erlauben, die eine zeit- und ressourcenraubende Aushandlung derselben obsolet werden lassen. In diesem Kontext wird auch deutlich, dass die Zuverlässigkeit eines Schnelltestsystems auch für die Praktikabilität eines Drogentests von Bedeutung ist: Je präziser sie die an sie herangetragenen Fragen beantworten können und je eindeutiger diese Antworten sind, desto größer ist ihr praktischer Wert für das Unternehmen. Oder anders herum: Ein Gerät, das viele fehlerhafte Ergebnisse anzeigt, muss als unpraktikabel bewertet werden, weil es die ihr zugewiesene Funktion nicht erfüllen kann und – bei entsprechend häufigen Falschaussagen – zu Komplikationen in der Arbeitsroutine führt.

Die Nutzung von Drogenschnelltests im Arbeitsplatzkontext erscheint für Unternehmen sowohl aus Funktionalitäts-, als auch aus Praktikabilitätsgründen als sinnvoll – das dokumentiert ihr faktischer Einsatz in zahlreichen Großbetrieben. Die erörterten Gesichtspunkte machen ersichtlich, warum die NutzerInnen die analytischen Grenzen der Drogenschnelltests als hinnehmbar ansehen. Den AnwenderInnen ist durchaus bewusst, dass – insbesondere bei einer Massenanwendung, wie sie zum Beispiel im Rahmen von Einstellungsverfahren ausgeübt wird –, mit fehlerhaften Ergebnisse zu rechnen ist, die ein Urinschnelltest regel-

---

17 Konkretes Beispiel: Der „MultiCard Test" der Firma gab*control* ist im Internet ab 14,35€ erhältlich (Stand: 20.09.2012).

mäßig anzuzeigen droht. In Abwägung mit den genannten praktischen Faktoren scheinen die eingeschränkte analytische Qualität und die damit verbundenen möglichen Fehlmessungen indes als Kollateralschäden angesehen und schließlich als hinnehmbar akzeptiert zu werden.

Dass die Leistungsfähigkeit eines Drogentest nur relativ zu anderen Faktoren von Bedeutung ist, wird durch ein Zitat von dem bereits oben angesprochenen Mitarbeiter eines Drogentestherstellers bestätigt, der das von seiner Firma entwickelte Testsystem – dass im Übrigen vor allem für polizeiliche Zwecke genutzt wird – als bestmöglichen Mittelweg zwischen einem schnellen, präzisen und kostengünstigen Gerät charakterisiert (vgl. Egbert 2012: 50). Er macht weiterhin deutlich, dass eine Gaschromatographie, die ein erheblich differenzierteres und zuverlässigeres Ergebnis anzuzeigen vermag, für den Anwendungskontext am Arbeitsplatz nicht tauglich ist und deshalb aus ökonomischen und praktischen Gründen ungeeignet erscheint (vgl. ebd.).

Bei Drogenschnelltests am Arbeitsplatz geht es also nicht um *un*bedingte Präzision und Exaktheit der Ergebnisse, entscheidend ist vielmehr eine relative Zuverlässigkeit, die in enger Beziehung zu praktischen und ökonomischen Erwägungen steht. Kurzum: Die Nutzung von Urindrogenschnelltests stellt eine detektionsanalytische Kompromisslösung dar; die unternehmerische Entscheidung für die Nutzung eines Drogenurinschnelltestsystems ist Produkt einer Abwägung von mehreren, tendenziell unvereinbaren Faktoren. Erwartet wird eine hinreichende Verlässlichkeit der Ergebnisse, die in solch ausreichendem Maße richtige Resultate produziert, dass es seine zugeschriebene Funktionalität nicht verliert.

3. Soziologie des Teste(n)s: Technologie und Visualität als faktizitätsherstellende Momente des Drogenschnelltests

Der Widerspruch zwischen dem Wunsch nach einem eindeutigen und möglichst korrekten Ergebnis und dem Begnügen mit einer Technik der nur eine relative Zuverlässigkeit zugesprochen wird, soll den Schwerpunkt unserer Betrachtungen ausmachen. Die angesprochene Ambivalenz wirft die Frage auf, welche spezifischen Eigenheiten den angewendeten Tests dabei zugeschrieben werden können und welche Rolle dabei deren visuelle Funktionslogik spielt.

3.1 Technologische Zeugenschaft

Dorothy Nelkin und Laurence Tancredi charakterisieren in ihrer Studie über biologische Testverfahren in Alltagskontexten die Einführung von Drogentests am

Arbeitsplatz als Vorgang, in dem sich eine industrielle Perspektive (der Verortung von Arbeitsplatz-/Sicherheitsproblemen in der Person des Arbeiters/der Arbeiterin) in eine „professional assumption" transformiert (1994: 84). Dieser Vorgang sei, so Nelkin und Tancredi, durch die Position der Betriebsärzte/-ärztinnen gekennzeichnet, die zwischen den Loyalitätsfronten von ArbeitgeberInnen und ArbeitnehmerInnen stünden. Mittels der als ‚wissenschaftlich objektiv' ausgewiesenen Beurteilungstechnik könne den MedizinerInnen geholfen werden, in einer neutralen Position wahrgenommen zu werden (Nelkin und Tancredi 1994: 84). Damit zeigt sich, dass die technisch produzierte Evidenz aufwändige Aushandlungsprozesse ersetzen kann/soll (vgl. Hempel et al. 2011: 16). Dieser Transformationsakt bezeichnet einen Prozess der Verwissenschaftlichung, da er mittels Zuschreibung wissenschaftlicher Attribute bzw. ganz grundlegend des Labels der wissenschaftlichen Praktik funktioniert. Elementare Bestandteile dieses Vorgangs sind die Zuschreibung von Objektivität und Neutralität zur Testpraxis. Dies führt auch zu der bereits angesprochenen Genügsamkeit hinsichtlich der Fehlbarkeit und Grenzen der Tests. So verweisen die Hersteller von Drogenschnelltests in den Schulungen zu ihren Produkten auf die Grenzen der Aussagekraft und die sogenannte ‚relative' Zuverlässigkeit der Tests, während das medizinische Personal im Betrieb diese Einschränkungen in der Kommunikation mit den Laboren (und Toxikologen, vgl. Scholer 1999) eben kaum weiter berücksichtigt. Das heißt, obschon die Anbieter gegenüber der Praxis deutlich machen, wo die Testgrenzen und Mängel liegen, kommt es in der Praxis zu einer Überzeugung, dass die Tests über eine so große Aussagefähigkeit verfügen würde, dass sie als geeignetes Lösungsinstrumentarium für verschiedene Probleme funktionieren könnten.

Die den Tests zugeschriebene Neutralität, die die Aushandlungsprozesse am Arbeitsplatz unnötig werden lässt, lässt eine vermeintlich ebenso eindeutige wie faire Zuordnung/Klassifizierung der Personen in entsprechende (Krankheits-) Gruppen zu. Die Zuordnung muss nicht mehr von dem Tester selber vorgenommen werden, die Verantwortlichkeit kann gleichsam an den Test delegiert werden. Die ihnen zugeschriebene Objektivität entspringt insbesondere dem Fakt, dass es sich um technische Apparate handelt, da diese per se als frei von Subjektivität begriffen (vor allem in Relation zur menschlichen Erkenntnis) und als Verfahren gesehen werden, bei dem die Natur für sich sprechen würde (vgl. Burri 2008). Diese Zuschreibung von Neutralität und Objektivität zu einem technischen Artefakt beruht nach Lorraine Daston und Peter Galison (2010) auf dem Konzept der mechanischen Objektivität, wie es in der zweiten Hälfte des 19. Jh. aufgetreten sei und in der alltagspraktischen Wahrnehmung der Gegenwart immer noch Bestand habe. Interessanterweise erfolgt diese Zuschreibung bzw. Sicht auf die

Tests zu einer Zeit, die gemeinhin als „Technoscience Epoche" beschrieben (Clarke et al. 2010) wird, in der es also gerade auch um die Erkenntnis der Interaktion zwischen Mensch und Maschine geht – um die Wissensproduktion, die durch diese Interaktion geprägt wird etc. Das heißt, obschon heute ein anderes Bild von Objektivität herrscht (Daston 2005), werden Drogentests als technische Apparaturen bzw. Verfahrensweisen doch als Objektivitätsproduzenten gesehen. Diese Zuschreibung wissenschaftlicher Attribute und damit Verwissenschaftlichung beruht nicht zuletzt darauf, dass die Tests als wissenschaftliche Produkte angesehen werden. Die Selbstverständlichkeit, in der der Technologie wissenschaftliche Eigenschaften zugesprochen werden, wird zudem durch den Black Box Effekt unterstützt, der in der Unsichtbarkeit, Intransparenz und damit Automatik des technischen Vorgangs besteht (vgl. Hempel et al. 2011: 19), wie auch im komplexen und spezifischen Anwendungswissen, welches mit dem Handling von Drogentests verbunden ist (vgl. grundsätzlich Pinch 1993: 35).[18] Den Tests wird unterstellt, dass sie unter wissenschaftlichen Gesichtspunkten entwickelt wurden bzw. sie das Produkt eines wissenschaftlichen Konsenses seien. Da das Design der Technik die Verfahrensweise nicht mehr sichtbar erscheinen lässt, entzieht sie sich zugleich der stetigen Hinterfragbarkeit. Der wissenschaftliche Apparat trägt so zur Verwissenschaftlichung der Praxis bei, Campbell bezeichnet ihn daher als „technological witness" (2005: 381).

Diese Art der Wissensgenerierung mittels neuer technologischer Verfahren, bei denen zugleich die Wissenschaftlichkeit vorausgesetzt und in ihrem Black Box Effekt zugeschrieben wird, wird von Clarke et al. mit dem Konzept der Bio-Medikalisierung beschrieben, in dem sie die Technoscientification der Gesellschaft als Kernfeature aufzeigen (2010: 47ff.). Die Kontrolle des Konsums illegalisierter Drogen bildet ein Beispiel par excellence für Clarkes et als Charakterisierung der Entwicklung von der Medikalisierung hin zur Bio-Medikalisierung. Während die Medikalisierung die Ausweitung der medizinischen Problemdeutungs- und Zugriffsbereiche skizziere, geht es in Zeiten der Bio- Medikalisierung, so Clarke et al., um den Einsatz technologischer Mittel und um die Veränderung der Identitäten durch diese neuen, kommerzialisierten und von anderen ökonomischen AkteurInnen geprägten medizinischen Interventionen (2010). Dies zeigt auch ein grundlegendes Beispiel der Drogentestanwendung: Technologisch gestützte Tests – wie Drogentests – dienen nicht nur der Kontrolle durch den Arbeitgeber, die Polizei, die Eltern; vielmehr sind sie in ihrer Verfügbarkeit als Schnelltests auch ein Mit-

---

18   Die Bedeutung der Tests als wissenschaftlich und dadurch objektiv und neutral, wird zudem in der Applikation zugeschrieben und erwächst aus einem Funktionalitätsbedarf der Anwendungspraxis (vgl. Bright 2011: 234).

tel zur Selbstoptimierung.[19] Das Individuum kann sich mit Hilfe der Tests stetig davon überzeugen ob es sich noch im Normbereich der Gesellschaft bewegt, die Kontrolle wird nicht mehr nur am Arbeitsplatz ausgeführt, sondern zusätzlich (nicht anstelle) auch noch vom Individuum selbst als Absicherung durchgeführt. Ihr Einsatz bewirkt so die Veränderung des Individuums in ein selbstreguliertes Individuum (Lemke 2004). Für Deutschland ist wenig über den Einsatz dieser Drogentests als Selbstvergewisserung bekannt, für die USA hingegen, wo Tests insbesondere am Arbeitsplatz schon langfristig etabliert sind, sind diese Anwendungsformen gängige Praxis und werden ganz gezielt beworben.

Die Bio-Medikalisierung beinhaltet aber auch die Produktion neuer Objekte und Verfahren die im Kontext der Technoscientification entstandenen Formen der Wissensproduktion aufkamen, wie z. B. durch den wachsenden Bereich der bildgebenden medizinischen Verfahren, zu denen wir im Folgenden auch die Drogentests zählen.

3.2 Die Rolle der Visualität: Bildliche Eigenlogik und ihre Effekte

Nachdem erörtert wurde, welche Auswirkungen der den Tests zugeschriebene wissenschaftliche Charakter haben kann, soll es im Folgenden um die Eigenschaft von Drogenschnelltests als visuelle Diagnoseverfahren gehen und die Frage beantwortet werden, welchen Einfluss die bildliche Eigenlogik auf das von Drogentests produzierte Wissen und deren Anwendungspraxis hat.

3.2.1 Drogenschnelltest konzeptualisiert als bildgebendes Verfahren

Drogentests können als Element eines neuen Genres von Technologien im medizinischen Bereich gesehen werden, die unter dem Begriff des „Medical Technology Development" (Clarke et al. 2010: 70) zusammengefasst werden, wie die Insulinpumpe, neue Transplantationsprocedere, Knochenwachstumsstimulationsverfahren etc. Zunehmend spielen auch visuelle Diagnostik-Technologien darin eine große Rolle. Ihnen allen ist gemein, dass sie medizinische Technologien grundlegend verändert haben. Diese als bildgebende Verfahren (im engl. ‚imaging technologies') zu charakterisierende Technologien sind zugänglicher und erschwinglicher für den Alltagsgebrauch als ihre Medizin-technologischen Vorgänger (Clarke et al 2010: 78). So sind Home-Drug-Tests inzwischen über Amazon u. a. Onlineportale

---

19 Siehe hierzu z. B. Lemke, der beim Blick auf die Praxis der Selbstüberprüfung durch binäre Tests auch HIV-Tests anführt (2004), welche hier durchaus eine Logikverwandtschaft aufweisen. Insbesondere die neu auf dem Markt erschienenen HIV-Schnell-Tests zeugen von einem ähnlichen Trend der Selbstüberprüfung wie der Service, den die Drogenschnelltests bieten.

für jeden erwerbbar. Weitere Veränderungen sind, dass sie sich durch Digitalisierung, Minimalisierung und einen hybriden Charakter auszeichnen.[20]

Exkurs: GLORIA: Die Visualisierungstechnologie des Urinschnelltests

Eine wesentliche technische Leistung eines Drogenschnelltest ist die konkrete Visualisierung eines ansonsten für den Menschen unsichtbaren körperlichen Vorgangs, der sich auf das Vorkommen von Drogen bzw. ihren Abbaustoffen im menschlichen Körper bezieht. In diesem Sinne gehört es zu der immanenten diagnostischen Logik eines Drogenschnelltests, dass er etwas grundsätzlich Unsichtbares sichtbar macht, oder – in anderen Worten – etwas prinzipiell sensorisch Ungreifbares in optisch verwertbarer Weise materialisiert und damit der menschlichen Erkenntnis zugänglich macht. Ein dabei verbreitetes Testprinzip basiert auf der GLORIA-Technik (Gold Labelled Optical-read Rapid Immuno Assay) (vgl. Wilhelm 2008: 309). Die dabei verwendeten immunchemischen Teststreifen bestehen aus mehreren Vlies-Zonen, die der Urin im Verlauf des Analyseprozesses durchwandert. Die erste Vlies-Zone saugt sich nach dem Eintauchen des Teststreifens in die Probe als erstes voll und dient im weiteren Verlauf als Flüssigkeitsreservoir (vgl. Schütz 1999: 16). Das anschließende Vlies-Teilstück enthält bewegliche Gold-markierte Antikörper, die spezifisch für die vom Test zu detektierenden Substanzen (Analyten) sind. Ist in der Probe eine der gesuchten Substanzen bzw. deren Metaboliten vorhanden, so erfolgt eine Reaktion mit den Gold-markierten Antikörpern und es bilden sich rot-gefärbte Analytkomplexe. Wenn diese Verbindung in die Detektionszone gelangt, wird das positive Ergebnis entsprechend den textspezifischen Vorgaben visualisiert (vgl. Scholer 1999: 30; Wilhelm 2008: 310). Im Falle unseres Beispiels würde ein gültiges und den Drogenkonsum bestätigendes Resultat durch eine Linie auf der Höhe des „T" visualisiert. Demgegenüber wird ein negatives Ergebnis – wie in Abb. 2 zu sehen – über zwei rote Linien („C" und „T") abgebildet. Wäre das Resultat ungültig, würden keine Linien auf der Höhe des „C" erscheinen. Da der exemplarisch von uns verwendete Test einzig ein dichotomes Ergebnis anzeigt (positiv oder nega-

---

20 Mit Minimalisierung ist die Komprimierung der Technologie auf kleinstem Raum bzw. in kleinster Ausführungen gemeint, mit Digitalisierung die Umwandlung der gewonnenen Information in digitale Daten und mit der hybride Charakter wiederum verweist auf einerseits auf die Kombination von elektronischer Datenverarbeitung und Informationstechnologie hin (Joyce 2010: 200), andererseits aber auch auf die Hybridität der produzierten Daten zwischen Zeichen und Bild (vgl. Heßler 2006). In diesem Kontext der Hybridisierung von Technik und Digitalisierung der entstehenden Informationen hat die Produktion visueller Informationen ihren Aufschwung erfahren (Joyce 2010).

tiv), mithin lediglich das Vorhandensein einer Substanz bzw. deren Metaboliten nachweisen kann, handelt es sich dabei um ein qualitatives Testsystem. Mit der GLORIA-Technologie sind indes auch halb-quantitative Resultate zu erzielen, indem im Nachweisfeld die Reaktion der Analyten mit den Gold-markierten Antikörpern unterschiedliche, an die Konzentration der gesuchten Substanzen gebundene Farbnuancen ausbilden (vgl. Scholer 1999: 30). Mit einer mitgelieferten Vergleichsfarbtafel soll dann die Intensität des Konsums der entsprechenden Substanzen vergleichend abgelesen werden können (vgl. Schütz 1999: 17). Neben der Beantwortung der Frage, ob die getestete Person Drogen konsumiert hat, kann somit laut Herstellerangaben auch festgestellt werden, wie viel das Testsubjekt von eben dieser Drogen eingenommen hat.

Die Auswertung der Ergebnisse derjenigen Immunoassays, die auf die GLORIA-Technik zurückgreifen, erfolgt also subjektiv und nicht-instrumentell. Die Vergleichsfarbtafeln sowie die Anwendungshinweise (inkl. exemplarischer Darstellung der gefärbten Banden) suggerieren, dass die Tests auch für aus toxikologischer Sicht „Laienanwender" (Scholer 1999: 28) einfach und verfahrenssicher zu handhaben sind. Demgegenüber wird in der fachspezifischen Diskussion betont, dass es insbesondere im Feldeinsatz – sei es aus ungenügender Beleuchtung o. ä. – zu Ableseungenauigkeiten und/oder -fehlern kommen kann. Deshalb wird hervorgehoben, dass gerade unerfahrene AnwenderInnen bei der zutreffenden Interpretation der Schnelltestresultate vor große Herausforderungen gestellt werden (vgl. Külpmann 2003: 1139; Wilhelm 2008: 310).

Augenscheinlich überführt: Drogentests als visuelle Selektionstechnologie 253

Abbildung 1: Drogenschnelltest der „Gecko Pharma GmbH", unbenutzter Test

Abbildung 2: Urindrogenschnelltest der „Gecko Pharma GmbH", negativer Test mit optischer Uneindeutigkeit im Nachweisfeld ganz rechts.

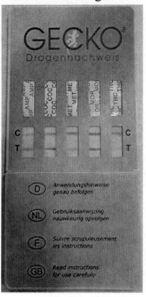

Bildgebende Verfahren werden laut dem Roche Lexikon der Medizin als „Oberbegriff für verschiedene Diagnostikmethoden [gesehen], die Aufnahmen aus dem Körperinneren liefern" (2003: 217f.). Ein Beispiel für solch ein bildgebendes Verfahren ist z.B. das EEG (Elektroenzephalogramm – ein Verfahren zur Messung der Hirnströme), welches ein Kurvendiagramm abgibt. In eben dieser Logik funktioniert auch ein Drogentest. Ob als Bestätigungstest oder Schnelltest, mit ihm werden Aufnahmen (als Teststreifeneinfärbung) produziert, die Vorgänge aus dem Innern des Körpers nach außen tragen sollen. Dieser Blick in den Körpervorgang, ob er Metaboliten ins Visier nimmt oder Substanzen im Körperinnern aufzuspüren sucht, bildet eine Form der Wissensproduktion, die mit dem Foucaultschen ‚clinical gaze' zutreffend beschrieben werden kann. Die Technik der Drogentests, die mit ihrem Blick auf winzige Bestandteile der (im vorliegenden Beispiel) Körperflüssigkeit Indizien für Krankheit bzw. Abweichung zu entdecken sucht. Der Begriff der Bildgebung hat sich vor allem in der Medizingeräteindustrie als Begriff durchgesetzt (Bruhn 2008: 134). Für eine wissenssoziologische

Betrachtung kann analog auf den Begriff der „Sichtbarmachung" zurückgegriffen werden, denn bei beiden geht es darum „Messdaten von visuell nicht zugänglichen oder nicht-visuellen Phänomenen" sichtbar zu machen (Adelmann 2008: 42f.). Obschon bildgebende Verfahren in medizinischen Kontexten verortet sind, lassen sie sich auch auf nicht-medizinische Sichtbarmachungen, die zumeist als technische Bilder konzeptualisiert werden, anwenden. Technische Bilder sind dabei „ein von Apparaten erzeugtes Artefakt mit operativem Charakter" (Flusser 1983 zitiert nach Fischel 2008: 14). Ob es der Seismograph ist, der die Intensität von Erdbeben aufzeichnet, ein Phonograph der Töne dokumentiert, der Kardiograph, der elektronische Aktivitäten des Herzmuskel aufzeichnet oder der Drogentest – die hergestellten Bilder bestehen aus gänzlich anderen Elementen. Angela Fischel hat sich insbesondere dem Linienschreiber der Pulsmesser gewidmet und bezeichnet die Art der technischen Bildproduktion als „Apparatur zur Visualisierung von nicht sichtbaren physikalischen Phänomenen aller Art", egal ob kinetische, akustische oder auch elektronische Impulsen am Ende stehen (Fischel 2008: 15). Diese technischen Bilder können beide als konstruktive Verfahren zur Herstellung von Wissen auf visuellem Wege gesehen werden (Rheinberger 2001). Damit ist schon ein zentrales Verständnis vom Begriff der Sichtbarmachung bzw. Visualisierung angesprochen. Er weist auf eine „wahrnehmungstheoretische [...] phänomenologisch fundierte [...] Bildtheorie, die Bilder nicht als Deutungsweisen oder Interpretationen von Objekten in der realen Welt, sondern in ihrer Existenz ohne Gegenstandsbezug und ohne Sinnzuschreibung beschreibt" (Werner 2008: 32). Damit wird der „produktiv-konstruktive [..] Aspekt der Bildherstellung beton[t]". Zentral ist hierbei die Differenzierung zum Verständnis der Repräsentation oder auch Abbildung, da sie eine Objektnähe suggerieren, die eben gerade nicht im Verständnis der Sichtbarmachung enthalten ist (Rheinberger 2001). Deutlich wird der Akt der Sinngebung bei technischen Bildern, z. B. wenn Fischel zeigt, wie das EEG „zum Zeitpunkt seiner Entwicklung [...] relativ deutungsoffen" angesehen wurde und [dass sich das,] „was sich in Kurven darstellte [...] erst mit Sinn besetzt werden" musste. „Die Findung von Interpretationsregeln gehörte unmittelbar zur Entwicklung der neuen Technologie, entschied über ihren Erfolg oder Misserfolg und war einer ihrer neuralgischen und spannendsten Momente." (Fischel 2008: 19; vgl. dazu auch Gugerli und Orland 2002).

Dass technische Bilder – wie sie im Folgenden als Produkt des Drogenschnelltests konzeptualisiert werden – auch wissenschaftliche Bilder sind, führt zu Charakterisierungen, die zugleich ihre Grenzen deutlich machen. Gottfried Böhm weist z. B. darauf hin, dass wissenschaftliche Bilder ‚schwache Bilder' sind, da ihr Zweck außerhalb ihrer selbst steht, da sie zugleich Instrumente sind. Darüber hinaus seien sie „Bilder zum Verbrauch" (Boehm 2001: 53). Ganz ähnlich befinden Adelmann et al., dass es unmöglich sei, Wissen im Bild als „hypothetisch zu kennzeichnen oder Nichtwissen zu thematisieren. Keine Einschränkung, Abwägung etc." (Adelmann et al. 2008: 42). Bilder haben ein „schwieriges Verhältnis zur Verneinung", da sie nichts transportieren können, was sie nicht darstellen (Mersch 2006: 412). Da ihnen eine „Unmöglichkeit der Einschränkung oder Abwägung" eigen ist, zeigen sich Bilder prädestiniert für den „Existenzbeweis" (ebd.: 413). Die Inkompetenz oder wie Böhm es nennt, „Defizite" von wissenschaftlichen Bildern hinsichtlich der Darstellung der eigenen Unvollkommenheit und die damit einhergehenden Folgen für die Rolle von instrumentellen Visualisierungsprozessen, gilt es in einer Betrachtung von Drogenschnelltests als bildgebendem Verfahren zu berücksichtigen.

Blickt man auf Drogenschnelltests mit der Auffassung einer ‚ikonischen Differenz' (Böhm 2011), die den Kontrast zwischen Dargestelltem und der Darstellung beschreibt, wird deutlich, dass es sich um kein Abbild eines Vorgangs oder Zustands handelt, sondern um den Prozess eines „Zuwachs an Sein" (Werner 2008: 31). Die mit dem Testergebnis erzeugten Bilder, beim Schnelltest z. B. seine unterschiedlich ausgeprägten und angeordneten Streifen, fügen der sichtbaren Welt Neues hinzu (ebd.).

Am Ende des Testprozesses steht ein eindeutig ablesbares Resultat – ein Resultat, dass das Ergebnis eines vergleichsweise komplizierten chemischen Prozesses darstellt und auf einen eindeutigen Nenner bringt. Diese Eindeutigkeit ist freilich nicht ohne Verluste zu haben: die optische Griffigkeit des Befundes ist Produkt einer starken Komplexitätsreduktion, die durch Komprimierungs- und Selektionseingriffe zu Stande kommt (Fischel 2008: 178). Die Visualität des Resultats impliziert auf der einen Seite ein hohes Maß an abstrahierenden Eingriffen seitens der Testhersteller und deren ForscherInnen im Rahmen der Test-Entwicklung, die vermeintlich unwichtige Informationen außer Betracht lassen und damit ein ebenso stilisiertes wie konzentriertes, optisch verwertbares Ergebnis produzieren. Andererseits ist es genau diese informationelle Eingrenzung, die den Schnelltest zum nützlichen Instrument für die AnwenderInnen werden lässt: Die Eigenlogik von Visualität macht es möglich, große Datenmengen auf ein kompaktes Format zu verdichten (Heintz und Huber 2001: 13; Schneider 2008: 192; Adelmann et al. 2008: 69) und macht eine Prägnanz verfügbar, die weder mit Zahlen noch mit Buchstaben zu erreichen ist. Dies bietet den Vorteil, dass das Ablesen der Schnelltestresultate überaus unkompliziert in die eigenen Verfahrensabläufe integriert und damit konkretes Handlungswissen erzeugt werden kann (ähnlich: Burri 2008a: 350).

So scheinbar simpel das erzeugte Bild ist, so sehr sucht es, ein komplexes Phänomen überhaupt erst „anwesend, sichtbar und handhabbar" zu machen (Bruhn 2008: 132). Und zugleich ist auch diese vermeintlich schlichte Anordnung von Streifen wiederum komplex, da sie ein Bündel an Argumenten, Thesen etc. gleichzeitig darstellen. Über die Gleichzeitigkeit von Simplifizierung einerseits und neuer Komplexitätsgenerierung andererseits hinaus, kreieren Bilder spezifische Ereignisse (Boehm 2011: 173). An unserem Beispiel des Drogentests als bildgebendem Verfahren wird deutlich, welche Rolle diese – nach Gottfried Boehm – „stehende Temporalität" spielt (Boehm 2011: 173). Der Test-Moment, in dem die Drogenfreiheit bzw. der Drogeneinfluss der Testperson zutage treten soll ist zugleich ein kritisches Moment. Nicht nur bedeutet diese „stehende Temporalität", dass ein Konsum aufgezeigt werden kann, der bereits lange zurückliegt (z. B. in der Freizeit stattfand) und keinen Einfluss mehr auf die Performanz am Arbeitsplatz hat, sondern auch umgekehrt, dass die Nichtfeststellung einer Substanz im Moment (oder deren Abbauprodukte) eben gerade den Konsum von spezifischen Substanzen nicht aufzeigen kann, unter deren diagnostisches Fenster es gerade nicht fällt. Der Test sucht nicht nur Immaterielles in Materielles zu verwandeln, sondern auch etwas Flüchtiges, Bewegliches – im Prozess Befindliches – zu fixieren (für Bilder generell vgl. Bruhn 2008: 132)

Doch auch die Behauptung ein Prozess würde visualisierend fixiert werden, muss vor dem Hintergrund der Erkenntnis stehen, dass in der Veranschaulichung ein Zugewinn an Sinnhaftigkeit erfolgt (vgl. Boehm 2001: 51). Die Instrumentalisierung des Sehens (oder auch maschinelle Delegierung vgl. ebd.) kann in all diesem nicht ohne Referenzsystem auskommen, was die Bildgebungs-Sinnproduktion rahmt und strukturiert.

Die Charakterisierung des Schnelltests als Visualisierungsprodukt scheint hierbei konstitutiv, da dieser seine Resultate in bildlicher Form ausgibt und sich dabei weder widersprechen noch relativieren kann: dass was er anzeigt wird so und nicht anders angezeigt und das, was gezeigt wird „zeigt sich oder gar nicht" (Mersch 2006: 413). In diesem Sinne entfaltet er absolute visuell-materielle Präsenz, die gleichsam dankbar von den AnwenderInnen aufgenommen und in ein eindeutiges Messergebnis übersetzt wird. Diese Übersetzungsleistung gelingt (auch) deshalb so einfach, weil die Unfähigkeit der bildlichen Darstellung zur Negation suggestive Wirkung hat und dass, was gesehen wird – weil eben nichts anderes zu sehen ist –, zunächst nicht als anfechtbar erscheint (Heintz und Huber 2001: 25f; Mersch 2006: 413; Heßler 2004: 27f.; Adelmann et al. 2008: 29; ähnlich: Schnettler und Pötzsch 2007: 474). Dieser Effekt wird dadurch verstärkt, dass die eigenen Herstellungsmechanismen – inklusive deren Kontingenzen –

nicht mittransportiert werden (Heßler 2006: 30, 2005: 288; Mersch 2006: 418f.). Dies kann auch der Grund dafür sein, dass der artifizielle Charakter technischer Bilder im praktischen Gebrauch dazu neigt, in Vergessenheit zu geraten (Bredekamp et al. 2008: 9).

Die Form und Art der Darstellung, ob in Diagrammen, Graphiken oder der analogen Einfärbung, die Funktion der visuellen Dokumente ist immer abhängig vom Kontext in dem sie erscheinen. Während ein Ereignis fixiert wird, wird zugleich neues Wissen hergestellt, was durch die spezifische Darstellungsweise erfolgt (Heßler 2006: 22). Das sich so transformierende Wissen hängt auch von den Seh- und Bildtraditionen, den Konventionen und visuellen Referenzen ab, durch die es gelesen resp. rezipiert wird. Die Art der Darstellung orientiert sich zumeist an gängigen Regeln der Repräsentation (hinsichtlich der Farbgebung, Perspektivität, Skalierung etc.). Es gilt also neben der Betrachtung des Kontextes der Wissensproduktion und den konkreten Rahmenbedingungen der Tests danach zu fragen, wie sich die Sinnproduktion der Bildgestaltung mittels ästhetischer Mitteln vollzieht. So vermitteln Bilder Erkenntnis auf sinnlichem Wege, mittels Farben, Formen, Linien, Kontraste, Schärfe oder Unschärfe etc. (Adelmann et al. 2008: 42). Um Prioritäten deutlich zu machen heben Bilder das aus der Sicht ihrer Konstrukteure Wesentliche bzw. Relevante hervor und kreieren so einen neuen Sinn. Beim Drogenschnelltest erfolgt die Hervorhebung des relevanten Inhalts durch die Einfärbung des positiven bzw. negativen Streifens (vgl. zu Kriterien der Hervorhebung Heßler 2006: 23f.). Die Darstellung signalisiert – so denn sie so funktioniert, wie es beabsichtigt ist – eine Einfachheit, Klarheit und Deutlichkeit, sprich eine Eindeutigkeit und zugleich Evidenz. Boehm behauptet sogar, dass in dieser beabsichtigten Eindeutigkeit der Interpretationsspielraum des wissenschaftlichen Bildes im Idealfall gegen Null gehen würde (Boehm 2001: 53). Für ihn implizieren medizindiagnostische Bildgebungsverfahren zugleich eine Ästhetik, „die am Körperlichen alles ‚Organische' zurückdrängt: Körpersäfte, Gewebe, Fleisch, Haut usw. erscheinen als gereinigtes, ein ‚cleanes' Präparat. Eine extreme Versachlichung tilgt alle direkten Lebensspuren, auch die Differenz von Innen und Außen." (Boehm 2001: 51) Diese „Versachlichung" der Körpervorgangsdarstellung zur Frage, ob Drogen konsumiert wurden oder nicht, steht in bemerkenswertem Kontrast zur grundsätzlichen Ikonographie des (illegalen) Drogenkonsums. Ähnlich der Visualisierungen im medizinischen Bereich, wie sie von Adele Clarke bereits als „densley elaborated iconography" (2010: 107) beschrieben werden, würde auch eine Ikonographie des Drogenkonsums als ‚visual culture of fear' ausgeschildert werden können.[21] Die Versachlichung der Körperflüssigkeitsprobe auf das visuelle Ergebnis zweier Streifen hin, liegt scheinbar fernab jeder visuellen Bedrohungsproklamation wie sie in 80er Jahre Kampagnen zur Abwendung von Sucht mit Spritzbesteck quer über dem Totenschädel u. Ä. erfolgten. Vielmehr signalisieren zwei Streifen ‚kein Risiko', während einer als ‚Risiko' interpretiert werden kann. Die quasi sterile Produktion des Nachweises, der eine Person der Normwidrigkeit bezichtigt, entspricht der Neutralitätsaura der die Apparatur – die Technologie unterliegt. Und auch die Visualität im technologischen Verfahren bedient sich des Anscheins der vermeintlichen Sachlichkeit durch ihr simplizistisches Auftreten. Für Betriebe und andere Kontexte, in denen „Sachlichkeit" gesucht wird und eben kein skandalierender Umgang mit der Thematik des Drogenkonsums erscheint gerade diese Selektionstechnologie hervorragend geeignet, um die Süchtigen, die Kranken oder die Risikoliebenden zu identifizieren, je nachdem wie konkret die Deutung/Rahmung des Betriebsmediziners z. B. in seiner Sicht auf Drogenkonsum aussieht. So leistet sie dem Ansinnen der Abweichungsproduktion durch Identifikation Vorschub.

3.2.2 Visualisierung und Evidenz

Die Zielsetzung der Bildgebung des Drogentests liegt nicht im präventiven Akt – vielmehr soll er als Nachweis dienen, dass ein Konsum erfolgte oder nicht. Unabhängig von Zeit, Ort, Intensität oder Art des Konsums. Das Resultat ist (zumeist) eindeutig ablesbar und pendelt stets zwischen zwei Möglichkeiten: entweder ist das Ergebnis positiv oder negativ (siehe Abbildung 2).[22] Ein Drogentest liefert so immer eindeutige Resultate und ist für alltagspraktische Einsätze bestens geeignet, weil er mit seiner augenscheinlichen Eindeutigkeit konkrete Handlungsempfehlungen geben kann, damit die weitere Abfolge der Ereignisse erheblich mitbestimmt (s. u.). Die Eindeutigkeit der Resultate lässt zudem die dahinterstehenden Prozesse, die sozusagen im Inneren des Testgehäuses stattfinden und die potentielle Fehlerhaftigkeit implizieren, in den Hintergrund treten (Black Box). Die Visualität an sich kann als Beleg der Richtigkeit der Ergebnisse wahrgenommen werden, weil man es ja ‚mit seinen eigenen Augen sieht'. Die visuelle Darstellung der Testergebnisse steht für eine Eindeutigkeit im Ergebnis, eine Evidenz. Denn ‚Evidenz' meint nicht nur „klar und deutlich" (Kamecke 2009: 11), sondern etymologisch zielt sie auf die augenscheinliche Erkenntnis ab, dass eine Gewissheit

---

21 Siehe z. B. Hodgson 2001, die zeigt, wie über visuelle Bedrohungsdiskurse Angst vor Drogenkonsumenten geschürt wird.
22 Bei den bereits erwähnten halbquantitativen Tests ist dies – wie bereits erwähnt – anders. Dort lassen sich laut Herstellerangaben auch Aussagen über die Konzentration der entsprechenden Substanzen tätigen.

über eine Erkenntnis erlangt ist, die durch die eigene Wahrnehmung des Sehens erfolgt (vgl. Kameke 2009). Zugleich werden mit dieser Gewissheit etwaige Zweifel aus dem Weg geräumt. Mit der Wahrnehmung der Evidenz durch das visuelle Drogentestergebnis, fällt zugleich die Entscheidung für diese eine Wahrheit (vgl. Kamecke 2009: 15), wobei durchaus auch bei der Evidenz unterschieden werden kann zwischen jener, die als visuelles Abbild betrachtet wird und jener, die eben als Sichtbarmachung einzuordnen ist (vgl. zur bildlichen Evidenz Rheinberger 2001: 57ff.). Die Verknüpfung des Vorgangs von Sehen und Überzeugung zeigt die Verbindung zwischen der „Augenzeugenschaft" und der Wahrheitsüberzeugung (Schneider 2009). Die Überzeugtheit von dieser Wahrheit wird unterstützt durch den naturwissenschaftlichen Charakter des Tests. Es ist für die Überzeugtheit der TestanwenderInnen von Relevanz, ob der Drogentest anhand einer sprachlich vorgetragenen Checkliste oder aber einem chemischen Verfahren zur Prüfung von Körperflüssigkeiten erfolgt. Die Kombination des wissenschaftlich-technischen, naturwissenschaftlich erzeugten Bildes gibt die ersehnte Antwort auf den Wunsch nach Überzeugung durch den/die AnwenderIn. Dass das technische Verfahren wie auch das Bild im Anschluss wiederum verbal interpretiert wird und das eigentlich nur ein Anzeichnen für ein wesentlich umfangreicheres Thema (Nähe/Ferne zu psychoaktiven Substanzen, Kontrolle über/Selektion von ArbeitnehmerInnen) darstellt (vgl. Schneider 2009: 42, 52f.), gerät in Vergessenheit. Dies mag folgende Erklärung haben: „Der vorherrschende Anspruch an naturwissenschaftliche Bilder ist, dass sie keine reinen Schöpfungen menschlichen Geistes sind, sondern auf Naturerkenntnis oder Naturbeobachtung verweisen. Von ihnen wird eine begründete Referenz auf [...] eine Technologie und auf einen Wissensdiskurs erwartet, weil naturwissenschaftlichen Bildern und Objekten Evidenz unterstellt wird (Werner 2008: 31). Einher geht die Erwartung an die Überprüf-, Wiederhol- und Nachvollziehbarkeit des zugrunde gelegten Wissensbestandes (ebd.: 31). Ein Gerüst für diese Erwartungen bekommen die naturwissenschaftlichen bildgebenden Verfahren in Gestalt von Normierungs- und Standardisierungsprozessen, die sodann die Grundlage zur Überprüfung der Aussagefähigkeit des Bildes herangezogen werden (ebd.: 34). Wie sonst ließen sich Linien, Kurven oder beim Drogentest Verfärbungen als eindeutig zu interpretierende Erkenntnisträger auffassen?

Das Vertrauen in das Augenscheinliche, die Zuverlässigkeit des Visuellen erwächst zudem aus der Unmittelbarkeit der Wahrnehmung (Schmied-Knittel 2010: 9), womit sich der Beweischarakter im Artefakt verobjektiviert (Burri 2008: 252f.). Damit ist bereits der Zusammenhang zwischen Objektivität und Visualität angesprochen. Durch die scheinbar einfach zu interpretierende visuelle Ergebniszuordnung erfolgt zugleich eine Zuschreibung zur Zuverlässigkeit und Objektivität des Tests. So wie naturwissenschaftlichen Bildern Evidenz unterstellt wird, wird der Technik das Attribut der Objektivität zugeschrieben. Objektivität als wissenschaftliches Ideal bezeichnet noch immer den „Anspruch der Wissenschaft auf Wahrheit" (Dünkel 2008: 148) und doch ist sie historischen Veränderungen unterlegen. Welche Auffassung von Objektivität in den Wissenschaften vertreten wurde hat sich in der durchaus noch jungen Geschichte ihres konzeptuellen Gebrauchs schon gewandelt (vgl. Daston 2005). Die eher überworfene Sicht einer Beweisführung und damit Übereinstimmung von Wahrheit und Objektivität ist nach Lorraine Daston (2005) vor allem noch in der lebensweltlichen Praxis verhaftet.[23] In den Wissenschaften dagegen geht es heute um eine probabilistische Kausalität und die Genauigkeit und Verlässlichkeit der Vorhersage steht im Blick der Objektivität – nicht mehr eine alte Vorstellung von „Wahrheit" (2005: 118ff.)

Die Glaubwürdigkeit der hier angesprochenen Visualisierung erfolgt jedoch auch und vor allem durch ihre wissenschaftliche Autorität (Burri 2008: 163), verstärkt durch die disziplinäre Verortung in den Naturwissenschaften. Dieser Glaube an Wahrhaftigkeit der wissenschaftlichen Bilder korrespondiert mit unserem alltäglichen Umgang mit Visualisierungen. Sie ist heute verknüpft mit einem „cultural desire to visualize" (Joyce 2010: 201), die unsere Sehnsucht nach Evidenz (Harrasser et al. 2009) in Bahnen möglicher Antworten lenkt. Eine der Antworten, die all diesen Begehrlichkeiten entspricht, wird durch den Drogenschnelltest verkörpert. Der Glaube an die naturwissenschaftlich generierte Wahrheit einerseits und der Rückgriff auf die Körperproben andererseits, legt eine neue Form der Biologisierung nahe, die sich durch die Entwicklungen der Bio-Medikalisierung konstituiert. Obgleich die in Deutschland praktizierten Drogenkontrollen nur selten explizit mit durch die Tests zu entdeckenden Krankheitszuständen legitimiert werden, zeigen die Reaktionen einiger hiesiger Großbetriebe, die positive Testresultate mit betriebsintern institutionalisierten Drogentherapiemaßnahmen beantworten, dass auch in diesem Kontext die medizinischen und naturwissenschaftlichen Expertisen Hand in Hand gehen um drogeninduzierte Abweichungen zu identifizieren und auszusortieren. In den USA geht diese Form der Biologisierung bereits viel weiter. Drogentests sind dort nur ein kleiner Bestandteil wesentlich umfassender biologischer Tests. So werden ArbeitnehmerInnen schon seit Jahrzehnten auf genetische Prädispositionen getestet, was zur Folge hat, dass sie entsprechend nach den Tests selektiert werden. Die unternehmerische Freiheit verlangt den geringst möglichen Arbeitsausfall. Arbeitsplatzschutzbestimmun-

---

23 Und eben dies zeigt die Unterscheidung zwischen einer Auffassung von ‚Evidenz' als Element einer „Beweisführung" und der ‚Objektivität' als ihrem möglichen Ergebnis.

gen, medizinische Kosten und Haftungsansprüche sollen so wenig wie möglich zu Kostennachteilen führen (Nelkin/Tancredi 1994: 75ff). Nelkin und Tancredi urteilen hinsichtlich der US-Situation: „If biological tests are used to conform people to rigid institutional norms, we risk reducing social tolerance for the variation in human experience. We risk increasing the number of people defined as unemployable, uneducable, or uninsurable. We risk creating a biological underclass." (1994: 176)

4. Fazit: Zur Faktizität von Drogentests

Technisch-wissenschaftliche Bilder, wie wir sie in der Visualisierung von Drogenschnelltests erkennen, bilden keinen Krankheitszustand oder eine Klassifikation lediglich passiv ab – vielmehr sind sie an der Produktion eben dieser beteiligt. Jeder Schritt in ihrer technischen wie visuellen Entwicklung und in der Interpretation ihrer Resultate unterliegt Konventionalisierungsprozessen. Die Technik an sich wird in einem Aushandlungsverfahren auf den Markt gebracht bzw. eingesetzt, was gleichfalls für die Vorgaben der Lesart ihrer Ergebnisse gilt. Bemerkenswert ist dies vor dem Hintergrund, dass der Einsatz der Tests gerade Aushandlungsprozesse z. B. zwischen (Betriebs)MedizinerIn und PatientIn, zwischen der Verdachts-„Diagnose" „KonsumentIn" (zugleich ein Risiko für den/die ArbeitgeberIn) oder „AbstinenzlerIn" (und damit geeigneter MitarbeiterIn) ersetzen soll. Man greift also auf ein Produkt von Aushandlungen zurück, um eigene zu umgehen – negiert aber den vorgeschalteten Prozess aufgrund des antizipierten Nutzens.

Dies wird unterstützt dadurch, dass der Test als scheinbar objektives Messinstrument Faktizität zu erschaffen scheint, weil er eindeutige Ergebnisse liefert, die die u. U. komplexe Situation der getesteten Person in eine allgemeine Eindeutigkeit transformiert, den zukünftigen Handlungsverlauf mitbestimmt und damit realitätskonstituierend wirkt. Obgleich die Ergebnisse – zumindest sporadisch – per Bestätigungsanalyse überprüft werden, gilt für die Resultate der Schnelltests, dass sie wirken; sie haben ganz konkrete und unmittelbare Konsequenzen. Trotz der anerkannten analytischen Schwächen genießen Drogenschnelltests also ein solch hohes Maß an Vertrauen, dass sie mehr oder minder automatisiert angewendet und aus ihren Ergebnissen mitunter folgenreiche Konsequenzen gezogen werden.

Die vermeintlich neutrale Technologie muss jedoch im Kontext seiner Wissens-Produktion betrachtet werden. Drogentests produzieren kein „unschuldiges" Wissen, da die ganze Aufstellung der Klassifikation zwischen KonsumentIn und Nicht-KonsumentIn, zwischen „positiv" und „negativ" im Testergebnis geprägt ist von ganz spezifischen Interessen: z. B. Risiken auszuschalten, KonsumentInnen zu überführen, nur ganz ausgewählte Drogen zu detektieren etc. Dahinter steht eine spezifische Perspektive, die bedingt, welche Substanzen und Personen eigentlich als Risiko gesehen werden. Zugleich negiert werden dabei jene Risiken, die von anderen Personen, anderen Substanzen und vor allem von völlig anderen Verhaltensweisen, Zuständen etc. ausgehen können (vgl. auch Legnaro 1999: 129). „Unschuldig" ist das Wissen, das durch Drogentests produziert wird aber auch deshalb nicht, weil es Machtverhältnisse beinhaltet und weil es faktische Konsequenzen provoziert. Der, der den Test anordnet, durchführt oder analysiert hat eine Macht gegenüber demjenigen, an dem der Test durchgeführt wird. Ersterer schreibt einen Status zu. Boehm weist zu Recht darauf hin, dass derartige bildgebende Verfahren „nicht nur einem investigatorischen Sehen dienen, das sich an Abweichungen orientiert", sondern dass diese Visualisierungen auch „Bilder einer extremen Auskundschaftung und damit einer Beherrschung des Menschen [darstellen]" (Boehm 2001: 51).

Die Konsequenzen der Tests im betrieblichen Setting sind vielfältig und weitreichend. Für das Individuum bedeuten sie Eingriffe in die Intimsphäre, die noch dazu von einem ungleichen Machtverhältnis ausgehen. Sie prägen das Verhältnis von ArbeitgeberIn und ArbeitnehmerIn, prägen das Betriebsklima, da in vielen Betrieben Tests nicht nur im Einstellungsverfahren, sondern auch auf Zufallsbasis angeordnet werden. Damit regiert die Unsicherheit des stetig möglichen Zugriffs auf die eigene Integrität. Auf anderer Ebene dehnt sich der Zugriff der ArbeitgeberIn damit sogar auf den Bereich aus, der außerhalb der Arbeit liegt. Die Drogentests greifen auch auf die Zeiten zurück, in denen der/die ArbeitnehmerIn seinen/ihren Freizeitaktivitäten nachgeht – damit wird die Sicht auf das Arbeitsplatzrisiko, dass der als vermeintlicher Konsument enttarnte auch auf dessen „Freizeitrisiko" respektive Lebensstil ausgeweitet. Der drohende Zugriff auf die Beweisproduktion des Körpers ist daher allumfassend. Bei erfolgter Beweisführung die sich gegen den/die ArbeitnehmerIn richtet, kommt es in letzter Konsequenz zum Ausschluss aus diesem Marktsegment. Die Klassifikation als KonsumentIn – die in einem bestehenden Arbeitsverhältnis bis zur Kategorisierung als „Süchtige/r" ausgeweitet werden kann, bedeutet nicht per se den Verlust des Arbeitsplatzes. Noch immer gibt es ArbeitgeberInnen, die auf erfahrene MitarbeiterInnen, gelernte Kräfte etc. angewiesen sind und die durchaus Wege der Rehabilitation ermöglichen. Aber auch hier bleibt es interessant zu sehen, warum sich der durch den Test ins Rollen gebrachte Klassifizierungs- und sodann Stigmatisierungsprozess nur auf ausgewählte Substanzen und Personengruppen bezieht. Die Liste der leistungssteigernden Mittelchen, die ArbeitnehmerInnen zu sich nehmen ist lang. Warum will man die einen detektieren und die anderen nicht?

Welche Rolle spielt dabei die rechtliche Klassifikation der Substanzen? Wie viel hat das Risikoverständnis damit zu tun und wie viel liegt im „Bildnis" das in Betrieben, Laboren, Pharmaunternehmen etc. man von den Substanzen hat? Und wieder sind es die Bilder – wenngleich diesmal im eigenen Kopf – die wirkmächtig sind und die darüber entscheiden, ob wir Wahrheitsmaschinen (Lynch et al. 2008) einsetzen, die Menschen zu Kranken machen.

Literatur

ACLU (Hg.), 1999: Drug Testing: A Bad Investment. New York/Washington.
Adelmann, Ralf, Jochen Henning und *Martina Hessler*, 2008: Visuelle Wissenskommunikation in Astronomie und Nanotechnologie. Zur epistemischen Produktivität und den Grenzen von Bildern. S. 41-74 in: *Mayntz, Renate; Friedhelm Neidhardt, Peter Weingart, Ulrich Wengenroth* (Hg.), Wissensproduktion und Wissenstransfer. Bielefeld.
Arbeitsgericht Hamburg, 2006: Az.: 27 Ca 136/06. Urteil vom 01.09.2006.
Armstrong, David, 2001: Outline of Sociology as Applied to Medicine. 4th ed. London.
Bartholdy, Thomas Ben, 1992: Das Kokainverbot. Universität Hamburg, Aufbaustudiengang Kriminologie. Unveröffentlichte Diplomarbeit.
Bengelsdorf, Peter, 2011: Arbeitsrechtliche Grundvoraussetzungen für Konzepte gegen Alkohol-/Drogenmissbrauch im Betrieb. S. 45-60 in: *Breitstadt, Rolf* und *Uta Müller*, Herr und Frau „Co" wollen nicht mehr. Aachen.
Björklov, Per, 2011: Case Studies. S. 351-363 in: *Verstraete, Alain*. London/Chicago.
Blake, Andrew, 2009: Mental Health and Moral Panic: Drug Discourses in History. S. 29-45 in: *Manning, Paul* (Hg.), Drugs and Popular Culture. Drugs, Media and Identity in Contemporary Society. Devon.
Boehm, Gottfried, 2001: Zwischen Auge und Hand. Bilder als Instrumente der Erkenntnis. S. 43-54 in: *Heintz, Bettina* und *Jörg Huber* (Hg.), Mit dem Auge denken. Strategien der Sichtbarmachung in wissenschaftlichen und virtuellen Welten. Wien/New York.
Boehm, Gottfried, 2011: Ikonische Differenz. Rheinsprung 11. Zeitschrift für Bildkritik, 1: 170-176.
Bredekamp, Horst, Angela Fischel und *Gabriele Werner*, 2004: Editorial. S. 7-8 in: *Fischel, Angelika* (Hg.), Instrumente des Sehens. Bildwelten des Wissens : Kunsthistorisches Jahrbuch für Bildkritik. Band 2,2. Berlin.
Bredekamp, Horst, Birgit Schneider und *Vera Dünkel*, 2008: Editorial: Das Technische Bild. S. 8-11 in: *Bredekamp, Horst; Birgit Schneider* und *Vera Dünkel*. Das Technische Bild, Berlin.
Breitstadt, R. und *G. Meyer*, 1998: Drogenkonsumenten als Sicherheitsrisiko am Arbeitsplatz. Arbeitsmed.Sozialmed.Umweltmed. 33: 468-469.
Breitstadt, Rolf und *Gerold Kauert* (Hg.), 2005: Der Mensch als Risiko und Sicherheitsreserve. Aachen.
Bright, Jonathan, 2011: Building Biometrics: Knowledge Construction in the Democratic Control of Surveillance Technology. Surveillance & Society 9(1/2): 233-247.

Bruhn, Matthias, 2008: Sichtbarmachung/Visualisierung. S. 132-135 in: Bredekamp, Horst; Schneider, Birgit und Vera Dünkel (Hg.) Das Technische Bild. Kompendium zu einer Stilgeschichte wissenschaftlicher Bilder. Berlin.
Bundesarbeitgeberverband Chemie et al., 2007: Keine Drogen in der Arbeitswelt. 69-71 in: Bundesarbeitgeberverband Chemie e. V. (Hg.), Außertarifliche Sozialpartner-Vereinbarungen. 69-71. Heidelberg.
Burri, Regula Valérie, 2008: Doing Images. Zur Praxis medizinischer Bilder. Bielefeld.
Burri, Regula Valérie, 2008a: Bilder als soziale Praxis: Grundlagen einer Soziologie des Visuellen. Zeitschrift für Soziologie 37: 342-358.
Campbell, Nancy D., 1999: Suspect Technologies: Scrutinizing the Intersection of Science, Technology, and Policy. Science, Technology, & Human Values 30: 374-402.
Clarke, Adele E., 2010: From the Rise of Medicine to Biomedicalization. U.S. Healthscapes and iconography, circa 1890 – present. S. 104-146 in: Clarke, Adele E., Laura Mamo, Jennifer Ruth Fosket, Jennifer R. Fishman und Janet K. Shim. Biomedicalization. Technoscience, Health and Illness in the U.S.. Durham, London.
Clarke, Adele E., Janet K. Shim, Laura Mamo, Jennifer Ruth Fosket, und Jennifer R. Fishman, 2010: Biomedicalization. Technoscientific Transformations of Health, Illness, and U.S. Biomedicine. S. 47-87 in: Clarke, Adele E., Laura Mamo, Jennifer Ruth Fosket, Jennifer R. Fishman und Janet K. Shim. Biomedicalization. Technoscience, Health and Illness in the U.S.. Durham, London.
Conrad, Peter und Joseph W. Schneider, 1992 [1985]: Deviance and Medicalisation. From Badness to Sickness. Columbus, Ohio.
Daston, Lorraine und Peter Galison, 2010 [2007]: Objectivity. New York.
Daston, Lorraine, 2005: Bilder der Wahrheit, Bilder der Objektivität. S. 117-153 in: Huber, Jörg (Hg.), Einbildungen. Interventionen 14. New York.
Dünkel, Vera, 2008: Objektivität und Evidenz. S. 148-151 in: Bredekamp, Horst; Birgit Schneider und Vera Dünkel (Hg.) Das Technische Bild. Kompendium zu einer Stilgeschichte wissenschaftlicher Bilder. Berlin.
Egbert, Simon, 2012: Zur relativen Zuverlässigkeit von Drogentests – Urinschnelltests im Spannungsfeld von Praktikabilität und Funktionalität. Unveröffentlichter Forschungsbericht. Hamburg.
Fischel, Angela, 2008: Beobachtungstechnik. S. 178-181 in: Bredekamp, Horst; Birgit Schneider und Vera Dünkel (Hg.), Das Technische Bild. Berlin.
Fischel, Angela, 2008: Bildbefragungen. Technische Bilder und kunsthistorische Begriffe. S. 14-23 in: Bredekamp, Horst; Birgit Schneider und Vera Dünkel (Hg.), Das Technische Bild. Kompendium zu einer Stilgeschichte wissenschaftlicher Bilder. Berlin.
Fleck, Jürgen, 2002: Rechtliche Praxis bei Drogenkonsum von Arbeitnehmern. S. 61-80 in: Grotenhermen, Franjo und Michael Karus (Hg.), Cannabis, Straßenverkehr und Arbeitswelt. Berlin/Heidelberg/New York.
Foucault, Michel, 2005 [1976/1963]: Die Geburt der Klinik. Eine Archäologie des ärztlichen Blicks. 7. Aufl. Frankfurt a. M.
Gaber, Walter, 2010: Drogen-Screening als Maßnahme der Unfallverhütung. S: 17-20 in: Deutsche Gesetzliche Unfallversicherung (Hg.), Arbeitsmedizinisches Kolloquium 2010, (DGUV). Berlin.
Gilliom, John, 1994: Surveillance, Privacy, and the Law. Ann Arbor.
Gugerli, David und Barbara Orland, 2002: Einführung. S. 9-16 in: Gugerli, David und Barbara Orland. Ganz normale Bilder. Historische Beiträge zur visuellen Herstellung von Selbstverständlichkeit, (Interferenzen 2. Studien zur Kulturgeschichte der Technik). Zürich.

Harding, Wayne M., 1982: Kontrollierter Heroingenuß – ein Widerspruch aus der Subkultur gegenüber herkömmlichem kulturellen Denken. S. 1217-1231 in: *Völger, Gisela* und *Karin Welck* Rausch und Realität, Bd. 3. Reinbek.

Harding, Wayne M., 1984: Controlled Opiate Use: Fact or Artifact? Advances in Alcohol and Substance Abuse 1-2: 105-118.

Harrasser, Karin, Helmut Lethen und *Elisabeth Timm*, 2009: Das Gewicht der Welt und die Entlarvung der Ideologie. Zur Einleitung. S. 7-10 in: *Harrasser, Karin; Helmut Lethen* und *Elisabeth Timm* (Hg.), Sehnsucht nach Evidenz... Bielefeld.

Heilmann, Joachim, Elisabeth Wienemann und *Wolfgang Thelen*, 2001: Drogenprävention durch Drogen-Screening. Arbeitsrecht im Betrieb 22: 465- 470.

Heintz, Bettina und *Jörg Huber*, 2001: Der verführerische Blick. S. 9-40 in: *Heintz, Bettina* und *Jörg Huber* (Hg.), Mit dem Auge denken. Wien/New York.

Hempel, Leon, Susanne Krasmann und *Ulrich Bröckling*, 2011: Sichtbarkeitsregime: Eine Einleitung. S. 7-24 in: *Hempel, Leon; Susanne Krasmann* und *Ulrich Bröckling* (Hg.), Sichtbarkeitsregime. Überwachung, Sicherheit und Privatheit im 21. Jahrhundert. Leviathan Sonderheft 25/2010. Wiesbaden.

Herwig-Lempp, Johannes, 1994: Von der Sucht zur Selbstbestimmung. Drogenkonsumenten als Subjekte. Dortmund.

Heßler, Martina (in Zusammenarbeit mit Jochen Henning und Dieter Mersch), 2004: Explorationsstudie im Rahmen der BMBF-Förderinititative „Wissen für Entscheidungsprozesse" zum Thema Visualisierungen in der Wissenskommunikation. Empfangen 01. Okt. 2012 von http://www.sciencepolicystudies.de/dok/explorationsstudie-hessler.pdf

Heßler, Martina, 2005: Bilder zwischen Kunst und Wissenschaft. Geschichte und Gesellschaft 31: 266-292.

Heßler, Martina, 2006: Einleitung. Annäherungen an Wissenschaftsbilder. S. 11-37 in: *Hessler, Martina* (Hg.), Konstruierte Sichtbarkeiten. Wissenschafts- und Technikbilder seit der Frühen Neuzeit. München.

Hodgson, Barbara, 2001: In the Arms of Morpheus. The Tragic History of Laudanum, Morphine, and Patent Medicines. New York.

Jawork, Barbara, 2007: Drogenkonsum in der Arbeitswelt in Deutschlands: die Rolle betrieblichen Drogenscreenings. Dissertation, Friedrich-Schiller-Universität Jena.

Jenkins, Amanda J. und *Yale H. Caplan* (Hrsg.), 2008: Drug Testing in Alterante Biological Specimens. New Jersey.

Joyce, Kelly, 2010: The Body as Image. An Examination of the Economic and Political Dynamics of Magnetic resonance Imaging and the Construction of Difference. S. 197-217 in: *Clarke, Adele E., Laura Mamo, Jennifer Ruth Fosket, Jennifer R. Fishman* und *Janet K. Shim* (Hg.) Biomedicalization. Technoscience, Health and Illness in the U.S. Durham, London.

Kamecke, Gernot, 2009: Spiele mit den Worten, aber wisse, was richtig ist! Zum Problem der Evidenz in der Sprachphilosophie. S. 11-25 in: *Harrasser, Karin; Helmut Lethen* und *Elisabeth Timm* (Hg.), Sehnsucht nach Evidenz. Bielefeld.

Kauert, Gerold, 2004: Workplace Drug Testing und arbeitsmedizinische Expositionsindikatoren. S. 298-308 in: *Madea, Burkhard* und *Frank Musshoff* (Hg.), Haaranalytik. Köln.

Kittel, R. und *M. Kegel*, 2001: Drogenkonsum als Sicherheitsrisiko: Erfahrungen bei einem großen Verkehrsunternehmen. S. 421-424 in: *Drexler, Hans* und *Horst Christian Brodig* (Hg.), Arbeitsmedizin und Umweltmedizin im neuen Jahrtausend. Fulda.

Kolte, Birgitta und *Henning Schmidt-Semisch*, 2002: Controlled Smoking: Implications for Research on Tobacco Use. Journal of Drug Issues 32: 647-666.

Kolte, Birgitta, 2005: Rauchen zwischen Sucht und Genuss. Wiesbaden.

Körkel, Joachim, 2002: Controlled Drinking as a Treatment Goal in Germany. Journal of Drug Issues 32: 667-688.

Külpmann, Wolf-Rüdiger, 2003: Nachweis von Drogen und Medikamenten im Urin mittels Schnelltests. Deutsches Ärzteblatt 100: 1138-1140.

Lakoff, Andrew, 2005: Pharmazeutical Reason. Knowledge and Value in Global Psychiatry. Cambridge.

Legnaro, Aldo, 1999: Der flexible Mensch und seine Selbstkontrolle. S. 117-132 in: *Legnaro, Aldo* und *Arnold Schmieder* (Hg.), Suchtwirtschaft. Jahrbuch Suchtforschung I. Münster, Hamburg, London.

Lemke, Thomas, 2004: Test. S. 263-270 in: *Bröckling, Ulrich; Susanne Krasmann* und *Thomas Lemke* (Hg.), Glossar der Gegenwart. Frankfurt a. M.

Lupton, Deborah, 2003: Medicine As Culture. Illness, Disease and the Body in Western Societies. 2nd rev. ed. London, Thousand Oaks, New Dehli.

Lynch, Michael; Simon Cole, Ruth McNally und *Kathleen Jordan*, 2008: Truth Machine: The Contentious history of DNA-Fingerprinting. Chicago.

Mersch, Dieter, 2006: Naturwissenschaftliches Wissen und bildliche Logik. S. 405-420 in: *Hessler, Martina* (Hg.), Konstruierte Sichtbarkeiten. Wissenschafts- und Technikbilder seit der Frühen Neuzeit. München.

Moore, Dawn, und *Kevin D. Haggerty*, 2001: Bring it on Home: Home Drug Testing and the Relocation of the War on Drugs. Social Legal Studies, 10: 377-395.

Musial, Tonja, 2005: Drogenkonsum und -screening unter rechtlichen Aspekten. S. 130-134 in: *Breitstadt, Rolf* und *Gerold Kauert* (Hg.), Der Mensch als Risiko und Sicherheitsreserve. Aachen.

Nelkin, Dorothy und *Laurence Tancredi*, 1994: Dangerous Diagnostics. New York.

O'Malley, Pat und *Stephen Mugford*, 1991: Moral Technology: The Political Agenda of Random Drug Testing. Social Justice 18: 122-146.

Paul, Bettina, und *Henning Schmidt-Semisch* (Hrsg), 2010: Risiko Gesundheit. Über Risiken und Nebenwirkungen der Gesundheitsgesellschaft. Wiesbaden.

Paul, Bettina, 2007: Drogentests in Deutschland oder die Institutionalisierung von Misstrauen. Kriminologisches Journal 39: 55-67.

Paul, Bettina, 2010: „Pinkeln unter Aufsicht" – Zur gesundheitlichen Problematik von Drogen- und Dopingtests. S. 163-185 in: *Paul, Bettina* und *Henning Schmidt-Semisch* (Hg.), Risiko Gesundheit. Wiesbaden.

Paul, Bettina, 2011: Berauschende Erkenntnis. Über Sinn und Unsinn ätiologisch kriminologischer Drogenforschung. S. 131-147: *Peters, Helge* und *Michael Dellwing* (Hg.), Langweiliges Verbrechen. Warum KriminologInnen den Umgang mit Kriminalität interessanter finden als Kriminalität. Wiesbaden.

Pierce, Anya, 2008: Workplace Drug Testing outside the U.S. S. 43-54 in: Karch, Steven (Hg.), Workplace Drug Testing. Boca Raton/ London/New York.

Pinch, Trevor, 1993: "Testing – One, Two, Three... Testing!": Toward a Sociology of Testing. Science, Technology, & Human Values, 18: 25-4.1

Potter, Beverly A. und *Sebastian Orfali*, 1999: Pass the Test: an Employee Guide to Drug Testing. Berkeley.

Rheinberger, Hans-Jörg, 2001: Objekt und Repräsentation. S. 55-61: *Heintz, Bettina* und *Jörg Huber* (Hg.), Mit dem Auge denken. Strategien der Sichtbarmachung in wissenschaftlichen und virtuellen Welten. Wien, New York.
Roche Lexikon. Medizin, 2003: 5. Neu bearb. u. erw. Aufl. München, Jena.
Scheerer, Sebastian, 1995: Sucht. Reinbek.
Scheerer, Sebastian, und *Irmgard Vogt.* (Hrsg.), 1989: Drogen und Drogenpolitik – ein Handbuch. Frankfurt a. M., New York.
Schmid, Rainer, 2007: Drogentests: Möglichkeiten und Grenzen. S. 281-295 in: *Beubler, Eckhard; Hans Haltmeyer* und *Alfred Springer* (Hg.), Opiatabhängigkeit. 2. Aufl. Wien/New York.
Schmidt-Semisch, Henning und *Fritz Schorb,* 2011: „Live and Let Die": Umrisse einer Punitivität im Kontext von Gesundheit und Krankheit. S. 245-262 in: *Dollinger, Bernd* und *Henning Schmidt-Semisch,*Gerechte Ausgrenzung? Wohlfahrtsproduktion und die neue Lust am Strafen. Wiesbaden.
Schmied-Knittel, Ina, 2010: Sichtbarmachung des Unsichtbaren. Visualisierung als Beglaubigungsstrategie. In: *Soeffner, Hans-Georg* (Hg.), Unsichere Zeiten. Herausforderungen gesellschaftlicher Transformationen. Verhandlungen des 34. Kongresses der Deutschen Gesellschaft für Soziologie in Jena 2008. Wiesbaden (CD-ROM).
Schneider, Birgit, 2008: Diagrammatik. S. 192-197 in: *Bredekamp, Horst; Birgit Schneider* und *Vera Dünkel* (Hg.), Das Technische Bild. Berlin.
Schneider, Birgit, 2009: Die Kurve als Evidenzerzeuger des klimatischen Wandels am Beispiel des ‚Hocly-Stick-Graphen'. S. 41-55 in: *Harrasser, Karin; Helmut Lethen* und *Elisabeth Timm* (Hg.), Sehnsucht nach Evidenz, , 41-55. Bielefeld.
Schnettler, Bernt und *Frederik S. Pötzsch,* 2007: Visuelles Wissen. S. 472-484 in: *Schützeichel, Rainer* (Hg.), Handbuch Wissenssoziologie und Wissensforschung. Konstanz.
Scholer, André, 1999: Nicht-instrumentelle Immunoassays in der Suchtmitteldiagnostik (Drogenanalytik). Toxichem + Krimtech 66: 27-44.
Schütz, H. Erdmann, F., M. A. Verhoff und *G. Weiler,* 2003: Pitfalls of toxicological analysis. Legal Medicine 5: 6-19.
Schütz, H., M. A. Verhoff, M. Riße, J. Auch und *G. Weiler,* 2004: Risiken beim Drogenscreening mit Immunoassays. Deutsche Medizinische Wochenschrift 129: 1931-1934.
Schütz, Harald, 1999: Screening von Drogen und Arzneimitteln mit Immunoassays. 3., überarb. u. erw. Aufl. Wiesbaden.
Schütz, Harald, 1999a: Drogenscreenings mit Immunoassays. Pharmazie in unserer Zeit 28: 320-328.
Schütz, Harald, 2001: Manipulations- und Verfälschungsmöglichkeiten bei Drogentests im Harn. Deutsche Richterzeitung 78: 75-78.
Strack, Hans, 2006: Illegale Drogen im Betrieb. Personalführung 4: 64-68.
Szasz, Thomas S., 1980: Das Ritual der Drogen. Frankfurt a. M.
Szasz, Thomas S., 2003: Pharmacracy. Medicine and Politics in America. Syracruse, N.Y.
Tunnell, Kenneth D., 2004: Pissing on Demand: Workplace Drug Testing and the Rise of the Detox Industry. New York/London.
Turner, Bryan S., 1987: Medical Power and Social Knowledge. Beverly Hills.
Verstraete, Alain und *Anya Pierce,* 2001: Workplace Drug Testing in Europe. Forensic Science International 121: 2-6.
von Minden, Sandra und *Wolfgang von Minden,* 2002: Analytik von Drogen und Medikamenten im Urin. Suchtmed 4: 224-225.

von Minden, Sandra und *Wolfgang von Minden,* 2002a: Analytik von Drogen und Medikamenten im Urin. Suchtmed 4: 274.

von Minden, Sandra und *Wolfgang von Minden,* 2003: Analytik von Drogen und Medikamenten im Urin. Suchtmed 5: 52.

Waldorf, Dan, Sheigla Murphy und *Craig Reinarman,* 1991: Cocaine Changes. The Experience of Using and Quitting. Philadelphia.

Waldorf, Dan und *Patrick Biernacky,* 1982: Natural Revcovery from Heroin Addiction. A Review of the Incidence Literature. S. 173-181 in: *Zinberg, Norman E.* und *Wayne M. Harding* (Hg.), Control Over Intoxicant Use. Pharmalogical, Psychological and Social Considerations. New York / London.

Werner, Gabriele, 2008: Bilddiskurse. Kritische Überlegungen zur Frage, ob es eine allgemeine Bildtheorie des naturwissenschaftlichen Bildes geben kann. S. 30-35 in: *Bredekamp, Horst; Birgit Schneider* und *Vera Dünkel* (Hg.), Das Technische Bild. Kompendium zu einer Stilgeschichte wissenschaftlicher Bilder. Berlin.

Wienemann, Elisabeth und *Patrick Müller,* 2005: Standards der Alkohol- Tabak, Drogen- und Medikamentenprävention in deutschen Unternehmen und Verwaltungen. Empfangen 01. Oktober 2012 von http://www.dhs.de/fileadmin/user_upload/pdf/Arbeitsfeld_Arbeitsplatz/Expertise_Standard_betriebliche_Suchtpraevention_2005.pdf

Wienemann, Elisabeth und *Günter Schumann,* 2006: Qualitätsstandards in der betrieblichen Suchtprävention und Suchthilfe der Deutschen Hauptstelle für Suchtfragen (DHS). Empfangen 01. Oktober 2012 von http://www.dhs.de/fileadmin/user_upload/pdf/Arbeitsfeld_Arbeitsplatz/Qualitaetsstandards_DHS_2011.pdf

Wilhelm, Lars, 2008: Drogen- und Medikamentenscreening. S. 305-320 in: *Luppa, Peter B.* und *Harald Schlebusch* (Hg.), POCT – Patientennahe Labordiagnostik. Heidelberg.

Wisotsky, Steven, 1986: The Ideology of Drug Testing. Nova Law Review 11: 763-778.

Zinberg, Norman E. und *Richard C. Jacobson,* 1976: The Natural History of 'Chipping'. Am J Psychiatry 133, 1: 37-40.

Zinberg, Norman E., 1984: Drug, Set and Setting. The Basis for Controlled Intoxicant Use, New Haven and London.

Pathologization as Strategy for Securing the Wirklichkeit
The Example of Paranormal Experiences

Michael T. Schetsche

Preliminary note on terminology: Contrary to the English language, German allows for a simple categorial differentiation. The term "reality" (German: "Realität") means the natural world, which exists independent of social interpretations, like the reality of the earth's spherical shape. The term *wirklichkeit*[1] (without an English equivalent) however means the result of social constituting processes – like for instance the social problems of a society (see Schetsche 2000: 46-49). In such an understanding, 'reality' seems to constitute an *onto*logical category in contrast to *wirklichkeit*, which is a rather *epistemo*logical one. But since society as such is *made* by people (therefore the social world has a different ontological status than the natural world), the expression 'construction of *wirklichkeit*' designates the social process of the discursive constitution of that world, *including* its interpretation. How this dual process should be understood is explained by Berger and Luckmann (1966) in their well-known book, "Die soziale Konstruktion von Wirklichkeit" (The social construction of *wirklichkeit*) (Berger/Luckmann 1969/1991), whose title in their common German mother tongue appears not without a reason[2]. According to this epistemological differentiation facilitated by the German language, we will in the following, with regard to the studied processes of pathologization, not speak of the 'order of reality', but throughout of the 'order of *wirklichkeit*'. In this notion the term 'pathologization' therefore describes that process in which the *wirklichkeit* of a disease is constructed, which then only appears as reality.

---

1   Etymologically the nominalization 'wirklichkeit' derives from the German verb 'wirken' (to weave), i.e. the activity of producing cloth – 'wirklichkeit' is therefore what has been woven, i.e. manufactured by humans.
2   See remarks in Berger and Zijderveld (2010: 78-79) for clarification.

1. The Order of Wirklichkeit

To understand what significance the construction of *mental* illnesses (nothing else is discussed in this article) has for the wirklichkeit of a culture, we first have to familiarise ourselves with the sociological notion of knowledge systems that constitute wirklichkeit. According to Berger and Luckmann (1991) every culture has a specific knowledge system that incorporates one or several competing worldviews, a large number of knowledge bases and guiding instructions as well as practices created and controlled by this knowledge. That part of the everyday (and also the scientific) knowledge bases, which refers to the nature of an environment[3] understood as 'real,' can be described as *valid knowledge of wirklichkeit* of a culture[4]. Every knowledge of wirklichkeit tells the members of a society what kind of a world they live in, how they find their place in it as human beings, and what options of action they have in certain situations. The totality of this knowledge of wirklichkeit, the *order* of wirklichkeit, is normatively vouched for on a regular basis (see Berger/Luckmann 1991: 59). Violations against it draws social sanctions. They range from simple stigmatisations in the social environment ("the crackpot and his crazy mutterings") up to re-education or the permanent segregation of 'rebels against wirklichkeit' in modern societies, for instance in mental institutions (see Foucault 1996: passim). On a completely abstract level, this already suggests that the creation and enforcement of psychiatric knowledge plays a special role in the control of wirklichkeit (more on that later).

In the view of Berger and Luckmann, there exist various mechanisms that try to protect the orthodox order of wirklichkeit against deviant, heterodox knowledge bases. One can think of a wide variety of measures and diverse authoritative bodies of social control established for their execution. In their book, the authors discuss two methods used today in the safeguarding of the order of wirklichkeit in concrete terms: the therapy and the nihilation. About the former, the authors write:

> "Therapy entails the application of conceptual machinery to ensure that actual or potential deviants stay within the institutionalized definitions of reality, or, in other words, to prevent the 'inhabitants' of a given universe from 'emigrating'. It does this by applying the legitimating apparatus to individual 'cases'. Since, as we have seen, every society faces the danger of individual deviance, we may assume that therapy in one form or another is a global social

---

[3] This should be distinguished from what might be collectively called 'fictional knowledge' – the knowledge about or of cultural product(s) that explicitly do not appear to claim to describe the 'real wirklichkeit' (novels, movies, computer games, etc.).

[4] A respectively specific configuration of knowledge of wirklichkeit is not typical for a particular culture, but the other way round, it constitutes this in the first place: we talk of different cultures whenever we are dealing with distinguishable orders of knowledge and the concepts of wirklichkeit controlled by them.

> phenomenon. Its specific institutional arrangements, from exorcism to psychoanalysis, from pastoral care to personnel counseling programs, belong, of course, under the category of social control. What interests us here, however, is the conceptual aspect of therapy. Since therapy must concern itself with deviations from the 'official' definitions of reality, it must develop a conceptual machinery to account for such deviations and to maintain the realities thus challenged. This requires a body of knowledge that includes a theory of deviance, a diagnostic apparatus, and a conceptual system for the 'cure of souls'." (Berger/Luckmann 1966: 104)

Berger and Luckmann demonstrate their point by using a deliberately distorted example to show how heterosexual soldiers are treated in a fictitious army which has institutionalised homosexuality to strengthen its fighting power. Based on this hypothetical example they explain some of the necessary elements and/or tools of the 'defence of wirklichkeit' through the *generation and control of deviations*: diagnostic terminology, a symptomatology, psychiatric assessment methods, the development of prevention measures, etc. They emphasize that the effect of these measures essentially depends on the fact that the beliefs used for controlling wirklichkeit are not only 'mastered' by the relevant specialists, but also internalized by those affected. If this succeeds, the recognition of the fact of one's own deviation already triggers therapeutic effects. These are especially based, the authors continue, on feelings of guilt: "Under the pressure of this guilt, the individual will come to accept subjectively the conceptualization of his condition with which the therapeutic practitioners confront him; he develops 'insight,' and the diagnosis becomes subjectively real to him." (Berger/Luckmann 1966: 105) It consequently means: "Successful therapy establishes a symmetry between the conceptual machinery and its subjective appropriation in the individual's consciousness; it resocializes the deviant into the objective reality of the symbolic universe of the society." (Berger/Luckmann 1966: 105)

The second protective measure brought into play by the authors is *nihilation*: "Nihilation, in its turn, uses a similar machinery to liquidate conceptually everything outside the same universe. This procedure may also be described as a kind of negative legitimation. Legitimation maintains the reality of the socially constructed universe; nihilation denies the reality of whatever phenomena or interpretations of phenomena [which] do not fit into that universe" (Berger/Luckmann 1966: 106). A negative ontological status is ascribed to the corresponding phenomena – that is, they are denied any content of reality. Reports of individuals on negated phenomena that go against the order of wirklichkeit should not be taken seriously by society: "The threat to the social definition of reality is neutralized by assigning an inferior ontological status, and thereby a not-to-be-taken-seriously cognitive status, to all definitions existing outside the symbolic universe" (Berger/Luckmann 1966: 106). Those who believe in such phenomena are either particularly stupid or mentally deranged, thus necessitating a therapy for the latter to reintegrate them socially into the prevailing order of wirklichkeit.

2. The Ordinaries of the Paranormal

So much for the protection of the order of wirklichkeit according to Berger and Luckmann. Below I would like to illustrate with an example what appropriate measures look like in the practice of modern societies. The example is based on the strategy of nihilation while it also contains elements of the strategy of therapy – in the form of its first stage, the *pathologization* of heterodox knowledge of wirklichkeit and the experiences related to it. I use the example of the so-called 'extraordinary experiences'. By this I mean everyday experiences that cannot be adequately interpreted and explained by those affected by means of orthodox knowledge of wirklichkeit, so that such experience must either be accepted without interpretation or interpreted with the help of heterodox knowledge bases. Telepathy in crisis situations and prophetic dreams, spiritual healing and near-death experiences, apparitions of the dead and spooky experiences, as well as encounters with angels or demons may be given here as examples.

Such paranormal (and in terms of the prevailing order of wirklichkeit, heterodox) experiences are more common in modern societies than generally assumed. Parapsychology has dealt with them for more than a hundred years and also examined their cultural prevalence. A study carried out by the Society for Psychical Research in the UK in 1894 was pointing the way: In the "Census of Hallucinations," in which almost seventeen thousand people were interviewed about such experiences, around 10 percent reported to have experienced a "telepathic hallucination" (Sidgwick and Committee 1894). This meant dreams or similar perceptions related to events distant in time or space, in which information was in some way 'received' by the people concerned who could know nothing about it in a conventional fashion. A replication study conducted nearly one hundred years later (West 1990) at the end of the twentieth century showed only a slightly different prevalence of such experiences (14 percent of respondents). The corpus of recorded phenomena in a US-American study from the end of the 1970s (Palmer 1979), in which such diverse phenomena as extrasensory perception in the waking state, precognitive dreams, spooky and poltergeist phenomena, out-of-body experiences, apparitions, contact with the dead, memories of past lives and much more have been identified, was much more comprehensive. Overall, nearly 40 percent of the interviewed Americans had experienced at least one of these phenomena.

Due to a number of similar studies (for example, Clarke 1995; Gallup/Newport 1991; Gaynard 1992; Hagio 1991; Haight 1979; Haraldsson/Houtkooper 1991; Ross/Joshi 1992; West 1990) it is today assumed that between 25 and 60 percent of the population of a modern Western-style society have paranormal experiences at least once in their lives. As comparative studies from the 1980s and 1990s have shown (Gaynard 1992; Haraldsson 1985; Haraldsson/Houtkooper 1991), one should speak of a strong intercultural component despite country-specific differences. As the following table 1 shows, the listed experiences are well known and widely prevalent in virtually all Western societies.

Table 1: Percentage of population with paranormal experiences in international comparison

	Reported experiences (percentage)			
	Telepathy	Clairvoyance	Contact with the dead	Any psychic experience
USA	54	25	30	60
West Germany	39	17	28	49
Belgium	21	14	18	29
Denmark	15	12	10	25
Great Britain	36	14	26	44
Finland	40	15	14	48
France	34	24	24	48
Holland	29	12	12	34
Ireland	19	11	16	30
Iceland	34	7	41	52
Italy	41	39	34	60
Norway	17	7	9	24
Sweden	24	7	14	31
Spain	21	14	16	32

Source: Haraldsson/Houtkooper 1991 (revised)

The findings of a representative survey carried out in the Federal Republic of Germany around the turn of the last century also remain in this range (Schmied-Knittel/Schetsche 2003; 2005):

Table 2: Percentage of persons with extraordinary experiences in the total population (N = 1510)

Paranormal Experiences	N	%
ESP dream	554	36.7
Crisis ESP	283	18.7
Apparition	238	15.8
Haunting	183	12.1

Source: Schmied-Knittel/Schetsche 2003 (revised)

More than half of the German population had at least one experience in their lives, which can be ascribed to the field of paranormal experiences and cannot be explained phenomenologically in the scope of a conventional (orthodox) view of life. In our context it is particularly interesting that the respondents are fully aware of the special status of their experiences (i.e. belonging to a field of *heterodox* knowledge). The affected people are quite willing to provide information on their extraordinary experiences, as the extensive qualitative follow-up to the German representative survey showed (see the articles in Bauer/Schetsche 2003). But they regularly speak about their experiences in a special mode of communication, which Ina Schmied-Knittel and I have named 'geschützte Kommunikation' (shielded communication mode). This mode is characterised by five specific linguistic[5] strategies, of which the first is of special interest in our context:

> "Mit wiederholten Versicherungen, man selbst wäre keinesfalls verrückt, würde ‚eigentlich auch nicht an solche Dinge glauben' und wäre ohnehin jemand, der ‚mit beiden Beinen fest auf dem Boden steht', grenzt der Berichterstatter sich sowohl von ‚Spinnern', die ständig un-

---

5   On the question of linguistic particularities in the narratives on paranormal experiences, Wooffitt (1994: 48) observed: "There is a powerful cultural skepticism about people who claim to have encountered paranormal phenomena. Not only do such experiences provide an implicit challenge to a common-sense understanding of the world, but they also undermine the pronouncements of the scientific orthodoxy. My interest in accounts of anomalous phenomena thus stems from the fact that people who claim such experiences place themselves in an inauspicious position. The mere act of claiming such an experience can lead to assumptions of, at best, crankiness, or worse, some forms of psychological deviancy."

wahrscheinliche Geschichten erzählen, als auch von naiven oder leichtgläubigen Zeitgenossen ab."[6] (Schetsche/Schmied-Knittel 2003: 180-181)

The concerned persons themselves often consider their experiences unspectacular; although they are classified as very remarkable, they seldom create a specific need for interpretation or even action. Some experiences seem to be rather banal than disturbing. Others – such as the appearance of deceased persons – are almost standard repertoire of the expected by-products of a dramatic personal event. When talking about such incidents in a *shielded mode*, it is not because an outstanding importance would be awarded to these experiences by the everyday subjects. The involved parties just know that one *has to* communicate about *such* experiences in a way different from the usual mode of everyday life. The almost consistent practice of shielded communication therefore refers to the common knowledge that the relevant experiences and their related knowledge bases represent something 'problematic', or maybe even 'forbidden' in our society – in my parlance, these are heterodoxies that can be dangerous for the parties involved in the worst case scenario (see Northcote 2007: passim). But is this really the case – or aren't they rather counterfactual speculations (against whatsoever background)?

To anticipate the answer: the concerned people are right in reporting their experiences only in a special, shielded mode. Because, what they have to tell is actually the object of massive social control strategies. That is, of strategies that are appropriate to seriously question the mental condition of the persons concerned and to subject them and their experiences exactly to those special measures that were already mentioned by Berger and Luckmann. The existence of such experiences is negated and attempts are made to pathologize the carriers of this experience. Here I can demonstrate how this is done only through the example of a particular case of the psychological and psychiatric diagnosis of the 1980s and 1990s.

3. The Pathologization of Paranormal Experiences

I would like to pursue the mechanisms for safeguarding the order of wirklichkeit through the pathologization of differing experiences by the example of identifying people with "schizotypal personality". My example (meanwhile virtually histor-

---

6   "With repeated assurances that one was not at all mad or 'actually did not believe in such things' and anyhow would be someone who 'had his feet firmly planted on the ground', the storyteller clearly distances himself from 'nutcases' who always tell unlikely stories, as well as from naive or gullible contemporaries."

ical[7]) will show that based on this classification all those human (and as we have seen above, everyday!) experiences whose existence is disputed by the orthodox order of knowledge will be pathologized. This has to do specifically with the establishment of psychometric criteria, according to which the existence of paranormal experiences is a sign of mental derangement of the concerned individual. We are dealing here with a mixture of the two strategies to protect the orthodox order of wirklichkeit, as described by Berger and Luckmann (see chapter 2): nihilation and therapy (whose first diagnostic stage is pathologization).

The term 'schizotypal' (deducted from '*schizo*phrenic pheno*type*') was invented in the USA in 1953. It is used to characterize people (and *evaluate* them clinically as the starting point of a therapy) who allegedly show some symptoms of schizophrenia without having developed all the signs and symptoms of this disease (see Raine 1991: 555-556; Klein et al. 1997: 348). The clinical and experimental work with 'schizotypal personalities' over the years created an operationalised diagnostics of this newly constructed personality disorder, which was also recorded in the medical diagnostic manuals (DSM) in the 1980s (see Klein et al. 1997: 348-349; see Brednich 1993: 1). For the psychometric detection of the alleged personality disorder the "Schizotypal Personality Questionnaire – SPQ" (Raine 1991; see Raine/Benishay 1995) was prepared at the beginning of the 1990s, which directly connects up with the corresponding groups of symptoms of DSM-III-R and/or DSM IV[8].

Two of the nine groups of symptoms of that "schizotypal personality" included in the DSM-III-R directly refer to paranormal experiences and their interpretation. The relevant subscales of the SPQ consist of the following very explicit items (Raine 1991: 557-558):

Odd Beliefs or Magical Thinking

3. Have you had experiences with the supernatural?
12. Do you believe in telepathy (mind-reading)?
21. Are you sometimes sure that other people can tell what you are thinking?
30. Do you believe in clairvoyance (psychic forces, fortune telling)?
39. Can other people feel your feelings when they are not there?

---

7   The works by Hergowich/Arendasy (2007), Hergowich et al. (2008) or Lammers/Schöming (2010) show that the diagnosis category is used in a similar way even today.
8   The SPQ is one of a number of empirical scales for the assessment of schizotypal disorders (Brednich provides an overview 1993: 24-27).

47. Have you had experiences with astrology, seeing the future, UFOs, ESP, or a sixth sense?
55. Have you ever felt that you are communicating with another person telepathically (by mind-reading)?

Unusual Perceptual Experiences

4. Have you often mistaken objects or shadows for people, or noises for voices?
13. Have you ever had the sense that some person or force is around you, even though you cannot see anyone?
22. When you look at a person or yourself in a mirror, have you ever seen the face change right before your eyes?
31. I often hear a voice speaking my thoughts aloud.
40. Have you ever seen things invisible to other people?
48. Do everyday things seem unusually large or small?
56. Does your sense of smell sometimes become unusually strong?
61. Do you ever suddenly feel distracted by distant sounds that you are not normally aware of?
64. Are your thoughts sometimes so strong that you can almost hear them?"

It should be stressed here that the aim of this questionnaire is not at all the scientific collection of unusual experiences, but exclusively the *clinical identification* of those "schizotypal personalities". People with personality traits "that resemble the symptoms of schizophrenic patients and who are believed to have an increased risk for schizophrenia" (Klein et al. 1997: 348) are sought.

Another scale often used in the Anglo-American region to record alleged schizotypal personality disorders (see Mischo 1996: 269) is the "Magical Ideation Scale" by Eckblad and Chapman (1983). It consists of 30 questions, *all* of which have to be ascribed to the field of paranormal experiences and attitudes. Here are some examples of questions to be answered with 'yes' or 'no' respectively:

10. "The government refuses to tell us the truth about flying saucers."
19. "I have sometimes sensed an evil presence around me, although I could not see it."
24. "If reincarnation were true, it would explain some unusual experiences I have had."
28. "I have wondered whether the spirits of the dead can influence the living."

The purpose of this scale is the identification of "'psychoticlike' symptoms as an indicator of psychosis proneness" (Eckbald/Chapman 1983: 216). Aided by this scale, it should be possible to diagnose psychoses on the basis of weaker symptoms than earlier. "This interpretation of psychoticlike symptoms is based on the principle that serious pathology is often preceded by less deviant symptoms of the same type." (ibid.) This scale was explicitly developed with the aim of *predicting* the emergence of psychopathologies (Eckbald/Chapman 1983: 217; see Tobacyk/Wilkinson 1990: 255 et seq.). In other words, the one who answers a certain number of questions in the affirmative is considered a serious candidate for a personality disorder.

The often-quoted Ross/Joshi (1992) study exemplifies how clinical *research* associates paranormal experiences with pathologizing assessments. The authors choose a seemingly neutral position to interpret their data (a study of over 500 subjects using the Dissociative Disorders Interview Schedule – DDIS): "To study paranormal experiences scientifically, it is not necessary to make any decision as to whether some, all, or none of them are objective real. They can be studied for their clinical correlates like any other set of data." (Ross/Joshi 1992: 359) All the same, their results essentially speak another language – essentially because paranormal experiences are interpreted by them exclusively in the context of dissociative disorders. Thus the conclusions of the authors need not be surprising, according to which paranormal experiences were clearly of a "dissociative nature" (ibid.: 360). Statistically, such experiences are closely connected to dissociative disorders and childhood trauma. As a result and/or as a symptom of dissociative or post-traumatic disorders, paranormal experiences are therefore pathological. As Hufford (1992) points out in a commentary on the study by Ross/Joshi, this is the *generally accepted* classification of paranormal experiences as symptoms of mental illnesses in the English-language psychology and psychiatry.

As the study by Straube et al. (1998) shows, this is also applicable to the German-speaking region. The publication of their research in a prestigious journal not only proves the high degree of recognition of the pathologizing classifications in the psychological community. It also shows the type of specific logic clinical researchers make use of to construct the individual as well as social dangers of paranormal experiences. The authors themselves point out that "hohe Werte in der Schizotypie-Unterskala 'magische Vorstellungen' eine Affinität zu abweichenden Glaubenssystemen *bedingen*"[9] (Straube et al. 1998: 202 – empha-

---

9   "... high levels in the schizotypy subscale of 'magical thinking' *cause* an affinity for deviant belief systems."

sis M. Sch.).[10] But at the same time they use the "Schizotypal Personality Scale – STA" (Claridge/Broks 1984) to identify clinical-psychological conditions as predictors of "extreme religious belief systems." The occultism questionnaire by Mischo (1991) was used to survey such systems, which consists of five subscales on the subjects 'belief in extraordinary perceptions/psychokinesis', 'astrology', 'magic', 'spiritism' and 'reincarnation'. Since the last-mentioned questionnaire focuses exactly on the topics that are the subject of two subscales of the schizotypy questionnaire, the authors *inevitably* come to the conclusion that there exists a strong correlation between the schizotypy factor "magical thinking/unusual perceptual experiences" and dangerous religious belief systems among many young people. Their result: "The present results confirm that young people with elevated schizotypy values in the STA show clear affinities for extreme belief systems." (Straube et al. 1998: 203) However, this conclusion actually says not more than that the schizotypy and occultism questionnaire *measure and assess* paranormal experiences and interpretations in very much the same way.[11] Therefore we are dealing here with nothing other than a circular reasoning in a psychological test.

4. The Psychology of Social Control

The actual conclusion to be drawn from this and other studies – dangerous magical thinking is a predictor of dangerous magical thinking – can be considered as a characteristic of a clinical and experimental psychology that discursively transforms certain *ordinary* (that is, widespread) human experiences first into extraordinary experiences and then into symptoms of mental disorders. These experiences and their associated interpretations are used to discredit people as 'mentally disturbed' (previously they would have been referred to as 'insane' more openly). The effect of the construction processes extends far beyond the subjective mental state and self-assessment of the thus denigrated individuals. With the help of such – apparently strictly objective – classifications, the responsible specialist disciplines make it plain to the everyday subjects as a whole that those who have paranormal experiences – or rather who dare to talk about them – are mentally disturbed. The questionnaire's coercion to confess (confess your extraordinary experiences and thereby your insanity) is transformed into a de facto social vow

---

10 Brednich (1993: 33) also refers to this connection when she says, "daß 'per definitionem' eine Überschneidung zwischen Schizotypie und magisch-irrationalem Denken besteht [that 'by definition' there also exists an overlap between schizotypy and magical-irrational thinking]."
11 Brednich (1993: 90-92) discusses the general problem of matching constructs in the scales of schizotypy and occult beliefs.

of silence (if you confess your experiences, you reveal the fact that you're insane). This and nothing else is, in my opinion, the reason that the people concerned like to talk about their specific experiences only in that *shielded communication mode* – a mode whose first strategy (see above, chapter 2) is to assure the audience that, despite the relevant experiences, one is definitely *not* insane.

At first glance it seems downright bizarre how widespread experiences in a culture, thus everyday experiences (the data cited in chapter 2 makes it clear that between one- and two-thirds of the adult population in almost every Western society can report such experiences), can be used as predictors of serious mental disorders. If one does not assume that in fact half of the population suffers from a pathological condition, the use of paranormal experiences in the diagnosis of mental illnesses remains a phenomenon that requires a lot of explanation.

In his commentary on the above-cited study by Ross and Joshi (1992), Hufford puts forward the thesis that the social meaning of the pathologization of paranormal experiences lies in the social control that can be exercised with its assistance:

> "This process of marginalization has exerted a powerful influence in modern society. As I have argued elsewhere, theories that 'paranormal' and 'supernatural' belief and related experience are obvious symptoms of psychopathology have served a social control function." (Hufford 1992: 362)

Historically, this specific form of social control can be easily understood as part of the complex process of *psychologization*, as has been described by Michel Foucault. For him this psychologization is only the superficial result of something much more subliminal: the insanity of the subject is embedded in a system of morality and stigma. The legal consequence is as follows: 'the mad person' is disenfranchised, legally put on an equal footing with children and his madness ultimately viewed as culpable (Foucault 1968: 112). The (functional) *necessity* of these processes of classification and exclusion results, according to Foucault, from the fact that today's society is no longer aligned to the (supposed) laws of nature, but to (social) norms, standards that – in terms of the individual *and* the society – have to distinguish conditions such as 'healthy' and 'sick' (Foucault 1976: 89).

In specific cases, social control is exercised by the power of definition and the prerogative of interpretation: psychology and psychiatry ensure that everyday experiences are interpreted by the members of a society not only uniformly but also in ways that meet the requirements of the *accepted scientific worldview*. These functions – Foucault (1973) comprehensively described the historic origins of this control system in "Wahnsinn und Gesellschaft [Madness and Civilization]" – fulfil them for instance through a *double* re-construction of undesirable paranormal experiences: *ordinary* experiences of everyday people are initially transformed into 'extraordinary' experiences, which *now* belong to the range of authority of psychology and psychiatry. In a second step, these extraordinary experiences are then transferred into *ordinary* mental illnesses (like dissociative disorder or schizophrenia). The concrete human experiences are clinically deconstructed in the process: they are torn from their context of life, placed in a functionalist model of healthy and diseased psyche and finally reduced to psychological or physiological disorders.

The cultural meaning of this deconstruction seems to be to prevent the emergence of individual or collective wirklichkeit of a magical-mystical nature that could compete with that rationalist or secularized religious worldview which is considered by psychological theory as an indispensable foundation for the *good functioning of the subjects* in modern society. Ultimately, it is not clear however *why exactly* the 'magical interpretation' of certain experiences as well as the discursive dissemination of interpretations that run counter to the scientific worldview must be prevented by the pathologization of the affected subjects. Paranormal experiences are not only part of the socially recognized core constituent of human experience in all the pre-industrial societies, but as shown by the various surveys, they are rather ordinary than extraordinary even in the everyday life of industrial societies. For the smooth functioning of wirklichkeit in western-type societies, the occasional (or even the regular) occurrence of such experiences ultimately seems rather irrelevant. This is particularly true because – as the Freiburg study showed (see Schetsche/Schmied-Knittel 2003) – those experiences generate an increased need for interpretation for the affected subjects only in very rare cases. In addition, the suitable interpretations can be disseminated in the mass media both as fiction and documentary on a large scale (in this case there seems to be no appropriate supervisory body to prevent such reporting).

The aim and purpose of this type of social control may therefore tend to be rather inherent in the functions of the profession than in the general social functions of wirklichkeit control. It may be that we are dealing here primarily with the implementation of specific psychological models, according to which 'malfunctions' in the subject can be assumed whenever *certain* interpretations of *certain* experiences violate any worldview presumed by psychology.

> "As a result, these theories have been self-fulfilling prophecies, preventing all but the floridly psychotic from speaking openly about this aspect of their lives. If these beliefs and experiences were limited to premodern cultures and the most ignorant and sick in modern society, they could be easily assimilated to existing theory as culturally shaped psychotic hallucinations and delusions." (Hufford 1992: 362)

Ultimately this could be the attempt to protect the members of the everyday world from interpretations considered by many psychologists and psychiatrists as 'endangering wirklichkeit' and at the same time to ensure the prerogative of interpretation of these professions with regard to questions of subjective experience in general. In a further investigation of this issue, one should therefore consider in particular some inherent dynamics in the execution of the self-imposed function of the psychological and psychiatric profession: the protection of the order of wirklichkeit. This thesis would have to be investigated in more detail – for instance as part of a systematic discourse analysis. On the other hand, one would have to once again examine more systematically, also in a historical context, why the existing order of wirklichkeit appears to be endangered by paranormal experiences and interpretations to this day. What is it that makes this special heterodoxy seem so risky?

Bibliography

Bauer, Eberhard and *Michael Schetsche* (ed.), 2003: Alltägliche Wunder. Erfahrungen mit dem Übersinnlichen – wissenschaftliche Befunde. Würzburg.
Berger, Peter L. and *Thomas Luckmann*, 1966: The Social Construction of Reality. New York.
Berger, Peter L. and *Thomas Luckmann*, 1991: Die gesellschaftliche Konstruktion der Wirklichkeit. Eine Theorie der Wissenssoziologie. Frankfurt a. M.
Berger, Peter L. and *Anton Zijderveld*, 2010: Lob des Zweifels. Was ein überzeugender Glaube braucht. Freiburg.
Brednich, Anke, 1993: Eine Fragebogenuntersuchung zur Erfassung von magisch-irrationalem Denken und der Schizotypischen Persönlichkeitsstörung bei Erwachsenen. Unveröffentlichte Diplomarbeit (Universität Freiburg, Psychologisches Institut).
Claridge, Gordon and *Paul Broks*, 1984: Schizotypy and Hemisphere Function: I. Theoretical Considerations and the Measurement of Schizotypy. Personality and Individual Differences 10 (5): 633-648.
Clarke, Dave, 1995: Experience and other Reasons Given for Belief and Disbelief in Paranormal and Religious Phenomena. Journal of the Society for Psychical Research 60: 371-384.
Eckblad, Mark and *Loren J. Chapman*, 1983: Magical Ideation as an Indicator of Schizotypy. Journal of Consulting and Clinical Psychology 51 (2): 215-225.
Foucault, Michel, 1968: Psychologie und Geisteskrankheit. Frankfurt a. M.
Foucault, Michel, 1973: Wahnsinn und Gesellschaft. Eine Geschichte des Wahns im Zeitalter der Vernunft. Frankfurt a. M.

Foucault, Michel, 1976: Die Gesellschaftliche Ausweitung der Norm. Ein Gespräch mit Pascale Werner. p. 83-88 in: *ders.* (ed.) Mikrophysik der Macht. Michael Foucault über Strafjustiz, Psychiatrie und Medizin. Berlin.
Gallup, George H. and *Frank Newport,* 1991: Belief in Paranormal Phenomena among Adult Americans. Skeptical Inquirer 15: 137-146.
Gaynard, T. J., 1992: Young People and the Paranormal. Journal of the Society for Psychical Research 58: 165-180.
Hagio, Shigeki, 1991: A Survey-Interview Approach to Spontaneous Psi Experiences in a Group of Japanese Students. Research in Parapsychology 34: 157-158.
Haraldsson, Erlendur, 1985: Representative National Surveys of Psychic Phenomena: Iceland, Great Britain, Sweden, USA and Gallup's Multinational Survey. Journal of the Society for Psychical Research 53: 145-158.
Haraldsson, Erlendur and *Joop M. Houtkooper,* 1991: Psychic Experiences in the Multinational Human Values Study. Who Reports them? Journal of the American Society for Psychical Research 85: 145-165.
Hergovich, Andreas and *Martin Arendasy* 2007: Scores for Schizotypy and Five-Factor Model of a Sample of Distant Healers: A Preliminary Study. Perceptual and Motor Skills, 105 (1): 197-203.
Hergovich, Andreas, Reinhard Schott and *Martin Arendasy,* 2008: On the Relationship Between Paranormal Belief and Schizotypy among Adolescents. Personality and Individual Differences, 45: 119-125.
Hufford, David J., 1992: Commentary – Paranormal Experiences in the General Population. In: The Journal of Nervous and Mental Disease 180 (6): 362-368.
Klein, Christoph, Burghard Andresen and *Thomas Jahn,* 1997: Erfassung der schizotypen Persönlichkeit nach DSM_III-R. Diagnostica 43(4): 347-369.
Lammers, Claas-Hinrich and *Thomas Schömig,* 2010: Die schizotype Persönlichkeitsstörung. Psychiatrie und Psychotherapie up2date 4 (5): 333-347.
Mischo, Johannes, 1991: Okkultismus bei Jugendlichen. Mainz.
Mischo, Johannes, 1996: Der Glaube an parapsychische Phänomene. Schizotypische Muster im Denken und Verhalten? TW Neurologie Psychiatrie 10: 266-272.
Northcote, Jeremy, 2007: The Paranormal and the Politics of Truth. A Sociological Account. Exeter.
Palmer, John A., 1979: A Community Mail Survey of Psychic Experiences. Journal of the American Society for Psychical Research 73: 221-251.
Raine, Adrian , 1991: The SPQ: A Scale for the Assessment of Schizotypal Personality Based on the DSM-III-R Criteria. In: Schizophrenia Bulletin 17: 555-564.
Raine, Adrian and *Deana Benishay,* 1995: The SPQ-B: A Brief Screening Instrument for Schizotypal Personality Disorder. Journal of Personality Disorders 9 (4): 346-355.
Ross, Colin A. and *Shaun Joshi,* 1992: Paranormal Experiences in the General Population. The Journal of Nervous and Mental Disease 180 (6): 357-361.
Schetsche, Michael, 2000: Wissenssoziologie sozialer Probleme. Grundlegung einer relativistischen Problemtheorie. Opladen.
Schetsche, Michael and *Ina Schmied-Knittel,* 2003: Wie gewöhnlich ist das Außergewöhnliche? Eine wissenssoziologische Schlußbetrachtung. p. 171-188 in: *Bauer, Eberhard* and *Michael Schetsche* (ed.): Alltägliche Wunder. Erfahrungen mit dem Übersinnlichen – wissenschaftliche Befunde. Würzburg.
Schmied-Knittel, Ina and *Michael Schetsche,* 2005: Every-day Miracles. Results of a Representative Survey in Germany. European Journal of Parapsychology 20(1): 3-21.

Sidgwick, Henry and *Committee*, 1894: Report on the Census of Hallucinations. Proceedings of the Society for Psychical Research 10: 25-422.

Straube, Eckart R., *Uwe Wolfradt* and *Gerhard Hellmeister*, 1998: Klinisch-psychologisches Beschwerdespektrum und extreme Belief-Systeme bei Jugendlichen. Zeitschrift für Klinische Psychologie 27 (3): 202-204.

Tobacyk, Jerome J. and *Lamar V. Wilkinson*, 1990: Magical Thinking and Paranormal Beliefs. Journal of Social Behavior and Personality 5: 255-264.

West, D. J., 1990: A Pilot Census of Hallucinations. Proceedings of the Society for Psychical Research 57: 163-207.

Wooffitt, Robin, 1994: Analysing Verbal Accounts of Spontaneous Paranormal Phenomena: A Sociological Approach. European Journal of Parapsychology 10 (5): 45-65.

#　Teil 3
Antipsychiatrie in der Praxis und Ausblick

Coercion: The Only Constant In Psychiatric Practice?

Tomi Gomory / David Cohen / Stuart A. Kirk

> "To allow every maniac liberty consistent with safety; to proportion the degree of coercion to the ... extravagance of behavior; ... that bland art of conciliation, or the tone of irresistible authority pronouncing an irreversible mandate ... are laws of fundamental importance ... to the ... successful management of all lunatic institutions."
>
> Philippe Pinel (1806)

Introduction

In the Western world, since at least the 15th century, state-sanctioned force has been employed to control those who disturb others by their violent or existentially destabilizing behaviors such as threatening or inflicting self-harm. Coercing the mad into madhouses, separating and detaining them from the rest of society, and forcing them to comply with their keepers' wishes, occurred before physicians became involved in theorizing about the meaning or origins of madness, and it continues to distinguish psychiatric practice to this day. It is widely recognized that the mad used to be confined, beaten, tied, shocked or whirled into submission, but it seems less appreciated today by scholars, practitioners, and the general public that the physical control of "dangerous" mental patients remains a central function, and perhaps the only constant function, of public mental health systems.

In this chapter we discuss the hospital and community-based management and treatment, by public, state-supervised or state-controlled psychiatric and other mental health agencies, of those categorized as "mad" in America. We argue that the employment of coercion (that is, naked force or its threat, not requested or wanted) was the essential ingredient that enabled the formal emergence of professional psychiatry. American psychiatry originated within 19th century state asylums. Based on the state-granted legal authority that allowed psychiatrists (then known as alienists) to incarcerate people involuntarily if their families or the state or psychiatrists so wished, psychiatry became a fundamental institution of social management of some of society's social deviants. Unlike coercion by the criminal justice system, psychiatry's coercive policing power was typically used with considerable discretion and little or no independent review to confine the mad and other citizens who were destitute, abandoned, elderly, unsocialized, mentally retarded, or otherwise judged to be socially troublesome. Despite the emergence of a parallel trend of voluntary individualized psychiatric practice by the beginning of the 20th century, coercive psychiatric practice continued virtually unchanged until the beginning of some reforms following the Second World War.

Starting in the 1960s and extending for approximately two decades, the stated legal grounds for involuntary psychiatric hospitalization narrowed on paper in virtually every American state to include those who were deemed to be at immediate or imminent risk for harm to self or others as a result of a mental illness. The now formally mandated evaluation of dangerousness would, it was argued by reformers, restrict involuntary psychiatric interventions only to those individuals truly needing them. Legal psychiatric scholar Paul Appelbaum (1994), however, showed in a wide ranging study that the reformed laws had few of their intended consequences, such that rates of involuntary detention increased (in some cases doubling and tripling) or remained unchanged, as did the characteristics of involuntarily detained individuals. The availability of psychiatric beds was the most important determinant of recourse to involuntary detention. Appelbaum proposed that the difference between laws on paper and laws in practice is best understood by recognizing that the application of laws is delegated to specific actors. He wrote:

> ... laws are not self-enforcing. Indeed, implementation of involuntary hospitalization is delegated to a variety of participants in the commitment process, all of whom have the potential to affect how the law is applied. When the results of a law narrowly applied will be contrary to the moral intuitions of these parties, they will act at the margins to modify the law in practice to achieve what seem to them to be more reasonable outcomes. (p. 142)

Appelbaum's observation appears to illustrate one of the obstacles to safeguarding individual liberty identified by Friedrich Hayek in *The Constitution of Liberty* (1960). In discussing what he called "the delegation of powers" by legislatures to administrative bodies, Hayek observed:

> The trouble with the widespread use of delegation in modern times is not that the power of making general rules is delegated, but that administrative authorities are, in effect, given power to wield coercion without rule, as no general rules can be formulated which will unambiguously guide the exercise of such power. What is often called "delegation of lawmaking power" is ... delegation of the authority to give any decision the force of law... (pp. 211-212).

To address this problem, Hayek suggested that administrative decisions should be subject to "independent judicial review." And it has come to pass in more modern times that involuntary psychiatric procedures may be submitted by almost any interested party to judicial review. However, according to the evidence in a few published studies from a few North American jurisdictions on this matter, close to

100% of such appeals are routinely rejected by judges (Dallaire et al. 2000; Kelly et al. 2002; Solomon et al. 2009), exemplifying a pattern that has been characterized as "leaving civil rights to the experts" (Stefan 1992). In sum, if those who operationalize the laws' guidelines operate with the paternalistic presumption that therapeutic considerations must take precedence over the civil and legal rights of individuals, even a slightly reformist law will be perceived as an obstacle or an annoyance and will be avoided, ignored, or transformed in practice. The courts, moreover, have overwhelmingly abdicated their roles as independent guardians and approve the practices of those to whom this application has been delegated.

Since the 1960s, the state supported professional mental health treatment system has morphed toward a more community-based system, with public and private clinics and outpatient centers integrated into general medical units or otherwise distributed widely across the mental health organizational landscape. Still, psychiatrists in the private and public mental health system retain the same authority to coerce and to incarcerate as they have always possessed. And, those coerced and incarcerated remain society's unwanted or undesirables, including those whose undesirability (in the form of non compliance to treatment, for example) has been spawned by the mental health system itself.

Following the intellectual tradition pioneered in psychiatry by Thomas Szasz (1963, 2007), we believe it essential to differentiate, on the one hand, state supported involuntary psychiatry based on coercion from, on the other hand, contractual or voluntary psychiatry, which mostly emerged starting with Sigmund Freud when he contracted his services to individual, fee-paying patients. In the second enterprise, the person seeking help and the psychiatrist or mental health practitioner offering it mutually agree to work together to clarify and address the intrapersonal or interpersonal difficulties identified by the help seeker. The relationship, which can be terminated by the patient at any time, is based initially on mutual respect or neutrality, and usually involves persuasive discussion. Increasingly over the past half-century, such a relationship has included the encouragement to take or the prescription of licit psychoactive chemicals or other biotechnologies, with no coercion imposed by the practitioner (at least to the extent that the practitioner shares what he or she truly knows or does not know about these technologies).[1] This sort of practice occurs more frequently with the "wor-

---

1   This is of course an enormous problem, well documented by David Healy (2012) and others, who argue that most of the information relevant to making judicious decisions about using this or that drug with this or that patient is actually, and actively, hidden from the view of the medical practitioner by the pharmaceutical industry and its willing or helpless allies. There is also the important issue that psychoactive drugs (such as opium) that might prove to be of significant benefit to some people and less harmful at comparative doses and durations than

ried well" and those who are more likely to be able to afford to pay for someone to work with them on their life difficulties. We believe that, to the extent that this contractual psychiatry or mental health practice is confused or conflated with *involuntary* psychiatry, observers of the mental health system are hampered from grasping the fundamental purposes and moral underpinnings of the overall mental health system, and consequently fail to understand how one might go about trying to improve it as a truly helping system.

Much of this confusion, we think, is dependent on the tactical use of language in psychiatry. Since its origins, psychiatry used medical rhetoric to reinforce its medical image and partly conceal its coercive authority. For example, the term "hospital admission" used in physiological medicine when a medical patient requests or agrees to be hospitalized to treat a medical problem, is used in psychiatry to describe its opposite, the incarceration of a person in a psychiatric "hospital" who does not acknowledge having an illness nor is seeking admission. This linguistic sleight of hand is widespread and banal, encompassing psychiatric participants, interventions, and facilities. For example, Assertive Community Treatment (ACT), a treatment program to be discussed later, was developed in Madison, Wisconsin, in an institution that began its life in 1860 as the *Mendota Asylum for the Insane*. In 1935, it was renamed *Mendota State Hospital*, and in 1974, it re-emerged as *Mendota Mental Health Institute*. These names suggest changing functions of the institution over 150 years, from a place of custodial asylum care to a venue for conducting scientific research and treatment as a mental health institute. In fact, the institution does today exactly what it has always done: manage involuntarily detained mad people. As explained in 2011 on the State of Wisconsin's website, "Mendota's Civil Program provides services to adults who are in need of psychiatric treatment. All admissions are involuntary" (Mendota Mental Health Institute 2011).

We argue that since the origins of psychiatry as a distinct discipline, the application of coercion has remained its fundamental tool. Coercion makes public psychiatry possible and distinguishes it from every other "mental health" profession although the distinction has been fading as all mental health professionals are increasingly viewed as part of one group dedicated to achieving common "public health" objectives. By accepting or embracing coercion while keeping its stated

---

many tranquilizing drugs currently prescribed (such as lithium), are illegal and therefore practically unavailable for relief of distress. In these circumstances, the physician's presumably learned confidence in the efficacy or safety of a treatment, and the physician's and patient's confidence that all appropriate drug treatments have been fairly tested to ascertain benefits to the *consumer*, are illusory.

mission as one of medical healing, psychiatry became indispensable to emerging modern societies based on the rule of law but still requiring extra-legal mechanisms to maintain social order (Leifer 1990). Special mental health laws and statutes in virtually every country in the world enshrine the use of coercion by psychiatry.

Cultural historian Morse Peckham (1979) argued that the control of human behavior—ensuring that people conform to a society's rules in order to maintain smooth interaction among its members and stability of the social order—must always ultimately rely on force or its threat, if the *preferable* modes of social control, persuasion and seduction, fail to produce the desired conformity. Peckham's insight compels us to ask whether the psychiatric use of force is a therapeutic endeavor, and whether psychiatric coercion (as distinguished from other versions of publicly sanctioned coercion in society) is to be considered treatment rather than merely punishment.

Coercion applied with sufficient force and regularity works—if by working we mean obtaining people's behavioral compliance shortly after the application of coercion. For example, getting caught by the police for speeding usually results in the immediate (or, in the age of electronic traffic surveillance, a delayed) penalty of a steep fine on the driver. For most folks this penalty "works," in that at least for a while after receiving the ticket, they may not violate speed limits or they keep a sharper eye out for the enforcers. They are quite likely to alter their driving behavior to avoid further coercion or punishment. But do drivers learn as a result that speeding is fundamentally wrong and dangerous and not in their best interest? We doubt it, if the continuing high rate of traffic citations is any indication (see for example Florida 2010).

Yet, few people would seriously suggest that what the police do to enforce the speed limits (and other required driving behaviors, like carrying a driver's license, wearing seatbelts or having proper vision, demonstrating one's knowledge through drivers' education) is a therapeutic enterprise (but see ahead). Probably, no one would mistake this police activity for the treatment of a bodily or other condition called Automobile Speeding Disorder. People easily, unmistakably understand that the job of the police is to detect or hunt down and punish drivers who breech socially and legally expected behavior, who fail to conform with the traffic laws that manage potentially lethal activity (driving powerful vehicles), and then to place these individuals at least temporarily[2] into the class of deviants known as "criminals." Society expects that punishment will alter the speeder's behavior and reduce accidents.

---

2 Once the individual pays his fine or serves his time he regains his full rights as a normal member of society.

Psychiatry is the government certified profession for maintaining "normal" behavioral order among small groups of people, such as families or workplaces. Psychiatrists are expected to detect and to manage people who visibly violate interpersonal norms, codes, or rules without, for the most part, breaking any criminal laws. This detection activity superficially (and linguistically) resembles the diagnosis of medical conditions, and consists in placing such people more or less permanently into the category of deviants know as the "mad."[3] Like all policing institutions (including schools, jails, the military), psychiatry is also granted legal authority to employ force to make recalcitrant individuals identified as mad conform to the prevailing norms of proper personal conduct.

In the remainder of this chapter, we begin by reviewing the 1961 report of the *Joint Commission on Mental Illness and Health* (JCMIH), created to assess how America had dealt with its mad citizens and to propose a national plan to "provide more humane care for the mentally ill" (p. xxix). The Commission underlined, in our view quite insightfully, the historical role of force and coercion in the psychiatric treatment of mad Americans. Next, we describe the role of coercion in the creation of public American psychiatry, and we use contemporary literature to describe its various manifestations in community mental health treatment in the United States. We also attempt to estimate the prevalence of all coercive practices in current American psychiatry. We discuss how and why the employment of coercion, especially its "clinical effectiveness," has become a leading area for academic research. Finally we demonstrate that psychiatric detection (diagnosing) and the various psychiatric "clinical" interventions are not science-derived ameliorators of human travail, but rather, coercive social management activities deceptively marketed as therapies. What is left in the treatment landscape appears as nothing other than the various manifestations of coercion to control and manage mad behavior.

---

[3] We prefer the category label word "mad" over the more contemporary versions of it such as "mentally ill" or other terms such as Schizophrenic, Bipolar or Borderline because we believe that these represent an explanation of mad behavior dependent on the entirely unproven claim that it is, or is a sign of, brain disease. The word "mad" on the other hand traditionally has served as a general category for collecting all disturbing and disturbed behavior not categorized criminal and had no particular etiological commitments attached. We note however that unlike the label of criminal the label of mad or any of its alternative versions, once ascribed, cannot be eradicated.

Psychiatric Coercion Before Deinstitutionalization

The *Joint Commission on Mental Illness and Health* (1961) was created under the auspices of the *Mental Health Study Act* of 1955, to review how mad people were previously managed. Its findings were expected to "make recommendations for combating mental illness in the United States" (p. v). Led by Jack R. Ewalt, chairman of the Department of Psychiatry at Harvard Medical School, the commissioners included 52 notable authorities and experts, 30 of whom were physicians. Non-medical experts on the Commission and its advisory committees included such luminaries as biologist Ernst Mayr, Columbia University English professor and cultural critic Lionel Trilling, famed Harvard psychologist Jerome S. Bruner, social psychologist M. Brewster Smith, vice president of the Commission, and University of Chicago philosopher Charles Morris.

The Commission members recognized that "[m]ental illness is different from physical illness," being "a disorder with psychological as well as physiological, emotional as well as organic, social as well as individual causes and effects" (p. xviii), that are "so closely intertwined that so far science has been unable to unravel the causes and establish their relative importance" (p. 86).

In contrast to its panchreston-like definition of mental illness, the Commission's historical review of treatments for the mad displayed no ambiguity whatsoever. It argued that the mad for centuries both in Europe and in America had been subjected to "a superstitious and retaliatory approach .... The instrument of this approach is punishment" (1961: 25). It recognized that this was attenuated by periodic efforts to employ less directly coercive approaches (i.e., moral treatment) but which were quickly abandoned and replaced by outright coercive manipulation and management. One section of the Commission's report was entitled "Punishment As Treatment" (p. 25-28). It quoted Benjamin Rush, a signer of the American Declaration of Independence and whose visage adorns the official emblem of the American Psychiatric Association: "Terror acts powerfully ... and should be employed in the cure of madness" (p. 27).

The report argued that the religiously inspired notion that sinful behavior causes disease justified interventions by the medical and lay superintendents running America's madhouses in the 19th century. These interventions included "a wide assortment of shock techniques" (p. 28), such as bleeding to the point of fainting, near drowning, rapid spinning, forced vomiting, and applying an early form of electric shock to the body. The Commission members acknowledged that all of these techniques, forced on unwilling recipients, were based on "fallacious medical rationales" (p. 28), implying either that some genuine medical rationales could today justify the employment of coercion on the mad, or else, as we shall see in other statements in the report, rejecting the use of any medical rationale for coercion and rejecting coercion *tout court*. In looking at some descriptions and justifications for coercion and torture proposed by leading alienists of 18th- and 19th-century America, for example, it is difficult to tell whether those who employed it did so because they thought coercion helped to "cure" or because it produced immediate behavior change, or both. Benjamin Rush's description of his new "tranquilizer" chair illustrates this point clearly.[4]

Another section of the JCMIH report, "The Tranquilized Hospital," discussed contemporaneous treatments for the mad, namely, some chemical agents ("major tranquilizers") which the Commission believed had "revolutionized the management of psychotic patients in American mental hospitals" (p. 39). The authors described their effects as "tranquilizing patients who are hyperactive, unmanageable, excited, highly disturbed, or highly disturbing ..." Their "most noticeable effect" was "to reduce the hospital ward noise level" (p. 39). They did not discuss whether the drugs were ever voluntarily requested or consumed by psychiatric patients or had known adverse effects.

The Commission's overall review of America's policy toward the mad from Colonial time to the mid 20th century concluded that the policy had been to confine the mad in institutions against their will and subject them to various physically and emotionally brutal treatments. The Commission went further, proposing that forced confinement in institutions without any other effective means of treatment had "shown beyond question that much of the aggressive, disturbed, suicidal and regressive behavior of the mentally ill ... is very largely an artificial product of the way of life imposed on them" (p. 47), and that "[t]o be rejected by one's family, removed by the police, and placed behind locked doors can only be interpreted, sanely, as punishment and imprisonment, rather than hospitalization" (p. 53). The Commission's point was unmistakable: America's approach to madness for the previous 200 years, whether carried out by a physician or by a policeman, relied on the use of coercion.

The Commission's ultimate advice to the Federal government, despite all the coercive history its members identified, was to fully embrace the medical psy-

---

[4] Dr. Rush described the chair in a letter to his son:
I have contrived a chair and introduced it to our [Pennsylvania] Hospital to assist in curing madness. It binds and confines every part of the body. By keeping the trunk erect, it lessens the impetus of blood toward the brain. By preventing the muscles from acting, it reduces the force and frequency of the pulse, and by the position of the head and feet favors the easy application of cold water or ice to the former and warm water to the latter. ... It acts as a sedative to the tongue and temper as well as to the blood vessels. In 24, 12, six, and in some cases in four hours, the most refractory patients have been composed. I have called it a Tranquilizer. (cited in Scull, 1993: 73, footnote no. 104)

chiatric model and invest in a national mental health program that would move treatment from institutions to the community as rapidly as possible. This policy became known as the deinstitutionalization of the mentally ill. As M. Brewster Smith, the former vice-president of the Commission admitted some 40 years after the publication of the JCMIH report, "the rapid and ill-prepared deinstitutionalization ... for which I take some responsibility as an officer of the Joint Commission ... had unexamined consequences that are socially almost as irreversible as those of psychosurgery" (Smith 2003: 215).

Psychiatry as a Coercive Enterprise

The first involuntary admission in America occurred in the City of Brotherly Love, Philadelphia, in 1752 (Anfang and Applebaum 2006). Most historians concur, however, that mad doctoring fully emerged with the decision, several decades later, to construct specialized buildings to confine and manage mad people involuntarily. This fortuitous development allowed for "unparalleled scrutiny of lunatics under controlled conditions, particularly while interacting with keepers, [to form] the matrix for the practical (experimental) discipline of managing the mad" (Porter 1987: 174f.). Many of the keepers turned out to be medical men looking for stable employment. According to Andrew Scull (1993), by the 1850s the early, fledgling economic enterprise had become resolutely medical, with mad folk "incarcerated in a specialized, bureaucratically organized, state-supported asylum system which isolated them both physically and symbolically from the larger society... [a]nd... now recognized [madness] as ... a uniquely and essentially medical problem" (p. 1f.). This state-sanctioned confinement gave free reign to mad-doctors to experiment on their charges, to claim that their controlling activities were medical treatments, and to assert and simultaneously confirm their authority over this new class of deviants. Psychiatrists could claim to be doing good medical treatment when actually they were constructing a "new apparatus for the social control of the mad" (p. 3).

It would appear obvious that police authority granted to psychiatry to imprison mad individuals for psychiatric treatment in specialized facilities (whether called insane asylums, mental hospitals, or mental health institutes) is the key to its professional importance. Yet we think that the impact of this unique police authority on mental health practice overall has not been adequately studied. Police authority makes truly voluntary psychiatric treatment in the current public mental health field a near-impossibility.[5] All the relevant "stakeholders" (the mad, their friends and families, the treating psychiatrists, and society at large) are on notice that involuntary commitment may be deployed on any diagnosed mad person who refuses to follow prescribed psychiatric treatment. We believe that this knowledge shapes the behavior of all parties to psychiatric encounters as surely as the knowledge that one's parent has used and may use physical punishment shapes the behavior of a child. Furthermore, not knowing when punishment will be employed makes compliance by the less powerful party much more likely. So, voluntary medical treatment, in the sense entertained by most people when they consult their physician for a physical health problem, is much less likely to occur in public psychiatric practice.

Those fortunate enough to afford medical care or purchase health insurance go to their personal physician by choice, whether for an annual health checkup or over a concern about some possible ailment. Regardless of the doctor's recommendation, they can choose to follow it entirely, partly, or reject it altogether. That's so, because the power imbalance between a medical patient and the doctor is only marginally in favor of the doctor. It is based on the doctor's hopefully more informed opinion about the problem, resulting from specialized education, training, and experience — the very reasons a patient would seek a physician's advice in the first place. But once informed about his medical condition and having received advice or even exhortation from the physician, the patient retains full control over his course of action from that moment onward. This is true even if the health problem diagnosed by the doctor, if left untreated, could shortly kill the person. Our physicians cannot force us to take medications, such as statins, for our coronary heart disease, or involuntarily inject insulin into our bodies to control our runaway diabetes.

In contrast, if the diagnosed mad person resists "emergency" psychiatric treatment (where the person is deemed to be at risk for harm to self or others), she knows very well that she can be involuntarily hospitalized in a locked facility and be subjected to stupefying psychotropic drugs and other "therapies" (from talk to electroshock treatment) against her active protests and physical resistance. This common knowledge, we think, colors and shapes many (all) engagements between mental health patients and mental health professionals. No true voluntary treatment can ever occur because no mad person can freely walk away from the recommended treatment if there is a serious disagreement between the psy-

---

5   Think of the payment of income taxes. Because the Internal Revenue Service is able to enforce the tax code through criminal and civil sanctions, it would be naïve to conclude that people pay taxes "voluntarily."

chiatric professional and that patient. It is true that the patient's behavior must be judged to place the patient or others at risk of harm in order to involuntarily commit and treat, but only if this behavior is *believed to result from a mental illness* (e. g., daredevil Evel Knievel's death-defying motorized leaps never earned him the unwanted attention of psychiatrists). Since this judgment of "mental illness" is a "clinical decision" (a statutorily authorized *personal* judgment of the professional based on still-unvalidated diagnostic criteria, see Kirk, Gomory and Cohen 2013), it has never, ever been a difficult standard to meet. The legislated protocols found in any state's involuntary hospitalization laws or statutes reveal the intimate intertwining of psychiatric practice with legal power, making the two virtually indistinguishable.[6]

Psychiatric Coercion in Contemporary America
Madness Counts

When the JCMIH published its report in 1961, 527,500 people resided as inmates in state and county mental hospitals in the United States (Scull 1976: 176). Including the latter, fewer than one million people were diagnosed mental patients using psychiatric services in any sorts of public mental health facilities (Grob 1994: 248). Fifty years later, the National Institute of Mental Health (NIMH, 2011) declares that "[m]ental disorders are common in the United States .... An estimated 26.2 percent of Americans ages 18 and older ... suffer from a diagnosable mental disorder in a given year ... this figure translates to 57.7 million people." The NIMH further specifies that about 6% (3.5 million people) of those individuals are diagnosable with a "major mental illness."

This amazing epidemiological uptick in psychiatric diagnoses has occurred despite, or in tandem with, the increase in the number of mental health professionals, treatment centers and funds devoted to preventing or treating mental illness. In 2010 in the United States, there were approximately 40,000 psychiatrists, 174,000 psychologists, and 255,000 clinical social workers (U.S. Bureau of Labor Statistics, 2010). The federal government has increased its funding for NIMH (2011) from $0.3 billion in 1986 to $1.5 billion in 2010 (most of it spent on research about treatments for the "seriously mentally ill"), making that agency the seventh

---

6   As argued by Dallaire et al. (2000), in civil commitment the psychiatric system and the legal system reveal their "common logic: *treatment-control*. Our analysis of the treatment role and of the control role, when manifested in civil commitment, has not been able to separate them, either conceptually or in practice" (p. 144). These authors rest their conclusion partly upon the fuzziness of concepts central to the control role (dangerousness) and treatment role (mental illness).

highest funded of the 27 Institutes and Centers that comprise the National Institutes of Health (NIH). In 2005, year of the latest comprehensive national figures available for mental health service expenditures, the total national private and public expenditures for mental health services were approximately $113 billion — about 60% of it coming from tax revenues (Garfield 2011).

The Numbers of Mad Coerced

In Hospitals. The threat of involuntary hospitalization and the use of coercion is no idle one. Given how the American tradition and political system conceive of the loss of liberty and the protection of individuals from the encroachment of the state on their natural spheres of sovereignty, one might expect such loss under any state-sanctioned circumstances to be meticulously documented, as it is in connection with criminal arrests and incarcerations. Nonetheless, there currently exist no comprehensive national data regarding involuntary hospitalization or even unduplicated counts of the number of individuals hospitalized psychiatrically in a given year. Thus one must rely on extrapolations from state and local data for any such estimates. Based on the data released by the two large states of California and Florida, we conservatively estimated that approximately 1.37 million American adults are the subjects of involuntary hospitalization each year (Gomory, Wong, Cohen and Lacasse 2011). This number makes up about 62% of those hospitalized for any psychiatric reason. However, it does not include the unknown (but almost certainly quite large) proportion of those deemed to be "voluntarily" hospitalized but who know that they might or will be forcibly hospitalized if they do not submit (Sorgaard 2007).

In Prisons. Another group of involuntarily confined mad people in America are those currently confined in jails. The data here are again not based on actual national counts, since no such data exist, and since distinguishing "mental illness" from "normal" behaviors and distress within oppressive jails and penitentiaries may be a conceptually impossible task. Thus, counts must be estimated from studies conducted on subsamples of this population. Recent research suggests that the average prevalence of "serious mental illness" among the approximately 2.1 million people incarcerated in jails, prisons, and penitentiaries is 14.5% for men and 31% for women (Steadman, Osher, Robbins, et al. 2009). These percentages convert to roughly 330,000 mad people confined in our penal institutions as a result of having been found guilty of criminal offenses.

In the Community. New developments in the application of force and coercion on the mad have emerged from the community where the mad mostly live and are treated today. Not surprisingly, here too no national prevalence data exist, but again, by reviewing some recent studies on community-specific psychiatric coercion, one might make educated guesses. One study conducted in five American cities found that 44% to 59% of the sampled individuals reported having been subjected to at least one of four coercive measures (the researchers call them "tools," p. 38) while in outpatient community treatment (Swartz, Swanson, Kim et al. 2006).

In Toto. Using the above evidence our tentative guess is that at least 50% of the mad in the above three settings are the regular recipients of at least one form of psychiatric coercion. We can put numbers to this percentage by using the latest Federal government data on "patient care episodes" (the odd name the government uses for the count of the total number of persons under psychiatric care[7] in any one year in the United States). There were 9.5 million patient care episodes in 2002 (Manderscheid and Berry 2006: 209), translating to about 4.75 million such episodes involving coercion in the name of mental health in any single year.

"Tools" of Community Psychiatric Coercion

Community based mechanisms of coercion are deployed by the judicial and the public welfare systems, the two major institutions outside the mental health system where the mad are managed or located (Monahan 2008). The judicial system employs several coercive civil mechanisms on non-criminal mad persons to keep them out of hospitals and force them into community treatment (by far the less costly option) (Swartz, Swanson, Kim et al. 2006). The best known of these is court ordered outpatient commitment, and it usually comes in three forms: first, conditional release from involuntary hospitalization if the person is willing to submit to mandated community treatment; second, as a substitute for involuntary hospitalization for those meeting commitment criteria; and third, as a form of preventive detention for those who are not legally committable but are considered to be "at risk."

---

7   The counting of patient care episodes tracked by the federal government since 1955 is a duplicate count, since a person may be admitted to more than one type of service or can receive the same service more than once in any one year. The number of individuals who receive multiple service episodes is unknown, so we are unable to have a total unduplicated count of the number of persons under care in any one year.

Mad individuals who are adjudicated of a minor or non-violent crime might be further subjected to mental health courts, such as so-called "drug courts." These courts use judges' recently expanded extralegal role to force some mad criminals into psychiatric treatment by "play[ing] a hands-on, therapeutically oriented, and directive role at the center of the treatment process" (Monahan, Bonnie, Appelbaum et al. 2001: 1200). The research indicates that such courts appear to have at best a moderate effect in reducing criminal recidivism among those who complete their programs (a high drop out rate is common). However, because the participants are often selected by judges "based on personal knowledge of an individual's history" as those "most likely to succeed," even this outcome is not generalizable (Sarteschi, Vaughn and Kim 2011: 14).

The social welfare system uses two prominent coercive measures to gain behavioral compliance. One is by controlling funds that the mad may be entitled to. This is done by appointing payees who will control the patient's access to public disability benefits, predicated on the patient's level of cooperation with psychiatric treatment. The second measure is by providing access to subsidized housing only to those who comply with treatment, an effective mechanism of subjugation because most of the public mental health patients cannot afford to pay fair market rents from their monthly disability checks. These powerful pressure tactics are today ordinarily called "leverage" by academics (Monahan, Redlich, Swanson et al. 2005). John Monahan, the dean of psychiatric coercion scholars, goes as far as to argue "that framing the legal debate on mandatory community treatment primarily in terms of coercion has become counter productive ... [and it is] unhelpful and [a] misleading assumption that all types of leverage necessarily amount to coercion" (2008: 284). Monahan seems to forget that "mandatory community treatment" means, if it means anything at all, treatment not voluntarily sought but forced on the patient, a deliberate interference in an area within which the patient could act. The scientific work of some eminent scholars of coercion might be summed up in one phrase: Coercion by any other name is *not* coercion.

The New Case for Psychiatric Coercion

Other eminent psychiatric scholars, however, have recently come out unabashedly in defense of psychiatric coercion, which they insist *is* plain coercion, period. Jeffrey Geller, professor of psychiatry and director of public sector psychiatry at the University of Massachusetts Medical School, asserts that "the psychiatrist's *option* to employ coercion is an integral component of functioning in this recovery oriented paradigm..." (2012: 493, italics added). Geller is candid about the level of coercion in outpatient treatment:

> Coercive interventions, with little or no review by anyone other than a physician or a treatment team or administrator, are rampant in entitlement programs; they include leveraged housing (for example, "If you want to live in this residence, you have to take your medication as prescribed and go to a day program"); representative payeeships; "bargained" psychopharmacologic regimens (for example, "You take your antipsychotic and you can have a benzodiazepine"); waiver of civic responsibility (for example, jury duty); treatment "contracts" through Individual Service Plans; and threats of emergency detention (for example, civil commitment). (ibid.: 494)

However, Geller also proposes that regardless of their psychiatric status, individuals routinely get coerced in the community, which he finds equivalent to "prevention and treatment":

> A person who repeatedly gets stopped for speeding loses his or her license and must attend classes to get it back (treatment). ... Someone who disrupts a public event is removed from the venue (treatment, behavior modification). If you park illegally, the car is towed and you get fined ... (treatment and prevention). (ibid.: 495).

After medicalizing drivers' education, Geller now proceeds to demedicalize forced treatment by medical doctors:

> "If a person behaves in a way that is dangerous to others, and the danger can be mitigated by psychiatric treatment, the person gets treatment. ... It is coercion in the same way that others in the community are subjected to coercion. It is not coercion because of "psychiatric status": it is an intervention to address behavior. Just as we all experience" (p. 495).

But Geller seems clearly mistaken here. Society does not enact special laws to coerce speeding drivers (who are clearly dangerous to others) on the basis that they suffer from a mental illness that is responsible for their speeding. But society coerces other vaguely defined dangerous people into psychiatric treatment *only* on the basis of special laws that require a diagnostic evaluation by a psychiatrist.

Actually, Geller is on to something, but not what he intended. He repeats that coercion occurs everywhere in society and not just in psychiatry because he wants to make psychiatric coercion palatable. But in constructing this argument, he unwittingly recognizes that coercion has always been essential to the practice of psychiatry, that *no existing psychiatric treatment can compete with coercion*: "the notion that we can eliminate all coercive interventions by using our current array of psychopharmacologic agents, psychotherapies, and rehabilitation interventions is without precedent" (p. 494). Undoubtedly, Geller is resting psychiatry on a foundation of coercion.

Another eminent psychiatric scholar and activist, Allen Frances (2012), best-known as the Chair of the DSM-IV Task Force but, over the past few years, transformed into an energetic denouncer of psychiatric imperialism in the new DSM-5, goes even further than Geller in his acknowledgement of the nature of coercion in psychiatry, and in doing so, also probably unintentionally, deals a fatal blow to the claim that coercion has *anything* to do with medical treatment.

In a reply to an article by psychologist Jeffrey Schaler (2012) stating the Szaszian case that mental illness is a myth, Frances writes: "I agree completely with Schaler and Szasz that mental disorders are not diseases and that treating them as such can sometimes have noxious legal consequences." He singles out "schizophrenia": "... mental disorders are constructs, nothing more but also nothing less. Schizophrenia is certainly not a disease; but equally it is not a myth. As a construct, schizophrenia is useful for purposes of communication and helpful in prediction and decisionmaking — even if ... the term has only descriptive, and not explanatory, power" (p. 1).

Having in effect robbed psychiatry of medical pretensions by stating explicitly that "mental disorders are not diseases," Frances must therefore squarely come to terms with the nature of psychiatric coercion: "I have evaluated [patients who 'desperately needed to be protected from hurting themselves or others'] many hundreds of times. While it is never comfortable to coerce someone into treatment, it is sometimes the only safe and responsible thing to do, and occasionally it is life saving. ... Coercive psychiatry, however unpleasant, must be available as a necessary last resort when nothing else will do" (p. 2). We applaud Frances' plain statement of the case *for* psychiatric coercion, even if we think it is a weak case. Let us return to Peckham's previously summarized position that the functioning of a relatively smooth society requires force when the intermediary social control functions of persuasion and seduction fail. In this regard, however, the imposition of force or violence is always a policing action, one normally entrusted to soldiers and policemen. Medicine was never envisioned as violent policing, and of course is not marketed that way, and psychiatry is certainly not marketed that way either (at least for the past half century or so). Therefore, when psychiatrists or mental health professionals coerce, they are essentially state paid police mercenaries posing as doctors or therapists.

The relentless use of coercion to control the mad in America for four centuries has continually been marketed, not as the use of force to manage a disobedient and troubling group, but as the application of treatments to aid a group suffering from a serious medical infirmity. The presumed treatments are presented as having been developed through advanced scientific techniques and building on previous work to create increasingly more effective interventions. Over the last couple of decades, many of these interventions have been anointed as "evidence-based practices" (EBPs). We think such claims were bogus in the 18th century and we believe they are bogus in the 21st century. To illustrate how reputable researchers and mental health professionals can come to such judgments, we now examine some of the purportedly scientific bases for the acceptance and dissemination of ACT, one of the most popular of mental health EBPs, but one of the least critically examined community psychiatric interventions, and a coercively employed intervention designed to change the behavior of mad people.

Coercion as Assertive Community Treatment

ACT was one of those mental health programs developed during the late 1960s and early 1970s to respond to the federal mandate for shifting the locus of care and control of psychiatric patients from isolated institutions into the community (Stein and Test 1985). It was considered to be an immediate success (Marx, Test, and Stein 1973) and received the Gold Achievement Award in 1974 from the American Psychiatric Association. It closely fit the prevailing psychiatric disease model and its concomitant reliance on psychiatric drugs: "Congruent with our conceptual model, we tell our patients that indeed we believe they are ill, otherwise we would not be prescribing medication for them" (Stein and Diamond, 1985: 272).

ACT has four essential characteristics, which may be summarized as follows: 1) a three to five-person team approach, involving at least one case manager and psychiatrist per patient; 2) the use of "assertive outreach," with the team reaching out and taking both biological and psychological service to the patient; 3) highly individualized treatment; and 4) ongoing rather than time limited services (Test 1992: 154-156). Phillips and colleagues (2001) claimed that ACT was to be deemed an EBP because it had shown superiority over alternate treatments:

> Research has shown that assertive community treatment is ... more satisfactory to consumers and their families. Reviews of the research consistently conclude that compared with other treatments under controlled conditions, such as brokered case management or clinical case management, assertive community treatment results in a greater reduction in *psychiatric hospitalization and a higher level of housing stability.* (p. 771, emphasis added)

What is noteworthy about the quote above is that keeping people out of a hospital or in a community residence is used as the marker of treatment success, rather than usual measures of efficacy, such as direct symptom reduction, reduced disability, better functioning, or improvements in behavior, self- or other-rated. Nonetheless, ACT aspired to do more. In 1992, one of its originators, Mary Ann Test, now Emeritus Professor of Social Work at the University of Wisconsin, indicated that they always "target[ed] goals for the model ... going far beyond the reduction of time in hospitals. Additionally, improvements in patients' psychosocial functioning and quality of life are sought" (Test, 1992, 164). But over time, the ACT model simply failed to demonstrate these sorts of outcomes. In fact, Philips, Burns, Edgar, et al. (2001) admit that "[t]he effects of assertive community treatment on quality of life, symptoms, and social functioning are similar to those produced by these other treatments" (p. 771). In other words, ACT does not reduce the mad behavior or improve the functioning of the severely mentally ill any more than any other approach. What then was the basis for its purported success?

The one consistent claim reported in the extensive ACT research effort is that of reduced hospitalization and inpatient treatment costs. Lest one thinks that reducing hospitalization rates was accomplished by reducing patients' symptomatic behaviors and therefore the perceived need for hospitalization, the facts appear otherwise: in many published studies, ACT methods reduced hospital stays by enforcing a fairly strict *administrative* rule not to admit or readmit any ACT patients for hospitalization regardless of psychiatric symptoms, but to carry out all treatment in the community. The comparison group of troubled patients at the same time could be freely readmitted.

Test and psychiatrist Leonard Stein, the other major player in the creation and popularization of ACT, provided an early clue to the importance of administrative control over hospitalization and discharge: "[ACT] results in less time spent in the hospital. This finding is certainly not surprising since experimental patients were usually not admitted to hospital initially and there were subsequent concentrated efforts to keep them out" (1978: 354). ACT articles acknowledge that reduced hospitalization in ACT is the result of administrative control, not clinical treatment. Scott and Dixon (1995), examining the impact of case management and ACT programs, observed that "the effectiveness of ACT models in reducing hospitalization may be a function of their capacity to control hospital admissions, length of stay, and discharge" (p. 659). Several studies have noted that the length of hospital stay "returned to pre-intervention levels when ACT team ... control of discharge was blocked by hospital authorities" (Craig and Pathare, 1997: 111-112). Finally Minghella, Gauntlett and Ford (2002), discussing the failure of some Assertive Outreach teams in England to reduce hospitalization, write that "[w]hile the teams partly adhered to the ACT model, there were major areas of deviation. The teams had little influence over admissions and discharge" (p. 27).

In short, if one does not allow particular people to be hospitalized, they will not be. "Clinical" interventions are irrelevant in this case. Rigorously keeping people, regardless of their behavior, away from hospitals by active administrative control, could be employed in any intervention, and show the distinguishing results that ACT showed. A crucial point to be made here is that the same psychiatric administrative activity may force people into hospitals for treatment, may prevent them from entering hospitals and force them into the community for treatment. The coercive element is that no approach considers whether any of the patients being forced in want out, or vice versa. Client choice is not an option. Yet, responding to a communication accusing ACT of being coercive, Test and Stein (2001) formally responded that "[t]he assertive community treatment approach never was, and is not now, based on coercion" (p. 1396). These authors nonetheless know intimately that ACT activities can include all the acknowledged coercive measures earlier listed by Geller (2012) in his description of "treatment in the community." Of course, this is not to say that non-coercive inducements are not used, as even bribery may be appropriate ACT treatment: "it might be necessary to pay a socially withdrawn patient for going to the movies in addition to buying his ticket" (Test and Stein 1976: 78).

In any case, a large body of literature today addresses the "therapeutic" value of community-based coercion of psychiatric patients, an ongoing discussion which can be tied directly to the existence of ACT. A 1996 edited book legitimated the study and use of such coercion with the title specifically identifying ACT and its coercive approach: *Coercion and Aggressive Community Treatment: A New Frontier in Mental Health Law* (Dennis and Monahan 1996). More recently, conventional psychiatric coercion research is well summarized in a major book published in 2011, also co-edited by John Monahan, *Coercive Treatment in Psychiatry: Clinical, Legal and Ethical Aspects.* Though some psychiatric experts still occasionally ask, "Is Assertive Community Treatment Coercive?" (Appelbaum and LeMelle 2007), ACT experts acknowledge that "assertive engagement" or "assertive outreach" is a core element of ACT. These two concepts are included in the most popular scale for evaluating ACT program replications' fidelity to the original Madison model, the *Dartmouth Assertive Community Treatment Scale* (DACTS). Assertive engagement is measured in DACTS primarily by counting the frequency of formal coercive legal mechanisms (i. e., mandated outpatient treatment or appointed financial payees). Its developers state plainly that "the criterion for assertive engagement was operationalized in such a way that it emphasized use of legal mechanisms" (Teague, Bond and Drake 1998: 229). A report prepared in 2000 for the Federal Health Care and Financing Administration and the Substance Abuse and Mental Health Services Administration devotes a section to ACT coercion. The report notes that "[w]ithin the context of ACT programs, coercion can include a range of behaviors including, friendly persuasion, interpersonal pressure, control of resources and the use of force. ... Research generally suggests that coercion may be harmful to the consumer" (LewinGroup 2000: 43). It is noteworthy that "friendly persuasion" is included as an example of "coercion" in a federal government report on psychiatric treatment. Is this a simple error, or part of a strategic effort to dilute the meaning of coercion? Is the inclusion of an obviously non-coercive interpersonal activity (indeed, perhaps the essential ingredient of *voluntary* talk therapy) in the preceding list of coercive activities an effort to mask externally imposed force as treatment? Similar strategic inclusions regularly occur in the mental health field.. The most common examples besides those noted earlier include the efforts to authenticate "mental illnesses" as physical diseases by lumping together problems called depression and schizophrenia within lists of common neurological disorders or "brain-based disorders" that have identifiable neurological signs, such as Parkinson's Disease or Alzheimer's Disease, though neither depression or schizophrenia have any such signs.

ACT is merely a recent manifestation, adapted to the exigencies of life beyond hospital walls, of the longstanding coercive strain that has characterized psychiatric interventions with mad persons to this day and that wears the cloak of scientific activity and scientific progress.

Conclusion

Coercion is increasingly seen in psychiatry and in other mental health professions and the legal profession as an acceptable form of psychiatric treatment needing no critical scrutiny by psychiatric professionals and academics beyond meeting the technical criterion of effectiveness. "Psychiatric scientific authority" has transformed coercion into a routine intervention, leaving the average psychiatric researcher to focus on its technical details and to lose sight of larger moral issues regarding human freedom, dignity, and autonomy (Cherry 2010; Oaks 2011; Olofsson & Jacobson 2001); and even the narrower issues of whether coercion should ever be used as a "tool" of helping professionals, free of the safeguards that surround its uses outside of the mental health system.

We believe that the two roles of psychiatry, that of policing and detaining (involuntary psychiatry) and therapeutic helping (voluntary psychiatry) of the mad, are irreconcilable. In order for one to work the other cannot. The first requires a coercive social technology (ultimately, incarceration) in order to enforce compliance if social seduction (i.e., friendly persuasive rhetoric or incentives) fails. Having psychiatric coercion at the ready eliminates or at least greatly constrains choice of their treatment for those mad who are under the purview of this psychiatric approach. As we have repeatedly suggested, one should not define the police who are in charge of managing criminal behavior as therapists, even if sometimes they act to deescalate the anger and potential violent behavior of those they must control. We think this is obvious. Thinking that psychiatrists with very similar policing or punitive authority over the mad can be therapists consistently watching over the interest of their wards suggests the magical symbolic power of labels like "doctor" and "mental illness" to transform how their activities are perceived. Force is force, regardless of how we label it. The intention of the one who wields force may be benevolent, but force hurts equally whether we call it punishment or "punishment therapy." Perhaps, if we indeed call it and manage it as "punishment therapy" — thus refusing to acknowledge that it is actually *punishment* — it might hurt even more.

A voluntary psychiatry and an involuntary psychiatry cannot both be the same enterprise, evaluated by the same criteria, scientific or otherwise. The small number of dissenting voices concerning the legitimacy of psychiatric coercion doesn't indicate the rightness of the approach, only the numbing of our moral and critical faculties. The historical role of punishment of those people society calls mentally ill remains imbedded in the medical model because of the ways in which control and coercion easily slip into the rubric of benevolent treatment for the relatively powerless and vulnerable, and because of the ways that, outside hospital walls, control and coercion have been chopped up into bits, each of which is echoed by various professionals and institutions in society, and each of which seems like a small price to pay to ensure proper "medical" treatment of widespread distress and misbehavior.

Coercion is the only intervention in the management of the mad to have endured since the birth of the discipline of psychiatry, over 200 hundred years ago. We suggest that coercion and the threat of coercion persist in psychiatry because coercion is all there ultimately is.

Works Cited

Anfang, S. A. and *P. S. Appelbaum*, 2006: Civil Commitment: The American experience. Isr J Psychiatry Relat Sci 43: 209-218.
Appelbaum, P. and *S. LeMalle*, 2007: Is assertive community treatment coercive? BMC Psychiatry, 7(suppl 1) doi:10.1186/1471-244X-7-S1-S29
Appelbaum, P. S., 1994: Almost a revolution: Mental health law and the limits of change. New York.
Cherry, M. J., 2010: Non consensual treatment is (nearly always) morally impermissible. Journal of Law, Medicine, and Ethics: 789-798.
Craig, T. and *S. Pathare*, 1997: Assertive community treatment for the severely mentally ill in West Lambeth. Advances in Psychiatric Treatment 3: 111-118.
Dallaire, B., M. McCubbin, P. Morin and *D. Cohen*, 2000: Civil commitment due to mental illness and dangerousness: The union of law and psychiatry within a treatment-control system. Sociology of Health and Illness 22(5): 679-699.
Dennis, D. L. and *J. Monahan* (eds.), 1996: Coercion and aggressive community treatment. New York.
Florida, 2010: Retrieved September 15, 2011, from http://www.flhsmv.gov/reports/2010UTCStats/UTCStats.html down loaded 9-15-11)
Francis, A. (2012, August 8): A clinical reality check. Retrieved October 15, 2012, from http://www.cato-unbound.org/2012/08/08/allen-frances/a-clinical-reality-check/
Garfield, R. L., 2011: Mental health financing in the United States: A primer. Washington, DC.
Geller, J. L., 2012: Patient-Centered, recovery-oriented psychiatric care and treatment are not always voluntary. Psychiatric Services 63(5): 493-495.
Gomory, T., S. E.Wong, D. Cohen and *J. R. Lacasse*, 2011: Clinical social work and the biomedical industrial complex. Journal of Sociology & Social Welfare 38: 135-166.
Grob, G. N., 1994: The mad among us: A history of the care of America's mentally ill. Cambridge, MA.
Hayek, F. A., 1960: The constitution of liberty. Chicago, IL.
Healy, D., 2012: Pharmageddon. Berkeley, CA.
Joint Commission on Mental Illness and Health, 1961: Action for Mental Health. New York.
Kallert, T. W., J. E. Mezzich and *J. Monahan* (ed.), 2011: Coercive Treatment in Psychiatry: Clinical, Legal and Ethical Aspects, First Edition. New York.
Kessler, R. C. and *S. Zhao*, 1999: The prevalence of mental illness. p. 58-78 in: *Horwitz, Allan V.* and *Teresa L. Scheid* (ed.), A handbook for the study of mental health: Social contexts, theories, and systems. Cambridge, UK.
Kirk, S. A., T. Gomory and *D. Cohen*, 2013: Mad science: Psychiatric coercion, diagnosis, and drugs. New Brunswick, NJ.
Kelly, M., S. Dunbar, J. E. Gray and *R. L. O'Reilly*, 2002: Treatment delays for involuntary psychiatric patients associated with reviews of treatment capacity. Canadian Journal of Psychiatry 47(2): 181-185.
Leifer, R., 1990: The medical model as the ideology of the Therapeutic State. Journal of Mind & Behavior 11(3): 1-12.
Lewin Group, 2000: Assertive community treatment literature review. Falls Church, VA.
Manderscheid, R.W. and *J. T. Berry* (ed.), 2006: Mental Health, United States, 2004. Rockville, MD: Substance Abuse and Mental Health Services Administration.
Marx, A. J., M. A. Test and *L. I. Stein*, 1973: Extrahospital management of severe mental illness. Archives of General Psychiatry 29: 505-511.

Mendota State Mental Health Institute, (n. d.): Retrieved August 20, 2011, from http://www.dhs.wisconsin.gov/MH_Mendota/Programs/civil/Civil.htm

Minghella, E., N. Gauntlett and *R. Ford*, 2002: Assertive outreach: Does it reach expectations? Journal of Mental Health 11, 27-42.

Monahan, J., 2008: Mandated community treatment: Applying leverage to achieve adherence. The Journal of the American Academy of Psychiatry and the Law 36: 282-285.

Monahan, J., A. D. Redlich, J. Swanson, P. C. Robbins, P. S. Appebaum, J. Petrila, H. J. Steadman, M. Swartz, B. Angell and *D. E. McNiel*, 2005: use of leverage to improve adherence to psychiatric treatment in the community. Psychiatric Services 56: 37-44.

Monahan, J., R. J. Bonnie, P. S. Appelbaum, P. S. Hyde, H. J. Steadmanand and *M. S. Swartz*, 2001: Mandated community treatment: Beyond outpatient commitment. Psychiatric Services 52: 1198-1205.

National Institute of Mental Health, (n. d.): Retrieved August 12, 2011, from http://www.nimh.nih.gov/health/publications/the-numbers-count-mental-disorders-in-america/index.shtml#Intro (downloaded 8-12-11)

National Institute of Mental Health, (n.d.): Retrieved August 11, 2011, from (http://www.nimh.nih.gov/about/budget/cj2010.shtml#BudAct)

Oaks, D. W., 2011: The moral imperative for dialogue with organizations of survivors of coerced psychiatric human rights violations. p.187-211 in: *Kallert, T. W.; J. E. Mezzich* and *J. Monahan* (ed.), Coercive treatment in psychiatry: Clinical, legal and ethical aspects. New York.

Olofsson, B. and *L. Jacobson*, 2001: A plea for respect: Involuntarily hospitalized psychiatric patients' narratives about being subjected to coercion. Journal of Psychiatric Mental Health Nursing 8(4): 357-366.

Peckham, M., 1979: Explanation and power: The control of human behavior. New York.

Pinel, P., 1962: A treatise on insanity. New York.

Phillips, S.D., B. J. Burns, E. R. Edgar, K. Mueser, K. W. Linkins, R. A. Rosenheck, R. E. Drake and *E. C. McDonel Herr*, 2001: Moving assertive community treatment into standard practice. Psychiatric Services 52: 771-779.

Porter, R., 1987: Mind-forg'd manacles: A history of madness in England from the Restoration to the Regency. Cambridge, MA.

Sarteschi, C. M., M. G. Vaughn and *K. Kim*, 2011: Assessing the effectiveness of mental health courts: A quantitative review. Journal of Criminal Justice 39: 12-20.

Schaler, J. A., (2012, August 6). Strategies of psychiatric coercion. Retrieved October 15, 2012, from http://www.cato-unbound.org/2012/08/06/jeffrey-a-schaler/strategies-of-psychiatric-coercion/

Scull, A., 1976: The decarceration of the mentally ill: A critical view. Politics & Society 6: 173-212.

Scull, A., 1993: The most solitary of afflictions. New Haven, CT.

Scott, J. E. and *L. B. Dixon*, 1995: Assertive case management for schizophrenia, Schizophrenia Bulletin 21: 657-668.

Smith, M. B., 2003: For a significant social psychology: The collected writings of M. Brewster Smith. New York.

Solomon, R., R. L. O'Reilly, J. E. Gray and *M. Nikolic*, 2009: Treatment delayed—liberty denied. Canadian Bar Association Review 87: 679.

Sorgaard, K. W., 2007: Satisfaction and coercion among voluntary, persuaded/pressured and committed patients in acute psychiatric treatment. Scand J Caring Sci 21: 214-219.

Steadman, H. J., F. C. Osher, P. C. Robbins, B. Case and *S. Samuels*, 2009: Prevalence of serious mental illness among jail inmates. Psychiatric Services 60: 761-765.

Stefan, S., 1992: Leaving civil rights to the "experts": From deference to abdication under the professional judgment standard. Yale Law Journal 102(3): 639-717.
Stein, L. I. and *R. J. Diamond*, 1985: The chronic mentally ill and the criminal justice system: when to call the police, Hospital and Community Psychiatry, 36, 271-274.
Stein, L. I. and *M. A. Test*, 1985: The training in community living model: A decade of experience. San Francisco.
Swartz, M. S., J. W. Swanson, M. Kim and *J. Petrila*, 2006: Psychiatric Services 57: 343-349.
Szasz, T., 1963: Law, liberty, and psychiatry. New York.
Szasz, T., 2007: Coercion as cure. New Brunswick, NJ.
Teague, G. B., G. R. Bond and *R. E. Drake*, 1998: Program fidelity in assertive treatment: Development and sue of a measure. American Journal of Orthopsychiatry 68: 216-233.
Test, M. A., 1992: Training in Community Living. p. 153-170 in: *Liberman, R. P.* (ed.), Handbook of psychiatric rehabilitation. New York.
Test, M. A. and *L. I. Stein*, 1976: Practical guidelines for the community treatment of markedly impaired patients. Community Mental Health Journal 12: 72-82.
Test, M. A. and *L. I. Stein*, 1978: Community treatment of the chronic patient: Research overview. Schizophrenia Bulletin 4: 350-364.
Test, M. A. and *L. I. Stein*, 2001: A critique of the effectiveness of assertive community treatment: A reply. Psychiatric Services 52 (10): 1396.
United States Bureau of Labor Statistics. 2010: Occupational outlook handbook, 2010-2011 edition. Retrieved October 10, 2010, from http://www.bls.gov/oco/ocos060.htm.

Das Berliner Weglaufhaus als Beispiel antipsychiatrischer Praxis

Christiane Carri / Martin Abrahamowicz

Antipsychiatrie – historische Begriffsklärung

Die erste deutsche ‚antipsychiatrische' Bewegung lässt sich in die Zeit des Wilhelminischen Reichs um 1900 zurückdatieren (vgl. Nolte 2003). In Folge der letztlich erfolgreichen Bemühungen, die Psychiatrie aus dem Zuständigkeitsbereich der „Policey" herauszulösen und als eigenständige wissenschaftliche Disziplin zu etablieren, entwickelten sich erste Ansätze, ihre Praxis nicht nur kritisch zu hinterfragen, sondern sich ihrer grundsätzlich auch zu wehren. Die damaligen Forderungen der Gegner_innen psychiatrischer Institutionen ähneln dabei in erstaunlichem Maße dem, was in den 1970er-Jahren in der psychiatriekritischen Bewegung ausformuliert und zum Teil bis heute von verschiedenen Akteur_innen skandalisiert wird. Laut Schott und Tölle (2005) waren insbesondere die Verhältnisse in den psychiatrischen Anstalten sowie die Willkür der Internierungspraxis von als ‚geisteskrank' deklarierten Menschen die zentralen Kritikpunkte um 1900. Die Bezeichnung „Antipsychiater" haben sich die Psychiatriekritiker_innen allerdings erst zu einem weitaus späteren Zeitpunkt angeeignet, wurde dieser Ausdruck zunächst noch als abfälliger Ausdruck seitens der Ärzteschaft verwendet.

Im Zuge der 68er-Bewegung und der aus dieser heraus entwickelten Kritik der (spät-)kapitalistischen Gesellschaftsordnung entstanden insbesondere in akademischen Zusammenhängen eine neue Betrachtung der psychiatrischen Diagnostik sowie eine radikalisierte Kritik der Ordnungsfunktion der Institution Psychiatrie. Etablierte Vertreter der akademischen Psychiatriekritik waren u. a. Michel Foucault (1993, 2003), Herbert Marcuse (1969) und Erving Goffman (1973). Marcuse prägte mit seinen kapitalismuskritischen Schriften die Antipsychiatriebewegung jener Zeit aus marxistischer Perspektive; Goffman wurde durch die Prägung der Begrifflichkeit der „totalen Institution" bekannt. Darunter versteht er eine Einrichtung, die als „Wohn- und Arbeitsstätte einer Vielzahl ähnlich gestellter Individuen" fungiert, in der diese „für längere Zeit von der übrigen Gesellschaft abgeschnitten sind und miteinander ein abgeschlossenes, formal reglementiertes

Leben führen" (Goffman 1973: 11). Neben der Psychiatrie analysierte Goffman auch die Organisationsstrukturen anderer Institutionen, etwa die des Gefängnisses. Seine Ansätze wurden zu einem der Hauptbezugspunkte der Psychiatrie-Enquete und der daraus resultierenden sozialpsychiatrischen Reformen in Deutschland (vgl. Schott und Tölle 2005). Foucault machte u. a. eine dekonstruktivistische Betrachtung gesellschaftlicher Normierungs- und Normalisierungssysteme stark, darunter auch jenes der psychiatrischen Ordnung (z. B. Verwahrungspraxen und Diagnostik) (vgl. Foucault 1977). Daneben stellten auch einige Psychiater_innen die vorherrschende rein biologische Betrachtungsweise menschlicher Lebensweisen infrage. Nicht zuletzt der vorhandene ‚rasse'-biologische und sozialdarwinistische Vorstellungen in tödliche Praxis umsetzende Euthanasiebefehl Hitlers und die daraus resultierenden Massenmorde im Nationalsozialismus spielten für die Nachkriegskritik der Psychiatrie nicht allein in Deutschland eine wesentliche Rolle. Die bekanntesten Akteure jener antipsychiatrischen Strömung waren Ronald D. Laing und David Cooper, beide selbst Psychiater. Sie eröffneten in London Mitte der 1960er-Jahre mit der Kingsley Hall die erste antipsychiatrische Wohneinrichtung. Dort unterstützten sie Menschen abseits der Krankheitsvorstellungen und (Fach-)Begrifflichkeiten der Psychiatrie jener Zeit. Die Bewohner_innen der Kingsley Hall versuchten für sich – und gegen das von ihnen als schädigend empfundene klinische System, dafür aber unter enger Bezugnahme auf die systemische Therapie –, Wege aus ihren Krisen zu entwickeln.

Die größten Psychiatriereformen fanden u. a. durch die politisch-theoretische Arbeit Franca Basaglia-Ongaros und Franco Basaglias in Italien statt. Beide erwirkten im Jahr 1978 das Gesetz 1880 und dadurch die allmähliche Auflösung aller psychiatrischer Anstalten. So ist es auch nicht erstaunlich, dass sich nach wie vor und bis heute vor allem in Italien sowohl psychiatriekritische als auch explizit antipsychiatrische Hilfseinrichtungen weitestgehend etablieren konnten.

In Deutschland bildeten sich Anfang der 1970er- bzw. 1980er-Jahre das „Sozialistische Patientenkollektiv" (SPK, ab 1973 auch unter dem Namen „Patientenfront") sowie die „Irren-Offensive". Das SPK formierte sich rund um den Heidelberger Psychiater Wolfgang Huber und sah sich in einer kapitalismuskritischen Tradition den Belangen des Klassenkampfs verpflichtet. Sein Konzept war es, die „Krankheit zur Waffe" zu machen, d.h. die eigenen psychischen Probleme als gesellschaftlich bedingt und somit als nur durch die Überwindung der Klassengesellschaft bewältigbar anzusehen. Das SPK wurde allerdings im Zuge der Repressionswelle gegen die RAF zerschlagen, nachdem einigen seiner Mitglieder RAF-Nähe und Verbindungen zu dieser vorgeworfen worden waren. Auch der Versuch einer Etablierung der Antipsychiatrie als wissenschaftliche Disziplin scheiterte, da die Bewegung zunehmend an Mitgliedern verlor.

Ein Zusammenschluss „psychiatriebetroffener"[1] Menschen gründete 1980 die „Irren-Offensive". Im Unterschied zu bisherigen psychiatriekritischen bzw. antipsychiatrischen Bewegungen setzte sie sich explizit aus ehemaligen Psychiatrie-‚Patient_innen' zusammen, die einen Weg suchten, eben offensiv „irre" zu sein. Tina Stöckle (1983) etwa beschreibt im Zusammenhang mit den ersten Erfahrungen der Irren-Offensive die Entwicklung eines Bewusstseins ihrer Mitglieder über die Möglichkeiten, zum einen ‚verrückt' sein und zum anderen dennoch selbstbestimmt und innerhalb der Gesellschaft ‚funktional' agieren zu können. Es wurde versucht, die ‚Verrücktheit' aus dem institutionellen Rahmen zu lösen und (wieder) in die Gesellschaft zu bringen, wobei ihr auch die Vorstellungen eines gefährlichen, wilden und fremdbestimmten ‚Anderen' genommen werden sollten. Im selbstverwalteten Plenum sowie in Kleingruppen bemühte man sich, andere Umgangsformen mit dem sogenannten „Wahnsinn" jenseits therapeutischer und/oder psychiatrischer Vorstellungen zu finden. Die Erfahrungen dieser Zeit führten verstärkt zu dem Wunsch, ein selbstorganisiertes Haus zu etablieren, in dem Menschen in Krisensituationen Unterstützung erhalten könnten – ein „Weglaufhaus" sollte gegründet werden. Nach einer Konferenz in den Niederlanden schloss sich in Berlin 1981 ausgehend von der Psychiatrie-Beschwerdestelle eine Weglaufhaus-Initiative aus Mitgliedern der Irrenoffensive und kritischen Studierenden zusammen. Insbesondere die Themen der Finanzierung und der Professionalität sowie divergierende Ansichten über die konkrete Umsetzung führten anschließend zum Bruch mit (Teilen) der Irren-Offensive und zur Gründung des Vereins zum Schutz vor psychiatrischer Gewalt e. V., der schließlich die Weglaufhausgruppe vertrat. Dank einer anonymen privaten Spende konnte das Weglaufhaus dann, wenn auch erst am 01.01.1996, eröffnet werden.

Weglaufhaus-Raum

Das Weglaufhaus bietet bis heute deutschlandweit als einzige Wohneinrichtung Menschen die Möglichkeit, in Krisensituationen antipsychiatrische Begleitung und Unterstützung zu erfahren. Da es staatlich finanziert wird, müssen potenzielle Bewohner_innen allerdings sehr engmaschige sozialhilferechtliche Bedingungen erfüllen, um aufgenommen zu werden. Auf dieser Basis kann das Weglaufhaus keine Alternative zur Psychiatrie darstellen, jedoch wenigstens für einige einen

---

[1] Dabei handelt es sich um eine Selbstbezeichnung ehemaliger ‚Patient_innen' psychiatrischer Anstalten.

Ausweg aus einem als erniedrigend und entmündigend erlebten System möglich machen. Diese haben zum größten Teil langjährige Erfahrungen im psychiatrischen und/oder therapeutischen System gesammelt und entscheiden sich mit dem Einzug bewusst für eine antipsychiatrische Unterstützung, um sich davon zu befreien.

Das Weglaufhaus als konkreter Raum ist eine Villa am Stadtrand Berlins. In Einzel- und Doppelzimmern leben bis zu dreizehn Bewohner_innen in einer selbstorganisierten Wohngemeinschaft über einen Zeitraum, der von wenigen Tagen bis hin zu einem Jahr dauern kann. Begleitet werden sie dabei durch derzeit fünfzehn Mitarbeiter_innen, von denen mindestens jeweils zwei rund um die Uhr anwesend sind, sodass es auch in sehr intensiven Krisensituationen jederzeit möglich ist, sich den einzelnen Bewohner_innen zu widmen. Angelehnt an die Konzeption David Coopers, nach der eine „kleine Gemeinschaft von etwa 30 bis 40 Menschen vonnöten ist, die ohne die üblichen klinischen vorgefaßten Meinungen und Vorurteile funktioniert, ohne starre, von außen auferlegte Hierarchisierungen Personal-Patient [...]" (Cooper 1975: 48), bildet das Weglaufhaus damit eine Gruppe von bis zu 28 Personen. Diese baut sich abseits der hierarchischen Vorstellung von Hilfesuchenden und Helfer_innen auf und versucht sich auch weiterhin der Gefahr zu entziehen, als Institution selbst Strukturen zu (re-)produzieren, die bereits in jenen Systemen zu finden sind, die letztendlich (mit) zu den Krisen der Bewohner_innen führten.

Antipsychiatrie oder: „Störung mit oppositionellem Trotzverhalten" [2]

> „Eine der zentralen antipsychiatrischen Positionen besteht in der Überzeugung, dass es psychische Krankheit mit kategorisierbaren Ursachen, Verläufen und Prognosen nicht gibt und dass die Diagnostizierung einer solchen ‚Krankheit' zusätzliche Probleme erzeugt, statt bei der Lösung der bestehenden zu helfen." (Weglaufhaus-Konzeption, 2010)

Der Begriff der „Antipsychiatrie" stellt im Kontext des Weglaufhauses eine Sammlung verschiedener Auffassungen dar, die sich zum einen aus konzeptionellen Hintergründen und zum anderen aus den Erfahrungen der Mitarbeiter_innen und Bewohner_innen speist. Die programmatische Basis der hier von allen geleisteten Arbeit besteht aus Basisdemokratie, dem betroffenenkontrollierten Ansatz, Transparenz und der Arbeit ohne psychiatrische Diagnosen und vor allem: ohne Zwang. Versucht wird, ein möglichst hierarchiearmes Umfeld zu schaffen, in dem Menschen selbstbestimmt Wege aus ihrer Krise und einen Umgang damit entdecken und erlernen können.

---

2   ICD 10: F 91.3

Gewaltfreie (?) Verhältnisse

Die basisdemokratische Teamstruktur ermöglicht eine weitestgehend herrschaftsfreie Zusammenarbeit der Mitarbeiter_innen des Hauses. Innerhalb eines nach wie vor herrschaftlich strukturierten Staatssystems und dessen Anforderungen an (staatlich finanzierte) Einrichtungen lässt sich jedoch Basisdemokratie auch hier nur begrenzt verwirklichen. Grenzen sind insbesondere in den Bereichen der öffentlichen Vertretung und des Vorstandszwangs sowie in den Personalvorgaben zu sehen: Bei der Auswahl sind die Freiheiten insofern eingeschränkt, als zur Erfüllung bestimmter „Personalschlüssel" ausschließlich ausgebildete Sozialarbeiter_innen als feste Mitarbeiter_innen eingestellt werden können. Zur Vermeidung festgefahrener Zuständigkeiten wird versucht, durch ein Rotationsprinzip die vorgeschriebenen Rollenzuweisungen auszugleichen, sodass jede_r Mitarbeiter_in für einen bestimmten Zeitraum die Vorstands- und die damit einhergehende Repräsentationsrolle des Hauses ein- bzw. übernimmt. Jegliche Entscheidungen in Bezug auf Anfragen und Anliegen des Hauses sind Teamentscheidungen; alle Mitarbeiter_innen haben neben der Abstimmungsmöglichkeit auch ein Vetorecht.

Neben dem mehr oder weniger erfüllbaren Wunsch nach einer Teamstruktur, die sich außerhalb klassischer Hierarchisierungen bewegt, wird versucht, die Machtverhältnisse zwischen Bewohner_innen und Mitarbeiter_innen so offen und flexibel wie möglich zu gestalten. Jenseits der sprachlichen Unterscheidung zwischen „Mitarbeiter_in" und „Bewohner_in" zeigen sich diese jedoch auch deutlich im Lebensalltag des Weglaufhauses. Hierbei stößt es auf ähnliche Schwierigkeiten wie bereits andere antipsychiatrische Projekte zuvor. So beschrieb David Cooper während der Ausführung seines „Anti-Psychiatrischen Experiments" (1975), der Villa 21, ähnliche Schwierigkeiten: „Eine gewisse grundlegende materielle Verschiedenheit bleibt freilich bestehen. Die Mitarbeiter werden für ihre Anwesenheit bezahlt, die Patienten nicht [...]" (Cooper 1975: 119). Daneben zeigt sich die weiterhin fortbestehende Differenz in der Tatsache, dass die Mitarbeiter_innen sowohl durch ihre zeitliche als auch durch ihre räumliche Anwesenheit im Haus eine andere Rolle als die Bewohner_innen einnehmen: Während sie sich nur für die Dauer ihrer Dienste bzw. Schichten, also zu bestimmten und begrenzten Zeiten, im Haus aufhalten und so auch immer wieder Distanz zwischen sich und Konfliktsituationen oder auch anderen intensiven Kontakten mit den Bewohner_innen schaffen können, müssen jene alle Arten von Konflikt miteinander durchstehen und durchleben. Die Mitarbeiter_innen verfügen dagegen über keine eigenen Zimmer, sodass auch hier die Rollenverteilung deutlich ist: Ist ein_e Mitarbeiter_in im Haus anwesend, dann ist die_derjenige auch jederzeit ansprech- und einsetzbar.

Eine der größten Schwierigkeiten im Versuch einer hierarchiearmen Arbeit zeigt sich auch in den Anforderungen administrativer Tätigkeiten. So stellte Maud Mannoni bereits 1976 „die Schwerfälligkeit der administrativen Routine [fest] – aus der keine Institution ausbrechen kann – [sie] erzeugt ihrer Tendenz nach eine Situation, in der ein dialektisches Vorgehen unmöglich ist. Auf diese Weise werden Strukturen errichtet, mit deren Hilfe die Institution alle Effekte der sogenannten freien Rede abwehrt" (Mannoni 1976: 71). Dies zeigt sich im Falle des Weglaufhauses insbesondere anhand der Bewohner_innenakte. So wird auch in einer antipsychiatrischen Hilfseinrichtung, sobald diese sich als Institution ausgibt oder versteht, wie bei Goffman beschrieben, „der Informationsvorbehalt hinsichtlich der eigenen Person verletzt. Bei der Aufnahme werden die Fakten – besonders die diskreditierenden – über den sozialen Status und die Vergangenheit der Insassen gesammelt und in einem dem Personal zur Verfügung stehenden Dossier zusammengestellt" (Goffman 1973: 33). Um diesen Umstand und v. a. seine Auswirkungen auf die Kommunikation und Rollenverteilung jedoch so gering wie möglich zu halten, ist es den Bewohner_innen des Hauses durch ein Recht auf permanente Akteneinsicht und Veränderbarkeit derselben jederzeit möglich, den Informationsstand über die eigene Person zu prüfen und gegebenenfalls zu verändern bzw. zu korrigieren. Nichtsdestotrotz enthält die Akte Informationen über den jeweiligen finanziellen und sozialen Status sowie Dokumentationen über den Aufenthalt und auch Konflikte innerhalb der Wohngemeinschaft, die für die Mitarbeiter_innen des Hauses jederzeit einsehbar sind, sodass sich, darauf bezogen, auch eine Art „panoptischer Blick" nicht leugnen lässt (vgl. Foucault 1977).

So kann an dieser Stelle zwar festgestellt werden, dass die ‚Leidenschaft' in Bezug auf die (pathologische und/oder psychiatrische) Beobachtung der Bewohner_innen sich im Alltag des Weglaufhauses deutlich in Grenzen hält und auch eine ‚lückenlose' Buchführung über deren Aktivitäten in keinster Weise stattfindet. Im Rahmen der Dokumentation wird weder nach symptomatischen Bedeutungen ihrer Krise gesucht noch Spielraum für diskreditierende Feststellungen gelassen. Dennoch ist anzumerken, dass das Aktensystem als solches den Raum hierfür tendenziell liefert und dafür genutzt werden könnte. Im Alltag des Hauses wird die Akte jedoch fast ausschließlich für administrative Tätigkeiten verwendet: das Sicherstellen eines Einkommens, Unterstützung bei der Schuldentilgung, zum Aufbewahren sozialversicherungsrelevanter Unterlagen und Vermerk von Terminen sowie vor allem zur Nachverfolgung der bisherigen Kommunikation mit den Kostenträgern des Aufenthalts.

Da sich die Mitarbeiter_innen und Bewohner_innen dennoch des Potenzials einer solchen Akte bewusst sind, gilt in der Arbeit des Weglaufhauses das Prinzip der Transparenz. Dies bedeutet in der konkreten Umsetzung, dass keine Gespräche ohne ihr Wissen und die Möglichkeit ihrer Beteiligung und/oder der Dokumentation der Inhalte stattfinden und dass sie den Stand der Dinge in Bezug auf ihren Aufenthalt, dessen finanzielle Sicherung und jegliche Kommunikation mit Behörden permanent mitverfolgen und gestalten können.

Dennoch lassen sich, wie bereits angemerkt, gewisse Herrschafts(an)ordnungen innerhalb des Hauses nicht auflösen. Die Dynamik, dass die bürokratische Verwaltung häufig doch primär in den Händen der Mitarbeiter_innen liegt, bringt eine Struktur mit sich, die ihrer Tendenz nach auch weiterhin (Wissens-) Machtverhältnisse aufrechterhält. Hierin liegt auch der Grundwiderspruch des Weglaufhauses: die Schwierigkeit, einerseits einen herrschafts- und gewaltfreien Raum schaffen zu wollen, andererseits jedoch in keinster Weise frei vom gewaltvollen (staatlich-administrativen) Herrschaftssystem arbeiten zu können.

Im Weglaufhaus wird zumindest versucht, den institutionellen Druck nicht ungefiltert an die Bewohner_innen weiterzugeben. Häufig jedoch muss im Kontext der Finanzierung der Aufenthalte eng mit den Kostenträgern kooperiert werden. Eine der Hauptkritiken am Weglaufhaus setzt entsprechend genau an dieser Stelle an und fragt danach, ab welchem Zeitpunkt das Ausmaß an Vorgaben tatsächliche antipsychiatrische Arbeit verhindert oder diese zumindest in Bereiche bringt, in denen der Begriff der „Antipsychiatrie" mehr als Label gehandelt, anstatt als Inhalt gelebt wird.

Betroffenenkontrolle

Der „betroffenenkontrollierte"[3] Ansatz entstand als konzeptionelle Grundlage dreier Berliner Projekte. Wildwasser e. V. – eine Frauenselbsthilfe- und Beratungsstelle für Frauen, die als Mädchen sexuelle Gewalt erlebt haben –, Tauwetter e. V. – eine Anlaufstelle für Männer, die als Jungen sexuelle Gewalt erfahren haben – und das Weglaufhaus entwickelten ihn in gemeinsamer Arbeit. Kennzeichnend dabei ist die eigene Betroffenheit durch Gewalterfahrungen[4] als qualifizierendes Moment für die Arbeit innerhalb der Projekte. Während Wildwasser und Tauwetter mit einer 100-Prozent-Quote arbeiten, beschränkt sich das Weglaufhaus allerdings auf eine Betroffenenquote von (mindestens) 50 Prozent. „Betroffenheit" bedeutet hier, selbst mindestens einmal Patient_in einer psychiatrischen Klinik gewesen zu sein; sie stellt ein zentrales internes Qualifikationskriterium der Mitarbeiter_innen dar. Die Profession der (‚klassischen') Sozialarbeit tritt demnach

---
3   Vgl. zum Begriff FN 1 auf S. 315 sowie die Ausführungen auf der folgenden Seite.
4   Gewalt wird hier als ein strukturelles Phänomen definiert und erfasst.

in den Hintergrund, während eine aus eigener Betroffenheit heraus erarbeitete Positionierung sowie Parteilichkeit gegenüber den Bewohner_innen des Hauses von zentraler Bedeutung für die hier geforderte Professionalität werden. Insbesondere die hierarchisierende Differenzierung in „Bewohner_innen" und „Mitarbeiter_innen" wird durch die Betroffenenkontrolle immer wieder ins Zentrum der Aufmerksamkeit gerückt. Nur durch einen transparenten Umgang mit dieser und die stetige Veränderbarkeit der Strukturen durch die Bewohner_innen des Hauses lässt sich ein weitestgehend gewaltfreier Umgang mit Hierarchien finden. Die Durchlässigkeit der Strukturen ist innerhalb eines betroffenenkontrollierten Projekts von großer Bedeutung. Hierbei stehen personelle ebenso wie strukturelle Aspekte bzw. Konsequenzen im Zentrum des Interesses. Personell bedeutet Betroffenenkontrolle, dass das Erleben der_s Einzelnen ins Zentrum gerückt wird. Die Definitionen eigener (Gewalt-)Erfahrungen und die Frage, welche Behandlungsformen als gewaltvoll erlebt werden, durchlaufen keine (scheinbar) objektiven Prüfungen, sondern liegen in der Macht der jeweils Betroffenen. So können die Bewohner_innen etwa auch jederzeit über den Umgang miteinander im Haus verhandeln und ihre persönlichen Grenzen festlegen. Strukturell bietet die Betroffenenkontrolle eine Durchlässigkeit innerhalb der Hausgemeinschaft. So ist insbesondere die Mitarbeit ehemaliger Bewohner_innen grundsätzlich sehr erwünscht. Leider kann dies aufgrund der Senatsvorgaben in Bezug auf Einstellungskriterien allerdings nur sehr selten in faktische Realität umgesetzt werden. Dennoch bietet die Möglichkeit der Mitarbeit bereits andere Perspektiven auf den Umgang miteinander innerhalb der Hausgemeinschaft. Die eigene Rolle und die der Anderen wird auf diesem Weg stetig reflektiert, und bestimmte stigmatisierende und/oder fremdbestimmte Bilder ‚hilfloser' Klient_innen werden wenigstens teilweise aufgelöst.

Innerhalb des Weglaufhauses wird die eigene Betroffenheit dabei so weit thematisiert, wie es die jeweiligen Mitarbeiter_innen wünschen; in der Außendarstellung gilt das Prinzip, dass ihre jeweilige (Nicht-)Betroffenheit nicht transparent gemacht wird. Hierbei steht v. a. das Bedürfnis im Zentrum, nicht in ‚professionelle' und ‚betroffene' Helfer_innen unterteilt und so wieder durch äußere Strukturen hierarchisiert oder sogar gegeneinander ausgespielt zu werden. Insbesondere mit Blick auf die betroffenen Mitarbeiter_innen möchte das Weglaufhaus auch weitere, ja nach wie vor gesellschaftlich bestehende und gängige stigmatisierende Vorstellungen über das Thema der Psychiatriebetroffenheit vermeiden.

Zur Arbeit ohne psychiatrische Diagnosen

„[...] [D]ie Verrücktheit ist nicht ‚in' einem Menschen, sondern in einem Bezugssystem, an dem der als ‚Patient' Bezeichnete teilhat." (Cooper 1975: 43)

In Beschreibungen des Weglaufhauses wird häufig in besonderem Maße und mit einer erstaunlichen Irritation die Arbeit ohne psychiatrische Diagnosen wahrgenommen, hervorgehoben und hinterfragt. Psychiatrische Diagnosen an sich wurden dabei bereits in ihren biologischen, individuellen und soziokulturellen Zusammenhängen von der medizinischen Fachliteratur bis hin zur Sozialwissenschaft analysiert, re- und dekonstruiert; vom Begriff der „Krankheit" abgekommen, wurde sich der „Störung" zugewandt, danach erlangte der Ausdruck „Behinderung" (Schott und Tölle 2005) eine gewissen Popularität. Eines lässt sich dabei zumindest feststellen: ‚Wahnsinn' schafft Unordnung. Das Unkontrollierbare und ‚Unvernünftige' wurde (und wird) weitestgehend erkannt, sortiert, genormt und verurteilt. Darin anderen Abgrenzungsprozessen der abendländischen Wissenschaft ähnlich, wurde ein System erschaffen, um die scheinbare Unberechenbarkeit des ‚Anderen' zu klassifizieren, Erhebungen zu schaffen, Prognosen zu erstellen und so auch der Konstruktion ‚Normalität' problemlos und unhinterfragt ihre Gültigkeit zu lassen. Die Absurdität dieser Prozesse findet alle Jahre wieder mit der Neuerstellung der gängigen Diagnosekataloge ihre eigenen Höhepunkte. Anhand der ‚Abschaffung' einer der umstrittensten Diagnosen lässt sich dies beispielhaft illustrieren:

> „Ein Subkomitee des DSM [Diagnostic and Statistical Manual of Mental Disorders, CC]-III-Teams erwog die Bezeichnungen ‚Homodysphilie, Dyshomophilie, homosexuelle Konfliktstörung, Liebesbeziehungsstörung [...] und schließlich ich-dystonische Homosexualität'. Doch weil sich das Subkomitee nicht einig werden konnte, delegierte es die Entscheidung an die Projektgruppe selbst, die beschloß, Homosexualität vollständig von der Liste zu streichen. Ein Referendum unter den APA [American Psychological Association, CC]-Mitgliedern bestätigte diese Entscheidung 1974. Was ein Jahrhundert oder länger als schwere psychische Störung galt, hatte mit einem Federstrich zu existieren aufgehört." (Shorter 1999: 453)

Mit einem gewissen Abstand könnte der Diskurs um die psychiatrische Erkrankung also auch in einem ironischen oder gar humoristischen Licht betrachtet werden, würde er sich nicht als gewaltvolle Realität für die darin be- bzw. abgehandelten Menschen auswirken. Erstmalig ins Blickfeld des Ordnungsapparats geraten, lässt sich für die meisten Individuen schwerlich ein Weg finden, aus diesem wieder hinauszugelangen, ohne die üblichen Prozesse zu durchlaufen. Die_den ‚Patient_in der Psychiatrie „erwartet dort nicht nur das reale Krankenbett, sondern außerdem ein Prokrustesbett von vorgefaßten Meinungen auf Seiten des Personals, in das er hineingepaßt werden muß, koste es was es wollte an Verstümmelung seiner persönlichen Realität" (Cooper 1975:43).

Bei Aufnahme ins Weglaufhaus werden die Bewohner_innen zunächst danach gefragt, was sie selbst als Thema und Inhalt ihrer Krise bezeichnen würden; es spielt hierbei für die Mitarbeiter_innen des Hauses keinerlei Rolle, welche Diagnosen gestellt, welche Berichte verfasst und welche Prognosen durch ‚Fachpersonal' wie Ärzt_innen oder Sozialpädagog_innen formuliert wurden. Gerade an dieser Stelle zeigen sich erschreckend häufig dramatische Auswirkungen der Hospitalisierung und der damit verbundenen Neuordnung des Selbst: Die Eigendarstellungen sind häufig angefüllt mit psychiatrischen ‚Wahrheiten' über sogenannte „Krankheiten", Fremdbestimmungen bzw.- -definitionen und Selbstprüfungen. Verunsichert durch die Nachfragen der Mitarbeiter_innen bezüglich individueller Inhalte von Begriffen wie „Borderline", „Schizophrenie" oder „Depression", die zur Beschreibung der eigenen Krise verwendet wurden, zeigt sich jedoch schnell deren Inhaltslosigkeit. Innerhalb der Strukturen des Weglaufhauses lässt sich keine ‚Verrücktheit' finden, die nicht auf eine Weise nachvollziehbar wäre; ja, häufig widerspricht sie auch nur in wenigen Aspekten dem Logos der abendländischen Kultur. Dennoch muss wiederum betont werden, dass das Weglaufhaus nicht abseits, sondern inmitten jener sozialer Strukturen steht, gegen die es gleichzeitig versucht anzukämpfen. Insbesondere bei der Frage, was nach einem Aufenthalt zu erwarten ist, kommt es immer häufiger zu Schwierigkeiten. Gerade Menschen, die über Jahrzehnte hinweg innerhalb des psychiatrischen Systems ‚versorgt' wurden und kaum noch in der Lage sind, ihren Alltag eigenständig und ohne den Dauerkonsum von Psychopharmaka zu überstehen, erwartet auch nach ihrer Zeit im Weglaufhaus kaum etwas anderes als die psychiatrische Realität in Form von Heimeinrichtungen und Beruhigungsmitteln, vor denen sie eigentlich flüchten wollten. Keine sozialpsychiatrische Einrichtung, kein Träger der Wohnungslosenhilfe und erst recht kein_e private_r Vermieter_in etwa möchte sich mit den kritischen Punkten der Autonomie und der Menschenrechte derer befassen, die nach (bis zu) Jahrzehnten des Dauerkonsums den Entschluss fassen auszusteigen.

Die Ziele der Aufenthalte im Weglaufhaus sind äußerst unterschiedlich, darunter das Bestreben, eine eigene Ordnung des Wahnsinns, des Leids oder der Wünsche zu erfassen, sich Lebensziele zu setzen oder vielleicht auch nur, einen Moment der Selbstbestimmung erleben zu können. Die immer wieder gestellte Frage nach dem „Erfolg" bemisst sich weniger an den Vergleichswerten von Anfang und Ende des Aufenthalts, sondern vielmehr an dem Erlebten innerhalb der Zeit und der Wertung der einzelnen Bewohner_innen. Auch hier haben wir kein

Normierungssystem, das uns mit statistischen Werten von ‚Erfolg' und ‚Misserfolg' anhand von Daten beliefern würde.

Innenaufnahme

Grundlegend für einen Aufenthalt im Weglaufhaus ist Freiwilligkeit.[5] Es gibt keine Möglichkeiten der ‚Einweisung' ins Haus. Da seine Adresse nicht veröffentlicht ist, beginnt der erste Kontakt in der Regel mit einem Telefonanruf. Dabei werden die Möglichkeiten einer Aufnahme besprochen und ein Vorgespräch vereinbart. Da dem Aufenthalt im Weglaufhaus, wie bereits beschrieben, sehr enge sozialhilferechtliche Richtlinien zugrunde liegen, wird zunächst geklärt, ob diese erfüllt sein könnten. Eine gewisse Intransparenz seitens der Behörden bei der Vergabe der Kostenübernahmen für bestimmte soziale Einrichtungen lässt die Mitarbeiter_innen des Hauses jedoch bloß erahnen, ob diese gegeben sein werden oder nicht. Befragt werden die zukünftigen oder potenziellen Bewohner_innen außerdem zu ihrer Krise, ihren Wünschen in Bezug auf den Aufenthalt sowie ihren bisherigen Erfahrungen und Zukunftsplänen. Danach versuchen die Mitarbeiter_innen gemeinsam mit den Betroffenen zu erfassen, welche Bedürfnisse im Zuge eines Aufenthalts im Weglaufhaus erfüllt werden können, zudem informieren sie die zukünftigen Bewohner_innen über die Strukturen und Praxen des Hauses und der Verwaltungsbehörden. Noch am Tag des Einzugs beginnt für Bewohner_innen und Mitarbeiter_innen die ‚Verwaltungsperformance': Berichte, Erfassungsbögen, Telefonate und eine Reihe von Terminen bei den Kostenträgern bestimmen in der ersten Anfangszeit eines Weglaufhausaufenthalts den Alltag. Zu all dem kommt die Unsicherheit, ob die Kosten des Aufenthalts überhaupt übernommen werden, und wenn ja, für welche Dauer. An dieser Stelle ist v. a. auch anzumerken, dass die Länge des Aufenthalts mitnichten in Relation zu den Krisen der Bewohner_innen bemessen wird, sondern in Abhängigkeit zur Politik des jeweiligen Kostenträgers steht. Da diese unter den Mitarbeiter_innen des Hauses größtenteils bekannt sind, lassen sich bereits bei Aufnahme Prognosen erstellen, ob und in welcher Form Komplikationen auftreten werden. Hier wird außerdem nochmals die Unmöglichkeit deutlich, eine solche ‚Anti-Institution' innerhalb des sozialhilferechtlichen Rahmens aufzubauen. Die finanzielle Abhängigkeit und die damit einhergehende dauernde Überwachung der Tätigkeiten – und somit auch der Belange der Bewohner_innen – sowie der staatliche

---

5   Da es durchaus Umstände ‚relativer Freiwilligkeit' gibt, die Menschen vor die Wahl Weglaufhaus oder keine oder psychiatrische Hilfe stellen, ist der Begriff der „Freiwilligkeit" an dieser Stelle allerdings einzuschränken.

Auftrag, Menschen in diesem Rahmen auch als „sozialkompatibel" zu entlassen, geben einen großen Teil der inhaltlichen Arbeit innerhalb des Weglaufhauses vor. Bei seiner Entwicklung als Institution ist jedoch auch jene des institutionellen Rahmens an sich zu beachten. Zu den Anfangszeiten waren die zu bewältigenden behördlichen Angelegenheiten aufgrund der einfacheren Ämterstruktur und deren Selbstverständnis als staatlich beauftragte, Hilfe verwaltende Instanzen zwischen Einrichtung und Klient_in noch relativ gering. Die neoliberal-kapitalistische Umgestaltung der Verwaltung, die in unserem Fall permanent mit der massiven Verschuldung des Landes Berlin gerechtfertigt wird, und die daraus folgenden „Sachzwänge" verwandelten (wie auch in vielen anderen vor allem sozialen und kulturellen Bereichen) die Lage im Hilfesystem gravierend. Das veränderte Selbstverständnis der Behörden als ‚eigenständige Unternehmen', die sich ‚rechnen' müssen und ihrerseits durch übergeordnete Instanzen auf ‚wirtschaftliches' Haushalten hin kontrolliert werden, verändert(e) auch die Anforderungen an die Träger der Hilfeleistungen. Statt kleiner Einrichtungen wurden und werden inzwischen zunehmend größere Träger gestärkt und gefördert, weil dadurch Verhandlungen über Leistungen und Arbeitsbedingungen vereinfacht und an andere Verwaltungsapparate abgegeben werden können. Die Verwaltungsfunktion der Behörden entwickelte sich hin zu einer Überwachungsfunktion der Hilfe, was sich in immer engeren Bewilligungs- und Begutachtungszeiträumen ausdrückt und eine erhebliche Steigerung des notwendigen Zeitaufwands allein für bürokratische Akte(n) bedeutet. Vonseiten der Bürokratie wird eine immer größere Selbst- und Nutzenden-Kontrollierbarkeit und eine nachweisliche ‚Effektivität' der Einrichtungen und ihrer Leistungen eingefordert, häufig verknüpft mit Argumenten der ‚Qualitätssicherung' und ‚Transparenz'. Hinzu kommt die Übertragung von Teilen der Hilfeleistungen von den Sozialämtern an die Jobcenter, die zu einer erheblichen Erschwernis der Arbeit und auch zu ganz neuen Problemen führt, da nun eine Leistung oftmals bei zwei unterschiedlichen Behörden beantragt werden muss. Für das Weglaufhaus bedeutet dies eine Verschiebung der Arbeit, und die Krisen der Bewohner_innen treten häufig in Anbetracht des Verwaltungsdrucks fast in den Hintergrund. Ein Einkommen muss geschaffen, eine Wohnperspektive erarbeitet, Berichte müssen geschrieben und Statistiken erfüllt werden. Hierbei ist es im Zuge der Rechtfertigung der Aufenthalte regelmäßig äußert problematisch, den jeweiligen Kostenträgern zu vermitteln, dass eine Krise länger als nur wenige Tage anhalten kann und dass ein solch äußerer Druck ihrem Überwinden nicht sonderlich dienlich ist.

Das ‚Wesen' des Weglaufhauses und ‚der' antipsychiatrischen Begleitung zu beschreiben, wäre ein hoffnungsloses Unterfangen: Ein solches ‚Wesen' und auch ‚die' Antipsychiatrie sind im Haus nicht zu finden. Das Innenleben gestaltet sich je nach seiner Bewohner_innen- (und Mitarbeiter_innen-)schaft. Es gibt Zeiten, da es einer harmonischen Wohngemeinschaft mit vielen gemeinsamen Unternehmungen, Gesprächen und einem erstaunlich ruhigen Miteinander gleicht, ebenso gibt es aber Phasen, während deren es sich wie ein Pulverfass ausnimmt, das sich in ständiger Explosionsbereitschaft befindet und durch regelmäßige Explosionen selbst zu zerstören droht – auch darin vielleicht ähnlich so mancher Wohngemeinschaft.

So wenig sich das Wesen des Hauses essentialistisch fassen lässt, so unzureichend lässt sich auch die Krisenbegleitung allgemein beschreiben. Jede_r Bewohner_in formuliert beim Einzug ihre_seine Bedürfnisse und Wünsche in Bezug auf Begleitungen sowie ihr_sein persönliches Erleben dessen, was als aktuell hilfreich empfunden wird oder nicht. Dennoch kann sich im Zuge des Aufenthalts alles anders gestalten, und dann müssen neue Formen gefunden werden. Dabei wird mit den Bewohner_innen stets möglichst auf Augenhöhe kommuniziert und im Dialog nach Wegen in und aus der Krise gesucht.

Trotz mangelnder (neuer) Theoriebildung innerhalb der letzten Jahrzehnte und auch angesichts anwachsender bürokratisch-behördlicher Hürden konnte sich die antipsychiatrische Praxis im Berliner Weglaufhaus ihre Freiräume bis heute erhalten. Die Schwierigkeiten im Zusammenhang mit der Finanzierung des Hauses sowie auch die beschriebenen konzeptionellen Widersprüchlichkeiten und Grenzen haben jedoch zuletzt in externen wie internen Debatten einen nicht zu unterschätzenden Anstieg erfahren. Dennoch ist das Weglaufhaus nach wie vor für viele Menschen eine Anlaufstelle (geblieben), die aus dem sozialpsychiatrischen System fliehen und sich Alternativen aufbauen möchten. Die heutige psychiatrische Versorgung zeigt sich zwar in neuem, scheinbar emanzipatorischem Gewand, dennoch sind es dieselben Mechanismen, die bereits in den 1970er-Jahren im Fokus der Kritik standen, die auch heute noch wirkmächtig agieren. Somit wird auch das Weglaufhaus an jener Kritik festhalten und als explizit antipsychiatrische Einrichtung jenen Zuflucht gewähren, für die weiterhin kein (anderer) Raum außerhalb geschlossener Gesellschaften geschaffen wird.

Literatur

Cooper, David, 1975: Psychiatrie und Anti-Psychiatrie. Frankfurt a. M.
Foucault, Michel, 1977: Überwachen und Strafen. Die Geburt des Gefängnisses. Frankfurt a. M.
Foucault, Michel, 1993: Wahnsinn und Gesellschaft. Eine Geschichte des Wahns im Zeitalter der Vernunft. Frankfurt a. M.
Foucault, Michel, 2003: Die Anormalen. Vorlesungen am Collège de France 1974/1975. Frankfurt a. M.
Foucault, Michel, 1993: Wahnsinn und Gesellschaft. Eine Geschichte des Wahns im Zeitalter der Vernunft. Frankfurt a. M.
Foucault, Michel, 2003: Die Anormalen. Vorlesungen am Collège de France 1974/1975. Frankfurt a. M.
Goffman, Erving, 1973: Asyle. Über die soziale Situation psychiatrischer Patienten und anderer Insassen. Frankfurt a. M.
Mannoni, Maud, 1976: „Scheißerziehung" – Von der Antipsychiatrie zur Antipädagogik. Frankfurt a. M.
Marcuse, Herbert, 1969: Ideen zu einer kritischen Theorie der Gesellschaft. Frankfurt a. M.
Nolte, Karen, 2003: Gelebte Hysterie. Erfahrungen, Eigensinn und psychiatrische Diskurse im Anstaltsalltag um 1900. Frankfurt a. M./New York.
Schott, Heinz und *Rainer Tölle, 2005*: Geschichte der Psychiatrie: Krankheitslehren, Irrwege, Behandlungsformen. München.
Shorter, Edward, 1999: Geschichte der Psychiatrie. Berlin.
Stöckle, Tina, 1983: Die Irren-Offensive. Erfahrungen einer Selbsthilfe-Organisation von Psychiatrieopfern. Frankfurt a. M.

„Wie wäre es, an psychische Krankheiten zu glauben?": Wege zu einer neuen soziologischen Betrachtung psychischer Störungen

Michael Dellwing

Die „Geisteskrankheit" bleibt „ein ‚Masterthema' der Soziologie sozialer Probleme" (Groenemeyer 2008: 129), auch wenn ihre Bearbeitung jenseits des medizinischen Paradigmas in den letzten Jahren vernachlässigt wurde. Reinhold Kilian stellt fest, das Interesse der Soziologie an der Thematisierung „psychischer Störungen" sei „gegenwärtig kaum wahrnehmbar" (2008: 136). Genauso bleibt demgegenüber in der Psychiatrie das Interesse an soziologischen Thematisierungen gering. Beide Disziplinen kultivieren so seit vielen Jahrzehnten ein gespanntes Verhältnis zueinander. Das ist nicht verwunderlich, wenn man sich die Geschichte der Auseinandersetzung in Erinnerung ruft: Die Psychiatrie führt die Auseinandersetzung aus einer einfachen positiv-wissenschaftlichen Perspektive der „medizinischen Tatsachen", die Soziologie der sechziger und siebziger Jahre führte sie dagegen vorwiegend mit emanzipatorischem Vokabular. Diese alten Gräben hat die Auseinandersetzung insofern hinter sich gelassen, als das emanzipatorische Vokabular in der Soziologie aus der Mode gekommen ist, während die neuere soziologische Literatur gegenüber der biologischen Erklärung gleichzeitig in weiten Teilen nachgegeben hat (prominent Richter 2003, kürzlich Kilian 2008). Groenemeyer diagnostiziert jedoch weiterhin eine „Kluft", die sich auftut, „wenn die Gegenstandsbestimmungen nicht miteinander kompatibel gemacht werden können und deshalb die unterschiedlichen Fragestellungen einfach nicht mehr aufeinander bezogen werden können und die unterschiedlichen Sprachspiele der Disziplinen nicht mehr ineinander übersetzt werden können" (2008: 129).

Dass die Psychiatrie an dieser Übersetzung nicht interessiert war (und ist), hängt eng damit zusammen, dass die Soziologie häufig versucht hat, gegenüber der Psychiatrie die Oberhand zu gewinnen. Zunächst versuchten Soziologen, die psychiatrische Erklärung als „falsch" zu brandmarken und verschiedene alternative *Ursachen*erklärungen anzubieten, um damit eine Dichotomie zwischen wahrer Erklärung/falscher Erklärung dieser Ursachen zu etablieren. Erwartungsgemäß wurde in dieser Dichotomie die soziologische Erklärung als wahr, die psychiatrisch-biologische Erklärung als falsch gesetzt. Das beschreibt die emanzipatorische Antipsychiatrie und verschiedene Soziogeneseerklärungen, setzt sich abgeschwächt jedoch auch in gegenwärtigen Versuchen fort, biologische mit sozialen Gründen in Multifaktorenanalysen zu verbinden (z. B. Kilian 2008). Eine solche Position schiebt implizit klassische soziologische Positionen auf die Seite der „falschen Erklärung", indem weite Teile des biologischen Vokabulars auf die Seite der „wahren Erklärung" gezogen werden, behält jedoch zugleich andere soziogenetische Erklärungen auf der „wahr"-Seite, wo sie Raum einnehmen, der sonst von klassisch psychiatrischem „Innenvokabular" eingenommen wurde.

Die Soziologie hatte sich gegenüber dieser Auseinandersetzung über „wahre Erklärungen" häufig auf eine zweite, eine Metaebene zurückgezogen. Die von dort aus gelieferten Betrachtungen blieben derweil häufig bei einer zweiten Dichotomie, in der stattdessen über die Unterscheidung zwischen wahrem und performativem Vokabular gestritten wurde, indem die Metaebene als die einzig zulässige Ebene galt: Die Suche nach dem „Erklärbar-sein" (oft in der Form kausal-analytischer Erklärungen) suchte die *Wahrheit* über die Störung und/oder postuliere daher die positive Wahrheit des zu erklärenden Verhaltens. Das sei die falsche Frage, formulieren vor allem Vertreter einiger Varianten des *Labeling Approach*, die stattdessen Metaanalysen verfolgen, in denen die Suche nach den Performativitäten und den Folgen der Sinnzuschreibung im Vordergrund steht. In dem Maße, in dem die legitimatorische Funktion der Zuschreibung als „wahre" Erklärung des Aufkommens des (beschriebenen) Phänomens gesehen wurde, geht der Versuch, die Oberhand zu gewinnen, jedoch weiter.

Die vorliegende Arbeit möchte an dieser Kluft zwischen konkurrierenden (Vokabularien für) Erklärungen des Phänomens ansetzen. Während pragmatistische und interaktionistische Betrachtungen diese Metaebene ebenso verfolgen, zeichnen sie sich dennoch maßgeblich dadurch aus, Dichotomien und Klüfte dieser Art prinzipiell in Frage zu stellen. Sie möchten solche Auseinandersetzungen weder zugunsten einer der beiden Seiten entscheiden *noch* beide Seiten als komplementäre Einflussfaktoren in Multifaktorenanalysen vereinheitlicht werden (vgl. Rorty 1982). Sie sind nicht von der Mission beseelt, die eine, *wahre* Thematisierung zu finden, sondern sind als pluralistischer Ansatz zufrieden mit der Erklärung, dass verschiedene Sprachspiele verschiedene Leistungen in verschiedenen Situationen erbringen und auch dann nebeneinander stehen können, wenn sie aus anderen (situativen) Perspektiven inkommensurabel scheinen. Thomas Grey brachte diese pragmatistische Befindlichkeit mit dem Wunsch „good health to all your houses" auf den Punkt. Es ist eine Metaerklärung, die jedoch von der Zielsetzung der „Entlarvung" dieser Metaerklärung Abstand nimmt. Im Folgenden soll auf dieser Basis versucht werden, eine neue Bearbeitung zu bieten, die Wege zu einer soziologischen Thematisierung der Leistungen des biologischen Vokabulars öffnet. Dieses stellt, wie die emanzipatorischen Thematisierungen bemerkten, ein Sprachspiel dar, mit dessen Hilfe Eingriffe gerechtfertigt werden. Entgegen der kritischen Thematisierungen heißt das nicht, dass sie falsch wären. Die Psychiatrie hat ihren sozialen Nutzen darin, mit einem Duktus der „wahren Erklärungen" Situationsveränderungen bewirken zu können, zu denen das sozialstrukturelle und emanzipatorische, aber auch das definitionstheoretische Vokabular nicht in der Lage sind. Das heißt ebenso nicht, dass letztere falsch wären; nur dass sie andere Leistungen erbringen. Mit ihnen konnten z. B. einige der Verwendungen, die vom biologischen Vokabular gemacht wurden, angegriffen und auch verändert werden.

Wahre gegen falsche Erklärungen

Die Erklärungen, die die Psychiatrie für die Geisteskrankheit hatte, unterlagen einer Reihe gravierender Veränderungen, in denen eine Oszillation zwischen Beschreiben und Erklären feststellbar ist. Bereits Foucault hatte in der ursprünglichen Kategorisierung und Behandlung des Wahnsinns Nosologien entdeckt, die an den Kategorisierungen anhand von rein äußeren Merkmalen der Biologie orientiert waren (1968, 1989). Diese deskriptiven Nosologien wurden von der aufkommenden Psychoanalyse abgelöst, die in DSM-I und II formalisiert wurde und die im Innern der Person und im Außen der frühkindlichen Sozialisation nach Ursachen suchte. Der Psychiatriediskurs wandelte sich in den siebziger Jahren noch einmal weg von der psychoanalytisch-ätiologisch orientierten Tradition hin zur deskriptiven Nosologie der Verhaltensweisen, wie sie seit DSM-III praktiziert wird. Neuerdings zeichnet sich auf der Basis der nüchternen Deskriptionen von Verhalten, zu festen Symptomen gewandelt, ein erneuter Wandel hin zu einer wieder ätiologisch orientierten Psychiatrie ab, die nun jedoch nicht mehr innerpsychische Konflikte zu Ursachen oft wechselnder und uneinheitlicher Symptome macht, sondern genetische und physiologische Ursachen für einheitliche Verhaltenssymptome sucht.

Jenseits dieser Verschiebungen in der Psychiatrie wurde von außen die gesamte medizinische Rahmung des Phänomens „Geisteskrankheit" in Frage gestellt. Diese Ablehnung hat drei prominente Formen angenommen: (1) Soziologistische Perspektiven verfolgen die Strategie, die Soziogenese des Verhaltens aufzudecken. (Eine andere Linie verfolgt die Soziogenese der *Zuschreibung*; diese wird im nächsten Kapitel Thema sein.) (2) Die kritisch-emanzipatorisch beseelte Kritik am Krankheitsbegriff stellte den Begriff in den Kontext von Nonkonformität gegenüber herrschenden Erwartungen und Widerstand gegen diese. Das zu erklärende Phänomen ist hier ein Aufblühen revolutionären Bewusstseins, dem durch das Etikett „Geisteskrankheit" die Zuschreibung der Unnatürlichkeit auferlegt werden sollte. (3) Die liberale Variante dagegen verteidigt den Begriff der menschlichen Freiheit durch die Ablehnung von Genesekonzepten, seien sie sozial oder biologisch, die die Verantwortlichkeit des Handelnden sabotierten. Alle drei werfen ihren psychiatrischen Gegnern vor, nur unterschiedliche falsche Erklärungen des Phänomens zu produzieren, da bereits die Prämissen der Diskussion fehlerhaft seien.

1. Soziogenesekonzepte stellen soziale Ursachen des Verhaltens in den Vordergrund. Diese Perspektiven werden von Theodore Sarbin und Heinrich Keupp vertreten. Sarbin formuliert: "As a replacement for the older concept, I propose that disordered conduct follows from, or is concurrent with, attempts to solve certain problems generated in social systems" (1969: 23). Er verfolgt ein soziologisches Identitätskonzept, in dem die Krankheitsmetapher durch die Metapher der „Transformation der sozialen Identität" abgelöst wird. Diese wiederum ist auf dem Hintergrund sozialer Rollen*systeme* zu betrachten: "The establishment of a social identity occurs in a context of enacting roles in such a manner as to make good one's granted and attained roles. The dimensions of social identity are formed out of the components of the role system in which the person operates." (ebd.: 23). Keupp macht die Dichotomie zwischen Medizin und Sozialität deutlicher und formuliert radikaler: „Das ‚Krankheitsmodell' behandelt psychische Störungen als medizinische Probleme, obwohl sie ihrer Natur nach psychosoziale Probleme sind, und wird damit seinem Gegenstand nicht gerecht." (Keupp 1972, S.V). Die Argumentation wirft der bestehenden medizinischen Erklärung vor, nicht *wahr* zu sein: „Die Gleichartigkeit der Symptomatologie bei verschiedenen Patienten kann mit größerer empirischer Evidenz als Artefakt gleichartiger institutioneller Lebensbedingungen denn als Ausdruck bisher nicht nachgewiesener Krankheitsentitäten erklärt werden" (ebd.: 3). So wird die medizinische Ätiologie als falsch abgelehnt, um an ihre Stelle eine soziale Ätiologie zu setzen, die der Sache der als „Geisteskrankheit" bezeichneten Phänomene eher gerecht wird, weil sie ihrer empirischen Wahrheit näher kommt.

2. Die emanzipatorische Variante kritisiert die „empirische Wahrheit" der „Geisteskrankheit" als Reifikation einer herrschaftlichen Normordnung. Was

"Krankheit" genannt wurde, sind hier Taschen des Widerstandes gegen diese Normordnung. Der als verrückt geltende stellt die Selbstverständlichkeit des Verhaltens in der bürgerlichen Gesellschaft in Frage, was die bürgerliche Gesellschaft nur als „krank" fassen kann. In dieser Härte ist diese Variante heute kaum mehr anzutreffen. In den sechziger und siebziger Jahren war sie jedoch Usus und vor allem mit den Namen Ronald D. Laing und David Cooper verbunden. Cooper schrieb, „[n]ur wenn jemand an einem willkürlich bestimmten Punkt aufhört, den gesellschaftlichen Konventionen zu gehorchen, gilt er sozial als verrückt, und an diesem Punkt in der bürgerlichen Gesellschaft, an diesem Punkt in der Geschichte, kommt der medizinische Apparat ins Spiel" (1978: 135f.) und bezeichnete Verrücktheit als einen „verzweifelten Versuch der Ent-Entfremdung" (1979: 37). Die medizinische Ätiologie, nämlich „von einer genetischen, bio-chemischen, Virus- usw. Ätiologie zu sprechen" (1978:140) scheint ihm daher als Tarnung der Durchsetzung einer herrschenden Ordnung. Ronald Laing schreibt im später verfassten Vorwort seines noch nicht zur Ideologiekritik gewendeten Werkes *Das geteilte Selbst*, Anpassung an die geistige Gesundheitsnorm sei „Verrat an unseren wahren Möglichkeiten, [.] viele von uns [sind] nur zu erfolgreich darin [.], sich ein falsches Selbst anzuschaffen, um sich an falsche Realitäten anzupassen" (1972:12), um später festzustellen, „[e]ine positivistische Beschreibung kann nur die Entfremdung fortsetzen, die sie selbst nicht beschreiben kann; sie verhüllt und maskiert sie noch mehr" (1969: 54). Der bereits zitierte Keupp folgt dieser Linie: „faktisch bedeuteten (die therapeutischen Normen der Psychiatrie) aber einen rigorosen Zwang zur Verinnerlichung der bürgerlichen Leistungsmoral" (1972: 16f.), und „[w]enn man als den größten (aber wohl auch vagsten) gemeinsamen Nenner aller psychischen Störungen einmal die Entfremdung einführt, die in der Arbeitsorganisation der kapitalistischen Sozialordnung begründet ist, dann kann sie nur im Interesse der aus dieser Ordnung profitierenden Gesellschaftskräfte liegen, die Beziehung zwischen sozialer Ordnung und sich individuell manifestierenden Folgen der Entfremdung zu verschleiern" (ebd.: 23f.). Auch Basaglia steht in vielem tief in der emanzipatorischen Perspektive der Antipsychiatrie, in der er die „falsche Rolle" des Kranken angreift, hinter die der Psychiater treten muss, um den „wahren Menschen" aufzufinden, dessen Leiden an der ungerechten Herrschaftsordnung sich dem Arzt aufdrängt, wenn er seine Herrschaftsrolle hinter sich zu lassen schafft (1974a: 10 ff.). Diese Erklärung sieht die Ursachen der Geisteskrankheit (vielmehr: des so bezeichneten Verhaltens) in einer Mischung der Unterdrückungsgenerativität der bürgerlichen Gesellschaft und der „Reste der Freiheit", die sich in Widerstandsverhalten offenbaren. Sie ist aufgrund ihrer starken sozialstrukturellen Argumentation eine Spezialform der Soziogenese-Erklärung: Gegen die „falsche" Erklärung der Medizin setzt sie die wahre Erklärung der gesellschaftlichen Verhältnisse; damit einher geht eine alternative „Therapie", die nun nicht die Wiedereingliederung des „Wahnsinnigen" in die Gesellschaft, sondern die Transformation der Gesellschaft zum „Wahnsinnigen" (und dessen „Freiheit") hin betreibt. Viele emanzipatorische Thematisierungen haben sich der interaktionistischen Sichtweise des *labeling approach* angeschlossen, der Geisteskrankheiten als durch die Definitionsmacht der Medizin zugeschrieben erklärt, und ihn in diese emanzipatorische Richtung hin umgedeutet; gerade die deutsche Rezeption dieses Ansatzes steht tief in der emanzipatorischen Sozialwissenschaft, aus der seine amerikanische Version nicht stammte (Dellwing 2009). Ansätze, die die Zuschreibung gegenüber der strukturellen Genese betonen gehören jedoch nicht zur Menge alternativer Wahrheitserklärungen und werden als Teil der performativen Erklärungen betrachtet werden.

3. Während die linke Variante die Unwahrheit der Erklärung „Geisteskrankheit" postulierte, um dahinter eine tiefere, befreiende Wahrheit zu finden, rekurriert die liberale Variante auf die Figur der individuellen Freiheit. Mit der Feststellung, dass „Geisteskrankheiten" eben keine nachweislichen körperlichen Ursachen hätten, geht für sie einher, dass die mangelnde Zuschreibung von Verantwortung nicht nur falsch, sondern dazu unterdrückend sei. Szasz schreibt, es handele sich im Krankheitsvokabular lediglich um eine Metapher, die in Anlehnung an die physische Krankheit übernommen wurde, deren Charakter als Metapher dann jedoch in Vergessenheit geriet. "The expression 'mental illness' is a metaphor that we have come to mistake for a fact" (1991: 23). Diese Übertragung fand Sarbin bereits „illicit" (1969: 17), und beide halten das Krankheitsvokabular schlicht für einen „Mythos". "I submit that this definition, which is still widely accepted, places psychiatry in the company of alchemy and astrology and commits it to the category of pseudoscience" (Szasz 1974: 1). Der Fehler, so Szasz, läge darin, dass ein kausaldeterministisches Modell aus der klassischen Physik auf die psychoanalytische Theorie übertragen wurde (ebd.: 5). Dadurch sei die klassisch psychoanalytische Theorie durch und durch historizistisch im Popperschen Sinne, mit dem historizistischen Glauben: "In principle, at least, the prediction of future events is possible, and is indeed the task of the human sciences" (ebd.: 5). Hierunter fällt auch die Psychoanalyse: "It is obvious, however, that not only psychoanalysis but also much of traditional and modern psychiatric theory assumes that personal

conduct is determined by prior personal-historical events" (ebd.: 5), und "[m]oreover, in psychoanalysis, not only are 'unconscious forces' regarded as the causes of behaviour, but these forces themselves are considered to be the results of instinctual drives and early life experiences" (ebd.: 6). So reihe die psychoanalytische Erklärung eine Kausalkette auf, die mit natürlichen Trieben, unterbewussten Kräften und frühkindlichen Erfahrungen beginne, über Ereignisse in der Persönlichkeitsentwicklung verfestigt werde und sich schließlich in einer „Krankheit" oder „Störung" äußere. Es handelt sich hierin nun für Szasz um „unsupported – and, as Popper shows, unsupportable and palpably false – doctrines [that, M. D.] have nevertheless become widely accepted in our day" (ebd.: 6), denn „[p]sychosocial antecedents do not cause human sign-using behaviour the same way as physical antecedents cause their effects. Indeed, the use of terms such as ‚cause' and ‚law' in connection with human affairs ought to be recognized as metaphorical rather than literal." (ebd.: 8) Szasz spannt damit zwei Dichotomien auf, die jeweils zu Ungunsten der Psychoanalyse (und der Psychiatrie als Ganzes) aufgelöst werden und verfolgt somit eine doppelte Strategie der Kritik: einerseits sind die Erklärungen der psychosozialen Kausation *falsch*, andererseits wird das Feld zu einem *Feld* erklärt, auf dem Kausalerklärungen ohnehin nicht angeboten werden können, *während sie es auf einem anderen Feld jedoch können*. Dadurch können Kausalerklärungen in den Humanwissenschaften – und nur dort – letztlich nur metaphorisch bleiben. Die richtige Erklärung ist dagegen die Erklärung der freien Entscheidung. Diese Erklärung wird von Szasz dann in der Figur der „Hysterie als Spiel" elaboriert vertreten: in nicht anerkannten Rollenannahmen handelt es sich für ihn um Strategien der Dominanz, die auch niemals grundlos gewählt werden. "Because of an intense internal contradiction in the hysteric's life style, he fails to play well at any of [the] games" (1974: 213).

All diese Strategien der Erklärung bieten klassische Wahrheitskämpfe, in denen die „Wahrheit" der Soziogenese gegen die „Wahrheit" der Biogenese gegen die „Wahrheit" der freien Handlung gestellt wird, und alle gegen die „Wahrheit" der biologischen oder psychodynamischen Genese. Diese Debatten wurden kontrovers geführt und sind auch heute noch Thema in Soziologie, Psychologie und verwandten Wissenschaften. Jede solche Auseinandersetzung ist jedoch ein Kompetenzstreit, in der eine Seite die Definitionsmacht der anderen Seite zu schwächen versucht, wie z. B. Schur bemerkte: "What the crime-illness dichotomy typically does offer is an arena for potential struggle over the question of who will administer containment and control, and in what specific forms" (1980: 148). An dem

Punkt, an dem die soziologischen Erklärungen gegen die psychiatrischen gestellt werden, dringt die Soziologie damit offensiv auf das Feld der Psychiatrie vor. Sie versucht, ihr Objekt an sich zu reißen, indem sie meint, die Ursachen des Verhaltens besser bestimmen zu können als die Psychiatrie, wodurch der Psychiatrie ihr Expertisefeld abgesprochen wird: Wäre irgendeiner der drei Angriffe erfolgreich, ginge die Kompetenz zur Erklärung (und möglicherweise gar zur Behandlung) des unerwünschten Verhaltens auf die Soziologie über. Partielle Annahmen des psychiatrischen Vokabulars, wie Kilian und Richter vornehmen, kommen dem psychiatrischen Feld zwar entgegen, zielen letztlich jedoch immer noch darauf ab, einen Teil der Erklärungs- und Behandlungskompetenz für die Soziologie zu reklamieren – und damit der Psychiatrie diesen Teil zu entziehen. Dass beide Herangehensweisen letztlich für die Psychiatrie unattraktiv sind – und diese daher die Soziologie in den letzten Jahrzehnten völlig ignoriert hat – ist auf dieser Basis mehr als nur nachvollziehbar. Jede andere Reaktion wäre geradezu unverständlich. Das heißt nicht, dass die Soziologie diese Auseinandersetzung aufgeben sollte, realistisch betrachtet ist ihr Stand jedoch derzeit schwach und eine plötzliche Stärkung ist mittelfristig nicht zu erwarten.

Es existiert jedoch eine andere Möglichkeit der Auseinandersetzung mit dem psychiatrischen Vokabular: Die Abkehr von analytischer und die Hinwendung zur performativen Erklärung, die das Tor zum Ende der scharfen Auseinandersetzung um die „Wahrheit" der „Geisteskrankheit" öffnen könnte. Sie tut dies jedoch zunächst, ohne dieses zu durchschreiten, indem sie die eben beschriebene alte Dichotomie zugunsten einer neuen aufgibt: Statt einer Auseinandersetzung über wahre Erklärungen folgt zunächst eine Auseinandersetzung über die wahre *Natur* von Erklärungen als *entweder* analytisch-ätiologisch *oder* performativ, eine theoretische Metadiskussion.

„Wahre" gegen performative Erklärungen

Gegen die unterschiedlichen Versuche, wahre Erklärungen zu finden, stehen Versuche, Erklärungen als performative Beschreibungen zu sehen, in denen die Frage nach dem objektiven Wahrheitsgehalt einer Erklärung zugunsten ihrer Leistung zurückgestellt wird.[1] Es geht jedoch zunächst in einer metatheoretischen Diskussion nicht um die praktischen Leistungen von Vokabularien, sondern um die Leistung, *Wahrheit* zu liefern gegenüber der Leistung, (geteilte) *Bedeutung* zu liefern, um damit soziale Situationen zu gemeinsamen Definitionen zu füh-

---

[1] In der Devianzsoziologie ist dies die gesamte Unterscheidung zwischen ätiologischen- und Zuschreibungsparadigmen, vgl. Peters 2009.

ren. Das Krankheitsvokabular begründet und legitimiert so die Möglichkeit eines medizinischen bzw. psychoanalytischen Eingriffes, der festgefahrene Situationen aufzulösen in der Lage ist. Das wiederum ist verwoben, aber nicht identisch mit der Frage der praktischen Behandlung derer, die als „geisteskrank" – oder „psychisch gestört" – eingeordnet werden, die später betrachtet werden wird.

Der Umschwung zur Betonung der performativen *Leistung* von Erklärungen, die eine pragmatistische Betrachtung sucht, ist in der Soziologie der „Geisteskrankheit" häufig erkennbar gewesen. Der Begriff der performativen Erklärung kann dabei in Anlehnung an John Deweys berühmte Frage verwendet werden, wie es *wäre*, wenn man eine Erklärung *glaube*: "The natural approach to [.] sentences, Dewey tells us, is not 'Do they get it right?', but more like 'What would it be like to believe that?'" (Rorty 1982: 163). Diese Richtung findet sich zunächst in Definitionsansätzen, die nicht die Ursachen des Verhaltens erfragen, sondern die sozialen Prozesse der Zuschreibung von Identitäten und Erklärungen untersuchen, die aufgrund eines „unerklärten" Verhaltens aufkommen.[2] David Rosenhan, der mit seiner Studie *Gesund in kranker Umgebung* in der Soziologie der Psychiatrie bekannt wurde, schrieb an anderer Stelle, was neben ihm bereits viele soziologische und auch psychiatrische Betrachtungen herausstellten: „schizophrenia [is] a wastebasket diagnosis, a designation to be applied when nothing else fits" (Rosenhan 1981: 323). Dies ist die berühmte soziologische Fassung von Schizophrenie – oder „Geisteskrankheit" als Ganzes – als Residualkategorie, die die Funktion erfüllt, eine Erklärung zu liefern, wo keine Erklärung im klassisch für diese Fälle zur Verwendung gelangenden Vokabular möglich scheint. Gerade Rosenhan jedoch verbleibt bei klassisch-analytischen Grundannahmen die Wissenschaft betreffend: Seine Studie wollte gerade aufdecken, wie lang es dauern würde, bis die Beschäftigten unterschiedlicher Psychatrien bemerken würden, dass es sich bei den Scheinpatienten eben um *Schein*patienten, nicht *wirklich* Kranke, handele (2002). Gerade Rosenhan, auf dessen Studien vor allem Vertreter des labeling-Ansatzes gerne rekurrieren, ist also nur schwerlich als Vertreter der performativen Position zu beschreiben, auch wenn er ihr empirisches Material geliefert hat, von dem sie bis heute zehrt.

Der bekannteste interaktionistische Vertreter der Position von Geisteskrankheit als Residualetikett ist Thomas Scheff. Auf der Basis der Feststellung, dass „Symptome" der Geisteskrankheit Verletzungen kulturspezifischer Normen seien und es sich daher nicht um „universal physical events [...] along with other culture-free symptoms such as fever" handele (1984: 40), gelangt er zur Einordnung

---

2   Dabei sind Definitionsansätze mit dem Interaktionismus und dieser mit dem Pragmatismus verbunden, was sie über einige *degrees of separation* an Dewey anschließt.

des Krankheitsvokabulars als Resterklärung für Fälle, die sich anderen Erklärungsstrategien entziehen. "[T]here is always a residue of the most diverse kinds of violations for which the culture provides no explicit label" (ebd.: 37); "these violations may be lumped together into a residual category: witchcraft, spirit possession, or, in our own society, mental illness" (ebd.: 38). In ihrer starken Formulierung stellt dieser Gegensatz eine weitere Dichotomie dar: „wahre" gegen performative Erklärungen. Zum einen wird die performative Erklärung als Ausweichpunkt gesehen, der bemüht wird, wenn klassische Erklärungen scheitern oder gar nicht erst vorliegen, wenn andere Zuschreibungen versagen. Insoweit die anderen Erklärungen ebenso Zuschreibungen sind (zu Motiven vgl. z. B. Blum/ McHugh 1968) werden hier Vokabularien der Kausalerklärung von Vokabularien der Unwissenheit auf eine Weise getrennt, die dem Kernaspekt des Definitionsansatzes, dass nämlich *alle* Erklärungen Zuschreibungen sind (Peters 2009, Dellwing 2008a, 2009), nicht entspricht. Zum anderen, und deutlicher dichotom, bleibt Scheff weiterhin beim Primat klassischer Erklärungen, indem er immer wieder über die wahren Erklärungen des Verhaltens spekuliert, zum Beispiel, als er feststellt, dass die Ursachen für diese residual klassifizierten Symptome „from fundamentally diverse sources", nämlich „organic, psychological, external stress and volitional acts of innovation or defiance" ausgingen (1984: 41). So findet sich hier ein weiteres Mal eine Gegenüberstellung, die bei Szasz bereits zu verzeichnen war: Der psychiatrischen Erklärung wird der Charakter einer Sprachregelung zugestanden, die verwendet wird, die jedoch nicht die „wirklichen Ursachen" dieser Phänomene beschreibt; auch bei Scheff ist die Geisteskrankheit eine erklärende Kategorisierung, die jedoch die vielfältigen Gründe dieser Phänomene *nicht trifft*.

Am ausführlichsten und konsequentesten befasst sich Erving Goffman mit performativen Beschreibungen. Goffman geht davon aus, dass es sich bei Symptomen sogenannter „Geisteskrankheiten" zunächst um Störungen im sozialen Miteinander handelt; soviel ist im psychiatrischen Diskurs auch unstrittig (eine solche Störung ist im DSM zur notwendigen Diagnosekategorie erhoben worden). Oft ist es gerade die „Destruktion" des sozialen Platzgefüges, die diese besonderen Krankheitssymptome ausmacht. Dabei ist die Leistung des Krankheitsvokabulars nicht unbedingt, die Situation wieder in eine Regelkonformität zurückzuführen, sondern die Aufrechterhaltung von Selbst- und Fremddefinitionen durch das rechtfertigende Vokabular der „Geisteskrankheit" zu ermöglichen. Ein Mensch, der aus den angestammten Verhaltenserwartungen der Familie hinausfällt, ohne dieses Herausfallen in eine verständliche Legitimationsargumentation überführen zu können, stellt das gesamte Wirklichkeitserleben der Familie in Frage; "they cease to be sure about themselves" (Goffman 1972: 366); "Mental symptoms [.]

are neither something in themselves nor whatever is so labeled; mental symptoms are acts by an individual which openly proclaims to others that he must have assumptions about himself which the relevant bit of social organization can neither allow him nor do much about" (ebd. 356). Indem die einzelnen Mitglieder sich gegenseitig an ihren gegenseitigen Verhaltensweisen definieren, ihre Fremd- und Selbstbilder aneinander und aufeinander abstimmen, ist eine Person, die das Spielfeld verschiebt, existenzbedrohend für die Definition der sozialen Realität der Familie. "It is here that mental symptoms deviate from other deviations. A person who suddenly becomes selfish, heartless, disloyal, unfaithful, or addicted can be dealt with. If he properly shows cause or contrition, he can be forgiven; if he is unrepentant but removable he can be redefined. In either case, his others can come to terms with him. [...] A patient's mental symptoms, however, are something his others cannot come to terms with. [...]". Die Erklärung der Geisteskrankheit erlaubt es, das Familienleben fortzuführen und die Sicherheit des Wissens über sich selbst zu behalten; sie erbringt die Leistung, mit der unzumutbaren Situation „fertig zu werden", ohne die Verschiebung des Spielfelds mittragen zu müssen, wenn sie den Verschiebenden nicht ausschließen kann. Diese Leistung erbringt sie dadurch, eine besondere – und besonders aufwändige – Form der korrektiven Ritualarbeit zu sein. "If ritual work is a means of retaining a constancy of image in the face of deviations in behavior, then a self-admission that one is mentally ill is the biggest piece of ritual work of all" (ebd.: 366). Goffman stellt fest, dass Verhalten für sich eben noch nicht als Krankheitssymtom interpretiert wird; vielmehr, „perpetual reconstituing of an offense or infraction into a medical, value-free symptom may come quite late, will be unstable when it appears, and will be entertained differently" (ebd.: 345). Dieses Krankheitsvokabular erlaubt es, Spannungen und Konflikte in der Familie zu erklären, wenn auch nicht aufzulösen, ohne die Familienbeziehungen in Frage zu stellen. Das Krankheitsvokabular ist damit nun ein auf Phänomene *angewandtes*, kein von ihnen *ausgehendes* Erklärungsmuster. "The position can be taken that mental illness, pragmatically speaking, is first of all a social frame of reference, a conceptual framework, a perspective that can be applied to social offenses as a means of understanding them" (ebd.: 354), in Situationen, in denen formale soziale Kontrollen ihre übliche Leistung nicht erbringen. Performative Erklärungen der Geisteskrankheit dieser Art betonen also den Nutzen der Definition und die interaktions-fortsetzende Leistung der Erklärung (die Auflösung der Sackgasse durch das *Fertig-Werden* mit ihr) *gegenüber* der positiv-wissenschaftlichen, empirischen Richtigkeit derselben. "Explaining the success of science ... by talk of 'fitting the world' or 'expressing human nature' is like explaining why opium makes you sleepy by talking about its dormitive power" (Rorty 1989: 8).

Auch Goffman führt allerdings Dichotomien ein, die die Unterscheidung zwischen „wahren" Erklärungen auf der einen und performativen Erklärungen auf der anderen Seite aufrechterhalten. In der Familie ist das das Beispiel des Familienmitglieds, das – aus welchen Gründen auch immer – mit ihrer Position, ihrem Platz nicht mehr einverstanden ist und versucht, einen neuen Platz auszuhandeln. Es scheitert – oder wird ignoriert – und wird folglich „manisch". Nun entfaltet sich eine Situation, in der das Vertrauen zwischen dem Betroffenen und dem Rest der Familie aufbricht und sich Gruppen gegenseitiger Kollusion bilden. Die Situation wird verfahren; wenn die Loslösung des Mitglieds keine Option ist, kann die Unordnung des Platzes letztlich nur noch durch das Krankheitsvokabular aufgelöst werden. Wenn der Betroffene die Definition des Kranken annimmt und seine Handlungen auf die Krankheit schiebt, kann er sich wieder in seinen Platz – der nun verändert sein wird – einfügen. Deutlich wird Goffmans fortgeführte Gegenüberstellung ebenso in der Unterscheidung zwischen biologischen und sozialen Normen und Modellen: "[B]iological norms and social norms are quite different things, and [...] ways of analyzing deviations from one cannot be easily employed in examining deviations from the other" (ebd.: 345). Die als Krankheit rekonstituierte soziale Abweichung passt dabei gerade nicht ins biologische Modell von „deviation; restorative counteractions; reequilibration" (ebd.: 345), ist also anders; wieder also die Entgegenstellung von Fällen, in denen die biologische Erklärung funktioniert und jenen, in denen sie dies nicht tut. Es ist die Unordnung, die aus diesem Herausfallen aus Identitäten resultiert, die mit dem Label der Geisteskrankheit angegangen wird, und es ist diese Unordnung, die letztlich nie wirklich durch das Label wieder in Ordnung verwandelt werden kann. Das Label ist letztlich nur Behelfskonstrukt, um die Hoffnung des Zusammengehörens aufrechtzuerhalten und die Sackgasse hinter sich zu lassen. "Havoc will occur even when all the members are convinced that the troublemaker is quite mad, for this definition does not itself free them from living in a social system in which he plays a disruptive part. [...] it is this havoc that the philosophy of containment must deal with. It is this havoc that psychiatrists have dismally failed to examine and that sociologists ignore when they treat mental illness merely as a labeling process" (ebd.: 357). Auch bei Goffman kann daher davon gesprochen werden, dass die Unterscheidung zwischen „echten" Erklärungen einerseits und performativen Erklärungen andererseits nicht kollabiert wird.[3]

---

3 Das gilt für viele Formulierungen des Labeling Approach genauso, in dem die „Wahrheit" der Zuschreibung gegenüber dem ätiologischen Paradigma hochgehalten wird (vgl. Peters 1995).

„Wie wäre es, an psychische Krankheiten zu glauben?" 339

Dennoch liefert der performative Ansatz eine Möglichkeit, aus diesen Dichotomien auszubrechen und nicht länger mit einer Entgegenstellung wahrer und falscher Gründe alte institutionelle Feindschaften zu reproduzieren. Gerade Goffman dient hierzu als Ansatzpunkt, meinte er doch berühmterweise, dass das Krankheitsvokabular erfunden werden müsste, existierte es nicht (ebd.: 335). Damit kehrt er von der harten Kritik des Krankheitsmodells ab, das noch kämpferisch dessen „Unwahrheit" postuliert hatte, indem er es gar nicht mehr diskutiert; Goffman ist kein Vertreter der Antipsychiatrie. Für seine Zielsetzung, richtig verstanden, ist die Frage nach der „wahren Erklärung" schlicht irrelevant. Eine antidualistische Soziologie der Geisteskrankheit untersucht die medizinischen Erklärungen auf ihre Leistungen hin; Goffman hat eine Möglichkeit gezeigt, worin diese Leistung bestehen könnte.

Leistungen des biologischen Paradigmas

Richard Rorty, an den die hier angebotene pragmatistische Thematisierung des Feldes anschließen soll, benannte Fundierungskritik und Antidualismus als die beiden Kernelemente des Pragmatismus (1982). Dies bedeutet zum einen, den Versuch, „wahre" Erklärungen zu finden, aufzugeben: "[M]odern science does not enable us to cope because it corresponds [mit einer externen Realität, M. D.], it just plain enables us to cope" (ebd.: xvii): Erklärungen erlauben es, mit etwas *fertig zu werden*. Gerade der Begriff des „Fertig-Werdens" (*cope*) ist in Situationen, in denen Vokabularien Leistungen im Interaktionszusammenhang erbringen sollen, angemessen: Wer mit einem unerwarteten Phänomen „fertig" wird, treibt die offene Situation in einen „fertigen" Zustand, von dem aus die Interaktion fortgeführt werden kann, eine Fortführung, die mit einem „unfertigen" unerwarteten Phänomen nicht ohne weiteres möglich wäre. In einer sozialen Beziehung ist dieses „Fertig-Sein" erreicht, wenn die Beteiligten die Situation gemeinsam als „fertig" definieren und daher zur nächsten übergehen können. „Wahr" werden diejenigen Performative genannt, die zu diesem Fertig-Werden in der Lage waren, die, die keiner großen Rechtfertigungslast ausgesetzt werden (bzw. wurden).[4] "For the

---

Reinhard Kreissl hatte bemerkt, dass dem Ansatz dieser Weg versperrt ist, wenn er seine Prämissen durchdenkt (2006). Ein Zuschreibungsansatz steht keinesfalls gegen ätiologische Ansätze, er hilft nur verstehen, wovon Ursachen gesucht werden, welche Art von Ursachen gesucht werden, dass auch Ursachenerzählungen Zuschreibungen sind und wie z. B. eine Ursachenzuschreibung zur Fortführung der Abweichungszuschreibung dienen kann (vgl. Dellwing 2008a, 2009).

4   Dabei kann „wahr" auch gerade dann als Kampfbegriff aufkommen, wenn die Erklärungen gerade nicht geteilt werden, eine Partei die andere jedoch dazu bringen will, den Rechtferti-

pragmatist, [...] 'knowledge' is, like 'truth', simply a compliment paid to the beliefs which we think are so well justified that, for the moment, further justification is not needed" (Rorty 1991: 24). In dem Maße, in dem dieses Weitermachen ein Erfolg eines solchen Vokabulars im Aushandlungsprozess darstellt, sind „wahre" Lösungen selbsterfüllende Prophezeiungen; William James spricht von „Verifikation" (2000), dem „wahr-Machen" eines accounts[5] in der Praxis. Das heißt keinesfalls, dass es keine harten Folgen in der Welt gäbe, nur, dass diese Folgen in die Interaktion erst interpretiert einfließen und damit Situationen nicht bereits von sich aus scheitern. "Truth cannot be out there – cannot exist independently of the human mind – because sentences cannot so exist, or be out there. The world is out there, but descriptions of the world are not. Only descriptions of the world can be true and false. The world on its own – unaided by the describing activities of human beings – cannot" (Rorty 1989: 5). Eine Situation scheitert also, wenn die Folge eines Eingriffs in einer sozialen Gruppe erfolgreich als Scheitern bezeichnet wird. Wie Helge Peters über wissenschaftliche Ansätze sagte, „von einer Krise ist zu sprechen, wenn Leute, die das Sagen haben, sagen, es sei von einer Krise zu sprechen" (Peters 1997: 267). Ohne die Herrschaftsanalyse in diesem Zitat kann gesagt werden: Wenn jemand es sagt und die relevante Gruppe es glaubt und danach handelt.

Diese Thematisierung erlaubt es nun, die Unterscheidung zwischen performativen und „wahren" Erklärungen aufzugeben und zu untersuchen, wie das biologisch-medizinische Vokabular ein erfolgreicher account wird, mit dem festgefahrene Situationen von den Beteiligten als gelöst betrachtet werden können, was dazu führt, dass die Beteiligten „weitermachen", zur nächsten Situation übergehen. Das Vokabular der Geisteskrankheit bzw. psychischer Störung kommt dann auf, wenn andere accounts zur Auflösung der Situation erfolglos bleiben, wenn „for the moment, further justification *is* needed". Die Zuschreibung der Geisteskrankheit kommt auf, wenn das Verantwortlichkeitsskript gescheitert ist. Sie geht mit einer Zuschreibung der Unverständlichkeit der Motive der Handlung einher: Das Verantwortlichkeitsskript führt zum Straf- oder Erziehungsskript, was wiederum in der klassisch-liberalen Formulierung eine Einflussnahme auf die *Motive* der Handlung bewirken sollen. Es war jedoch gerade das Scheitern einer sinnvollen *Motiv*zuschreibung, die das Freiheitsskript hat scheitern und das Geisteskrankheitsskript aufkommen lassen. Das ist als Scheffs Einordnung der

---

gungsdruck fallenzulassen.
5   Die deutsche Übersetzung dieses Begriffs spricht von „praktischen Erklärungen": Praktiken, mit denen Probleme durch Erklärung überwunden werden. Hierbei geht es niemals um eine putative „Wahrheit" dieser Erklärung, sondern um ihre praktische Leistung: Schafft sie es, das Problem zu beheben?

Geisteskrankheit als Residualvokabular zunächst bekannt. Die Erklärung „psychische Störung" überantwortet die Person in die Obhut der Profession, die für störende Handlungen ohne bewusste Motive verantwortlich ist. Diese sucht entweder in ihrer psychoanalytischen Version die „versteckten Motive" die Handlung (d. h. bringt die Situation zu einem neuen account, der jetzt im klassischen Vokabular verständlich wird), oder aber erklärt die motivlose Handlung zu einer rein biologischen, die keine Motive hat und braucht und daher medizinisch-pharmakologisch behandelt werden muss. Das wiederum erlaubt eine Einflussnahme auf eine Person, oft auch ohne deren Zustimmung, die im Vokabular der Krankheitsbekämpfung nun aber als mit dieser Freiheit kongruent, sie gar unterstützend erzählt werden kann. Castel bemerkt: „Wenn es jedoch ein Prinzip gibt, mit dem eine liberale Gesellschaft nicht spaßen kann, so ist es der Respekt für die juridische Grundlage und Rechtfertigung ihrer spezifischen Ungerechtigkeit" (1983: 60), und dieses Prinzip wird gewahrt, indem sie es verstanden hat, „Praktiken, die eher mit klassischen Disziplinierungstechniken als mit den klinischen Forschungen der modernen Medizin zu tun hatten, ein medizinisches Vorzeichen zu geben" (ebd.: 134). Wenn, was Szasz bemängelt, das Verantwortlichkeitsskript in beiden Fällen verlassen wird, dann zunächst deshalb, weil dieses Skript die Leistung des Situationskittens nicht erbracht hatte – nicht, weil es abstrakt nicht dazu in der Lage wäre, sondern, weil die Situation mit ihm zu keiner Auflösung geführt werden konnte, weil das Motivvokabular gescheitert war. Szasz hält in seiner Perspektive damit an einem Skript fest, das sich in der Situation als nutzlos erwiesen hatte.[6] Es konnte keine gebrochene Beziehung kitten, da keine erfolgreiche Erzählung des *Grundes* für den Beziehungsbruch gefunden werden konnte, dem strafend oder erziehend begegnet werden könnte. Eine Sanktionierung lebt von der Abwertung einer Handlung (oder eines sonstigen Symbolträgers) und von der Trennung dieser Handlung von der Person, um der Person die Möglichkeit zu geben, sich ohne diese Handlung zu präsentieren – geläutert. Im Teilen der Abwertung des Sanktionierenden durch den Sanktionierten liegt dessen Chance zur Resozialisierung. Diese Spiegelung der Erwartungen des Umfeldes ist es jedoch gerade, was psychisch Kranken häufig fehlt bzw. was ihnen als fehlend zugeschrieben, also nicht mit ihnen gemeinsam definiert wird.[7] Das biologische Krankheitsvokabular erbringt nun die Leistung, diese fehlende gemein-

---

6 Auch diese Nutzlosigkeit ist nicht abstrakt. Szasz Aufruf könnte verstanden werden als: *try harder*.
7 Bei Wahnvorstellungen ist es zum Beispiel nicht die Unwahrheit der Behauptung, die das Symptom ausmacht, sondern die Unfähigkeit des Betroffenen, die Unwahrheitszuschreibungen des Umfeldes zu erkennen und die Erwartungen der Anderen in der Kommunikation dieser Vorstellung zu spiegeln.

same Definition zu umgehen. Sie tut dies, indem sie zunächst einen account der störenden Situation jenseits von Motiven liefert, dann die mangelnde Erwartungsspiegelung des Betroffenen als pathologisch ausklammert und damit die Person von ihrer Handlung trennt. Dadurch werden (auch zwangsbewehrte) Eingriffe in das störende Verhalten der Betroffenen (das nun alleine ihres ist, ohne ihres zu sein) und ihrer fehlenden Spiegelung der Definition ihres Umfelds ermöglicht. Es ermöglicht die Vergabe verhaltens- und bewusstseinsverändernder Medikamente (und erlaubt daher ihre Abgrenzung von „Drogen" oder „Aufputschmitteln" dadurch, dass sie nun „Medizin" sind). In schweren Fällen erlaubt es die Entfernung der Person in eine Klinik mit medizinischer Rechtfertigung und damit die Entlastung der Familie aus einer festgefahrenen Rolleninteraktion, die sie selbst nicht zu verändern in der Lage ist, die aber auf anderem Wege nicht geändert werden konnte. Damit steht die Krankheitszuschreibung am Ende einer Kette verlorener Rollenaushandlungen, in der der Kranke mit seinen Definitionen der sozialen Realität mehrfach erfolglos war, daran aber weiter festhält (Dellwing 2008b). Das Krankheitsvokabular ermöglicht seinem Umfeld dann, wie das kritische Vokabular das durchaus nicht unplausibel festgestellt hat, eine Zwangssituation medizinisch zu begründen, in der der Betroffene in aus dieser festgefahrenen Rolle auch gegen seinen Willen herausgedrängt wird.

Wo das Freiheitsvokabular an seine Grenzen gestoßen war, ist das Soziogenesevokabular dagegen in seiner Erklärung erfolgreicher, scheitert jedoch an den Konsequenzen, die es vorschlägt. Wie das Krankheitsvokabular bietet das Soziogenesevokabular einen account ohne individuelle Motive und damit ohne die Zuschreibung von Schuld. Es hält damit, wie das biologische Vokabular, eine Möglichkeit bereit, die Person von ihrer Handlung zu trennen, was den Beziehungsbruch erklärt und diesen der Person wegnimmt. Es verortet die Gründe desselben jedoch statt in der Person in der Gesellschaft, deren „Verhältnisse" oder „Struktur" zu dem Verhalten geführt hätten, das als Bruch aufgefasst worden war. So kann die Person von ihrer Gesellschaft und die Gesellschaft von der „Natur" der Person getrennt werden. Die Konsequenzen, zu deren Untermauerung sie erzählt wird, hat dagegen jedoch große Schwierigkeiten, als nützlich anerkannt zu werden: Eine sozialstrukturelle Erklärung sieht soziale Missstände, die psychosozialen Druck erzeugen, als Ursache des Verhaltens (gar die „Gesamtheit gesellschaftlicher Verhältnisse") und geht daher mit der Forderung verschiedener Level der Veränderung des sozialen Rahmens einher. Die „Heilung" der konkreten Situation der Störung der Interaktionsordnung ist damit nicht ihr Primärziel. Dieser account lässt die Situation daher zunächst unaufgelöst und vertröstet auf die (oft utopische) Zukunft; diese Perspektive lindert damit weder das Leiden der

Betroffenen noch das der sie umgebenden Personen, mit denen soziale Beziehungen gebrochen wurden. Multifaktorielle Ansätze erbringen die Leistung, personale Eingriffe mit der sozialstrukturellen Variante zu verbinden, um kurzfristige Symptomlinderung mit langfristigen Veränderungen des sozialen Umfelds zu vereinen: in beiden Varianten enthält sie jedoch eine Naturalisierung politischer Fragen nach sozialer Ordnung, was sie wieder bei jenen angreifbar macht, die sie als U-Boot zur Durchsetzung politischer Interessen mit Gesundheitsvokabular ansehen. Umgekehrt selbstverständlich werden die Vertreter der hier naturalisierten Interessen die rein individuelle Einwirkung der biologischen Psychiatrie als Naturalisierung einer anderen Interessenlage ansehen. Beide liegen richtig; welche Ordnung man bevorzugt ist allerdings eine politische Frage, keine, die die Psychiatrie oder die Antipsychiatrie abstrakt beantworten könnte. Das Metavokabular kann dagegen beschreiben, wie die Zuschreibungen zustande kommen und wozu sie dienen. In dem Maße, in dem sie sich gegen die Ursachenvokabulare stellen, erbetteln sie jedoch die Frage: Was ist *zu tun*? Eine Metadiskussion löst keinen sozialen Konflikt; festzustellen, wessen Interessen in welcher Lösung unterstützt und wessen Interessen unterworfen werden, bringt keine Situation zu ihrer Beendigung. Eine Metadiskussion, die von außen die Rahmen der Auseinandersetzung kritisiert, muss sich immer fragen lassen: Wozu dient sie jenseits der wissenschaftlichen Positionierung gegen eine gesellschaftliche Praxis (und damit jenseits der wissenschaftlichen Selbstverortung als „kritischer Wissenschaftler")?

Wenn man sein Augenmerk anstelle auf makropolitische Richtungsfragen auf die Betroffenen, deren gebrochene Beziehungen und ihre Kittung legt, also auf die mikrosituationale Interaktion, ist das Krankheitsvokabular gegenüber den beiden hier skizzierten Angriffen von „rechts" und „links", von Freiheits- und Sozialstrukturvokabular, häufiger in der Lage gewesen, erfolgreich Konfliktsituationen aufzulösen und ein „Fertig-Werden" zu erlauben.[8] Das kann es, gerade weil es eine kurzfristige und individuelle Einwirkung auf Betroffene erlaubt; durch das Krankheitsvokabular kann es dazu auch den Zwang, der in der Durchsetzung der Definitionen sozialer Realität vielleicht immer liegt, in den Situationen zu verteidigen, in denen dieser Zwang offen gebrandmarkt wird (Dellwing 2008b). Gerade an diesem Punkt jedoch schwelt weiter eine Auseinandersetzung. Dass die Rechtfertigung der Psychiatrie als Wissenschaft öfter benötigt wird als die der restlichen Medizin ist Zeichen dafür, dass sie als *account* der Situation nicht dieselbe Selbstverständlichkeit erlangt hat und nicht im selben Maß als Leistungserbringer gesehen wird wie die restliche Medizin. Das liegt an der weiter für prekär gehaltenen Beziehung der Psychiatrie zum Freiheitsvokabular. Die Leistung

---

8 D. h.: häufiger in die Situation gelangt, dass ihr ein solcher Erfolg zugeschrieben wurde.

der Psychiatrie besteht gerade in der Schaffung der Möglichkeit, mit Verhalten fertigzuwerden, indem sie eine Einwirkung jenseits des Freiheitsvokabulars ermöglicht, die aber *immer noch in ihm verbleibt*. „[N]ur weil er krank ist, [verliert er] dieses Recht [auf Schutz][...], da er schon zur Schar jener gehört, vor denen sich die Gesellschaft schützen will" (Basaglia 1974b: 19), bemerkt die Psychiatriekritik und weist damit darauf hin, dass Krankheit regulär *nicht* als Rechtfertigung für Zwangsmaßnahmen verwendet wird. Wie Goffman über Institutionalisierung schreibt, „[t]his has been nor merely a bad deal; it has been a grotesque one" (1972: 336; vgl. Basaglia 1973: 123 f. mit Goffman 2009 zur Darstellung einiger der groteskeren Umstände). Im Fall der gestörten Beziehungen jedoch war man lange damit zufrieden, sich „für die Effizienz" zu entscheiden „und ihr den Kranken [zu opfern]" (Basaglia 1973: 141). Hier liegt der Grund, weshalb sich die Psychiatrie weiterhin an zwei Fronten verteidigen muss, zunächst gegen die Medizin, in der sie weiterhin einen niedrigen Rang einnimmt, andererseits gegen die Sozialwissenschaft, in der sie zu Hochzeiten der Auseinandersetzung als Unterdrückungswissenschaft galt und die bis heute gegenüber ihren Tendenzen der Naturalisierung von sozial, historisch und situativ kontingentem angemessenen Verhalten skeptisch bleibt.

Gerade die emanzipatorische Formulierung, die ihrerseits nicht als erfolgreicher account angenommen wurde, hat dazu beigetragen, diese Herausforderungen des psychiatrischen *accounts* zu mindern. Sie konnte dem Rechtfertigungsdruck begegnen, indem sie einen Beitrag dazu geleistet hat, die Einseitigkeit der Durchsetzung zu mindern, gerade dann, wenn das Krankheitsvokabular durch die Kritik hindurch aufrechterhalten wurde. Franco Basaglia blieb beispielsweise, trotz aller Nähe zum emanzipatorischen, sozialutopischen Lager der Psychiatriekritik, beim Krankheitsbegriff. Während die von ihm maßgeblich vorangetriebene italienische Psychiatriereform die Irrenhäuser schloss und die Betroffenen teils in Therapiegemeinschaften, teils in Privatkliniken und zu einem großen Teil in die Familie entließ (1974b: 24), hält er jedoch daran fest, dass der „Kranke" die „Realität" darstelle, die sich dem Arzt aufdränge (1974a: 13); seine Thematisierung „soll nicht heißen, daß die Krankheit nicht existiert" (1973: 130). Basaglias Therapiegemeinschaften und die Abkehr von klassischen psychiatrischen Einwirkungen zielen darauf ab, einer Situation zu begegnen, die erfolgreich als Zwangssituation erzählt worden war, die der Freiheit des Einzelnen nicht gerecht werde, *gepaart* mit einer emanzipatorischen Erzählung, in dieser Einzelne in ein entfremdendes System gezwängt werde. So stellt er sich gegen die klassische Therapie: „Der therapeutische Akt erweist sich als ein politischer Akt der Integration, insofern als er versucht, eine bereits bestehende Krise – regressiv – wieder zurechtzubiegen, indem er letztlich das hinnehmen läßt, was die Krise erst verursacht hat" (ebd.: 138). Dagegen jedoch steht eine weitere psyachiatrische Einwirkung, die nun jedoch freiwillig geschehen soll. An diesem Punkt scheiterte Basaglias Experiment am Widerstand der Betroffenen in Koalition mit Basaglias Gegnern innerhalb der Ärzteschaft. Während viele der Forderungen, die Basaglia mit dem Begriff der Therapiegemeinschaft verbunden hatte, Aufnahme in die gegenwärtige Psychiatrie gefunden haben, werden gerade die emanzipatorisch motivierteren Aspekte der Reformen Basaglias kritisiert. Die „Umdefinition der nichtentlassenen Patienten zu Gästen, Anstieg des Neuroleptikaverbrauchs und Mangel an komplementärer Versorgung der Entlassenen" (Häfner 2001: 485) wird nun wieder als Rückschritt hinter die „wissenschaftlichen" Erkenntnisse der Psychiatrie markiert, gerade dort, wo die Freilassung als „Versorgungsnot" angeprangert wird (Pycha/Conca 2006: 112), die die Betroffenen zum Teil zu Privatkliniken, zum größeren Teil in Familien entließ. Gerade Familien setzten sich gegen diese „therapeutische Entlassung" ein (ebd.: 113): „Die Reform wurde auf dem Rücken der Familienangehörigen ausgetragen. Wenn sie ihre Mitarbeit aufkündigten, bräche unser psychiatrisches Versorgungssystem binnen Stunden zusammen" (ebd.: 114), und es sind gerade Angehörigenverbände, die sich gegen die „Freilassung" der Betroffenen wenden (Hinterhuber et. al. 2001: 540, vgl. de Girolamo 2001). Was hier zum Misserfolg des accounts führt ist die *mangelnde* Einwirkung, die die Familie wieder auf die Beziehungsprobleme zurückwirft, die sie zuvor hatte, mit minimaler Unterstützung. Die reine Freiwilligkeit der Behandlung nimmt dem Psychiatrievokabular die Möglichkeit, in Konfliktsituationen gegen jene, die sozial als Ursache des Konflikts definiert werden, auch dann vorgehen zu können, wenn sie diese im Umfeld dominante soziale Definition nicht teilen (und sie möglicherweise nicht einmal erkennen, was oft gerade Kern des Problems darstellt). Die emanzipatorische Variante des Psychiatrievokabulars scheitert dadurch bei der ureigensten Aufgabe des letzteren, gemeinsame Definitionen wiederherzustellen: Die Psychiatrie leistet den Kitt einer sozialen Beziehung, die ohne den Einfluss Dritter nicht wiederhergestellt werden kann (vgl. Watzlawick et. al. 2000). In dem Maße, in dem die Einschaltung Dritter von den Betroffenen abgelehnt wird (und oft aus gutem Grund), ist die Erzwingung oft die einzige Möglichkeit, die Situation zu einer Auflösung zu bringen: Ihre Probleme waren gerade nicht dadurch gelöst, das das Element, das, mit Goffman, seinen Platz nicht mehr einnahm, weiterhin unter ihnen weilte. Es war gerade die Separation von der Familie, die Verabreichung beruhigender Medikamente und auch die Zwangssituation der Behandlung, die zu einer Veränderung führte, wieder in Einnahme einer Seite. Das ist die bleibende Verwandtschaft der Psychiatrie mit dem Recht (die viele Achsen kennt). Auch das Recht stellt eine gebrochene Situation wieder her, indem seine Vertreter ihre Definitionsmacht auf eine der beiden Seiten werfen und deren Realitätsdefinition gegen die Realität der Gegenseite unterstützt.

Während die Therapiegemeinschaft und die Befreiung aus den Irrenhäusern zur Rechtfertigung der Psychiatrie beigetragen hatten, gilt dies also nicht für die stärker emanzipatorischen Linien. Wenn Basaglia fordert, „schrittweise die Persönlichkeit des Kranken wiederher[zu]stellen, und zwar so, wie sie wahrscheinlich war, bevor die Gesellschaft mit ihren zahlreichen Etappen der Ausschließung einerseits und die von dieser Gesellschaft erfundene Irrenanstalt mit ihrer negativen Gewalt andererseits auf ihn einwirkten" (1973 : 151), kann festgestellt werden, dass Basaglias Vokabular letztlich dabei verbleibt, dem Betroffenen keine Motivverursachung zuzuschreiben und die Gründe stattdessen bei der Gesellschaft zu suchen. Das medizinische Vokabular war gerade das Instrument, mit dem dieser Widerstand als „krank" ausgeklammert werden konnte, ohne, dass diese Ausklammerung als Gewalt galt, da es sich ja um eine *medizinische* Einwirkung handelte. Diese auszulassen oder gar eine Veränderung der gesellschaftlichen Strukturen bewirken zu wollen, um dem Betroffenen zu ermöglichen, wieder so zu sein, „wie er vorher war" (gar bevor die entfremdenden Strukturen der Gesellschaft ihn krank machten), löst die festgefahrene Situation genauso wenig auf wie die Feststellung, dass es sich um eine freie Entscheidung handelte; ein „Fertig-Werden" mit der konkreten Situation ist in all diesen Vokabularien schwierig. Auf dieser Basis lässt sich nun der Erfolg einer Psychiatrie erzählen, der nicht zuletzt durch die Reformierungen im Durchgang durch die härteren soziologischen Angriffe zustande kam. Die somatische Psychiatrie leistet die Zuschreibung einer Störung, die nicht willentlich ist, ermöglicht dadurch (als letztes Mittel) eine Zwangseinwirkung, die die Familien von dem entlastet, was Goffman als Situationen bezeichnet hatte, die die Familie weder akzeptieren noch ändern kann. Wenn sie es nicht ändern kann, benötigt sie Hilfe bei dieser Änderung. Damit nimmt man sicherlich ihre Seite ein: Alternativ könnte sich auch die Familie ändern (und nicht nur psychoanalytische Herangehensweisen sondieren und unterstützen solche Veränderungen).

Während frühere Analysen diese Diskussionen zwischen Soziogenese, Biogenese oder der freien Entscheidung mit Vorwürfen der Unwahrheit verbinden wollten, kann die Frage nach der „Wahrheit" des Krankheitsvokabulars für eine soziologische Analyse der von ihm erbrachten Leistung zunächst völlig ausgeklammert, gar für ist steril erklärt werden. Jenseits der Wahrheit stellt das biologische Vokabular eine pragmatische, derzeitig nicht erfolglose und zugleich erfolgreicher werdende Lösung gestörter Interaktionen dar. Diese biologisch-medizinische Erklärung kommt nicht auf, weil sie *abstrakt* nützlicher ist, sondern weil sie im Diskurs liberaler Demokratien im wissenschaftlichen Zeitalter erfolgreich angewendet wird, um Situationen aufzulösen.

Kilian forderte die Bereitschaft der beteiligten Wissenschaften, sich „ernsthaft mit den Erkenntnissen der anderen Disziplin auseinanderzusetzen" (2008: 144). Insoweit Soziologen dies bis hin zur Selbstaufgabe getan haben, könnte er damit eigentlich nur die biologisch orientierten Psychiater meinen.[9] Eine hier angebotene pragmatistische Perspektive kann eine solche Forderung jedoch nicht verbatim unterstützen: Es kann nicht darum gehen, „Wissen" der anderen Seite „anzuerkennen", da eine fundierungskritische Perspektive die Existenz perspektivfreien „Wissens" nicht anerkennt. Das führt jedoch keineswegs notwendigerweise zur gegenseitigen Abschottung, sondern vielmehr zur Erkenntnis, dass das „Wissen" der biologischen Perspektive wichtige gesellschaftliche Leistungen erbringt, die eine Soziologie durchaus anerkennen kann, auch wenn sie ihre biologistischen Prämissen nicht teilt. John Dewey wollte an die Stelle der (repräsentationalistischen) Frage, ob etwas wahr sei, die Frage stellen, was passiert, wenn wir es glauben. Jenseits der Grabenkämpfe gilt es vielleicht, genau das zu analysieren. Eine solche Thematisierung eröffnet der Soziologie ein weites Feld, auf dem sie sich kritisch, aber auch die Psychiatrie würdigend an der Diskussion zum Thema beteiligen kann, ohne, dass sie dazu die alten Gräben wieder aufreißen müsste oder sich die sozialen Funktionen der Psychiatrie aneignen würde. Das hat die Soziologie auch im Fall des Rechts so getan: Die Rechtssoziologie will nicht anstelle der Richter urteilen, sondern nur nachzeichnen, wie deren Urteile funktionieren. Das birgt immer noch Konfliktstoff, wenn aber die Frage nach der „wahren Erklärung" der Objekte der Psychiatrie hintenangestellt wird, wäre vielleicht sogar ein Einflussgewinn der Soziologie möglich, ohne der Psychiatrie die Definitionsmacht streitig zu machen, aber auch ohne, dass man sich in der Suche nach Multikausalität einfach an ihre biologistischen Sprachspiele anschließt, indem man sich neben sie stellt. Eine solche Thematisierung eröffnet ein weites Forschungsfeld zum Nutzen der Psychiatrie jenseits der Frage nach ihrer Wahrheit.

---

9 Wahrscheinlich meint er es aber gerade umgekehrt und will damit bei Soziologen für seine Position werben.

Literatur

Basaglia, Franco, 1973: Die Institutionen der Gewalt. S. 122 in: *Ders.* (Hg.). Die negierte Institution oder die Gemeinschaft der Ausgeschlossenen. Ein Experiment der psychiatrischen Klinik von Görz. Frankfurt.
Basaglia, Franco, 1974a: Was ist Psychiatrie? S. 7 in: *Ders.* (Hg.), Was ist Psychiatrie?, Frankfurt.
Basaglia, Franco, 1974b: Die Freiheit in der Gemeinschaft als Alternative zur institutionellen Regression. S. 19 in: *Ders.* (Hg.), Was ist Psychiatrie? Frankfurt.
Blum, Alan F. und Peter McHug, 1968: Die gesellschaftliche Zuschreibung von Motiven. in: *Lüderssen, Klaus* und *Fritz Sack*. Seminar: Abweichendes Verhalten II. Frankfurt.
Castel, Robert, 1983: Die psychiatrische Ordnung. Das goldene Zeitalter des Irrenwesens. Frankfurt.
Cooper, David, 1978: Die Sprache der Verrücktheit. Erkundungen ins Hinterland der Revolution. Berlin.
Cooper, David, 1979: Psychiatrische Repression. Überlegungen zur politischen Dissidenz. S. 34 in: *Cooper, David; Michel Foucault, Maquis de Sade* u. a. (Hg.): Der eingekreiste Wahnsinn. Frankfurt.
De Girolamo, G., 2001. Der gegenwärtige Stand der psychiatrischen Entwicklung in Italien. Nervenarzt 72: 511-514.
Dellwing, Michael, 2008a: Reste. Die Befreiung des *Labeling Approach* von der Befreiung. Kriminologisches Journal 40: 163-178.
Dellwing, Michael, 2008b: ‚Geisteskrankheit' als hartnäckige Aushandlungsniederlage. Soziale Probleme 19: 150-171.
Dellwing, Michael, 2009: Das Label und die Macht. Kriminologisches Journal 41: 162-178.
Foucault, Michel, 1968: Geisteskrankheit und Psychologie. Frankfurt.
Foucault, Michel, 1989: Wahnsinn und Gesellschaft. Frankfurt.
Goffman, Erving, 1972: Relations in Public. New York.
Goffman, Erving, 2009: Asyle. Frankfurt.
Groenemeyer, Axel, 2008: Psychische Störungen als Thema soziologischer Analysen. Soziale Probleme 19: 113-135.
Häfner, H., 2001: Hat Basaglia eine bessere Psychiatrie geschaffen? Zur Biographie der italienischen Psychoreform. Nervenarzt 72: 485-486.
Hinterhuber, H., D. Liensberger, J. Schwitzer, E. Rizzuti und U. Meiser, 2001: Stand und Entwicklung der psychiatrischen Versorgung in Italien. Nervenarzt 72: 501-510.
James, William, 2000: Pragmatismus: Ein neuer Name für einige alte Wege des Denkens. Berlin.
Keupp, Heinrich, 1972: Der Krankheitsmythos in der Psychopathologie. München.
Kilian, Reinhold, 2008: Die Bedeutung der Soziologie psychischer Gesundheit und Krankheit im Zeitalter der biologischen Psychiatrie. Soziale Probleme 19: 136-149.
Kreissl, Reinhard, 2006: Begrenzte Konstruktivität – Wie Helge Peters einmal versuchte, den labeling approach zu retten. S. 42-55in: *Mensel, Birgit* und *Kerstin Ratzke* (Hg.): Grenzenlose Konstruktivität? Standortbestimmung und Zukunftsperspektiven konstruktivistischer Theorien abweichenden Verhaltens. Opladen.
Laing, Ronald D., 1969: Phänomenologie der Erfahrung. Frankfurt.
Laing, Ronald D., 1972: Das geteilte Selbst. Eine existentielle Studie über geistige Gesundheit und Wahnsinn. Köln.
Peters, Helge, 1997: Distanzierung von der Praxis in ihrem Namen. Empfehlung, an einer definitionstheoretisch orientierten Kriminalsoziologie festzuhalten, in: Kriminologisches Journal 29: 267-274.

Peters, Helge, 2009: Devianz und soziale Kontrolle. Weinheim.
Pycha, Roger und *Andreas Conca*, 2006: Psychiatrische Versorgung aus einer Hand. Das Beispiel Südtirol. Wiener Medizinische Wochenschrift 156: 111-117.
Richter, Dirk, 2003: Psychisches System und soziale Umwelt. Bonn.
Rorty, Richard, 1982: Consequences of Pragmatism. Minneapolis.
Rorty, Richard, 1989: Contingency, Irony, and Solidarity. New York.
Rorty, Richard, 1991: Objectivity, Relativism and Truth. New York.
Rosenhan, David L., 1981: The Contextual Nature of Psychiatric Diagnosis. S. 319-329 in: *Grusky, Oscar* und *Melvin Pollner* (Hg.) (1981): The Sociology of Mental Illness. Basic Studies. New York.
Rosenhan, David L., 2002: Gesund in kranker Umgebung. In: Kölner Schriften zur Kriminologie und Kriminalpolitik 3: 103-125
Sarbin, Theodore, 1969: The Scientific Status of the Mental Illness Metaphor. S. 8-32 in: *Plog, Stanley C.* und *Robert B. Edgerton* (Hg.). Changing Perspectives in Mental Illness. New York.
Scheff, Thomas, 1984: Being Mentally Ill. A Sociological Theory. Hawthorne.
Schur, Edwin, 1980: The Politics of Deviance. Englewood Cliffs.
Szasz, Thomas, 1974: The Myth of Mental Illness. Foundations of a Theory of Personal Conduct. New York.
Szasz, Thomas, 1991: Ideology and Insanity. Essays on the Psychiatric Dehumanization of Man. Syracuse.
Watzlawick, Paul, Janet Beavin und *Don Jackson*, 2000: Menschliche Kommunikation. Bern.

Psychiatric Diagnosis as a Last Bastion of Unregulated, Rampant Harm to the Populace[1]

Paula J. Caplan

In the wake of revelations about harm done in the early twenty-first century to countless citizens not just in the United States but also globally because of *inadequate* regulation in some countries of giants in the financial industry, it is hardly noticed that the massive enterprise of psychiatric diagnosis is *entirely* unregulated and causes harm to countless citizens in dozens of countries across the globe. It would be different if psychiatric classification systems were harmless products of the politics and the whims of the small numbers of people who make the final decisions about what kinds of behavior and suffering are deemed mental disorders. Were that so, one could easily write them off simply as wastes of time, massive compilations of jargon that create the unwarranted aura of scientific precision that surrounds official labeling of patients who seek or are sent for help. But giving a person one or more psychiatric labels is unlikely to help them feel better (although the labels are often required in order for their insurance to pay for their therapy), and it subjects many to a wide array of kinds of harm; still worse, more often than not, often, no individual professional or professional organization has warned that person that this is so.

The kinds of harm range from losing custody of one's child to losing a job or failing to be hired to (at least in the United States) losing one's health insurance or having skyrocketing insurance premiums to losing the right to make decisions about one's medical or legal affairs.

The harm is caused whether the diagnostic labels come from the World Health Organization's (WHO) *International Classification of Diseases (ICD)* or from the American Psychiatric Association's (APA) *Diagnostic and Statistical Manu-*

---

[1] Large portions of this chapter are taken from Paula J. Caplan. (2012). Will the APA Listen to the Voices of Those Harmed by Psychiatric Diagnosis? October 1. http://www.madinamerica.com/2012/10/p20137/ and Paula J. Caplan. (2012). The APA Refuses to listen to the voices of those harmed by diagnosis... and refuses and refuses. *Mad in America: Science, Psychiatry, and Community.* November 19. http://www.madinamerica.com/2012/11/the-apa-refuses-to-listen-to-voices-of-people-harmed-by-diagnosis-and-refuses-and-refuses-and-refuses/#comment-17784

al of Mental Disorders (DSM). Both manuals are used in many countries across the world, and those numbers are increasing. Although it is difficult to penetrate the workings of those who create the *ICD*, it appears that they go to great lengths to include in their manual nearly all of the contents of the *DSM*. Each manual is periodically published in a new edition, at which time millions of dollars change hands when librarians, professionals, and others purchase the latest versions. It is known that the APA is actually a lobby group that is legally constituted as a non-profit corporation and that all of its profits go to the APA itself, but no one regulates the APA. Furthermore, the APA's public documents make it clear that its primary aim is not to protect or assist people who seek help in the mental health system but rather to increase the influence, power, and perhaps financial gain of its members and of psychiatry as a profession. A colleague and I have tried to obtain information about how the *ICD* is compiled, who is responsible for its contents and the ethical matters involved, and what is done with the profits from its sales, but we have been unable to elicit responses to those questions.

My direct involvement with the *DSM* – often called mental health professionals' "Bible" – began in 1985. My book, *The Myth of Women's Masochism* (1985), had just been published, and coincidentally, the brilliant psychiatrist Jean Baker Miller telephoned me to inform me that the planners for the then-upcoming edition of the *DSM* had decided to add Masochistic Personality Disorder (MPD). Miller and her feminist colleagues within the APA, headed by Teresa Bernardez, had protested the inclusion of that category and another new one that was to be called Premenstrual Dysphoric Disorder. The story of my inside view of the *DSM* process, which began soon after Miller's call to me, is described in detail elsewhere (Caplan, 1995), as is what I learned after 1988, when, at the request of Allen Frances, who headed the Task Force charged with creating what became the *Diagnostic and Statistical Manual of Mental Disorders-IV* (APA 1994), I became a consultant to two of his committees.[2] As a specialist in research methodology, I found it troubling to observe from the inside of the *DSM* process that it is extremely unscientific and that those in charge tended to ignore good research if it did not advance their aims, whereas they often cited junk science as though it was of high quality if *that* advanced their aims. I also found it disturbing to see how they not only ignored evidence I provided of people who were being harmed by being given their labels but actually denied publicly that they caused harm.

Over the decades, many kinds of attempts were made to persuade those in charge of the *DSM* to act responsibly both in constructing the manual and in the

---

2 Caplan, Paula J. (1995). *They Say You're Crazy: How the World's Most Powerful Psychiatrists Decide Who's Normal*. Reading, MA: Addison-Wesley.

way they portrayed it to the public, but none got much traction. Attempts were also made to educate professionals and the public about the manual's unscientific nature and about the fact that using it does not improve outcome but does carry enormous risks. Here is some of what was tried:

1. In 1986 I had started a petition campaign to protest the inclusion of MPD and PMDD, for reasons explained in detail in my 1995 book (Caplan, 1995). The campaign ended in the gathering of signatures from individuals and letters from major organizations representing a total of more than six million people. But it resulted only in *DSM-III-R* head Dr. Robert Spitzer putting those two categories (with MPD renamed Self-defeating Personality Disorder) in what he called a "provisional appendix" rather than the main text. However, that failed to prevent the application of those labels to untold numbers of people.

2. In 1996, I decided to write a play about psychiatric diagnosis called CALL ME CRAZY. It is a comedy-drama with music, and I wrote it as one way to show the public the truth about psychiatric classifications and what goes on behind the closed doors of therapists' case conferences.

3. I created a website called psychdiagnosis.net, where, among other things, I posted information about problems with psychiatric diagnosis, 53 stories of harm it has caused, six different kinds of solutions or partial solutions, and a petition calling for Congressional hearings about psychiatric diagnosis.

4. In 2012, Amy Smith created a Facebook page called Stop Psychiatric Diagnosis Harm, where people can post information, questions, and stories.

5. Also in 2012, Patrice Campion, Emily Roberts, Jordan Ford, and I created a new website — psychdiagnosis.weebly.com — where some new stories of harm could be posted and where other information could be obtained, including but not limited to the filing of complaints about harm from diagnosis.

6. At the suggestion of Dr. Lenore Walker, Dr. Janet Hyde as president of Division 35 of the American Psychological Association (the "other" APA, not the one that publishes the *DSM*) created a committee about bias in psychiatric diagnosis and appointed me to head it.

7. In 1995, my recounting of what I learned while on the two *DSM* committees had been published (Caplan, 1995), and I asked Division 35 (Dr. Hyde by then was no longer president) to publish a collection of short critiques of *DSM*-related matters for use in clinical training programs, to try to compensate a bit for the nearly total absence of such material. Division 35 refused to do this, but ultimately, at the suggestion of Dr. Joan Chrisler, Association for Women in Psychology (AWP) coordinator Dr. Maureen McHugh spearheaded

AWP's sponsorship of the publication of that material, which appeared as a book called *Bias in Psychiatric Diagnosis* (Caplan & Cosgrove, 2004).

8. I had been asked to write a book about *DSM-5* in advance of its publication. However, I had learned from long experience that it was pointless. The reason is that a great deal of insider manipulation and concealment from the public has characterized the preparation of each edition, and since there is no oversight, no regulation, there is no way that anyone but the *DSM* chiefs can know in advance what will be in the manual. Any book I might have written before seeing the published *DSM-5* would thus likely have been filled with both irrelevancies about last-minute exclusions and failures to address decisions made at the last minute and/or in secret.

9. The AWP gave us the opportunity to form a Committee on Bias in Psychiatric Diagnosis and to post short essays on its site at awpsych.org in advance of the *DSM-5*'s publication. We were gratified to learn that these materials had been used in undergraduate and graduate courses.

10. Starting in the spring of 2011, when I was asked to write a blog for Psychology Today, I began to write many essays there about psychiatric diagnosis, including both what I had seen about past editions and what was happening as the next one was prepared. This included a series of essays in which I reported on the *DSM-5* conference call in which I participated, which had been advertised as allowing consumers and consumer groups to ask whatever questions they wanted. The very troubling facts about what actually happened on that call are reported on my blog there.

11. In 2011, Jordan Ford created a website for me at whenjohnnyandjanecomemearching.weebly.com in connection with the publication of my book about military veterans (Caplan, 2011). There, too, I have addressed matters related to psychiatric diagnosis, specifically about the many appalling ways that it has been used to pathologize deeply human reactions to the traumas of war and military sexual assault.

12. As head of the short-lived PLAN T Alliance (Psychiatric Labeling Action Network for Truth), I posted two petitions that are still up. One is "Boycott the DSM: A Human Rights Issue" (http://www.change.org/petitions/boycott-the-dsm-a-human-rights-issue), and the other is "Call for Congressional Hearings about Psychiatric Diagnosis" (http://www.change.org/petitions/everyone-who-cares-about-the-harm-done-by-psychiatric-diagnosis-endorse-the-call-for-congressional-hearings-about-psychiatric-diagnosis)

13. Although as documented in a full chapter in my 1995 book, the petition campaign in the 1980s had garnered a great deal of media coverage (albeit most of it included serious distortions as a result of journalists' failure to take note of solid evidence that many claims from the *DSM* heads were false: See Caplan, 1995), no journalist on my extensive media list sent so much as an inquiry in response to any of the notices I sent them about the essays I wrote starting in 2011 on my blogs or in response to the *Washington Post* piece I wrote in 2012 (Caplan, 2012) about harm from psychiatric diagnosis and the filing of complaints (see below) against the APA.

Critiques and petitions by other groups had, no matter how trenchant or how well-supported, led to as little responsible or compassionate reaction from the APA as had any of the approaches I had tried.

Given[3] that at least half of everyone in the United States will be diagnosed as mentally ill at some point during their lives, at least 150 million people in that country alone are at risk of harm from receiving one or more labels, in addition to many in the dozens of other countries where the *DSM* (including translated versions in many languages) is sold. In important ways, then, the APA should be seen as embodying many of the dangers of what are usually considered the multinational corporations, whose actions have global impact and who reap vast profits from their products with little concern for the harm that they cause. The APA has apparently earned more than $100 million from the current edition of the *DSM*, and there is no indication that they have spent one cent of that money even to try to document the harm done by the manual, never mind to redress any of that harm. The APA does not have to care, and no one has held them accountable.

Although in recent years, much has become known about the harm caused by Pharma and by involuntary commitment and forced treatment, surprisingly few people have seemed to notice that everything bad that is done to patients in the mental health system begins with psychiatric diagnosis. These diagnoses are the fundamental building blocks for damage, because they are used to justify a host of terrible approaches, on the grounds that those are the ways to treat someone who is labeled mentally ill. Even in a superficially more innocuous way, once someone is psychiatrically labeled, even if the treatments are not actively damaging (such as interminable psychotherapy), the fact that the person has been labeled gives authority to the therapist who continues with ineffective treatment, because the therapist who assigns the diagnosis tends to be considered the expert about what the suffering person needs.

---

3   The following is most of my article from http://www.madinamerica.com/2012/10/p20137/, "Will the APA Listen to the Voices of Those Harmed by Psychiatric Diagnosis?"

Until recently, almost no one has tried to hold the APA accountable for the harm for which their diagnostic manual is the "first cause," but that has recently changed (more about this subsequently). Although individual practitioners ought to be held responsible for studying how the *DSM* is put together and therefore knowing that its contents do not hold water, that giving a suffering soul a psychiatric label does not improve the outcome, and that giving someone one of these labels carries many risks of harm, many of them simply are unaware of these facts, partly because the APA has so effectively made the *DSM* into the diagnostic bible, and clinical training programs and the authors of abnormal psychology textbooks do little or nothing to call its validity and alleged helpfulness into question or to warn of the harm it can cause.

To my knowledge, no one has tried to hold the relevant people in the APA responsible for their role in causing harm. But when a corporation that manufactures automobiles knowingly puts dangerous vehicles on the market, claims that they are safe, and fails to warn its distributors about the danger, it is clear that the corporation is the first cause of the harm that results, and it ought to be held accountable. The corporation that is the APA needs to be held similarly accountable for the harm that it causes, and a first attempt at doing so has recently begun, as will be described.

In my 1995 book where I describe what I learned as an insider in the *DSM* process, I sadly speculated that the APA was so powerful that lawsuits held the only hope of stopping them from causing harm. In all that time, I have been unable to find an attorney who both appreciates the importance of the role of psychiatric diagnosis in causing harm and has enough financial security to be able to take on this kind of case.

Several years ago, psychiatrist Allen Frances, probably the single individual responsible for the pathologizing of millions more human beings than anyone else in history, began lighting into the people preparing the *DSM-5*, the edition due to be published in 2013. He claimed that what they were doing was unscientific and would cause harm. Frances had headed the Task Force that prepared the *DSM* edition that was then in use and has been since 1994, the *DSM-IV* (and its slightly revised offspring, *DSM-IV-TR*, of which he was one of three editors). He was the person who had invited me to serve on two of his Work Groups, telling me that for his edition, "this time" the decisions would be based on the science, and "this time" they would have open and honest debate. I smiled to myself when he told me that, because that was what Robert Spitzer, who oversaw the production of the two previous editions, had said about his. But I wanted to believe what Allen told me. After two years, I quit his Work Groups when I saw how he and his colleagues used junk science to support whatever they wanted to do and ignored, distorted, or frankly lied about well-done research when it failed to support their aims. I also quit when I saw that, despite my sending them reports of people harmed by their labels, he and his colleagues failed to act to try to prevent that harm, and some even claimed publicly that they caused no harm.

When criticizing the *DSM-5* leaders, Frances writes as though his critique had sprung straight out of his own head, failing to cite the enormous number of people who had legitimately voiced those criticisms about his own editions.

Furthermore — and strangely — although he has actually gone so far as to say that there is no good definition of mental disorder, declaring that it's "bullshit" (Greenberg, 2010), he nevertheless continues to spend a great deal of time claiming that for his editions of the manual, the process was painstakingly scientifically grounded.

One might say that there's no harm in Frances's railing against *DSM-5* and that in fact he is doing a service by pointing out its dangers. There are several problems with that, however, and I will state one here: Because of the drama of his position, having headed *DSM-IV* and now casting himself as Cassandra for *DSM-5*, so much attention has been focused on the forthcoming edition that the harm currently being done every day by his own editions is being overlooked. So, too, is the fact that a likely major source of harm from *DSM-5* will result from its retention of much of the content from Allen's editions. Certainly neither Frances, who apparently no longer belongs to the APA for reasons the APA will not disclose, nor anyone currently within the APA has taken steps to redress any of that harm.

Months before the May, 2012, APA convention, where it appeared that the vote would be cast to send *DSM-5* to press, I contacted the brave PsychRights attorney James Gottstein, who has done so much work to reveal drug companies' abuses and secrets and to fight against involuntary commitment and treatment. I asked him about some grounds I had identified for lawsuits about harm from psychiatric diagnosis. He suggested to me that, given that I hoped to draw attention to the harm already done by diagnosis and to do so before the APA's vote, the better thing to do would be to file complaints with the APA about the violation of its ethical standards in the creation and promotion of the *DSM*.

My first step was to send out a request for stories from people who had been harmed because of receiving psychiatric labels. Since the APA requires that complaints involve harm suffered in the past ten years, I looked for stories that met that criterion (we would argue that even if they had been diagnosed more than ten years before, the ongoing suffering experienced in the past ten years ought to be considered legitimate grounds for complaint), for indications that the labels they had been given came from the *DSM* and not the International Classification of Diseases or some other source, and for clear causal connections between getting a diagnosis and experiencing harm. I then offered to help each such person prepare a complaint if they wished to do so.

In late April, 2012, nine complaints were filed.[4]

Seven were by individuals who had been harmed, one was by someone whose loved one was harmed, and one was by me as an "interested party" who had seen harm caused. All of us listed quite a few of the APA's published ethical standards that had not been met, those which in essence require its members to make patients' welfare paramount and to take careful account of scientific research. In the eight other than mine, the respondents named were the three editors of *DSM-IV* and *DSM-IV-TR*. For mine, I named only Allen Frances, because I had had so many direct communications with him that it made sense to focus on those interactions, which revealed that he knew about the lack of good science in his work and some of the harm that labeling had caused. Each of us complainants requested that the APA notify us that our complaint had been received and tell us what the next steps would be, since the APA's published material about complaints procedures is rather vague.

It has been extremely difficult, for reasons I only partially understand, to interest media people in this work, which surely would make for a powerful series of human interest stories even for those uninterested in their political aspects. On April 29, 2012, the *Washington Post* published an article called "Psychiatry's Bible, the *DSM*, Doing More Harm Than Good" (Caplan 2012a), which included the first public announcement about the complaints. More than 400 comments were posted in the four days after publication, and almost every comment was supportive, but neither the article nor my circulation of it to my extensive list of media contacts brought a single expression of interest from any reporter, and at the time of writing this chapter, that lack of interest has not changed.

For weeks, no one heard anything from the APA. Requests for responses finally brought two pieces of news: One was that Allen Frances was no longer an APA member, and the other was that the other two respondents, Drs. Harold Pincus and Michael First, are both members of a particular APA district branch in New York state, so the complaints other than mine would be handled by that district.

Considering what to do about my now moot complaint led me to ask myself the question, "Who, besides those three editors, is genuinely responsible for the

---

4   In preparing the complaints, as well as the template described later, I received various kinds of assistance from David Dunlap, Jeffery Wilson, Jim Gottstein, Julie Leonovs, Patrice Campion, Emily H. Roberts, Amy Smith, Wendy Murphy, Leslie Friedlander, Emily Cohen, David Jacobs, and two other people who asked that their names not be published.

harm done by the *DSM*?" As soon as that question came to mind, the answer was clear, so I got in touch with the other complainants, each of whom then wrote to the APA to say that they would be submitting amended complaints and that no action needed to be taken on the original ones.

The answer to the question I asked myself was, "Everyone who has been a president or a trustee of the APA corporation from 1988, when the *DSM-IV* Task Force was appointed, to the present is responsible for the harm that has been done. Each of them, because of their positions, knew or ought to have known that the manual is not scientific, does not improve outcome, and carries great risk of harm, and each of them should have made that information known to professionals and the public. Had any one of them done so, much of the harm would have been prevented. In the absence of such action, both many professionals and the public have believed that diagnosis is scientifically grounded and that classifying patients according to the *DSM* will be helpful to them."

Then an additional part of the answer became clear: "The APA itself, as an entity, is also responsible. The APA is the publisher and marketer of the manual, and it reaps the enormous profits both financial and reputational."

The amended complaints of the nine of us – known colloquially as "The *DSM 9*" – were filed in late June and early July. The respondents we each named were the presidents and trustees beginning in 1988 and the APA itself. We said in our amended complaints that the APA as an entity ought to be bound to meet the same ethical standards that it requires its individual members to meet, and we said that in addition, the APA as an entity was violating section (g) of its own Purposes and Objectives clause, which is: "(g) to promote the best interests of patients and those actually or potentially making use of mental health services." In addition, each of the other eight named the Work Group heads or members who had had responsibility for the label(s) given to them (or, in the one case, the complainant's loved one).

In the amended complaints, we requested that they be handled not by one of APA's district branches, as described in their complaints procedures, but rather at the national level, in light of both the variety of geographical areas of residence of the respondents and of the national and indeed international import of the complaints. We also asked that, since the APA itself was named as a respondent, in order to avoid conflicts of interest or even the appearance of such conflicts, the Ethics Committee bring in outside, objective parties to handle the complaints. We further asked to be shown all material submitted by the respondents and to be allowed to cross-examine witnesses.

My own complaint this time included a section about the longstanding and pervasive pattern of deception involved in the production and public presentation of the *DSM*, and I also noted that, in addition to the kinds of harm generally caused by the manual and its misrepresentation, the *DSM* is plagued by sexism, racism, ageism, classism, and homophobia.

I informed the complainants from the outset and subsequently that I believed there was no way to predict what the APA would do in response to the complaints. I said that I feared that, based on the resistance I had directly observed since the 1980s when concerns have been raised, they might find ways to do nothing at all. Some of the complainants found it so painful to write their stories that it took them a great deal of time, and support from others as they went through that process was helpful. Many, however, have said that even if the APA takes no positive, fair, and appropriate steps, the very act of filing the complaints, of making a first attempt to hold accountable those whose actions and failures to act have caused so much harm has been strengthening and even, in some cases, inspiring for them.

I have been deeply moved by the honesty and the courage of the complainants – both in writing their stories and in taking the risks of filing their complaints. The procedures are said to be confidential, but confidentiality has been known on occasion to be broken, and despite my saying that to them, they chose to move forward.

More than a month again passed with no reply to our requests that the APA notify us that they had received of our complaints and that they inform us what the next steps would be. I sent inquiries to Linda Hughes, who signs her emails with the position of "Director, Office of Ethics and District Branch/State Association Relations" at APA headquarters, asking her to respond to each of us. On August 3, Ms. Hughes sent me an email in which she said in essence that nothing like this had been done before, because complaints are handled by district branches, not at the national level as we requested, and that they would have to discuss what to do at the Ethics Committee's next regularly scheduled meeting, which would be in September. She said — apparently in response to our requests to see all materials submitted by the respondents and be allowed to cross-examine witnesses — that their procedures are "not like court proceedings" but instead are "peer review"; that complainants are witnesses rather than "active participants"; and that the APA does not have strict timelines for dealing with complaints.

Ms. Hughes also wrote on August 3 that we seemed not to have seen the "Principles of Medical Ethics with Annotations Especially Applicable to Psychiatry "(2010), and the "Procedures for Handling Complaints of Unethical Conduct" (contained in the Principles document)," and she sent each of us those documents. In addition, she wrote: "You may want to review the current Principles and Procedures and determine whether this is the type of proceeding you are interested in pursuing. If it is not, please let me know by the end of the month."

I had been certain that their delay in responding to us about both the original complaints and the amended ones was at least in part because they were consulting with their attorneys. I hoped against hope that they would not seek ways to dismiss the complaints without giving them serious consideration. When Ms. Hughes wrote that we seemed not to have read the current edition of their manual, it appeared that there was a danger that they might dismiss the complaints by asserting that we had made wrong assumptions about the complaints procedures and, in essence, did not know what we were doing. So most of us complainants wrote to Ms. Hughes to point out that we were indeed familiar with the current version of their procedures and had in fact cited them on page 1 of our complaints. On August 3 I sent her the following email:

> Dear Ms. Hughes:
>
> ...Let me respond to what you wrote.
>
> First of all, if you read the complaints that were filed, you will see that we had indeed read the document for which you are sending the URL, because we cited it — the 2010 edition — early in each of the complaints. It was because there is so little information in that document that the other complainants and I took care to request information from you about what would happen next.
>
> It is interesting that you tell me that what we have done is in fact groundbreaking, that you have never before had anyone file a complaint that cannot simply be sent off to one limited district branch. I will be interested to learn what the APA Ethics Committee decides to do about this, but it is problematic that they will not discuss this until sometime a month or more from now. With the ease of conference calls and videoconferencing, may I request that a meeting of that sort be arranged sooner. After all, more than a month has passed since the complaints were submitted, and this is the first communication any of us has had from you about what the next step will be. I will look forward to hearing from you whether an attempt will be made to arrange an earlier meeting.
>
> I can assure you that the world will be watching to learn how the APA handles these complaints about such very serious and pervasive problems, and it is to be hoped that the Ethics Committee will do what is clearly the right, proper, and humane thing.
>
> May I assume that you have sent this same information to all of the other complainants? It is important for you to communicate directly with them and not just with me, out of respect for the work they have done in filing the complaints and the suffering they have already endured.
>
> With regard to your final question, I personally am interested in pursuing whatever the APA Ethics Committee decides to allow or make happen, because it is better than no action at all being taken. As for the other complainants, you will of course need to ask whatever questions you have of each of them.

> I have one further question, the answer to which I have not been able to find since your message arrived: Who are the current members of your Ethics Committee, or where I can I find that listing?
>
> Thank you,
>
> Paula J. Caplan, Ph.D.

Ms. Hughes has not responded to the question about who are the members of the Ethics Committee. Phone calls to APA headquarters yielded the response that the members' names cannot be divulged. I also wrote on August 13 to say that the APA was showing an absence of concern for the other eight complainants by failing to move the process along, and I requested that things be moved forward rather than waiting for an already-scheduled September meeting to take place. I asked whether, given the available technology, there was any reason that the committee could not schedule a telephone conference call to discuss the matter. The only relevant information I have received in response was that no earlier meeting would be scheduled and that the September one would be "early" in the month.

This is my August 13 letter to Ms. Hughes:

> Dear Ms. Hughes,
>
> I am wondering if perhaps you failed to receive my email of August 3, 2012, since you did not respond to the questions I asked therein. So here it is again, below.
>
> Please let me know by return email:
>
> (1) The names of the members of the Ethics Committee (not counting you and Urysha). At the very least, this information should be sent, when these are the people who will be deciding what to do about our complaints. It would be alarming indeed and not do the APA's reputation any good if these names were not to be provided.
>
> (2) Why you or the committee members have chosen to postpone a decision about how next to proceed until after a meeting that you had already scheduled anyway. With all of the available technology, when people care enough about doing the right thing, it is a simple enough matter to hold a teleconference. It is unconscionable to inform complainants that they will simply have to wait until after a meeting that you had already planned to have anyway. This shows an absence of concern for the suffering of the complainants.
>
> I wonder why you continue to inform complainants that you think they have failed to read the 2010 version of the APA's Ethical Principles, given that every complainant actually cited that document within their complaint. May I assure you that it is not effective for you to write in this demeaning way to any of us. The fact that the APA has historically handled (or failed to handle) reports of ethical problems in a particular way ought not to mean that people who have been harmed by the APA and some of its members should fail to request what is fair, reasonable, and ethical. Then the APA can decide whether to refuse to act appropriately. I hope to hear from you that the Ethics Committee will consider the seriousness of the harm that has been done by the breaching of its own Ethical Principles and not retreat behind a narrowly

chosen definition of what the Committee "can" and "cannot" do. Ethics is not supposed to be about hiding behind technicalities. As written in your own APA documents and as quoted in these complaints, the APA Ethical Principles exist for the purpose of ensuring the "lessening of unethical conduct."

Sincerely,

Paula J. Caplan, Ph.D.

On August 20, 2012, having received no reply from Ms. Hughes, I received an emailed letter from the APA's general counsel, Colleen Coyle. She wrote to me:

> APA appreciates that you have filed an ethics complaint and that you are anxious to have that complaint resolved. However, you have selected this forum and therefore its rules of procedure, which apply to you, our members or any other person that files a complaint with the Ethics Committee. This is not a matter of how APA historically handles matters. It is a matter of due process in a proceeding that is expressly governed by the published rules which do not change to meet the objectives of each individual complainant. The Ethics Committee in September will consider whether the complaint you filed is in compliance with the rules of procedure that Ms. Hughes has provided to you. If it is not, then APA will notify you that the Complaint is not in compliance with the procedures and this file will close. If the complaint does comply with the procedures, then, as stated in the rules, APA will determine the appropriate District Branch(s) to hear the case according to the "Procedures for Handling Complaints of Unethical Conduct." With both the APA and the District Branches, the names of the volunteer members of their ethics committees are not released except as provided in the Procedures (the names of the members appointed as reviewers or the names of those serving on the hearing panel in a particular case, for example.)
>
> The process you initiated is underway. If the Committee has any questions or needs any additional information from you prior to its meeting in September, I will be in contact with you. Otherwise, the Ethics Committee will get back to you with information about whether and how this complaint will proceed after it has met and discussed it at their September meeting.
>
> Yours truly,
>
> Colleen M. Coyle,
> General Counsel
> American Psychiatric Association
> 1000 Wilson Blvd. Suite 1825
> Arlington, VA 22209

On August 20, I sent this reply:

> Dear Ms. Coyle,
>
> Thank you for getting back to me in response to the messages that I sent to Ms. Hughes.
>
> First of all, may I assume that you will be sending this message to the other people who filed their complaints in late June/early July and who made similar procedural requests?

Second, I trust it is clear that the APA's published information about procedures for Ethics Complaints provide only some information about what to expect, how these things are carried out, and what the APA Ethics Department and/or Ethics Committee considers to be its procedures, what flexibility it does or does not have, and what it is able to do or not to do. **Please note: Nothing in my complaint must be taken to mean that if you do not agree to everything requested, then you ought simply to dismiss the complaint out of hand. I request that the APA proceed with this complaint, addressing anything in the complaint with which the APA decides it can deal and in whatever ways the APA decides it can proceed. The contents of the complaint are designed to request reasonable responses from the APA, but if the APA chooses not to respond to part of it or to follow some different procedure other than what is requested, I request that the APA move forward as it chooses to do. Needless to say, the best thing would be to address everything in the complaint and to follow the procedural requests that I have made, and the next best thing would be for the APA to do part of this. What would not be acceptable would be simple dismissal of the complaint altogether on the grounds that the APA has different procedures and chooses not to alter them.**

Third, I have repeatedly asked when in September the Ethics Committee is scheduled to meet and discuss these complaints, and these requests have been ignored. I now request that you personally send me this basic information.

Fourth, as an attorney, I am sure that you understand that APA's apparent intention to send this complaint to some district branch, when in fact it is hard to think what would warrant dealing with it as though it raised matters limited to one geographical region, is puzzling. What bases for choosing a particular district make sense, given that the respondents live in many different APA districts and given the national and even international import of the matters addressed in the complaint? Whatever the answer to these questions, as stated above, I request that my request for this to be dealt with at the national level — understanding that APA has never been asked to do this before and may decide still to send it to a district branch — not be used as a "rationale" to get rid of the complaint altogether. If you choose nevertheless to send it to some district branch, I will hope to be informed of the reasoning behind the choice not to deal with it nationally and also behind the choice of the particular district to deal with it.

Fifth, wherever APA decides to handle this complaint, I would like to draw your attention to the request that I made that the APA appoint people external to the APA itself, objective people, in order to avoid a conflict of interest or even the appearance of one. Clearly, having APA's own members handle a complaint whose respondents include so many APA members and also the APA itself as an entity risks carrying out proceedings that are not fair, do not reduce unethical behavior (as the APA itself states is the aim of such proceedings), and frankly makes the APA look bad.

Thank you for your attention to these matters, and I will look forward to your reply.

Best,

Paula J. Caplan, Ph.D.

On September 12, having heard nothing further from Ms. Coyle or Ms. Hughes, I wrote to Ms. Coyle as follows:

Dear Ms. Coyle,

We had been informed that the Ethics Committee was going to meet in early September to decide about the next step for the complaints filed in late June and early July. We complainants have not heard back about what it decided, and on behalf of the complainants, I hereby request that information.

Furthermore, as you are no doubt aware, we had written to request explicitly that if the Committee should decide that it could not proceed in the fair and appropriate ways we requested and/or could not take one or more of the requested actions, that it nevertheless make sure to proceed with whatever portions of the complaints with which it decided it was prepared to proceed. We have not received confirmation that this would be done either, and we would appreciate receiving that notification.

In reply to this message, please write to all of the complainants who filed at that time.

Thank you for your attention to this matter.

Best,

Paula

On the advice of attorney Wendy Murphy, on July 4, I had informed Ms. Hughes as follows:

Dear Ms. Hughes:

In the past week, you will have received a number of complaints with regard to the harm caused by psychiatric diagnoses from the *DSM*.

In the event that the Ethics Department declines to respond effectively to these complaints, complainants will seek alternative remedies from the Department of Health and Human Services' Office for Civil Rights and/or via equitable actions for relief seeking declaratory and injunctive remedies in federal and state court.

Regards,

Paula J. Caplan, Ph.D.

At the time the original complaints were filed, I wrote an article for the Washington Post about harm from diagnosis.[5]

In which I mentioned that some of those who had been harmed were finding their voices and trying to hold accountable the people who were the first cause of the harm by filing these complaints. Within the first four days after the article appeared, more than 400 comments were posted after the online version, and the vast majority were extremely positive.

---

5 http://www.washingtonpost.com/opinions/psychiatrys-bible-the-dsm-is-doing-more-harm-than-good/2012/04/27/gIQAqy0WIT_story.html

As word began to spread about the filing of the complaints, I began to receive requests from others wishing to file. I prepared a template and instructions for filing a complaint.

Anyone wishing to consider filing a complaint can go to psychdiagnosis.weebly.com and send a message requesting information via the Contact Us form. They will be sent an initial set of instructions about how to determine whether the label(s) they have received came from the *DSM* and how to write a very brief description of the labels they received, what was happening to them at the time that was labeled mental illness, and any harm that came to them as a result. They do not need to send that to the website but only need to send word through the contact form that they have completed those two steps (and if they wish, send their story with a request for feedback about its clarity and completeness for purposes of the complaint). At that time, they will be sent the template, the length of which is daunting, but it is accompanied by instructions about the few places that they need to fill in a blank or delete a few sentences.

What is in the complaints and the template? There are five sections. Section 1 includes a statement that the complaint is filed because of the harm done by diagnostic labeling, a list of the APA's Ethical Standards that were not met, and the respondents who failed to meet them. Section 2 is called "My Story" and includes a listing of the kinds of harm the complainant suffered. Section 3 is by far the longest, including extensive documentation that the respondents knew or ought to have known that the manual is not scientifically grounded, does not improve outcome, and carries great risks of harm. A lengthy subsection is based on every presidential address and address by the president-elect from 1988 to the present, showing whether they either failed to mention the *DSM* or diagnosis at all — disturbing in light of the fact that the *DSM* is such a huge source of APA profits and prestige — or they made unfounded claims that the *DSM* or psychiatric diagnosis has become very scientific. (I wrote my amended complaint after the other eight had been filed, and mine includes a section not found in the others. It is called, "A Longstanding and Pervasive Pattern of Deception in the Creation and Public Presentation of the Manual.")

Section 4 is a list of each complainant's requests for action by the Ethics Committee. Some vary from one complainant to another, including whether or not they request compensation for financial losses, but all eight ask for a letter to the effect that the label(s) given are not scientifically grounded, should not have been applied to them, and should not be applied to anyone. All nine of us ask, among other things, that black-box warnings be placed on every copy of the *DSM* and related products (the APA publishes, sells, and thus profits from numerous books and other products related to the manual), stating that the *DSM* is not scientifically grounded, does not improve outcome, and carries substantial risks of harm; that within six months of the receipt of the complaints, the APA hold hearings at which people can testify about the harm they have suffered because of receiving *DSM* diagnoses; that the APA actively seek to document harm and use some of its $100 million profits from the current edition to begin to redress the harm; and that the APA arrange for a session at its next convention that will include testimony from some who have been harmed. We complainants thought it was important to ask for anything that would truly redress the harm done so far and/or to try to prevent harm in the future. Section 5 is composed of the procedural requests mentioned earlier.

Hopefully, more people will file complaints, and hopefully, word will get out about whatever the APA does, whether good or bad. I would love to hear from attorneys who recognize the importance of filing lawsuits (I have a number of grounds in mind, as well as a wealth of documentation) about harm from psychiatric diagnosis.

Other actions that anyone can take to help try to reduce the harm from psychiatric diagnosis include:

- signing the "Boycott the *DSM*: A Human Rights Issue" at http://www.change.org/petitions/boycott-the-dsm-a-human-rights-issue
- signing the "Call for Congressional Hearings about Psychiatric Diagnosis" petition at http://www.change.org/petitions/everyone-who-cares-about-the-harm-done-by-psychiatric-diagnosis-endorse-the-call-for-congressional-hearings-about-psychiatric-diagnosis
- joining the Facebook page called "Stop Psychiatric Diagnosis Harm," which is moderated by Moss Bliss and is a place where a great deal of information is provided about this subject
- checking out the websites psychdiagnosis.net and psychdiagnosis.weebly.com for information about six different kinds of solutions, updates that will be posted there about what is happening with the complaints, and many stories about the harm

On October 22, 2012, all nine complainants were notified that the complaints were summarily dismissed. In November, the following essay, "The APA Refuses to Listen to Voices of People Harmed by Diagnosis...and Refuses and Refuses and Refuses," was published at madinamerica.com.

When you try to speak truth to power, what happens if the powerful turn off their hearing aids?

These days, when I think of the American Psychiatric Association (APA), I remember Lily Tomlin's character Ernestine, an obstreperous telephone operator who was damned if she was *really* going to help anyone who needed it. Emitting her snorting laugh, she would say, "We don't care. We don't have to. We're the telephone company." The APA doesn't care. It doesn't have to. It is totally unregulated. That makes it even less regulated than the financial giants who have so damaged the economy.

I write today's essay as part of a larger, ongoing set of public education initiatives, because the people need to know how utterly unresponsive and coldblooded this unregulated lobby group is. We know something about what happens to an individual whose destructive actions are completely unchecked. The APA's fortress protects 36,000 psychiatrists, and although some I know personally and consider great human beings and helpers, the organization's power and the cover of its so-called ethics rules provide protection for those who break the "Do no harm rule." In fact, the APA's motto might well be, "We will allow no harm to be done to our members who do harm to those who come seeking help."

On October 1, I reported here (http://www.madinamerica.com/2012/10/p20137/) that nine groundbreaking complaints about psychiatric diagnosis destroying people's lives had been filed three months before with the American Psychiatric Association's Ethics Department, because the APA creates, markets, and profits from the *Diagnostic and Statistical Manual of Mental Disorders*, while promoting the false beliefs that its contents are scientifically-grounded and likely to help reduce suffering, as well as that they carry no risks of harm.

The heart of each document was an eloquent description of the kinds of harm that its writer had suffered. Together, the women described the losses and damage of every imaginable kind that they had suffered. Each one listed a number of requests for action that would redress the harm done to them individually and prevent harm to others in the future.

In my November 11 *Psychology Today* essay (http://www.psychologytoday.com/blog/science-isnt-golden/201211/apa-does-not-care-about-weaponized-diagnosis), I announced that on October 22, 2012, in one brief and strange paragraph sent simultaneously to all nine, the APA summarily dismissed the complaints, giving not the slightest indication that they had even considered their merits. At no time did anyone from the APA respond to our request that they bring in objective people from outside the APA to handle the complaints, rather than handling them within the APA. We had pointed out that, especially because the APA itself was named as a respondent in our complaints, it would be important to do this in order to avoid conflicts of interest or even the appearance of conflicts of interest.

The November 11 essay contains the heartbreaking and infuriating story of Jenny McClendon, a military veteran who was repeatedly raped while serving in the Navy, and then, when she sought help, was diagnosed first with Bipolar Disorder and later with Borderline Personality Disorder and told that her mental illnesses were what caused her upset. It was appalling that all of the complainants' pleas to be heard were dismissed, and you can imagine how the dismissals caused the complainants pain, rage, and feelings of yet again being treated as though their suffering did not matter...but what special irony that the news came to Jenny shortly before Veterans Day.

I want here to (1) describe what was in that paragraph of dismissal, (2) tell you the response to it that I sent the APA, (3) describe some related efforts made with regard to the complaints, including a visit Jenny McClendon and I made to APA headquarters on November 13, and (4) tell you a number of ways that you can help.

The APA's notice of dismissal

On October 22, 2012, the following brief, strange notice of the summary dismissal of the complaints was sent from apace@psych.org to all nine complainants simultaneously:

> Dear Complainants:
>
> The APA Ethics Committee met and reviewed the complaints that you filed. After thorough discussion, the unanimous conclusion of the Committee is that none of the complaints filed comply with APA's procedures for filing and resolving ethics complaints, and in any event, none of the complaints state a violation of the Ethics rules against the respondents named in the complaints. Instead, the complaints reflect a fundamental misunderstanding on your part of the purpose and appropriate use of *DSM-IV* in diagnosing mental illness. Since you filed these complaints with the APA Ethics Committee rather than with a district branch, there is no further appeal from this Committee's unanimous decision and these cases are closed.
>
> Sincerely,
>
> The APA Ethics Committee

Some of the complainants wrote that — though not at all surprised — they felt variously erased, helpless, abused, ignored, and enraged.

Dismissal of the complaints had always seemed what the APA would be most likely to do, but the brief paragraph of dismissal was striking in that they relied solely on procedural grounds and provided neither adequate clarity nor justification of those grounds.

Response to the notice of dismissal

I emailed the complainants to suggest that we take some time to think how to proceed before publicly announcing the dismissal. Unfortunately, I unthinkingly hit "Reply All," and since the notice of dismissal had been copied to Linda Hughes, who appears to be the head administrator of the APA's Ethics Department, it also went to her. In that message, I referred to a "November 12 action" that was planned and said that I thought that in addition to asking for an in-person meeting with the APA people, we should now also plan to ask them to explain the grounds they cited for dismissal. You will see later how that may have become relevant, but I sent out another message to the complainants, copied purposely to Hughes, in which I said that I had meant to refer to the planned November 6 action.

On November 2, I sent an email in response to the letter of dismissal, variously challenging what they had written, asking questions about it, and making six requests. When you read my question (5), you will need to know that we filed the complaints against a great many respondents, aiming to include all who had major responsibility for the *DSM* edition that had caused harm to the complainants. That included not only the top *DSM-IV* and *IV-TR* people who remain APA members but also everyone who had been an APA president or member of the board of trustees from 1988 (when work on *DSM-IV* began) to the present and the entity that is the APA itself, because the organization is listed as the publisher of the manual, oversees the advertising, and reaps the profits from it. We argued that each respondent knew or ought to have known the truth about the manual and could have reduced the harm by making sure that the truth would be publicly known. Instead, each either did nothing of the kind or made public statements that the manual is scientific and/or helpful and failed to warn of or try in any way to document, prevent, or redress the harm.

The APA's description of procedures for filing complaints includes a statement that a complaint can be filed with a district branch and that if a complaint is filed with the APA itself, the complaint will be referred to the district branch of what they call the "Accused Member." We filed our complaints with the APA itself and specifically asked that they be dealt with at the national level, both because the respondents live in so many different district branches and because the matters addressed in the complaints are of national (even international) import. If you read my first essay in this space about the complaints (http://www.madinamerica.com/2012/10/p20137/), you know that in the months after we filed, emails from APA Ethics Department head Linda Hughes and General Counsel Colleen Coyle made it clear that they were trying to find ways to dismiss the complaints without considering their merits, and one way was to assert that their procedures did not allow for consideration at the national level. Coyle had stated that in order to be fair to other complainants, they had to use the same procedures with us, including assigning ours to district branches. I had responded to her that as an attorney, she would recognize that the history of the legal system in the United States shows that there are times when circumstances warrant major changes and that if the courts had not considered such changes important, then slavery would still have been legal, and she and I would not be allowed to vote. This argument carried no weight, because the APA's determination to dismiss the complaints overrode their willingness to consider what really matters. How troubling that it was the APA's division charged with ensuring ethical conduct that made this determination.

Here is my November 2 email:

Dear Colleen Coyle, Linda Hughes, and "Ethics Committee":

On behalf of all nine of us complainants, I am writing to ask the following, and we hope you will do us the courtesy of sending replies:

(1) In the brief note you sent on October 22, 2012, you said it was "the unanimous conclusion of the [Ethics] Committee" that the complaints should be dismissed. We ask yet again that you tell us the names of the members of that committee. Does it not strike you as rather medieval for the committee members' names to be kept secret from the complainants, especially given that these are the people whom the APA entrusts with ensuring that its ethical rules are followed? In the absence of this information, you are telling all of these people whose horrible suffering is documented in their complaints that some undisclosed number of secret members have summarily decided the fate of their request for fair consideration.

(2) In the October 22 note, you allege that "none of the complaints filed comply with APA's procedures for filing and resolving ethics complaints." Only the sparsest guidelines for filing a complaint are given in the materials you make available online to people wishing to file complaints (at http://www.psychiatry.org/practice/ethics/resources-standards under "**PROCEDURES FOR HANDLING COMPLAINTS OF UNETHICAL CONDUCT**,") but all nine of us followed those guidelines. Therefore, we ask that you tell us specifically which procedures any of the complainants failed to meet.

(3) In the October 22 note, since your statement that "none of the complaints state a violation of the Ethics rules against the respondents named in the complaints," but that is simply and patently untrue -- Section 1 and the lengthy Section 3 in each complaint stating precisely that -- we ask that you tell us what basis you use for ignoring all of that material.

(4) In the October 22 note of dismissal, you allege that "the complaints reflect a fundamental misunderstanding on your part of the purpose and appropriate use of *DSM-IV* in diagnosing mental illness." That is a stunningly vague statement, and it is offensive to make that statement after you have read of the horrendous suffering described by the complainants as resulting from the use of *DSM-IV*. For you to make that statement in fact is yet another example, beyond the huge number cited in the complaints, of those in the APA who ought to act to *prevent* harm from your manufactured products actually turning icily away from evidence

of harm and claiming it is not their fault. We remind you, as you wrote in your own materials about the APA's ethics, that the purpose of having and enforcing ethical rules is to reduce the frequency of unethical conduct. We request that you instead explain specifically and precisely what you mean by your statement.

(5) If you have a look at your own published guidelines and procedures for complaints (at the place cited here above), you will note that you made a serious error in your October 22 statement that since we "filed these complaints with the APA Ethics Committee rather than with a district branch, there is no further appeal from this Committee's unanimous decision and these cases are closed." In fact, your own guidelines (Section A.3.c) shall be addressed to the district branch of the accused member, but as you know, there were a great many accused members named in our complaints, and they reside in a great many of your districts. Your section A.3.c clearly allows for the filing of complaints with the APA rather than a district branch, because it specifies that "If [the complaint is] addressed to the APA, the complaint shall be referred by the APA to the Accused Member's DB." As you will recall, because the Accused Members (we called them respondents) reside in so many different districts, and also since the matters addressed in our complaints are of national and even national import, we requested that our complaints be heard at the national level. Ms. Coyle claimed in a letter that in order to be "fair," you would not want to use procedures that differed in any way from anything you have done in the past. I pointed out to her that had the United States judicial system used that kind of rationale, slavery would still be legal here, and neither she nor I would be allowed to vote. You will recall further that when it appeared that you were looking for ways to dismiss the complaints without considering their merits and were wanting to use the argument about the district branch for that purpose, we explicitly asked that you not use a decision to reject any part or parts of our requests in order to justify dismissing each complaint in its entirety. That, however, is exactly what you did. We request accordingly to know (A)whether any complaint has ever been filed with your Committee that involved members of more than one district branch, and if so, how you handled that; and (B)what you offer as justification for using the district branch argument for summarily dismissing every complaint in its entirety. You could, after all, have assigned each complaint to a district branch where the largest number of Accused Members resides, and of course you could have acknowledged that these were matters of more than district import and had them considered at the national level. To do so -- and of course it is still not too late to do so, given that your invisible, protected committee members have all the power they want to take upon themselves -- would still have allowed you to make whatever findings you wanted about the merits of each complaint. But to make twisted arguments about procedures, ignoring the complainants' requests that even if you decided not to hear them at the national level, reveals in yet another deeply troubling way how little you care about the suffering your products cause. It also reveals the serious dangers of allowing a lobby group like the APA to operate unregulated.

(6) I have twice requested a time and date the week of November 5 to meet with anyone from your Ethics Committee or Ethics Department. I would appreciate the courtesy of a reply with an appointment time. At this point, my November 5 schedule is full, but I can arrange to come to your office and meet with you any other day that week.

Paula J. Caplan Ph.D.

They never responded to any of these questions. Given that the APA is totally unregulated, why should they respond, unless they cared about the people they hurt and genuinely wanted to hew to important ethical standards?

Other Actions Taken

A week before the complaints were dismissed, I had emailed Linda Hughes and the APA's General Counsel Colleen Coyle, asking to meet with them in person during my then-upcoming trip to Washington, D.C. I wrote:

> ...what time on either November 6, 7, 8, or 9 would the two of you be willing to make yourselves available to meet with me at APA headquarters? Perhaps we can make more headway by talking in person than has been made so far. I am sure that you are as eager to get these matters dealt with as are those who have been harmed and who understandably feel that the APA is treating them as though they simply do not matter.

They did not respond to any of my requests for such a meeting.

On October 29, I emailed the current APA President, Dr. Dilip Jeste, who is publicly listed as based in San Diego, to ask for a time to meet with him to discuss some questions I have about the APA, and on November 14 I resent the message. I did not receive a reply.

Now I shall describe what four of us did on November 13 in the building that houses APA headquarters in Arlington, Virginia. The aims were twofold: (1) to appear in person to request a meeting, since they had ignored repeated emails in which I had made that request; and (2)to deliver a document (one page on ordinary printer paper) called The Need and The 9 Demands. The demands were some of the actions requested in the complaints, and of course the APA could – if it cared enough to do so – take these actions despite dismissing the complaints. Here is the document:

The Need

Untold numbers of people will suffer harm from *DSM-IV-TR* between now and the time that *DSM-5* is published, and then the *DSM-5* will cause harm, and the American Psychiatric Association knows that. We demand that the APA act to stop the harm, preventing future harm and redressing harm already caused.

The 9 Demands

The APA must:

1. announce that past editions of the *DSM* and the one scheduled for 2013 publication have almost no grounding in high-quality science, that use of *DSM* labels has not been shown to reduce human suffering and in fact often masks the real causes of suffering, and that their use is highly subjective and can cause a vast array of kinds of harm. This announcement should be issued as a press release and be published in every APA outlet, as well as sent to the heads of every mental health and related organization and training program, the Department of Health and Human Services, and the military and Veterans Affairs mental health departments.
2. develop other ways to make widely known to the public and to professionals the serious limitations of the *DSM*'s scientific basis, including the poor reliability and lack of predictive and other kinds of validity, and the risks of harm that getting a *DSM* diagnosis can carry.
3. send an official letter to all training programs for psychiatrists and indeed all medical doctors – since many non-psychiatrist physicians also use psychiatric diagnosis, as well as the American Medical Association, and the Association of American Medical Colleges (AAMC), urging them to require all medical students to be intensively trained in thinking critically about research in general and about research about psychiatric diagnosis in particular.
4. set aside a significant portion of the enormous monetary profits from the *DSM-IV* and *DSM-IV-TR* for APA-funded programs aimed to undo harm already done and programs aimed to prevent future harm. The APA as an entity, as well as the current president and trustees, should immediately begin collecting information about who has been harmed and the nature and extent of the harm, and then begin to redress that harm.
5. disseminate widely such warnings as: ... *our diagnostic classification is the result of historical accretion and at times even accident without a sufficient underlying system or scientific necessity. The rules for entry have varied over time and have rarely been very rigorous. There is no scientifically proven, single right way to diagnose any mental disorder—and don't let any expert tell you that there is.* (Frances and Widiger 2012)
6. post Black Box warnings on every *DSM* and *DSM*-related product and in advertisements of every kind related to the manual both currently and in the future, these warnings to include the statement that the products are not grounded in high-quality science, are not reliable or valid and thus have no

predictive validity, and can be hazardous to the health and well-being of the persons to whom the diagnostic labels are applied. This might include the following description of the process by which the manual is compiled: *"DSM-IV* is the natural outcome of what is essentially a process of discussion and debate within a sociopolitical context. In the absence of more powerful scientific foundations, this was and is inevitable… very few of the hundreds of diagnostic categories have been satisfactorily validated according to these criteria." (Guze 1995)

7. compile and distribute at no cost within the U.S. and internationally curriculum materials for teaching psychiatrists, residents, interns, and others in the mental health field how to minimize the harm from diagnosis, including but not limited to stating in the patient's chart and in a letter to the patient that whatever diagnoses they were given are not scientifically grounded and cannot legitimately be assumed to shed light on the patient's ability to be a good employee or parent or to make decisions about their medical and legal affairs.

8. convene public hearings within six months of today's date, these hearings to be about the subject of harm that those given *DSM-IV* and *DSM-IV-TR* diagnoses have experienced as a result of receiving those labels, and hold annual hearings after the *DSM-5* is published.

9. ensure that beginning with the APA's 2013 convention, at every annual convention, those who have been harmed as a result of being given *DSM* labels be impaneled as speakers in a series of presentations about these kinds of harm.

I will describe the events of November 13, 2012, and ask you to consider that, whatever went on behind the scenes in the APA office – and it might be that they were on alert because of my error in copying Linda Hughes in when I mentioned a November 12 action in that email – not one thing I have ever done with regard to the *DSM* has involved anything violent or destructive or threatening … except insofar as speaking the truth strikes them as violent, destructive, or threatening. So if they were on alert in some way, what was that alert about? Not wanting to be held accountable for ignoring the harm they do, it seems.

Weeks before November 13, I contacted two Virginia lawyers, telling them what we planned to do, saying there would probably be only a few of us, and asking about Virginia law with regard to videotaping and/or audiotaping people in privately-owned space. These discussions only strengthened my view that we would try to record whatever transpired but would turn off the recording device(s) if asked to do so and would depart if asked to do so. This was not intended to be an action that would result in our arrests, just a civil request for an appointment and an opportunity to deliver copies of the Need and 9 Demands in person to Hughes and Coyle or anyone in authority who might be acknowledged to be in the office that day.

It was important for Jenny McClendon to be there, because she is one of the complainants, because it was the day after Veterans Day (the APA was closed on Veterans Day, or we would have gone then), and up to that point, no one in authority in the APA had had to look upon the face of one of the complainants and know how the *DSM* had tragically harmed them. In addition to the two of us, activist and videographer Leah Harris kindly agreed to attend and bring her videocamera, and social worker Debra Turkat also attended for backup filming and to be a fourth witness to whatever would transpire.

If I had it to do over again, I would have gone to the site before November 13 to learn the physical layout and to make plans for what to do in the event of inclement weather. The weather turned out to matter a lot. The reason was that, wanting the events to be filmed in the order in which they actually occurred, I had asked that we meet outside the complex of buildings that houses the APA on one upper floor. The plan was to have Leah record what we were about to do and why, then unscroll a 24 X 33-inch, laminated version of the Need and 9 Demands, and read them aloud. Then we were going to head up to the APA office.

The morning of November 13 was cold and rainy. We decided to meet in a coffeeshop within the 1000 Wilson Blvd. complex of shops and offices. Around 10:30 a.m., I thought I should dart up to the APA floor and see whether we would need to be buzzed in through a locked door or would be able to go right into the office, so that Leah and Debra would have a sense of where they could stand to do the filming. The walls of the building complex are made largely of glass, and at one end of a long hallway, I saw two men standing at the concierge desk. Next to them was a directory listing the APA in "2000." The concierges and I chatted amiably for a minute, and I asked if 2000, the APA office, was on the second floor. No, it's on the 20th floor, they said, pointing toward two sets of elevators, one of the men saying, "Don't take those elevators [on the left]. Take the ones over there [on the right]." No sign-in book, no visitors' badges were visible, and they did not ask me who I was. I got in the elevator, which numerous other people entered at the same time, some wearing badges, some not, but no one stopped or questioned by the concierges.

When the elevator door opened on the 20th floor, I saw that the APA appears to occupy the entire floor. To my right I saw a door that bore a sign "Health and Wellness Week." Behind that partly open door I saw people exercising. I needed to throw away a food wrapper, so I walked about 15 feet past the door to a trash can. As I got to the trash can, I heard a voice not inquire politely but demand,

"May I help you?" I turned and headed back to the elevator, and as I did so, the man who had spoken, a tall fellow wearing some sort of ID card, came within inches of me and repeated his question, this time more urgently. I smiled and continued the short walk back to the elevator, saying, "No, thank you. I'm supposed to meet somebody, but she's probably downstairs."

Back at the coffeeshop, we decided to do the pre-APA filming in the hallway, which was filled with natural light. If we went very far from the concierge's desk, there was too much noise, so about 30 feet from that desk, on camera, Jenny and I began our planned explanation of where we were and what we were going to do. Then we unfurled the large version of the Need and 9 Demands document and began to read it aloud. When we got about two-thirds of the way through it, a security guard approached us and told us that we could not film there, because the building is privately owned. I told him we would stop the filming immediately. I asked who owns the building, and he said "Monday," pointing to the logo on a door near the concierge's desk. (A later internet search showed that Monday Properties Securities owns it.) I asked whether it was Monday's or the APA's rule that no filming could be done in the hallway, and he said, "Both."

In a nonconfrontational conversation, I told him that we would do no further filming but had a document to deliver to the APA office. He asked to whom we wanted to deliver it, and I said, "Linda Hughes in the Ethics Department and Colleen Coyle, the General Counsel." He asked if I had been in touch with them, and I replied that we had been emailing each other for some months. He asked if I had a phone number for them, and I said that I did and started to look it up on my phone. While I did that, he smiled and said that he just needed the number so he could be sure that I had in fact been in touch with them. But when I gave him the number, he dialed it and walked some distance away. As he did that, I also dialed it but did not expect anyone to answer, since every time I have tried to phone there, I have been automatically on hold for 20 or so minutes and have usually hung up. Soon, several other people, including others dressed in security guard uniforms and a woman in brightly-colored business attire (was she from the security company or APA?) were conferring with "our" guard nearby. Then the guard who had told us to stop filming came over and said we would have to leave, because he had checked with the APA and been told that neither Hughes nor Coyle was in. I said in that case it would be fine if we can just leave the printed material we had brought for them, and he again refused. I asked if we could ask to meet with someone else in the APA, and he said we could not. He had also been told that we did not have an appointment upstairs. At that point, I introduced Jenny, briefly told him her story, said she was one of nine people harmed by the diagnostic handbook the APA produces who had filed ethics complaints with the APA, that the APA had dismissed them, and that they had repeatedly ignored our requests just to meet with them. I suggested that we leave the documents with the concierge for Hughes and Coyle, and he said the concierge is part of the security for the building and is not allowed to accept documents. We asked if security is always this tight, and he said that it is. I would love, though, to find out if anyone else trying to leave a document for anyone at the APA or any other office in the building would be refused.

Jenny, speaking gently but matter-of-factly, said to the guard with whom we were dealing that she wanted to point out that she can walk into her Congressman's office any time and that that was totally different from her experience trying to go up just to ask the APA ethics people for an appointment.

Throughout everything described above, I was aware that the woman security guard then standing at the concierge position rarely even looked up. People with and without badges were walking right past her and heading to the various elevators without being stopped or even noticed.

Two guards escorted us to the elevators, and as they did so, I told both of them we understood that they have rules they have to follow and thanked them for being gracious to us. I explained to the first guard what the *DSM* is and that it has hurt many people, including in ways that are racist, sexist, and classist. I introduced myself and said that my work involves trying to reduce some of that harm, and I gave him the psychdiagnosis.weebly.com address in case he might know of anyone who needs that kind of help.

Someone who heard this story and knows ins and outs of security practices speculated that people in the APA office may have been able to see us through videocameras in the building. I am not used to thinking along those lines, but anything is possible.

Is the APA always so vigilant about keeping people without prearranged appointments from even appearing in their reception area? Were they on guard because of the email I had mistakenly copied to them? Because I, a 5'1" woman with white hair and not wearing an APA ID badge had appeared in their office space for about 20 seconds a few minutes before? Because they had read the November 11 essay I posted and seen at the end of it or under How You Can Help at psychdiagnosis.weebly.com where people were urged to contact Hughes, Coyle, and the APA president to ask them to overturn the dismissals?

Whatever the reason or reasons for APA's refusal even to let us come upstairs, these latest events are just more evidence of their lack of care and concern for those for whom the *DSM* was the "first cause" of so much suffering.

After reading a draft of this essay, survivor movement activist Amy Smith wrote to me:

> It is worse, much worse, than I had imagined it could be. It truly reads like a bad dream, a descent into the bowels of the beast (even though it was on the 20th floor!). ...how arrogant, paranoid and cold they are. I'll tell you, if I or any of my friends behaved in such a manner, you can believe we would be immediately smacked with multiple labels from the *DSM* ourselves.

It is easy to forget that at some level, some people at the APA must surely care about the harm they do. So on November 14, I sent the following email, with the Need and 9 Demands document attached, to Linda Hughes and Colleen Coyle:

> Hello, Linda and Colleen,
>
> You are no doubt aware that Professor Jenny McClendon, who is the military veteran who filed one of the complaints you dismissed, and I came with two other people yesterday to deliver the attached document to you.
>
> You will see in this Need and 9 Demands some of the actions the complainants had requested of you. The APA could take these actions despite having dismissed the complaints. To act on even one of these demands would be to give the first indication in this entire process that the APA has any interest in redressing past harm and preventing future harm from your diagnostic manual.
>
> In vain have we searched your communications -- and failures to communicate -- for signs of concern about the human beings your organization's product and the respondents' actions and inactions have harmed. It would have been in the APA's interest and your interest as APA employees if you had allowed us to meet with you yesterday, for once you meet one of the complainants in person, you will find it harder to disrespect them, harder to act as though they do not deserve an adequate, reparative response. Linda and Colleen, your concern for the suffering of others, which one tends to believe must reside in the hearts of most people, must surely have plagued you as you have carried out the wishes of your bosses at the APA. Their wishes must be hard to reconcile with compassion and empathy.
>
> I speak for all nine complainants when I say that we do not assume that you are bad people but that it seems that, like pilots of drones who send death to people thousands of miles from where they press the buttons, you can only do your work by acting as though your targets are less than human. When the humanness of the drones' targets breaks through to the pilots, they crack. We hope that for your sakes and the sakes of the complainants and the countless others your organization harms, you will confront their humanity, ask the Ethics Committee to reverse its dismissals, and give the complainants' suffering the respect and consideration that you must know they deserve.
>
> Paula

The Office of Civil Rights in the Department of Health and Human Services speedily dismissed all five complaints. The only reason they gave was that the complainants did not cite any civil rights violation, but in fact all had done so, citing the Americans with Disabilities Act. I wrote to the OCR to ask if there is an appeal process, since they did not mention either that there is one or that there is none, and to point out that the complainants had cited civil rights violations. As this book goes to press, we await their reply.

How You Can Help: Time for Action that Anyone Can Take

Because no one regulates psychiatric diagnosis, the APA is a fortress that has been impervious to the authors of the many books and articles who have pointed out its unscientific, unhelpful, and often harmful nature. It has been impervious to the kind of activism organized by MindFreedom International and PsychRights at the May 5 2012, APA convention (they called it "5/5 Against *DSM-5*") and to the petition I started that garnered individual signatures and organizational support representing six million people in the late 1980s and the recent one organized by Dr. David Elkins to which many groups and about 12,000 individuals signed on.

It is way past time to *ask* them to change and high time to take action. The only routes that seem likely to lead to real change are massive public education through the media and lawsuits. I have been trying for decades to find lawyers who both grasp the importance of these matters and are in a position to do the work *pro bono*. But everyone reading this essay can do any or all of the following:

(A) [This was included in the November 11 essay at http://www.psychologytoday.com/blog/science-isnt-golden/201211/apa-does-not-care-about-weaponized-diagnosis) The Grassroots Group to End Harm from Psychiatric Diagnosis, whose website is psychdiagnosis.weebly.com -- where many stories of harm from diagnosis of civilians as well can be read --- has a suggestion for people who are troubled by the APA's failure to take action to redress the harm to the complainants or to prevent harm to others. They urge concerned citizens to ask the APA to overturn its summary dismissal of the complaints and instead give serious consideration to their merits by doing any or all of the following:

- emailing Linda Hughes, who is apparently the head administrator in the APA's Ethics Department (the names of the psychiatrists who make up the Ethics Committee that is tasked with reviewing complaints were not disclosed to the complainants, despite their repeated requests), Colleen Coyle, the APA's General Counsel, and current APA President Dilip Jeste at "Linda Hughes" <LHughes@psych.org>, "Colleen Coyle" <CCoyle@psych.org>, and djeste@ucsd.edu; and

- making the same requests to them by telephone at 703-907-7300 (for Hughes and Coyle) and at 858-534-4020 (for Jeste).

I hope that readers here will consider sending those emails and making those calls.

(B) We are working on a variety of ways to spread the word about the APA's inhumanity to the complainants (and countless others). One of these ways is a series of videos of the complainants' stories, which will be posted in the near future on YouTube under the collective title, "Watch the Stories of Harm the APA Refused to Hear." The introductory one with my overview about the complaints and their dismissal is up now at http://www.youtube.com/watch?v=9mihEgmfQKA. *Please view this video, email and post the link everywhere you can, and check YouTube periodically under "Watch the Stories of Harm the APA Refused to Hear" to see the complainants' stories.*

(C) Consider joining the Facebook page called Stop Psychiatric Diagnosis Harm, where these kinds of matters are regularly discussed.

(D) Please post widely both this essay and its predecessor, which is at http://www.madinamerica.com/2012/10/p20137/, as well as the November 11 essay, which is at http://www.psychologytoday.com/blog/science-isnt-golden/201211/apa-does-not-care-about-weaponized-diagnosis

(E) If you want to help or have other suggestions for actions, please get in touch through the Contact form at psychdiagnosis.weebly.com.

(F) Know that we are exploring a variety of other kinds of action and will make them publicly known as we proceed, including at psychdiagnosis.weebly.com

New Developments

As this chapter underwent final readiness for publication, important, new developments took place.

Complaints Filed with the Federal Government

The APA's total dismissal of the nine ethics complaints made it clear, in case there had been any doubt, that the APA would not monitor or rectify the effects of its actions or the actions of its officers and many of its members with regard to psychiatric diagnosis. Attorney Wendy Murphy proposed that complaints be filed with the Office of Civil Rights in the U.S. Department of Health and Human Services (OCR/HHS). That federal department is the most obvious one that should regulate psychiatric diagnosis, but it currently does not do so.

On April 8, 2013, five of the nine people who had filed APA complaints also filed complaints with the OCR/HHS. I did not file one of these, because the OCR guidelines allow only the direct subjects of discrimination to do so. The ground on which the complainants filed was that they had been discriminated against pursuant to the Americans with Disabilities Act. According to that Act, one type of discrimination is being treated as though one has a disability when one does not, and these complainants had been having understandable reactions to life events that were instead classified as mental illnesses, and they were treated — and harmed — as a result. So the complaints include the naming of the same respondents who were named in the APA complaints as having caused that discrimination. At this writing in early May, 2013, it is too early to know whether the OCR/HHS will consider the merits of the complaints or will find procedural grounds on which to dismiss them. It seems highly doubtful that complaints like these have been filed with them before. If they consider the merits, that would be an important step forward. If they dismiss them, that will be another powerful piece of evidence that no one regulates psychiatric diagnosis.

New York Times' Sunday Dialogue about Psychiatric Diagnosis

The New York Times asked psychiatrist Ronald Pies to write a statement about psychiatric diagnosis for its March 24, 2013, Sunday Dialogue, and his statement was sent out ahead of time with invitations for others to respond. Some responses would be published right below Pies' piece, and Pies' answer to those responses would wind up the section.

Pies was an interesting choice. His Sunday Dialogue statement was written as though psychiatric diagnosis were as scientifically grounded as clearly medical problems such as migraines — he says that psychiatric diagnoses are made like diagnoses of migraines, in that they are based on patients' history, symptoms, and observations — and that, if done carefully, assigning such diagnoses can even be humanizing, because patients are relieved to have their suffering given these labels. (He writes that it is important to tell one diagnosis from another but neglects to mention that the scientific research has shown conclusively that psychiatric diagnostic categories overlap hugely with each other as well as with clearly nonpathological behavior and feelings.) It is reprehensible that he failed to disclose the now well-established facts that psychiatric diagnosis is unscientific, does not reduce human suffering, and causes many kinds of serious harm. What is downright weird is that just over a year ago, he published a strong critique of psychiatric diagnosis (https://www.google.com/search?q=%22Why+Psychiatry+Needs+to+Scrap%22&ie=utf-8&oe=utf-8&aq=t&rls=org.mozilla:en-US:official&client=firefox-a) called "Why Psychiatry Needs to Scrap the *DSM* System: An Immodest Proposal," in which he advocated doing away with that system in favor of carefully listening to the patient and trying to understand them rather than label them.

After his *Times* piece appeared, I wrote to draw the attention of the newspaper staff to his striking and total inconsistency, and I asked if they publish letters to the editor about Sunday Dialogue so that this could be made known. The response was that they do not publish letters about that column but that in any case they would not do so "mainly to attack the credibility of the writer; we prefer that the focus stay on the issue." How strange to cast my query as attacking the credibility of the writer rather than to make the point that readers have a right to know when someone given the prominent position of authorship of the lead piece in their special feature totally contradicts himself, because that surely sheds light on the way the issue is addressed.

The first "reader's" reaction printed was by Allen Frances, hardly an average reader, given that he headed the group that wrote the current and previous editions of the diagnostic manual. Frances, whose manuals are responsible for millions more people being pathologized than at any time in history, actually complained in the *Times* that "the realm of normal is shrinking." Less than anyone on earth should he be surprised. When at his invitation I served on two of his committees and repeatedly sent evidence of the abysmal quality of the "science" he was using to create and justify diagnoses and the devastation caused to people, he not only ignored but actually publicly denied that that was true. (That was why I resigned from his committees, feeling it was unethical and unprofessional to participate in that enterprise.) Even today, he professes to have had no way to predict how many more people would be diagnosed, despite his having added 77 categories to the 297 in the edition published just seven years before. (Caplan, 1995)

In the *Times* piece, Frances called diagnosis "the essential prelude to effective treatment," though he more than anyone has seen ample evidence that this is untrue. In fact, the chances even that two therapists simultaneously meeting with the same person will assign that person the same label are poor, which of course means that diagnosis is not helpful in choosing treatment or improving outcome. (Caplan, 1995)

And Frances is a Johnny-come-very-lately when in the *Times* he presents as his own, new idea the proposal for Congressional action that I had initiated in 2002 with the two Congressional briefings I organized, during and after which he continued for years and until recently to defend uncritically his diagnostic empire. He seems to love my ideas, though, because also very recently, without attributing this one to me either, he suddenly proposed that the *DSM* carry a blackbox warning, one of the nine demands in "The Need and the 9 Demands" document that I had written and that Jenny McClendon, Leah Harris, Debra Turkat and I had attempted to deliver last November 13 to APA headquarters. One can only hope that soon he will act on the pleas issued to him more than a quarter of a century ago, that he act to prevent future harm and redress harm that his editions have already caused. Instead, his emphasis has been on trashing the *DSM-5*, which will indeed be terrible, in large part (though not entirely) because it is likely to include so much of the content of Frances' editions.

The next response in the *Times* feature came from Sera Davidow, who wrote as one who was diagnosed but who now directs "a recovery community for others who have been so labeled." She decimated Pies' absurd attempt to draw an analogy between psychiatric categories and migraines by saying that no one "attempted to hospitalize or medicate me against my will for [migraines]," and she describes how a person's psychiatric label often becomes their sole and demoralizing identity.

After Davidow's response came one from Patrick Singy, a historian and philosopher of science, who emphasized the need "to reflect on the much larger ethical, legal and social consequences of creating (or deleting) diagnoses."

Psychiatrist and psychoanalyst Leon Hoffman urged that each person be approached not for purposes of choosing a diagnosis but "as a unique individual" who, with the therapist, will decide on the best treatment.

The New York Times includes in its print edition only some of the responses they post online. My own did not appear in the print edition but followed Hoffman's online. Because some people have asked me about this, I can tell you that I have no idea how they choose which ones will appear in print, but it troubles me that only one response in the print version was from a woman. This is the version, slightly shortened from what I submitted, that appeared online:

> "Surprising though it may seem, psychiatric diagnosis is not scientifically grounded, does not reduce human suffering, and carries risks of a wide array of serious kinds of harm. Even

> more disturbingly, it is totally unregulated, making it even less regulated than the financial institutions in this country.
>
> I served for two years on two committees that wrote the current *DSM* but had to resign on ethical and professional grounds when I saw the way they ignored or distorted what high-quality research showed but presented junk science as though it were good when it suited their purposes.
>
> The potential damage caused by a diagnosis is virtually limitless, including loss of custody of a child, loss of employment, skyrocketing insurance premiums, and loss of the right to make decisions about one's medical and legal affairs."

Omitted from my list of kinds of harm was the ultimate one: The physical death that too often results from various consequences of psychiatric diagnosis, sometimes caused by the unwanted effects of psychiatric drugs (and their interactions with each other) and sometimes from other causes, with the diagnosis always as the first cause.

Also appearing online but not in print was Laura Delano's description of how her initial relief at being diagnosed as mentally ill soon gave way to her feeling "stripped...of an authentic sense of self and of a connection to those around me, because my 'condition' made me different. Only in leaving behind that psychiatric diagnosis and the treatment it required did I find a path through my emotional struggles to the other side, where I could accept myself as I was, and be fully human again."

Two more responses appeared only online. Psychiatrist Michael F. Grunebaum was an argument that psychiatric diagnosis is a work in progress "with the shortcomings of any human endeavor in which scientific knowledge is incomplete." He apparently is entirely unaware that the *DSM* is not based on solid scientific knowledge, in contrast to being simply incomplete, and that difference matters enormously. Just ask the people whose lives have been ruined because of the mistaken belief that the labels they were given were scientifically supported and would lead to better things. The other response was from psychiatrist Victor A. Altshul, who pointed out how his profession has horribly stigmatized -- through diagnosis – large groups of people. And he eloquently echoed the point that people are not their diagnoses: "It's all very well for a patient to know what he [sic] 'has'. But what he [sic] really needs is to know who he [sic] is. When that happens, the 'diagnosis' tends to disappear. It's just too little an idea to account for human complexity."

Finally, there came Pies' response to a few of the comments. Unsurprisingly, he alleged that diagnosis leads to effective treatment, despite the absence of data supporting that claim. He took offense at Ms. Davidow's comments, claiming that it is "unfair" to blame psychiatric labels for the abridgement of civil liberties and excesses of the drug companies and that instead one must blame Pharma. It is nothing less than unconscionable for him or Frances or anyone else to try to steer the blame away from diagnosis, because **psychiatric diagnosis is the first cause of virtually everything bad that happens in the mental health system**. Few, if any, people have been deemed psychiatrically normal but then had terrible things done to them in the name of treatment or protection of themselves or others.

The Rewriting of History

Those responsible for causing harm to others ought to be held accountable, and it is alarming when such people take it upon themselves to rewrite history to cover up their role in causing harm. I am as quick to repudiate much of what the *DSM-5* heads have done as what editors of previous editions have done; but the virulent attacks by Spitzer and especially Frances on the *DSM-5* heads has been wildly successful in taking the attention of the public and professionals away from the harm they themselves caused. Spitzer and even more, Frances, oversaw the ballooning of numbers of diagnoses in *DSM-III, III-R, IV,* and *IV-TR* and thus of people classified as mentally ill on a scale far beyond anything anyone else had ever done. But to look at most of the written and broadcast material since Spitzer and Frances mounted their anti-*DSM-5* campaign, one would think that they, and especially Frances, are heroes for warning of the harm that *DSM-5* will cause. It has gone almost totally unnoticed that nearly every criticism they have made had been made about their own editions for decades...and that they largely ignored or even denied that the criticisms were legitimate...until *DSM-5*'s publication became imminent.* Consider one major example of how this has worked.

One of Frances's attacks that has provoked the greatest outcry about the *DSM-5* has been his claim that that next edition will, as he presents it, "eliminate the bereavement exclusion" that Frances implies appeared in his own editions. His claims have been so furious that I was worried: Since Frances' *DSM-IV* appeared in 1994, every time I had lectured about the manual and in my playwriting, I had given Major Depression as one of the most dangerous labels and stated that "If someone close to you dies, and you are 'still' grieving two months later, you qualify for Major Depression!" In the face of Frances' statements that his "bereavement exclusion" would be eliminated, I went back to look at *DSM-IV* and *DSM-IV-TR*, doubting my own memory, but what I saw there was even more frightening than I remembered. For anyone who reads the entire listing for Major Depressive Episode (MDE) – and almost no one ever does – one must get four pages into the dense text to find even the first time that bereavement is mentioned, and at first, it might look promising, for there is the statement that MDE should not be diagnosed if someone has been bereaved within the past two months. That is alarming enough, because bereavement does not end or, often, even diminish very much after sixty days, nor should we expect it to do so, and thus it is hard to think what would justify the degree of Frances' outrage about diagnosing a depressive disorder immediately or after two weeks rather than two months. But it gets worse. In *DSM-IV-TR* the statement about not diagnosing a disorder if the "symptoms" arose less than two months after loss of a loved one is followed by a comma and the following words: "unless they are associated with marked functional impairment or include morbid preoccupation with worthlessness, suicidal ideation, psychotic symptoms, or psychomotor retardation" (p.352 of *DSM-IV-TR*). Note especially the word "or" in the foregoing. One need meet only a single criterion in that list to qualify for MDE even as soon as the on the first day of bereavement. It is hard to think of anyone who has lost a loved and not met at least one of those. It is absolutely clear that Frances' editions of the manual actually have *no* bereavement exclusion. Has no one who published his diatribes bothered to factcheck what he writes?

Indeed, a BBC radio employee contacted me about a show they were planning about the bereavement matter, and I told her all of the above. I had assumed the BBC would have high standards for factchecking, but the broadcast, which remained on the BBC website only for a matter of days after it went out over the airwaves, was based on the totally false notion that there had been an actual bereavement exclusion all these years, and it valorized Frances for warning of the allegedly far worse listing in the first *DSM* edition that he would not have overseen since 1994.

This is just more of the same pulling the wool over the eyes of the public that had led me in 1991 to describe the head of the *DSM* enterprise as like the Wizard of Oz, who, when revealed to be nothing more than a human being masquerading as superhuman, told Dorothy and her companions that they did not know what they were really seeing. To draw on another fairy tale, Frances and Spitzer are unclothed emperors who draw attention away from their own nakedness by crying out about the nakedness of the emperor who has replaced them.

Works Cited

American Psychiatric Association (1994): Diagnostic and Statistical Manual of Mental Disorders-IV. Washington, D.C.
American Psychiatric Association. (2000): Diagnostic and Statistical Manual of Mental Disorders-IV-TR. Washington, D.C.: American Psychiatric Association.
Caplan, Paula J. (1985). *The Myth of Women's Masochism*. NY: E.P. Dutton.
Caplan, Paula J. (1991): Response to the *DSM* wizard. *Canadian Psychology, 32*(2), 174-175.
Caplan, Paula J. (1995): They Say You're Crazy: How the World's Most Powerful Psychiatrists Decide Who's Normal. Reading, MA.
Caplan, Paula J. (1996): CALL ME CRAZY (stage play). Available on request from the author at paulacaplan@gmail.com.
Caplan, Paula J., and *Cosgrove, Lisa* (Eds.) (2004). *Bias in Psychiatric Diagnosis*. Lanham, MD: Rowman and Littlefield.
Caplan, Paula J., 2011: When Johnny and Jane Come Marching Home: How All of Us Can Help Veterans. Cambridge, MA.
Caplan, Paula J. (2012a): Psychiatry's bible, the *DSM*, doing more harm than good. Washington Post. Retrieved April 27, 2012, from http://www.washingtonpost.com/opinions/psychiatrys-bible-the-dsm-is-doing-more-harm-than-good/2012/04/27/gIQAqy0WIT_allComments.html?ctab=all_&#comments
Caplan, Paula J. (2012b): "Will the APA Listen to the Voices of Those Harmed by Psychiatric Diagnosis?" Retrieved from http://www.madinamerica.com/2012/10/p20137/
Greenberg, Gary (2010). Inside the battle to define mental illness. *Wired Magazine*, December 27. http://www.wired.com/magazine/2010/12/ff_dsmv/all/1
Guze, Samuel (1995). Review of *DSM-IV*. The American Journal of Psychiatry 152.

What to do with the Psychiatry's Biomedical Model?
Bradley Lewis

This chapter begins with the critical premise that the biomdedical model of psychiatry does not hold up well to intellectual or experiential scrutiny. I will not argue for this premise since the biomodel has already been subject to deep critique from consumers, activists, artists, academics, critical clinicians, and disability scholars. Yet, despite this avalanche of critique, the biomedical model still reigns in psychiatric education, practice and research. Critique is clearly not enough to change the model. Change will require continued engagement and struggle. In the face of this social reality, the challenge of this chapter is to consider ways to move beyond critique of the biomedical model toward worldly change. We could pursue the challenge by asking "what is to be done?" as in "what is to be done to open the biomedical model to additional perspectives?" But that question seems too hypothetical and too distant from social actors to be very helpful. Instead, I will ask the more ethnographic question: "what are people doing to change the model?" This question has greater potential to inform strategies to open up the model that have contemporary social momentum behind them.

I start with an overview of the biomedical model then look at the ways people inside and outside the psychiatry are engaging with the model. My focus will be the U.S., but since the model and resistance to the model has become global this review should have some global relevance.

The Biomedical Model

A quick sketch of the history of biomedical model in psychiatry shows that it goes back to the foundation of the profession in the late 1800's. Following this early period, the model went through a time of relative submersion during the midcentury years of Freudian psychiatry. The model then re-emerges in full force after the publication of the DSM-III in 1980 and it continues to dominate the field of psychiatry this day (Lewis 2011)

A good cultural artifact for understanding the contemporary meaning of the model is a book by two psychiatrists, Peter Tyrer and Derek Steinberg, titled *Models for Mental Disorder*. Tyrer and Steinberg tell us that the biomedical model, or as they call it the "disease model," focuses its attention primarily on impaired brain functioning as a consequence of physical and chemical changes. They articulate four principles that follow from the psychiatric disease model:

1. Mental pathology is always accompanied by physical pathology
2. The classification of this pathology allows mental illness to be classified into different disorders which have characteristic features
3. Mental illness is handicapping and biologically disadvantageous
4. The cause of mental illness is explicable by its physical consequences (Tyrer and Steinberg 2005: 9)

Following these principles, it makes perfect sense that Nancy Andreason, psychiatrist and editor of *The American Journal of Psychiatry* from 1992-2005, titled her best selling introduction to the model *The Broken Brain* (Andreason 1984). The term "broken brain" signifies the diseased and malfunctioning brain at the core of a biomedical model mental illness.

Andreason's phrase "broken brain" did not achieve wide circulation however since broken brains cannot usually be demonstrated in individual cases. Instead, the term "chemical imbalance" took over from "the broken brain" as the popular explanatory metaphor of biopsychiatry. "Chemical imbalance" is more amorphous than "broken brain" but its implication is more or less the same. In a chemical imbalance the brain is still broken, but at the subtle level of chemical functioning rather than at the macro level of brain structures. Thus, we can say, both the signifiers "broken brain" and "chemical imbalance" are perfect sound bite translations of the medical model into everyday language. Riding on the biomedical model's notion of chemical imbalance, psychiatric medication treatments grew exponentially during the years after 1980. This is largely because the biomedical model was successfully coopted by the pharmaceutical industry for its own purposes. In the climate of 1980's neoliberalism, the pharmaceutical industry developed a business plan to grow their market share through the expansion of lifestyle drugs for asthma, hypertension, cholesterol, diabetes, and arthritis. Psychiatric treatments for sadness, panic, difficulty concentrating, trouble concentrating, oppositional behavior and even shyness fit perfectly into this marketing plan (Lewis 2012). The plan was so successful that soon the population was on multiple drugs for multiple conditions and drug company profits soared. The relentless cooptation of the psychiatry's biomedical model by the pharmaceutical industry has been a major reason the model has been the subject of devastating critique in the last few years. Investigative journalists, consumer and recovery activists, academics in the humanities, social sciences and disability studies, and critical psychiatry networks all express increasing concern that the field has lost its way. There are too many examples of this critique to list, but a good signifier of this rising discontent is the recent two part series in the *New York Review of Books* by former editor of the *New England Journal of Medicine* Marcia Angell (Angell 2011). Angell's series is organized around a review of three books deeply critical of the biomedical model psychiatry: *The Emperor's New Drugs: Exploding the Antidepressant Myth*, by Irving Kirsch (a psychologist); *Anatomy of an Epidemic: Magic Bullets, Psychiatric Drugs, and the Astonishing Rise of Mental Illness in America*, by Robert Whitaker (a journalist), and *Unhinged: The Trouble with Psychiatry—A Doctor's Revelations About a Profession in Crisis*, by Daniel Carlat (a psychiatrist). None of these books are "anti" or "against" psychiatry, but they all lament the many side effects of psychiatry's relentless turn to bioscience in the last few decades. Angell points out that a particular target of critique is the role of the pharmaceutical industry in influencing psychiatric practice, and she sums up the issues by aptly titling the second part of her series: "The Illusions of Psychiatry."

External Consumer Activism

With this background, the first place to see "what people are doing" in the struggle against biomedical approaches to psychiatry begins with consumer activism. Activist struggle with the illusions and abuses of psychiatry has a long history among service users and their allies. Collectively known as "Mad Pride" this activist group is an international coalition devoted to resisting dogmatism and oppression in psychiatric systems. "Mad Pride" not only critique biopsychiatry they also build alternative and mutual-aid approaches to mental difference in order to help those who wish to do so minimize their involvement with psychiatric institutions. There is considerable diversity within this activist community but the contemporary label "Mad Pride" is often used to signal a common belief that mainstream psychiatry over exaggerates biomedical pathology, over enforces hospital confinement and court-ordered treatment and surveillance, oversells neurological interventions (from drugs, to surgery, to electroshock), and over promotes psychic normality in the guise of diagnostic essentialism (Lewis 2006).

In response to these psychiatric illusions and abuses, activists use the term "Mad Pride" to overturn traditional distinctions and hierarchies of the biomedical model. Like the celebratory and reappropriative uses of the terms "Crip," "Queer," and "Black Pride," Mad Pride signifies a reversal of standard pathological connotations of "madness." Rather than pathologizing mental difference and reduce it the status of broken brains and chemical imbalances, "Mad Pride" signifies a stance of respect, appreciation, and affirmation (see http://www.mindfreedom.org).

An activist group called the "Icarus Project" provides a good example. The "Icarus Project" was started in 2002 by Sascha DuBrul and Ashley McNamara—two young psychiatric service users who were diagnosed with "Bipolar Disorder" in their twenties and found themselves struggling as much with the standards of psychiatric care as with their own emotional intensities. Although the initial focus was bipolar disorder, the Icarus Project has extended its focus to an array of psychiatric diagnoses. For DuBrul and McNamara, the core of the problem with psychiatry was that it overemphasized scientific and biomedical ideals of "disease" and "cure." They were both told by their psychiatrists that Bipolar Disorder was a disease that needed to be aggressively treated and, if possible, cured. In the face of this DuBrul and McNamara did not dismiss psychiatry and psychiatric treatments, but they felt this approach missed something crucial. They agreed that their psychic differences could cause them tremendous difficulties, but they also found it a mistake to emphasize a language of pathology, broken brains, and cures. For DuBrul and McNamara, the psychic differences that most led to their diagnosis—their intense passions—were not simply a "disease" because these passions were also part of who they were as people. These passions were part of what they, and others, found most creative, exceptional, and valuable about them.

DuBrul and McNamara accept that their psychic differences are real and dangerous to the point that ignoring these differences could leave them "alienated and alone, incarcerated in psychiatric institutions" or at worst "dead by our own hands." However, in spite of these very real dangers, they also recognize the importance of opening up the biomedical model to additional perspectives in order to understand how madness and creativity are deeply intertwined and how, in fact, madness and creativity can be "tools of inspiration and hope in this repressed and damaged society." As DuBrul and McNamara put it, "We understand that we are members of a group that has been misunderstood and persecuted throughout history, but has also been responsible for some of its most brilliant creations. And we are proud" (The Icarus Project 2004).

Bringing these strands of the Icarus Project together, we can see that conceptually this approach creates an integrated model that does not reject the biological model, but holds it in tension with other models of psychic difference. Of the many models available, the Icarus project tends to emphasize the generative possibilities of mental difference—such as spiritual, artistic, and political models. From the perspective of these more generative models, the mentally different, or what Martin Luther King called the "creatively maladjusted," are to be respected and appreciated because they are the ones who will change the world. If the creatively maladjusted are given respect and appreciation they can be a catalyst to spiritual, artistic, and/or political innovation. With this generative dimension of psychic difference in mind, the goal of the "Icarus project" and "Mad Pride" is maintain a double consciousness that recognizes the dangers and pitfalls of madness while at the same time celebrates and taps into the "true potential that lies between brilliance and madness" (The Icarus Project 2004).

External Academic Struggle

Another important area of struggle with psychiatry is academic humanities and social sciences. This work is external of psychiatry because, even though psychiatry is an interdisciplinary field, there has been relatively little input into psychiatry from the humanities and social sciences. Forced to work from outside psychiatry, the humanities and social sciences have tended toward a binary relationship with the field. On the one hand, many humanities and social science scholars have admired and utilized psychiatry, particularly psychoanalysis, as an intellectual tool for understand human meaning making in their own research. On the other hand, many in the humanities and social science have followed antipsychiatry critiques to situate psychiatry as a pseudoscience and a force of social control. With the relative fall of psychoanalysis and the rise of biopsychiatry, humanities and social sciences are moving past these binary positions to engage in a more fine grained analysis of psychiatry that some are calling "madness studies" (Lewis 2009). This more recent work moves beyond an overarching assessment of the field as good or bad, true or false, and into its many details and contradictions of the field's practices and consequences. A madness studies approach does not simply apply or reject psychiatric knowledge in its studies, but engages the field and participates in the struggle over knowledge production in the area of mental difference.

Madness studies is a helpful label for this emergent scholarship because the word "madness" is open-ended compared with the more sanitized and narrow terms "mental illness" or worse "brain disorders." The term "madness" evokes Foucault's work on *History of Madness* which tracks historical shifts in the terms used to understand psychic differences and the dividing practices associated with linguistic categories (Foucault 2006). For Foucault, "madness" speaks to the variability of what we now call psychiatric knowledge and practice over time and it speaks to the possibility that we might do things otherwise in the future. The term "madness" also facilitates a connection between academic scholarship and the "Mad Pride" movement of activists, artists, and intellectuals. Finally, "madness" is often used by memoir writers to evoke aspects of psychic difference, suffering, and unusual states of consciousness that can not be reached through a more sanitized and scientific language.

Recent examples of madness studies include *Obsession: A History*, by Lennard Davis, *The Loss of Sadness: How Psychiatry Transformed Normal Sorrow into Depressive Disorder*, by Allan V. Horwitz and Jerome Wakefield, *Shyness: How Normal Behavior Became a Sickness*, by Christopher Lane *Bipolar Expeditions: Mania and Depression in American Culture*, by Emily Martin (Davis 2008, Horowitz and Wakefield 2007, Lane 2007, Martin 2007). Additional examples may be seen in the disability studies literature as madness studies has become increasingly integrated with humanities and social science work around disability—for several examples see the most recent editions of *The Disabiltity Studies Reader* by Lennard Davis (Davis 2010).

Looking collectively at this work, we can see that madness studies uses two primary strategies for addressing psychiatry—critical empiricism and discourse critique—with writers tending to use one strategy or the other (or mixing both together along the way). The first strategy, critical empiricism, or "bad science" critique, argues that scientific psychiatry often fails to live up to evidential scrutiny. These critiques are concerned about the quality of the science in psychiatry, and they often find the biopsychiatry to be much more about hype than evidence. In short, they often find the new science in psychiatry to be bad science.

The second strategy, discourse critiques, emerges out of the linguistic turn in the humanities and interpretive social sciences. These critiques do not directly challenge the science of psychiatry nor do they work with a sharp binary between "truth" and "myth" or "liberation" and "control." Discourse critiques work from an understanding that all knowledge practices, including scientific ones, are only partially evocative of the real world. From this perspective, no human discursive practice fully captures the rich complexity of the world or of humans. Each discursive practice foregrounds aspects of the real and backgrounds other aspects. Discourse critiques also do not rely on a rigid binary between social liberation and social control because all human discursive practices are seen as both enabling and constraining. This means that aspects of social control and social liberation will be present no matter which language of psychic life is used. However, despite this relative openness to different languages of psychiatry, discourse critique remains a engaged approach that tends toward a democratic social reform. It focuses on the social relations and power dynamics of psychiatric knowledge production and knowledge application. It keeps in the forefront key democratic questions: Who gets to contribute to knowledge production in psychiatry? And who gets to decide how the knowledge will be used?

Internal Clinical Struggles

As psychiatry's biological model has come under increasing external critique from activists and academics, there are signs of change from inside clinical psychiatry under the rallying cries of "recovery" and "narrative." Both the *recovery movement* and *narrative psychiatry* represent deep internal struggle with biopsychiatric practice, and they both work to reorient the field back toward its more psychosocial dimensions.

Starting with the recovery movement, there has been considerable excitement in the field of mental health over the idea of recovery. Wesley Sowers, former president of the American Association of Community Psychiatrists, explains that although the idea of recovery from mental health problems has been around for a while, it is only recently that the idea has turned from a marginal approach to a central feature of community mental health (Sowers 2005). A major force driving the recovery movement is the consumer movement and the increasing chorus of criticism against the one-dimensional biomedical model. To help develop and foster the idea of recovery, the U.S. Substance Abuse and Mental Health Service Administration (SAMHSA) organized a consensus conference to articulate the defining concepts of the term. The conference brought together a diverse range of participants including consumers, family members, providers, advocates, researchers, academics, managed care representatives, accredited organizational representatives, and State and local public officials.

The consensus statement that evolved from this group begins with an overview that puts optimism and service-user direction at the heart of recovery: "Mental health recovery is a journey of healing and transformation enabling a person with a mental health problem to live a meaningful life in the community of his or her choice while striving to achieve his or her full potential" (SAMHSA 2006). The statement goes on to outline ten fundamental components of recovery oriented care: 1.) Self-Direction, 2.) Individualized and Person-Centered, 3.) Empowerment, 4.) Holistic, 5.) Non-Linear, 6.) Strengths-Based, 7.) Peer Support, 8.) Respect, 9.) Responsibility, and 10.) Hope. As community psychiatrist and former senior medical adviser for SAMHSA, Anita Everett, put it: "Recovery is a critical paradigm shift for all individuals involved in the lives of persons with serious mental illnesses" (Everett 2005: 3).

To understand why recovery is such a paradigm shift, it is important to note that the consensus participants did not see so-called objective bioscience as the primary lens through which to consider mental health. The emphasis shifts from "objective knowledge" to "subjective experience." Recovery approaches are less interested in the biomedical model of mental illness and more interested in the experience of people who are different or who have troubles. The central questions from a recovery perspective move from "where is it broken?" to "how can I be of help?" In addition, under the principle of "holistic" care, the consensus statement emphasizes that "recovery encompasses an individual's whole life, including mind, body, spirit, and community." As such, the tools of recovery involve "complementary and naturalistic services" plus deep attention to issues of "spirituality," "creativity," and "community involvement" that go far beyond the usual province of science and the medical model of psychiatry (SAMHSA 2006).

The recovery movement makes a further paradigm shift from more mainstream biopsychiatry by emphasizing the importance of social and political models of mental health. The opening sentence of the consensus statement brings this message front and center: "Mental health recovery" means living "a meaningful life" in a community of choice. Recovery, therefore, is not simply about individuals. It involves finding and building mutual support communities and cultures that provide "a sense of belonging, supportive relationships, valued roles, and community" where people can "collectively and effectively speak for themselves about their needs, wants, desires, and aspirations" (SAMHSA 2006). This call to find and build community is about changing the social and political relations of difference. More than reducing stigma, recovery is about creating cultures and subcultures that appreciate and even celebrate different lifestyles, worldviews, and social groups—the very opposite to our current discriminating society which responds to mental difference with a sanity-preferring set of attitudes (sanism), similar to sexism, racism, and ableism (Lewis 2006). Whereas sanist discrimination excludes, the recovery view insists upon the mutual benefits and obligations of inclusion. As consumer, family member, and social worker Paulo del Vecchio succinctly puts it, since "stigma and [sanist] discrimination are inexorably linked" the bottom line for recovery is: "no justice, no recovery" (del Vecchio 2006: 646).

In addition to the recovery movement, narrative psychiatry has also recently entered into mental health practice and is engaging with biopsychiatry. The movement toward narrative in psychiatry (and in medicine more broadly) involves an increasing recognition that healthcare encounters are a world of stories.

In the very first meeting between clients and clinicians, clients begin by telling stories about their concerns and how they have tried to make sense of these concerns. Clinicians listen to these stories, process them, and interpret their meaning. This storied exchange, dialogue and negotiation, repeats itself throughout clinical work—not only in the initial discussions of presenting concerns, but also in later discussions of fine grained topics like a disability application or a medication side effect.

Despite this deeply story-centric core of clinical work, the narrative dimension of clinical work has been not been well developed. But the rise of narrative scholarship in fields outside of psychiatry—including literary theory, philosophy, history, cultural studies, religious studies, anthropology, and sociology—is reaching medicine and psychiatry through interdisciplinary domains like medical humanities, bioethics, medical anthropology, and disability studies. Building on this scholarship, psychiatrists are starting to embrace the value of narrative theory for clinical work (Lewis 2011).

The narrative elements clinicians find most essential are *metaphor, plot, character* and *point of view.* Narrative approaches to metaphor suggest that human thought processes are largely metaphorical. By shaping our concepts, metaphor structures the way we perceive the world, what we experience, how we relate to other people, and the choices we make. It even organizes diverse cultural and sub-cultural approaches to suffering and healing (Kirmayer 2004). This approach to metaphor is critical for understanding the models of psychiatry like the biomedical model because metaphors and models work in similar ways. In ordinary writing or conversation, people use metaphors to provide a quick glimpse: "This hotel is a palace." But, in a clinical model, research communities (e. g. biomedical, psychoanalytic, cognitive behavioral) develop a metaphor into systematic models that frame their work and that explain the world through a metaphorical re-description (Hesse 2000: 353). Just as the metaphor, "Joe is a pig," re-describes Joe in a new way and allows us to perceive something new about him, so too the disease model of depression—"depression is a disease"—re-describes sadness and allow us to perceive something new about it.

Like metaphor, plot also structures experience and provides form to our narratives. Plot creates a narrative synthesis between multiple elements and events, bringing them together into a single story. In addition, plot configures the multiple elements of a story into a temporal order that is crucial for our experience of time. Philosopher Paul Ricoeur sees the relation between time and plot as a two-way phenomena: time makes sense to us precisely because it is organized by plot, and conversely, plot is meaningful because it portrays the features of temporal experience (Ricoeur 1984).

Character in narrative theory helps us understand human identity by drawing a comparison between identity in life and character in fiction. Narrative theory helps us see that we understand ourselves similar to the way we understand fictional characters. Ricoeur calls this approach narrative identity: "fiction, in particular narrative fiction, is an irreducible dimension of self-understanding...fiction is only completed in life and life can be understood only through the stories that we tell about it" (Ricoeur 1991: 30). Self-understanding, on this account, is an interpretive event and narrative is the privileged form for this interpretation: "a life story [is] a fictional history or, if one prefers, a historical fiction, interweaving the historiographic style of biographies with the novelistic style of imaginary autobiographies" (Ricoeur 1992: 114).

Bringing metaphor, plot, and character together, we can say that when models of psychiatry seep from the clinic into the culture, they become part of our cultural resources of self-experience. In times of trouble, we look through the metaphorical structures of mental models to perceive, select, and plot aspects of our lives that we believe to be important. These culturally located "self" stories and the priorities within those stories combine with other cultural stories to scaffold our narrative identity and provide us with a compass for living. They tell us where we have been, where we are now, and they provide us with a trajectory into the future.

The power of models and plots to shape our narrative identity brings us to point of view. If a person sees a clinician who is working from a biomedical model, the clinician's point of view (organizing metaphors, treatment recommendations, and narrative identifications he or she prioritize) will be very different if the person sees a psychoanalyst, a family therapist, or begins a creative writing class. A biological psychiatrist will see a broken brain and recommend some form of biological intervention; a psychoanalyst will see unresolved unconscious psychic conflicts and recommend psychodynamic therapy; a family therapist will see dysfunctional family patterns and recommend family work; and a creative writing teacher will see an undeveloped but very sensitive muse that needs further discovery and expression.

Narrative psychiatry struggles with biopsychiatry and the biomedical model not because the metaphors of broken brains and chemical imbalances can never be helpful but because biopsychiatry overly monopolizes the narrative options. Sociologist Nicholas Rose calls this phenomena "becoming neurochemical selves" and anthropologist Emily Martin has detailed the rise of "pharmaceutical persons" (Rose 2003, Martin 2006). Psychiatric historian David Healy and linguist

Deborah Cameron playfully describe the monopology of biological metaphors as a linguistic shift from "psychobabble" to "biobabble" (Healy 2004, Cameron 2007). Like most scholars who have studied the cultural shift to biological narratives, Rose, Martin, Healy, and Cameron all point to the pharmaceutical industry as the main factor.

Recent memoirs of depression bear out this rise of biobabble (Clark 2008, Lewis 2012). In just one collection of memoirs, *Unholy Ghost: Writers on Depression*, there are several examples (Casey 2002). William Styron explains that depression "results from an aberration of biochemical process. [It] is chemically induced amid the neurotransmitters of the brain... a depletion of the chemicals norephineprine and serotonin" (ibid.: 120). Styron describes himself as "laid low by the disease" a "major illness" of "horrible intensity," which came on him like a "brainstorm... a veritable howling tempest in the brain, which is indeed what clinical depression resembles like nothing else." Virginia Heffernan narrates her struggles with her "substandard physiology" (ibid.: 20) and Chase Twichell chimes in with a more updated disease model: "What happens in depression, for reasons that are still unknown is that the limbic-diencephalic system malfunctions" (ibid.: 23). Similarly, Russell Banks worries over his wife's "malfunctioning limbic diencephalic systems" (ibid.: 31). Biology is not the only narrative of depression in the collection, but it is the most prominent.

At the individual level, narrative psychiatry helps people avoid spontaneous engulfment into this kind of biobabble through an ethical approach to clinical work that philosophers of psychiatry refer to as Values-Based-Practice (VBP). The first principle of VBP gets to the heart of the issue: "All [clinical] decisions stand on two feet, on values as well as on facts, including decisions about diagnosis (the "two feet" principle)" (Fullford 2004: 208, Fulford et al. 2006: 498). The first principle of VBP means that data and evidence alone can not determine clinical decisions or choices of diagnostic models. Even in cases where there is good data to support a particular clinical model and intervention, that alone does not determine the decision. The final decision still depends on how the intervention lines up with the person's life choices, life goals, and narrative identity (who the person wants to be).

At the social cultural level, narrative struggles with biopsychiatry by joining with the recovery movement in psychiatry. When recovery clinicians stop asking exclusively "where is the pathology?" and start also asking "how can I help?" they open up a narrative dialogue to a variety of ways that people can re-story their lives. Clinical models, including biological models, may be part of it, but recovery tools may also involve alternatives such as "complementary and naturalistic services" plus deep attention to issues of "spirituality," "creativity," and "community involvement" that go far beyond the usual province of clinical models (Lewis 2011).

Damien Ridge and Sue Ziebland's qualitative study on narrative recovery from depression provides data on how this works (Ridge and Ziebland 2006, Ridge 2009). Ridge and Ziebland interviewed 38 men and women who had previously experienced depression to discover the strategies they used to revitalize their lives following depression. Ridge and Ziebland found that people did not use any single approach. Instead, they selected a variety of "narrative tools," such as talking therapy, medication, yoga, and complimentary therapies to regain mastery of their situation. Ridge explains: a "key finding... was that recovery tools considered effective by patients go hand in hand with telling a good story about recovering from depression" (Ridge 2009: 174). The very process of assembling a range of tools for recovery helped create the stories that were effective. The people interviewed also found that the most helpful therapists functioned not as experts but as "recovery allies." A recovery ally of this type does not work from a "doctor knows best" mentality, but is someone who helps the person select the narratives and the recovery tools that feel most true to them.

Internal Bioscience Struggle

Finally, one of the most fascinating sites of struggle with the biomedical model is within the biomedical model itself. This struggle within neuroscience over what is "good" or "valuable" research is simultaneously changing the meaning of the biomedical model in psychiatry. Increasingly, neuroscience research is working against the grain of its own dominant assumptions and methods. Significant neuroscience research has emerged that is devoted not to how "broken brains" create "pathological" mental states, but, just the opposite: *how mental activity can change neuronal structure.* Instead of how the brain effects the mind, this research studies how the mind effects the brain. The metaphorical sound bite for this, "neurons that fire together wire together," articulates the idea that the way we use our minds, how we think and feel, shapes the way our brain develops.

This emergent neuroscience research into what is often called "neuroplasticity" not only shifts neuroscience it also creates a shift the biological model of psychiatry. Of the four key principles of the biomedical model that Tyrer and Steinberg articulate (see above), the two that are shifting the most are the principle that "mental pathology is always accompanied by physical pathology" and the principle that "the cause of mental illness is explicable by its physical consequences."

These two principles of the biomedical model create a determinist and reductionist metaphorical frame where mental pathology is seen to be caused by physical pathology that requires physical interventions for successful treatment. But with the shift in neuroscience toward neuroplasticity, the metaphorical implications for the biomedical model shift as well. Even though "mental pathology" is still accompanied by "physical pathology," the cause and treatment of this pathology no longer has to be physical. The basic biomedical metaphor stays the same—mental pathology is caused by physical pathology—but nonetheless we arrive at the point where "physical pathology" can change through "mental intervention." The new version of the biomedical model does not threaten the legitimacy and social hierarchy of neuroscience expertise. "Proper" understanding of neuroplasticity still requires an obligatory passage through biology, the brain, and neuroscience knowledge production, but it no longer requires biological intervention. Brain changes are possible through mental activity, and, increasingly, intentional mental activities are seen as equally effective ways to "heal your brain."

The phrase "heal your brain" comes from biopsychiatrist David Hellerstein's recent book, *Heal Your Brain: How the New Neuropsychiatry Can Help you Go from Better to Well* (Hellerstein 2011). Hellerstein's book a useful artifact for observing this shift in the meaning of the biomedical model because it articulates and helps create the shift in the biomedical metaphor toward more mental approaches to the brain. Needless to say Hellerstein does not work from a cultural studies or human sciences perspective. Instead he is a psychiatric insider who works in the language of evidence, truth, and science. Hellerstein charts a history of scientific progress that focuses on the rise of biopsychiatry compared with the psychoanalysis that came before. But rather than use the terms "biopsychiatry" and "psychoanalytic psychiatry" as signifiers, Hellerstein uses the terms "new psychiatry" and "old psychiatry." New psychiatry in Hellerstein's lexicon refers to post-*DSM III* biopsychiatry. Old psychiatry refers to psychoanalytic psychiatry which came before. The signifiers "new" and "old" mark how Hellerstein values the change to biopsychiatry—new equates with good and old equates with bad. He reaches this equation through a standard Enlightenment narrative where the "new psychiatry" is good because it represents scientific progress and the "old psychiatry" is bad because it represents misguided and outdated thinking.

The interesting part is Hellerstein argues that even the "new psychiatry" has become so "old" that it requires a name change to the "new neuropsychiatry." Hellerstein relates that the emphasis of the "new psychiatry" was diagnostic specificity and an emerging language of chemical imbalances. But, he says, from the 1990's (the decade of the brain) until now, psychiatric worldviews have so evolved that there needs to be another term to describe contemporary psychiatry. Hellerstein uses the term "new neuropsychiatry" to capture this emergent watershed moment. Adding the signifier "neuro" to "new psychiatry," he articulates a shift in new psychiatry beyond its initial emphasis on disease classification, broken brains and chemical imbalances. From Hellerstein's perspective, the "new neuropsychiatry" of today involves much more rigorous classification and a further developed brain language of neuroanatomical pathways and neuranatomical structures that correlate with cognitive and emotional states. Hellerstein believes these changes into the workings of the brain are significant enough to warrant a new term.

Hellersetin sees himself as a "new neuropsychiatrist" because he adapts the increasingly differentiated neuroscience brain language and applies it to clinical models and worldviews. As he explains, he has been exposed, week after week, to neuroscience research papers and presentations that use a descriptive language like this: depression is "decreased activity in the prefrontal cortex" and a "hyperactivity in area 25 of the subgenual anterior cingulated" (Hellerstein 2011: 2). The descriptions are topped off with image after image of "brightly colored PET and MRI scans which shows how the brain's activity changes as we think" (2). Plus, these descriptions are often combined with enticingly hopeful promises of physical treatment options—such as possibility putting "tiny electrodes in area 25" and giving a "zap" of electricity to relieve intractable depression (2).

Hellerstein's lived experience involves going from this research exposure to his clinical practice where he starts making connections.

> After lots of conferences and after innumerable speakers, I was starting to see through people's skulls. Not literally, but figuratively: I was beginning to gain a sense of their brains at work... To put it plainly, I began to sense the connection between brain and mind in my patients... the brain as a *physical organ*, as an emotion- and information-processing and perceiving machine (3).

One way to talk about what Hellerstein is talking about is to compare it with a moment in medical history that Michel Foucault describes as the emergence of the "anatomical gaze" (Foucault 1973). When the cutting edge of medicine first moved into hospitals and medical anatomy became a prominent tool of medical research and education, general physicians became accustomed to thinking in postmortem anatomical terms. Postmortem anatomy became so prominent for physicians that when they went to the clinics they began to anatomize their living patients in their minds. They began to see through the signs and symptoms of patient complaints into the patient's anatomy. Surface phenomena pointed the way to deeper anatomical and pathophysiological dysfunction. Similarly, Hellerstein is describing the emergence and solidification in psychiatry of a "neuroanatomical gaze." As Hellerstein puts it "for the first time, general psychiatrists are able to look under the hood of the brain, so to speak, and start to see what is happening in psychiatric disorders" (3). New neuropsychiatrists, in other words, look through the eyes of their patients to peer into their brains, their neuroanatomy, and their neuronal pathways.

Interestingly, for all the linking of subjectivity with neuroanatomy, Hellerstein actual clinical practice still seems to work with a fairly standard biopsychiatry frame—*DSM* diagnosis and medication treatment as the primary intervention. Hellerstein makes passing mention of psychotherapy and integrative healing practices such as mindfulness training but these are added with much less attention and care than medication treatment.

But if we move from Hellerstein to psychiatrist Daniel Siegel we get a much deeper appreciation of just how new the new neuropsychiatry could actually become. Siegel, author of *The Developing Mind: How Relationships and the Brain Interact to Shape Who We Are* and *The Mindful Brain: Reflection and Attunement in the Cultivation of Well-Being*, is also a "new neuropsychiatrist" by Hellerstein's definition (Siegel 2012, 2007). Siegel too has been schooled in recent neuroscience and he too peers through the eyes of his patients, under the hoods of their skulls, into their brains, neuroanatomy, and neuronal pathways. Unlike Hellerstein however, who still seems captivated by novel brain interventions, Siegel is much more interested in how the mind shapes the brain than the other way around.

> It is too simplistic to say merely that the 'brain creates the mind' as we now know that the mind can activate the brain… One hundred billion neurons are, on average, linked to each other via 10,000 synaptic connections, which are created by genes and are sculpted by experience… With neuronal firing the potential is created to alter synapses by growing new ones, strengthening existing ones, or even stimulating the growth of new neurons that create new synaptic linkages. Synaptogenesis and neurogenesis are the ways in which the brain grows new connections. This growth harnesses both genes and experience to produce changes in the connectivity of neurons: *Neuroplasticity* is the term used when connections change in response to experience. (Seigel 2007: 24, 30)

Siegel uses this research on neural plasticity to focus much more deeply on how intentional mental activity can shape and ultimately heal the brain.

The intentional mental activity that has received the most clinical attention and that Seigel most focuses on is mindfulness training. Mindfulness is defined in clinical settings as "awareness, of present experience, with acceptance" (Didonna 2009: 19). The inspiration for mindfulness training comes from Buddhist traditions which suggest that mindfulness can be developed through regular meditation practice and that this practice promotes several features of well-being: insight, wisdom, compassion, and equanimity (Kabat-Zinn 1990). These meditation practices have been secularized and incorporated into several medical and mental health interventions. Examples include mindfulness-based stress reduction (MSBR), mindfulness-based cognitive therapy (MBCT), dialectic behavioral therapy (DBT), and acceptance and commitment therapy (ACT) (Kabat-Zinn 1982, 1990; Segal, Williams, and Teasdale 2002; Linehan 1993; Hayes, Strosahl, and Wilson, 1999). All of these interventions approach mindfulness as a skill that can be developed through intentional practice. MBST and MBCT rely heavily on formal meditation practices, in which participants spend up to 45 minutes each day in a form of meditation. DBT and ACT rely on shorter exercises which everyday mindfulness can be developed.

Medical research strategies and protocols have been used to show that mindfulness and meditation is effective for several clinical conditions including cardiovascular disease, chronic pain, anxiety, panic disorder, substance abuse, dermatological disorder, and major depressive disorder (Shapiro 2009: 603). There is also evidence of physiological and neurological changes as a result of mindfulness training. For example, Davidson found participants in an 8 week MBSR program had greater and increase in influenza antibodies and increased left frontal EEG activation among compared with controls (Davidson et al. 2003). Also, Lazar and colleagues studied 20 people with extensive meditation practice and found changes in neuroanatomical structure. In these studies, the brain regions affected included the prefrontal cortex and the right anterior insula associated with attention, interoception and sensory processing. These areas were thicker in meditation participants than matched controls (Lazar et al. 2005).

Siegel takes this kind of research into mindfulness and applies it back to psychiatric practice. In the process, he links mindful awareness, emotional difficulties, developmental traumas, psychotherapeutic narrative integration, and prefrontal brain function. The result is an emergent frame for psychiatry which stays within the biomedical model yet does not foreground typical neurological interventions such as drugs, electric shock, magnetic stimulation, or surgery. Instead, Siegel's biomedical model in clinical practice extensively utilizes psychotherapy and mindfulness training in the goal of "healing the brain" (in Hellerstein language). Seigel's research attention also reaches out beyond neuroscience to understand and adapt brain changing practices inspired by religious and cultural wisdom. For example at the Mindful Awareness Research Center, where he serves as founding co-director, researchers and therapist actively seek out the an understanding of a range of contemplative practices—not only those arising from Buddhism, but also yoga, tai chi, qui qong, transcendental meditation, centering prayer, etc.

One way to capture the metaphorical shift occurring within the biomedical model of psychiatry is by the phrase "from medication to meditation." In the past, physical interventions like medication were the only way to fix "broken brains" and "chemical imbalances." Now, supported by the struggles within neuroscience to include and develop concepts like neuroplasticity, biopsychiatry is beginning to shifts to more psychosocial interventions. Not only that, these shifts open the doors of psychiatric research to areas like culture and religion and their role in mental health and wellbeing. At least in Seigel's hands, this kind of curiosity and willingness to research into dimensions of study beyond the body and the brain begins to create a biomedical model of psychiatry which is very different from the older "biopsychiatry" that came before. If this perspective were to grow, it would go a long way to support Hellerstein's claim that the new neuropsychiatry could be something quite new indeed.

Articulating this possibility that the new neuropsychiatry could truly be new is not meant to be a Pollyanna support for this emerging shift in the biomedical model. As Hellerstein's book shows, there is still very much that is old biopsychiatry in the new neuropsychiatry. And, even in Siegel's version, the embrace of mindfulness training and spirituality is also far from an unalloyed good. There are surely corporate science teams of marketers and neuropharmacologists hovering in the background working diligently to create a new blockbuster "mindfulness stimulant" out of these new developments. These corporate scientists will be all too poised to shift the metaphor "from medication to meditation" back around again so that meditation returns to medication (through the branding of a pill that allegedly creates the same effects as meditation). Once they succeed in creating this climate of opinion, there will just as surely be an avalanche of "me too" drugs that also promote mindful stimulants (Matheson 2008). Maybe the first drug of this class will even be called Soma—a good marketing team would surely enjoy the challenge of turning Aldeus Huxley's dystopic spin on Soma into a utopic counterspin.

But even without such a mindfulness or spirituality pill, the move to spirituality in the new neuropsychiatry is also complicated by the many ways that spirituality has become part of the logic of neo-liberal capitalism (King and Carrette 2005). Spirituality in the hands of its neo-liberal supporters is effectively being utilized to individualize social troubles and blame the victim for the suffering caused by widespread social inequality and destruction of public and environmental commons. A new neuropsychiatry embrace of spirituality would surely adopt much of this neo-liberal spirituality discourse as well. And yet, from our perspective of "what is being done" to change the biomedical model of psychiatry, we must include the development of a new neuropsychiatry as part of the mix. Particularly since these kinds of changes coming from within the biomedical model itself will likely be more quickly adopted than changes coming from outside the model.

Conclusion

With this review of external consumer and academic struggles plus internal clinical and bioscience struggles, we are in a position to strategize. How might these struggles be developed and enhanced to open the biopsychiatric model to additional perspectives and to make meaningful difference in psychiatric research, education, and practice? The first thing to recognize is that this question is at its heart a political question. Whether to approach humans in a biomedical or alternative metaphor/model cannot be determined by the real. It is a human choice. The choice is a personal and ethical at the level of individual narratives and it is political at the level of the infrastructure of psychiatric research, education, and practice. Certainly, questions of truth are relevant and will in many ways be the ground on which the political struggle and debate will play out. In other words—"is biomedical reductionism true?"—will be a question that animates the struggle, but truth will not be the final ground on which the struggle rests because the biomedical metaphor, like all effective metaphors, has both true and not true dimensions.

One of the first things that this review reveals is that some of these groups are more obvious political bedfellows than others. There seems to be considerable opportunity for mad pride activists, humanities and social science scholars, and critical (recovery and narrative oriented) clinicians to work together. At present these groups are largely working independently. But they have much in common and they would make good political bedfellows. Plus, their critical voices would clearly augment each other. The strategies implied mean finding common venues and infrastructures of coordination, such as conferences, journals, and grand round presentations. It also means outreach across difference to meet and set up working relations. These strategies will have challenges, but they are straightforward enough from a political perspective. These groups form clear affinities and affinity politics of this type are common political strategies.

But what should the strategic relationship between critical consumers, clinicians, and academics be in terms of the emergent new neuropsychiatry? This is a more difficult question because the new neuropsychiatry, even though it is part of biopsychiatry, is also a critique of the biopsychiatry. The primary goal of critical engagement, therefore, seems to be less about critique and more about support.

But how do we make sense of something like a "critical support" of the new neuropsychiatry? The very idea of critique and support together seems to be an oxymoron. In one of the more intriguing moments in Bruno Latour's oft cited paper "Why has critique run out of steam? From matters of fact to matters of concern," Latour asks the question: "Can we devise another powerful descriptive tool that deals this time with matters of concern and whose import then will no longer be to debunk but to protect and to care...?" (Latour 2004: 232). Latour gives credit to Donna Haraway for this line of inquiry and he goes on to add "Is it possible to transform the critical urge in the ethos of someone who adds reality to matters of fact and not subtract reality? To put it another way, what's the difference between deconstruction and constructivism?" (ibid.: 232).

This line of questioning seems to be on the right tract with the new neuropsychiatry. Despite the fact that there is still much old biopsychiatry repackaging and also significant neoliberal boosterism in the new neuropsychiatry, what we might call neoliberal "spirituality washing" (on the model of "green washing"), it would be unfortunate for the critical community to be primarily in debuncking mode with regard to the new neuropsychiatry. Instead, the initial strategy seems to require what critical neuroscience scholars Suparna Choudhury and Jan Slaby call a constructive approach which strives to enrich certain form of research and that adopts a "hands-on approach that embeds and involves the critic within the interdisciplinary research" (Choudhury and Slaby 2012: 13). Victoria Pitts-Taylor makes similar moves in her "Neurocultures Manifesto" which argues for a biocultures frame work that is aware of both the "social character of nature" and the "natural make up of the social" (Pitts-Taylor 2012). This double awareness means that strategic critique can take the form of supportive world making. The new neuropsychiatry is riding on the new neuroscience to construct a new way of making up people (Hacking 1986). Critical scholarship which not only debunks but also protects and cares for this new way of making up people contributes directly to the ever shifting historical ontologies of persons. By helping encourage some forms of the new neuropsychiatric biobabble, and discouraging other ways, the critical community participates in the future ontologies of ourselves.

This kind of constructive critique will be more and more relevant as the current era moves further and further into neuroculture (Rolls 2012). If we think in terms of party politics, we can call this the emergence neurocultures the solidifying of one party psychiatric politics. The more neurocutulture moves to the center of thinking not only of psychiatry but across the academy, the more neurocultures becomes the episteme of the age and the less possible will it be to maintain a position outside this episteme. As that happens, the biomedical model will, in many contexts, be the only political option (a one party system). But within this single biomedical option we will be able to find dual and contradictory positions that lean in the direction of biomedical reduction or, by contrast, in the direction of expansion, diversity, and multiple perspectives.

Again this is not a Pollyanna reading of the new neuropsychiatry. The biomedical model, even in its new neuroscience formations, will still be a major site of reductionism in psychiatry that will continue to do "real violence to our conceptual models... and ultimately, to clinical practice" (Kirmayer 2012: 325). But, at the same time, as the new neuroscience begins to flip back around on itself it will be one of the most viable strategic locations for bringing phenomenological, social, cultural, political, and spiritual variables into psychiatric research and practice. The task of critical thinkers in this cultural moment is to recognize the contradiction and to continue looking for coordinated opportunities for critique of some aspects of the biomedical model. This is familiar ground of critique, but paradoxically enough, the equally important task is to support and care of those aspects of biomedical model that work against the grain of the model's reductionistic strains. Critical workers who have become constructivists workers can be of immense help here because, as the work of Seigel demonstrates, attempts within the biomedical model to enfold more diverse and expansionist variables can be speculative and less tightly argued than the much more narrow approaches. This leaves emergent discourses like Seigel's vulnerable to rapid dismissal. Critical workers need to add their voices to the value and importance of expansionist moves of this type in a bid to give them additional viability.

The guiding light for all of these critical and supportive strategies seems to be a political goal of improved democracy. The stakes of psychiatric modeling is too important for psychiatry alone. The meaning of individual suffering, human diversity, and even the definition of our humanity are at stake in psychiatry. Plus, psychiatric models are often used to legitimize social and political control, domination, confinement, and surveillance. Because the stakes are so high, peer review of psychiatry must include more than psychiatrist. The creation of tomorrow's psychiatric research and practice models must be an ongoing engagement with contribution across a variety of communities and methods whether psychiatry itself willingly participates or not.

Works Cited

Andreason, N., 1984: The broken brain: The biological revolution in psychiatry. New York.
Angell, M., 2011: The epidemic of mental illness. New York Review of Books. June 23.
Angell, M., 2011: The illusions of psychiatry. New York Review of Books. July 14.
Cameron, D., 2007: Biobabble. Critical Quarterly 4: 124–129.
Casey, N. (ed.), 2002 Unholy ghost: Writers on depression. New York.
Choudhry, S. and *J. Slaby* (ed.), 2012: Critical neuroscience: A handbook of the social and cultural contexts of neuroscience. Malden, MA.
Clark, H., 2008: Narratives and depression: Telling the dark. Albany.
Davidson, R., J. Kabat-Zinn et al., 2003: Alteration in brain and immune function produced by mindfulness meditation. Psychosomatic Medicine 65: 564-570.
Davis, L., 2008: Obsession: A History. Chicago.
Davis, L. (ed.), 2010: Disability studies reader, 3rd ed. New York.
del Vecchio, P., 2006: All we are saying is give people with mental illness a chance. Psychiatric Services. 57. 5: 646.
Didonna, F. (ed.), 2009: Clinical handbook of mindfulness. New York.
Everett, A., 2005: AACP well represented in SAMHSA recovery consensus conference. Community Psychiatrist 19 no. 1: 3.
Foucault, M., 2006: History of madness. London.
Foucault, M., 1973: The birth of the clinic: An archeology of medical perception. New York.
Fulford, K.W.M., 2004: Facts/Values: Ten principles of values-based medicine. p. 205-235 in Radden, J. (ed.), The philosophy of psychiatry: A companion. Oxford: Oxford University Press.
Fulford, K.W.M., T. Thornton and *G. Graham* (ed.), 2006: Oxford textbook of philosophy and psychiatry. Oxford.
Hacking, I., 1986: Making up people. p. 161-174 in: *Heller, T.* and *C. Brooke-Rose* (ed.), Reconstructing individualism. Stanford.
Hayes, S. C., K. Strosahl and *K.G. Wilson*, 1999: Acceptance and commitment therapy: An experiential approach to behavioral change. New York.
Healy D., 2004: Pharmacology at the interface between the market and the new biology. p. 232–249 in: *Rose S.* and *D. Rees* (ed.), The new brain sciences. Cambridge.
Hellerstein, D., 2011: Heal your brain: How the new neuropsychiatry can help you go from better to well. Baltimore.
Hesse, M., 2000: The explanatory function of metaphor. In J. McErlean Philosophies of science: From foundations to contemporary issues, 349-355. Australia.
Horowitz, A. V. and *J. Wakefield*, 2007: The loss of sadness: How psychiatry transformed normal sorrow into depressive disorder. Oxford.
The Icarus Project. 2004: Navigating the space between brilliance and madness: A reader of bioplar worlds. New York.
Kabot-Zinn. J., 1982: An outpatient program in behavioral medicine for chronic pain patients based on the practice of mindfulness meditation. General Hospital Psychiatry 4: 33-47.
Kabot-Zinn, J., 1990: Full catastrophe living. New York.
King, R and *J. Carrette*, 2005: Selling spirituality: The silent takeover of religion. New York.
Kirmayer, L., 2004: The cultural diversity of healing: Meaning, metaphor and mechanism. British medical bulletin 69: 33-48.

Kirmayer, L and *Gold, I.*, 2012: Re-socializing psychiatry : critical neuroscience and the limits of reductionism. in: *S. Choudhry, S.* and *J. Slaby, J.* (ed.), Critical neuroscience: A handbook of the social and cultural contexts of neuroscience. Malden, MA.
Lane, C., 2007: Shyness: How normal behavior became a sickness. New Haven.
Lazar, S., C. Kerr, R. Wasserman, J. Gray, D. Greve, M. Treadway et al., 2005: Meditatioon experience is associated with increased cortical thickness. NeuroReports 16: 1893-1897.
Lewis, B., 2006: A mad fight: Psychiatry and disability activism. p. 331-354 in: Davis, L. (ed.), Disability studies reader, 2cd ed. New York.
Lewis, B., 2009: Madness studies. Literature and Medicine 28, 1: 152-171.
Lewis, B., 2011: Narrative psychiatry: How stories can shape clinical practice. Baltimore.
Lewis, B., 2012: Depression: Integrating Science, Humanities and Culture. New York.
Linehan, M. M., 1993: Cognitive-behavioral treatment of borderline personality disorder. New York.
Martin, E., 2007: Bipolar Expeditions: Mania and Depression in American Culture. Princeton.
Martin E., 2006: The pharmaceutical person. BioSocieties 1: 273–287.
Matheson, A., 2008: Corporate science and the husbandry of scientific and medical knowledge by the pharmaceutical industry. BioSocieties 3: 355-382.
Moncrieff, J., 2008: Neoliberalism and biopsychiatry: A marriage of convenience. p. 235-257 in: *Cohen, C.* and *S. Timmi* (ed.), Liberatory psychiatry: Philosophy, politics and mental health. Cambridge.
Pitts-Taylor, V., 2010: The plastic brain: Neoliberalism and the neuronal self. Health, 14 (6): 635-652.
Pitts-Taylor, V., 2012: Neurocultures manifesto. Social Text. Retrieved from http://www.socialtextjournal.org/periscope/2012/04/neurocultures-manifesto.php
Ricoeur, P., 1984: Time and narrative. Vol 1. Chicago.
Ricoeur, P., 1991: Life in quest of narrative. p. 20-34 in: *Wood, D.* (ed.), On Paul Ricoeur: Narrative and interpretation. London.
Ricoeur, P., 1992: Oneself as another. Chicago: University of Chicago Press.
Ridge, D., 2009: Recovery from depression using the narrative approach: A guide for doctors, complementary therapist, and mental health professionals. London: Jessica Kingsley Publishers.
Ridge, D. and *S. Zeibland*, 2006: "The old me could never have done that": How people give meaning to recovery following depression. Qualitative healthcare research 16, 8: 1038-1053.
Ricoeur, P., 1992: Oneself as another. Chicago.
Rolls, E., 2012: Neuroculture: On the implications of brain science. Oxford.
Rose, N., 2003: Neurochemical selves. Society. 41. 46-59.
SAMHSA, 2006: National consensus statement on mental health recovery. Rockville, Md. Retrived from www.mentalhealth.samhsa.gov/publications/allpubs/sma05-4129
Shapiro, S., 2009: Meditation and positive psychology. p. 632-645 in: S. Lopez and C.R. Snyder (ed.), The Oxford handbook of positive psychology. 2cd Ed. Oxford: Oxford University Press.
Segal Z.V., J.M.G. Williams and *J.D. Teasdale*, 2002: Mindfulness-based cognitive therapy for depression: A new approach to preventing relapse. New York.
Siegel, D., 2007: The mindful brain: Reflection and attunement in the cultivation of well-being. New York.
Siegel, D., 2012: The developing mind: How relationships and the brain interact to shape who we are. New York.
Sismondo, S., 2007: Ghost management: How much of the medical literature is shaped behind the scenes by the pharmaceutical industry? PLOS Medicine, 4 (9): 1429-1433.
Sowers, W., 2005: Recovery and equity: The time is now. Community Psychiatrist 19, no. I: 1-2.
Tyrer, P. and *P. Steinberg*, 2005: 4th ed. Models for mental disorder. England.

Über die Autoren / About the Authors

Martin Abrahamowicz studiert Soziologie und Psychologie an der Universität Kassel. Sein besonderes Augenmerk gilt dem symbolischen Interaktionismus. Das dadurch pragmatisch geprägte Interesse verfolgt er als Mitarbeiter in der antipsychiatrischen Kriseneinrichtung, dem Berliner Weglaufhaus „Villa Stöckle". Er ist Mitglied im Verein zum Schutz vor psychiatrischer Gewalt und Mitorganisator der „Pride Parade - behindert und Verrückt feiern" in Berlin.

Regina Brunnett ist wissenschaftliche Mitarbeiterin im Bereich Public Health seit 2007, zurzeit an der FH Fulda, 2010-2012, und Vertretungsprofessorin an der HFH Hamburger Fern-Hochschule.

Paula J. Caplan is a clinical and research psychologist, current Associate at Harvard University's DuBois Institute after completing a two-year fellowship at Harvard Kennedy School's Women and Public Policy Program. She has been a Full Professor of Applied Psychology at the Ontario Institute for Studies in Education, University of Toronto. She is author of 11 books, including They Say You're Crazy: How the World's Most Powerful Psychiatrists Decide Who's Normal, and editor of Bias in Psychiatric Diagnosis. Her most recent book, When Johnny and Jane Come Marching Home: How All of Us Can Help Veterans, also deals in part with the wrongful and damaging psychopathologizing of war trauma, adding to the burdens of people already devastated by war. That book has won three national awards, including Best Psychology Book of 2011 in the prestigious Association of American Publishers' PROSE Awards Competition and Groundbreaking Book of the Month from Independent Publishers. She is the recipient of the Association of Women in Psychology's Lifetime Achievement Award and of the Institute on Violence, Abuse, and Trauma's Lifetime Achievement in Advocacy Award.

Christiane Carri ist Mitarbeiterin im Weglaufhaus „Villa Stöckle" und Doktorandin am Institut für Kulturwissenschaft der Humboldt- Universität zu Berlin, wo sie zum Thema „Fiktionen des Wahnsinns und der Weiblichkeit - Entmündigungen von Frauen zwischen 1900 und 1933" promoviert. Sie ist außerdem Lehrbeauftragte an der Evangelischen Hochschule Berlin im Fachbereich Soziale Arbeit.

David Cohen writes widely on the social uses and effects of psychoactive drugs and has developed critiques of the conventional notions of drug efficacy and safety in the pharmacratic state. As a clinician, he consults frequently with individuals and groups regarding withdrawal from psychiatric drugs. He is joining the Luskin School of Public Affairs at UCLA after 12 years as professor at Florida International University in Miami and holding the Fulbright-Tocqueville Chair at University of Poitiers. He has co-authored several books, including Guide Critique des Médicaments de l'Âme (1995), Your Drug May Be Your Problem (1999/2007), Critical New Perpectives on ADHD (2006), and Mad Science (2013).

María Ángeles Cohen is enrolled in a doctoral programme in Psychology at the Universidad Autónoma de Madrid. Her dissertation deals with the construction of national identity among Moroccan Jews in Argentina, Spain and Israel and the relation between autobiographical memory and the construction of identity. In 2009 she was granted a collaboration scholarship by the Spanish Ministry of Education. Between 2011 and 2012 she was granted a postgraduate scholarship by the Universidad Autónoma de Madrid. In 2013 she has just been granted a scholarship for foreign students by the Israeli Ministry of Foreign Affairs.

Michael Dellwing ist wissenschaftlicher Assistent an der Universität Kassel. Seine Arbeitsschwerpunkte sind Alltagssoziologie und Interaktion, Rechts- und Devianzsoziologie, Soziologie der Psychiatrie und Fernsehsoziologie. Er ist Autor der Einführung in die interaktionistische Ethnografie (mit Robert Prus, 2012) und Zur Aktualität von Erving Goffman (2013). Er ist zudem Herausgeber einer Sammlung von Texten Herbert Blumers (mit Heinz Bude, 2013) und Stanley Fishs (mit Heinz Bude, 2011).

Über die Autoren / About the Authors

Edgar Cabanas Díaz focuses on the field of critical psychology, within which he draws knowledge from other areas such as cultural studies, Pragmatism, American metaphysics and politics or the field of the sociology of emotions. His dissertation examines the liberal, protestant and popular American roots of the contemporary notion of happiness, the psychological model of subject that underlies such ideal of happiness, and its close relation to neoliberalism and consumer capitalism. He has published several papers and book chapters on these topics.

Jasmin Dittmar studiert im Master Soziologie an der Universität Kassel. Der Schwerpunkt ihrer Arbeit liegt auf der Beschäftigung mit Theorien der Individualisierung, Soziologie der Emotionen und wissenssoziologischen Analysen zur Praxis der Lebensführung in der Gegenwart.

Simon Egbert promoviert derzeit an der Universität Hamburg zum Thema ‚Soziologie des Testens'. Forschungsschwerpunkte: Techniksoziologie; die soziologische Rolle von Artefakten/Materialität; Kontrolle und deren Legitimation; Gouvernementalitätsstudien; Soziologie des Testens.

Walter Fuchs M.A., ist Stipendiat der Österreichischen Akademie der Wissenschaften (APART) am Institut für Rechts- und Kriminalsoziologie, einer außeruniversitären Forschungseinrichtung in Wien. Er ist Redaktionsmitglied des „Kriminologischen Journals" und lehrt am Institut für Soziologie der Universität Wien. In seinem Habilitationsprojekt „Das vertretene Rechtssubjekt - Ein Mehrebenenvergleich wohlfahrtsstaatlicher Kulturen der rechtlichen Stellvertretung" beschäftigt er sich theoretisch und empirisch mit der stark steigenden Bedeutung von Instituten der Rechtsfürsorge für psychisch kranke und behinderte Menschen.

Tomi Gomory is an associate professor and a Fulbright Scholar at the College of Social Work at the Florida State University. He has published widely on issues of mental health practice and policy, critical thinking and social work education. His latest project is the just published 2013 co-authored book Mad Science: Psychiatric Coercion, Diagnosis, and Drugs by Transaction Publishers.

Martin Harbusch ist Doktorand am Fachbereich Gesellschaftswissenschaften der Universität Kassel, an dem er zum Thema „Narrative sozialer Exklusion" promoviert. Zudem ist er seit 2010 Lehrbeauftragter dieses Fachbereichs. Seine Seminare und Arbeitsschwerpunkte liegen in den Bereichen Sozialstrukturanalyse und Exklusionsforschung, interaktionistischer Theorien und in den Methoden der qualitativen Sozialforschung.

Jennifer Hemler is a PhD candidate in the department of sociology at Rutgers, The State University of New Jersey, NJ, USA. She specializes in culture and cognition and medical sociology. In addition to her research on compulsive buying, Jennifer has co-authored articles on medical diagnosis, disparities in cancer treatment, and cancer survivorship. Her current research explores the social practices and cognitive strategies women employ in moving to a "new normal" after breast cancer diagnosis.

Eva Illouz has been President of the Bezalel Academy of Arts and Design in Jerusalem since 2012. Before that she held the Chair of Sociology and Anthropology at the Hebrew University of Jerusalem. In 2004, she delivered the Adorno Lectures in Germany and was a visiting Professor at Princeton University. In 2009 Eva Illouz was Fellow at the Wissenschaftskolleg zu Berlin. She is the author of Consuming the Romantic Utopia: Love and the Cultural Contradictions of Capitalism (2000), The Culture of Capitalism (in Hebrew, 2002), Oprah Winfrey and the Glamour of Misery: An Essay on Popular Culture (2005), Cold Intimacies: Emotions in Late Capitalism (2007), as well as most recently, Why Love Hurts (2012). Earlier this year, she received the Anneliese Maier Research Award of the Alexander von Humboldt Foundation.

Stuart A. Kirk is distinguished professor emeritus of social welfare at the Luskin School of Public Affairs, University of California-Los Angeles. He is a co-author of three books on psychiatric diagnosis, The Selling of DSM (1992), Making Us Crazy (1997), and Mad Science (2013) and many other chapters and journal articles.

Christopher Lane teaches literature and intellectual history at Northwestern University, near Chicago. He is the author of several books and many essays on American psychiatry, including Shyness: How Normal Behavior Became a Sickness (Yale University Press, 2007), winner of the Prescrire Prize for Medical Writing (France, 2010) and translated into six languages. A recent Guggenheim fellow, his articles on psychiatry have also appeared in the New York Times, Washington Post, Boston Globe, Los Angeles Times, Slate, and New Statesman and Society. He writes a blog for Psychology Today called "Side Effects." He also writes for the Huffington Post.

Peter Lehmann ist Autor und Verleger in Berlin. Bis 2010 langjähriges Vorstandsmitglied des Europäischen Netzwerks von Psychiatriebetroffenen. 2010 Verleihung der Ehrendoktorwürde durch die Aristoteles-Universität Thessaloniki, 2011 des Bundesverdienstkreuzes. Buchveröffentlichungen: „Der chemische Knebel – Warum Psychiater Neuroleptika verabreichen", „Psychopharmaka absetzen – Erfolgreiches Absetzen von Neuroleptika, Antidepressiva, Phasenprophylaktika, Ritalin und Tranquilizern" (Hg.), „Statt Psychiatrie 2" (Hg. mit Peter Stastny) u.v.m. www.peter-lehmann.de. Peter Lehmann hat keinerlei Verbindung zur pharmazeutischen Industrie und zu Organisationen, die von ihr gesponsert werden, noch zu Scientology oder anderen Sekten jeglicher Couleur.

Bradley Lewis MD, PhD is associate professor at New York University's Gallatin School of Individualized Study and a practicing psychiatrist. He has affiliated appointments at NYU's Department of Psychiatry and the Department of Social and Cultural Analysis. Lewis writes and teaches at the interface of psychiatry, humanities, disability studies, and cultural studies. He is associate editor for the Journal of Medical Humanities and his recent books are Narrative Psychiatry: How Stories Shape Clinical Practice and Depression: Integrating Science, Culture, and Humanities. Previous publications include Moving Beyond Prozac, DSM, and the New Psychiatry: the Birth of Postpsychiatry.

Bettina Paul ist wissenschaftliche Mitarbeiterin am Institut für Kriminologische Sozialforschung der Universität Hamburg. ‚Ihre Arbeitsschwerpunkte sind Drogentests, maritime Sicherheit und visuelle Wissensproduktion.

Michael Schetsche ist Privatdozent am Institut für Soziologie der Universität Freiburg und Abteilungsleiter am Institut Grenzgebiete der Psychologie und Psychohygiene Freiburg. Seine Forschungsschwerpunkt sind Wissens- und Medizinsoziologie, Soziologie sozialer Probleme, qualitative Prognostik.

Mattan Shachak is a PhD candidate in Sociology and Anthropology from the Hebrew University of Jerusalem and has a fellowship from the Center for the Study of Rationality since 2010. His main research interest is modern practices and knowledge systems of self formation and moral orientation, mainly in three domains: psychological discourse and therapeutic culture; economic discourse and utilitarian practices of rationality; and, their convergence in contemporary "sciences of happiness". He has authored and co-authored several articles and book chapters.

Alexander I. Stingl is a visiting researcher at the social science department of Kassel University. Other roles include visting research faculty in the STS Program at Drexel University, Philadelphia, PA and contract lecturer at the College of Leuphana University, Lueneburg. www.alexstingl.webs.com, www.alexstingl.wordpress.com.

Sabrina Weiss is a Visiting Assistant Professor at the Science and Technology Studies department at Rochester Polytechnic Institute and a PhD candidate in Science and Technology Studies at Rensselaer Polytechnic Institute. She holds a M.S. in Bioethics from Albany Medical College and a B.S. in Science, Technology and Society from Stanford University. Prior to attending graduate school, Weiss served as a naval officer overseas in Japan, worked with political and nonprofit organizations, and coached high school speech and forensics in her hometown of Seattle, WA. She is interested in interdisciplinary and intersectional approaches to health and life ethics, especially regarding food, interspecies relationships, and body perspectives.

CPSIA information can be obtained at www.ICGtesting.com
Printed in the USA
LVOW06s0102010913

350455LV00002B/362/P